高职高专经济管理类"十四五"理论与实践结合型系列教材

校企合作优秀教材

经济法基础

JINGJIFA JICHU

主 编 石守斌　　副主编 谢慧敏　陈志涛　丁治文　　参 编 张新根

华中科技大学出版社
http://www.hustp.com
中国·武汉

图书在版编目(CIP)数据

经济法基础/石守斌主编.—武汉:华中科技大学出版社,2020.6(2024.8重印)
ISBN 978-7-5680-6229-9

Ⅰ.①经… Ⅱ.①石… Ⅲ.①经济法-中国-教材 Ⅳ.①D922.29

中国版本图书馆 CIP 数据核字(2020)第 076779 号

经济法基础
Jingjifa Jichu

石守斌　主编

策划编辑：聂亚文	
责任编辑：张　娜	
封面设计：孢　子	
责任监印：朱　玢	
出版发行：华中科技大学出版社(中国·武汉)	电话：(027)81321913
武汉市东湖新技术开发区华工科技园	邮编：430223
录　　排：华中科技大学惠友文印中心	
印　　刷：武汉邮科印务有限公司	
开　　本：787mm×1092mm　1/16	
印　　张：19.5	
字　　数：502 千字	
版　　次：2024 年 8 月第 1 版第 4 次印刷	
定　　价：52.00 元	

本书若有印装质量问题,请向出版社营销中心调换
全国免费服务热线：400-6679-118　竭诚为您服务
版权所有　侵权必究

前言
PREFACE

　　经济法作为高职财经类专业的必修课,是一门集基础性、专业性、应用性于一体的课程。经济法教学旨在培养高职学生谙习经济法理论知识,熟练运用经济法律法规,解决各种经济法律问题,同时为学生后续的学习打好基础。经济法课程的特性和经济法教学的使命对高职的经济法教材提出了高要求。作为教学载体的高职经济法教材,在内容编排上既要避免大而全的倾向,又要防止出现过于简单的问题;既要满足高职经济法课程教学的需要,又要满足学生对后置课程的学习和考证之需。正是基于此要求,我们组织了长期致力于经济法教研、具有丰富教学经验的一线教师,编写了本书。

　　本书立足于高职教育教学改革,围绕高职教育培养实用型、技能型人才的目标,以培养学生的综合素质和专业职业技能为主线,便于学生理解吸收和灵活运用所学知识为目的,充分考虑高职财经类专业教学特点和规律、高职学生特点和学习规律以及经济法课程体系,着眼于学生后续学习和未来职业的需要,在依据最新颁布的经济法律法规和吸收国内外经济法理论最新研究成果的基础上,以经济法理论必要、够用和突出实践为原则,精心设计、组织、编排了七章内容:经济法概述、市场主体法(包括个人独资企业法律制度、合伙企业法律制度、公司法律制度)、合同法律制度、市场秩序维护法(包括反不正当竞争法、反垄断法律制度、消费者权益保护法)、金融法律制度(包括票据法律制度、保险法律制度、证券法律制度)、劳动与就业法律制度以及经济纠纷的解决。

　　本书在编写过程中,力求内容准确、表述规范,增强针对性,强调实践性;注重知识的更新、形式的创新和版面设计的新颖。本书的每一章均设有课前思考、理论知识学习、知识巩固与能力提升三个任务,充分体现了"任务驱动理念",便于实施混合式教学。书中设计"以案学法"环节,适合于案例教学法的运用,还在任务一"课前思考"之前,提出了学习目标和重难点,以及所涉及的法律文件,在任务二"理论知识"学习中,穿插了以案学法、知识链接、法条链接、资料卡、典型案例、典故、课堂讨论等环节,在任务三"知识巩固与能力提升"中安排了能力提升训练等内容,便于学生更好地学习、理解相关知识,提升技能,增强学习效果。

　　本书由广东青年职业学院的石守斌拟订编写方案并承担统稿、定稿工作。具体编写分工如下:广东青年职业学院谢慧敏负责编写第一章和第六章;广东青年职业学院石守斌负责编写第二章第一节、第四章第二节、第五章第一节和第二节;广东青年职业学院张新根、石守斌负责编写第二章第二节、第三节;广东青年职业学院陈志涛负责编写第三章,第四章第一节、第三节;广东松山职业技术学院丁治文负责编写第五章第三节和第七章。

　　本书的编写,参考了众多经济法著作和知名网站资料,也借鉴了国内一些学者的研究成果,限于篇幅,只列出了主要参考文献,在此致以诚挚的谢意!本书的完成和顺利出版得到了广东青年职业学院各级领导的大力支持和华中科技大学出版社编辑的帮助,在此一并表示衷心的感谢!

　　由于编写时间仓促,加上编者学识和水平有限,本书难免存在一些疏漏、错误之处,恳请专家、学者和广大读者批评指正,以使本书进一步完善。

编　者

目录
CONTENTS

第一章　经济法概述 ……………………………………………………………… 1

第二章　市场主体法 ……………………………………………………………… 17

　第一节　个人独资企业法律制度 ……………………………………………… 18

　第二节　合伙企业法律制度 …………………………………………………… 32

　第三节　公司法律制度 ………………………………………………………… 55

第三章　合同法律制度 …………………………………………………………… 89

第四章　市场秩序维护法 ………………………………………………………… 143

　第一节　反不正当竞争法 ……………………………………………………… 144

　第二节　反垄断法律制度 ……………………………………………………… 159

　第三节　消费者权益保护法 …………………………………………………… 172

第五章　金融法律制度 …………………………………………………………… 193

　第一节　票据法律制度 ………………………………………………………… 195

　第二节　证券法律制度 ………………………………………………………… 214

　第三节　保险法律制度 ………………………………………………………… 239

第六章　劳动与就业法律制度 …………………………………………………… 255

第七章　经济纠纷的解决 ………………………………………………………… 293

参考文献 …………………………………………………………………………… 308

第一章
经济法概述

JINGJIFA JICHU

学习目标

(1) 掌握经济法的概念、调整对象、经济法律关系等基本理论知识。
(2) 了解经济法的产生、发展概况和经济法的渊源。
(3) 了解和掌握民事法律行为、法人制度和代理制度等内容。
(4) 能运用所学的经济法基本理论、基本知识,分析和解决现实生活中的经济法律问题。
(5) 能结合实际情况,准确分析某种经济法律关系的构成。

重点和难点

重点:
(1) 经济法的调整对象。
(2) 经济法律关系。
难点:
经济法律关系的构成。

本章学习所涉及的规范性法律文件
(1)《中华人民共和国民法总则》(以下简称《民法总则》)。
(2)《中华人民共和国立法法》。

任务一 课前思考

一、问题提出

(1) 经济法的调整对象是什么?
(2) 什么是经济法律关系?经济法律关系的构成要素有哪些?
(3) 什么是法律事实?什么是不可抗力?

二、案例导入

某县以盛产苹果闻名,为发展本地经济,县政府鼓励果农种植苹果。经过政府广泛动员和技术部门扶持,果农种植的几万亩苹果获得了丰产,外地的水果批发商闻讯与当地果农签订合同,苹果价格可观。对此,当地政府作出决定,果农不得擅自将苹果卖给外地客户,由政府统一收购。果农表示不满,政府称是依经济法进行经济宏观调控,发展本地经济,双方争执不下,诉至法院。

请思考:
(1) 当地政府的做法是否符合经济法的基本原理?
(2) 什么是经济法?

任务二 理论知识学习

一、经济法的概念和调整对象

（一）经济法的产生与发展

1. 经济法概念的提出

"经济法"这个术语，据史料记载，最早是由法国空想社会主义者提出来的。1755年，法国著名的空想社会主义者摩莱里在其所著的《自然法典》一书中，第一次使用了"经济法"的概念。摩莱里所指的"经济法"有其特定的含义，指的是一种产品分配方法，相当于"分配法"，其调整对象仅限于分配领域。虽然摩莱里的"经济法"包含有国家干预经济的思想，但其仍然与现代意义上的经济法有着本质上的不同。1843年，法国另一位著名空想社会主义者德萨米在一定程度上继承了摩莱里的思想，他主张建立平等分配方式，在其著作《公有法典》第三章将"分配法和经济法"作为专章加以论述。摩莱里和德萨米首创了经济法术语，但他们所称的"经济法"并不具有现代意义上的经济法的内涵。

1865年，法国小资产阶级思想家蒲鲁东在《工人阶级的政治能力》一书中指出："经济法是政治法和民法的补充和必然产物。"蒲鲁东提出的"经济法"更接近现代意义上的经济法。1906年，德国学者莱特在当年创刊的《世界经济年鉴》中使用了"经济法"一词，用来说明与世界经济有关的各种法规。一般认为，现代意义上的"经济法"术语由此提出。

第一次世界大战前后，德国颁布了一系列经济法规，德国学者对经济法概念进行了广泛探讨，经济法的概念得以正式形成，并首先在德国流行开来，进而陆续传播到其他国家。

2. 西方国家经济法产生的历史背景

经济法是经济发展到一定阶段，由国家干预经济生活的产物，是社会经济集中和垄断的产物，具有浓厚的时代色彩。

在自由竞争的资本主义时期，以亚当·斯密为代表的学者，主张政府不要轻易干预社会经济生活，要让市场这只"看不见的手"进行市场调节。亚当·斯密的《国富论》一书对当时社会产生了重大影响，其经济理念为广大资本主义国家所接受。资本主义国家奉行"契约自由"原则，对社会经济活动采取了自由放任的政策，对经济活动几乎处于"零"干预和控制状态。

19世纪末20世纪初，一些主要资本主义国家业已过渡到垄断资本主义阶段。垄断的出现，扼杀了自由竞争，扭曲了价值规律，市场调节失灵。1929年，全球性资本主义经济危机的爆发，更是推动了人们对"不干预"理论的批判和摒弃，取而代之的是以凯恩斯为代表的"干预"理论。为医治资本主义经济危机和解决就业问题，1936年，凯恩斯出版了《就业、利息和货币通论》一书，提出了著名的"凯恩斯理论"，即主张国家通过制定政策和法律加强对社会经济生活的干预。凯恩斯理论在理论上推动了经济法的产生，被公认为是资本主义国家经济法产生的理论根据。在凯恩斯理论的推动下，具有现代意义的经济法得以产生。

3. 西方国家经济立法的发展

在经济法的立法上，对世界各国影响较大的是德国，德国是最早制定经济法的国家之一。早在1896年，德国就制定了世界上第一部《反不正当竞争法》。第一次世界大战后，作为战败国，德国经济处于崩溃的边缘，为了应对战后危机，当时的魏玛共和国在1919年颁布了世界上第一个以经济法命名的法规:《煤炭经济法》和《钾盐经济法》。德国因此被称为经济法之母。

在德国立法的影响下,为了修补第一次世界大战的创伤,日本也制定了大量的经济法律法规。比如,1925年颁布了《出口组合法》《重要出口物品工业组合法》《强制卡特尔法》,1931年制定了《国家重要产业统制法》。

在英美法系国家,历来不强调公法、私法的划分,成文法的数量也不是特别多,但是经济立法比较发达。美国在1890年通过的第一部反托拉斯法《谢尔曼反托拉斯法》,通常被认为是世界上第一部现代意义上的经济法。20世纪30年代的经济危机期间,美国还颁布了《全面工业复兴法》《黄金法案》,以及一系列银行法、证券法和证券交易法等。

第二次世界大战后,各国为恢复和发展经济,带有国家干预特征的经济立法内容和领域得到极大的拓展,经济法得到全面发展和完善。

4. 我国经济法的产生和发展

在我国,1979年以后,经济法作为独立的部门法逐步得以建立和发展。经过几十年的发展,我国现已在经济管理、企业和投资、经济活动和维护公平竞争等方面建立起比较完整的经济法框架。

(二) 经济法的概念

课堂讨论 1-1

是不是有关经济方面的法律、法规都叫经济法?

经济法是从社会整体本位出发,调整国家在干预和协调经济运行过程中所发生的经济关系的法律规范的总称。

对于经济法的含义,我们可以从以下四个方面来理解:

(1) 经济法属于法的范畴,具有法的共性。

(2) 经济法最基本的属性是它体现了国家运用法律对社会经济生活的干预。

(3) 经济法调整特定的经济关系。经济法并不调整所有的经济关系,而仅仅是调整具有全局性的和社会公共性的经济关系。

(4) 经济法是有特定调整对象的经济法律规范的总称。

(三) 经济法的调整对象

【以案学法之案例 1-1】

甲市味道香食品厂冒充某知名奶粉企业,生产劣质的奶粉在市场上销售,这一行为被该知名奶粉企业发现,诉到有关政府管理部门。有关政府管理部门责令味道香食品厂登报道歉,赔偿该知名奶粉企业的经济损失,并处罚款。

请分析:本案例中所涉及的问题是否属于经济法的调整范畴?并说明理由。

经济法的调整对象是国家在干预和协调经济运行过程中所发生的经济关系。具体而言,包括以下四个方面:

1. 企业组织管理关系

在市场经济中,企业是最主要的市场主体。国家为了协调经济的运行,从维护社会公共利益出发,对企业等市场主体的运行和经营活动进行必要的管理和干预。而这种在企业的设立、变更和终止等运行过程中以及在企业内部管理过程中发生的各种经济关系,即为企业组织管理关系,它便是经济法的调整对象之一。

2. 市场管理关系

市场管理关系就是在市场管理过程中发生的经济关系。市场由于本身存在盲目性、自发性等特点,需要国家干预,加强市场管理,规范市场行为,维护国家、生产经营者和消费者的合法权益,维护公平有序的市场经济秩序。因此,市场管理关系也就被纳入了经济法调整对象的范围。

3. 宏观经济调控关系

宏观经济调控关系是国家对国民经济的运行进行调节、控制过程中发生的经济关系。它包括财税调控关系、金融调控关系等。通过经济法对宏观经济调控关系进行调整,有利于促进资源的优化配置,保证经济各部门协调运行,实现各种利益关系的平衡。

4. 劳动和社会保障关系

劳动和社会保障关系是国家对劳动者等社会成员实行社会保障过程中发生的经济关系。国家通过经济法律规范和建立各种社会保障制度,对国民收入分配过程中发生的劳动和社会保障关系进行干预和调整,促进劳动力的合理流动,保护劳动者的基本生活需要,实现社会稳定。

(四)经济法的渊源

经济法的渊源,是指经济法律规范借以存在和表现的形式。经济法的渊源主要有以下几种:

1. 宪法

宪法是国家的根本大法,由全国人民代表大会制定和修改,具有最高的法律效力,是经济法的重要渊源。

2. 法律

法律是由全国人民代表大会及其常务委员会制定的规范性文件,其地位和效力仅次于宪法,是经济法的主要渊源。如《中华人民共和国公司法》《中华人民共和国票据法》《中华人民共和国合同法》《中华人民共和国消费者权益保护法》等。

3. 法规

法规包括行政法规和地方性法规。

行政法规是国务院根据宪法和法律的规定,为执行法律规定及履行宪法规定的行政管理职权的需要而制定的规范性文件,其地位和效力次于宪法和法律,具体的名称一般有条例、规定、办法等。如《中华人民共和国企业法人登记管理条例》等。

地方性法规是特定的地方人民代表大会及其常务委员会在不同宪法、法律、行政法规相抵触的前提下制定的地方性、规范性文件。省、自治区、直辖市的人民代表大会及其常务委员会根据本行政区域的具体情况和实际需要,在不同宪法、法律、行政法规相抵触的前提下,可以制定地方性法规。如《广东省工资支付条例》等。设区的市人民代表大会及其常务委员会根据本市的具体情况和实际需要,在不同宪法、法律、行政法规和本省、自治区的地方性法规相抵触的前提下,可以对城乡建设与管理、环境保护、历史文化保护等方面的事项制定地方性法规。

4. 规章

规章包括部门规章和地方政府规章。国务院各部委和具有行政管理职能的直属机构,根据法律和国务院的行政法规、决定、命令,在本部门的权限范围内制定的规章为部门规章。部门规章规定的事项属于执行法律或者国务院的行政法规、决定、命令的事项。省、自治区、直辖市和设区的市、自治州人民政府，根据法律、行政法规和本省、自治区、直辖市的地方性法规制定的规章为地方政府规章。其中，设区的市、自治州人民政府制定的地方政府规章，限于城乡建设与管理、环境保护、历史文化保护等方面的事项。

5．国际条约或协定

国际条约或协定是指我国与其他国家或地区缔结的双边或多边协议，以及其他具有条约、协定性质的文件。如《联合国国际货物销售合同公约》《保护工业产权巴黎公约》等。国际条约或协定也是我国经济法的渊源之一。

除此之外，司法解释、国家政策和习惯也可作为经济法的渊源。

二、经济法律关系

（一）经济法律关系的概念

课堂讨论 1-2

经济关系是否等同于经济法律关系？为什么？

经济法律关系是指经济法在调整经济管理和经济协调过程中所产生的经济权利和经济义务关系。经济关系与经济法律关系之间不能画等号，经济关系是客观存在的，靠经济规律来支配；经济法律关系是以经济法的存在为前提，是靠法律来保障的。

（二）经济法律关系的构成

任何法律关系都具有三个要素，即主体、客体、内容，三者缺一不可。作为法律关系中的一种，经济法律关系也是由主体、客体、内容三大要素构成。

1．主体

经济法律关系的主体即经济法主体，是指参加经济法律关系、享有经济权利和承担经济义务的当事人。作为经济法主体，必须具备一定的资格。未取得经济法主体资格的当事人不能参与经济法律关系，其行为不受法律保护。

经济法的主体主要包括：

（1）经济管理主体：国家机关。作为经济法主体的国家机关，主要是具有经济管理职能的经济管理机关，这些机关以管理主体的身份参与经济法律关系。如，税务部门、工商管理部门、物价部门等。

（2）市场主体：包括社会组织和个人。社会组织是指依法设立的、实行独立核算的、拥有独立财产权或经营管理权的组织，包括各类企业、事业单位、社会团体等。个人主要是参与经济法律关系、享有经济权利和履行经济义务的承包经营户、个体户和公民。

（3）其他特殊情况。经济组织内部机构在一定条件下也可以成为经济法的主体。另外，国家在特定的情况下，也可以作为经济法主体参与经济法律关系。如，国家对外签订政府贷款合同、发行政府债券等。

2．客体

经济法律关系的客体即标的，是经济法律关系主体权利义务所共同指向的对象，是经济权利和经济义务的载体。

经济法律关系客体的范围很广,主要包括:

(1)物:可以为人们控制和支配,有一定经济价值并以物质形态表现出来的物体。物是经济法律关系中最为广泛的客体。作为经济法律关系客体的物,必须满足五个方面的条件:能够满足人们的需要,即具有使用价值;可为人们所控制;具有一定的经济价值;以物质形态表现出来;非限制或禁止流通物。

(2)经济行为:经济法律关系的主体为达到一定经济目的所进行的活动。它包括经济管理行为、完成一定工作的行为(如建筑安装行为等)、提供一定劳务的行为(如仓储保管行为等)。

(3)非物质财富:包括智力成果和道德产品。智力成果,即知识产权客体,是人们创造的能够带来经济价值的创造性脑力劳动成果,如商标权、专利权、专有技术等。道德产品,即人们在各种社会活动取得的非物质的道德价值,如荣誉称号等,道德产品在一定情况下也可成为经济法律关系的客体。

课堂讨论 1-3

空气、阳光能否成为经济法律关系的客体?为什么?

3. 内容

经济法律关系的内容是指经济法律关系主体所享有的权利和承担的义务,是连接主客体的桥梁。

经济权利,是指经济法律关系的主体在经济管理和经济协调关系中依法具有的自己为一定行为或不为一定行为,或要求他人为一定行为或不为一定行为的资格。对于经济权利,经济法律关系主体可以行使,也可以放弃行使。

经济义务,是指经济法律关系主体为了满足特定的权利主体的权利要求,在法律规定的范围内为一定行为或不为一定行为的责任。

练习:请列举一个经济法律关系的例子。

(三)经济法律关系的运行

经济法律关系运行的过程,其实就是经济法律关系产生、变更和终止的过程。经济法律关系的产生,是指在特定的经济法律关系主体间形成一定的权利义务关系;经济法律关系的变更,是指经济法律关系的部分构成要素发生改变;经济法律关系的终止,是指特定的经济法律关系主体间的权利义务关系消灭。

经济法律关系的产生、变更和终止必须具备一定的条件,即要有法律事实的存在。法律事实是指经济法律法规所规定的,能够引起经济法律关系产生、变更、终止的客观情况。法律事实,依据是否以人的意志为转移,可分为事件和行为两大类。

(1)事件:能够引起经济法律关系产生、变更、终止的,不以当事人的意志为转移的客观事实,它包括自然事件和社会事件两种。其中,自然事件是自然现象引起的事实,如地震、海啸等自然灾害;社会事件是由社会现象引起的事实,如战争、游行示威、罢工等。值得一提的是,不是任何一种事件都能引起经济法律关系的产生、变更和终止,只有那些与经济法律法规相联系、能够产生一定法律后果的事件,才是经济法上的事件。如月的阴晴圆缺,因其不与经济法律法规相联系,不会产生任何法律后果,因此不是经济法意义上的事件。

(2)行为:能够引起经济法律关系产生、变更、终止的,当事人有意识的活动,行为有合法行为与违法行为之分。能够引起经济法律关系产生、变更、终止的经济行为主要有经济管理行为、经济法律行为、经济违法行为和经济司法行为等。

三、民事法律行为

(一) 民事法律行为的概念和特征

下列各项中,属于民事法律行为的是(　　)。
A. 陈某拾得一个钱包　　　　　　B. 李某种植果树
C. 杨某与商场签订买卖合同　　　D. 王某盗窃他人手机一部

1. 民事法律行为的概念

民事法律行为即法律行为,是法律事实的一种,是指民事主体通过意思表示设立、变更、终止民事法律关系的行为。

2. 民事法律行为的特征

(1)民事法律行为是能够产生一定法律后果的行为。民事法律行为的实施,可以导致民事法律关系的产生、变更和终止。

(2)民事法律行为以意思表示为要素。意思表示是指当事人把内心旨在发生一定后果的意思对外通过语言、文字或行为表达出来的行为。

(3)民事法律行为是一种合法行为,具有法律约束力。

3. 民事法律行为的分类

民事法律行为按照不同的标准,可以进行不同的分类。

1) 单方法律行为、双方法律行为和多方法律行为

根据民事法律行为所需的意思表示构成为标准,可以将民事法律行为分为单方法律行为、双方法律行为和多方法律行为。单方法律行为是指仅需一方的意思表示即可成立的民事法律行为,如免除债务、单方解除合同等。双方法律行为是指双方当事人意思表示一致方可成立的民事法律行为,如买卖、租赁等。多方法律行为,即共同行为,是指需要多方当事人意思表示一致方可成立的民事法律行为,如签订合伙协议等。

2) 诺成性法律行为和实践性法律行为

根据民事法律行为的成立是否需要交付一定的实物为标准,可以将民事法律行为分为诺成性法律行为和实践性法律行为。诺成性法律行为,又称不要物行为,是指只要行为人意思表示一致即可成立的法律行为。实践性法律行为,又称要物行为,是指除了行为人意思表示一致外,还需要交付标的物才能有效成立的法律行为。

3) 有偿法律行为和无偿法律行为

根据法律行为是否因给付而取得对价为标准,可以将民事法律行为分为有偿法律行为与无偿法律行为。有偿法律行为是指一方当事人承担某项民事义务而要求对方当事人给付对价的法律行为,如买卖合同。无偿法律行为是指一方当事人承担某项民事义务而不要求对方当事人给予对价的法律行为,如赠与合同。

4）要式法律行为和非要式法律行为

根据民事法律行为的成立是否必须采用法定的形式为标准,可以将民事法律行为分为要式法律行为和非要式法律行为。要式法律行为是指必须采用法律规定的形式才能成立的民事法律行为。非要式法律行为是指法律没有规定特定形式而允许当事人选择约定形式的民事法律行为。

5）单务法律行为和双务法律行为

根据当事人之间民事权利和民事义务的构成为标准,可以将民事法律行为分为单务法律行为和双务法律行为。单务法律行为是指民事法律行为的一方当事人负有义务,而另一方当事人仅享有权利的法律行为,如赠与行为等。双务法律行为是指民事法律行为的双方当事人均承担义务,也均享有权利的法律行为。

6）主法律行为和从法律行为

根据法律行为之间的依存关系为标准,可以将民事法律行为分为主法律行为和从法律行为。主法律行为是指不需要有其他法律行为的存在就可以独立成立的法律行为,如订立买卖合同。从法律行为是指从属于其他法律行为而存在的法律行为,如订立担保合同。

从法律行为的效力依附于主法律行为,主法律行为不成立,从法律行为则不能成立;主法律行为无效,则从法律行为亦不能生效。

（二）民事法律行为的成立要素与生效要件

1. 民事法律行为的成立要素

民事法律行为的成立一般需要具备当事人、意思表示和内容等要素。其中,意思表示被认为是民事法律行为成立的核心要素。

2. 民事法律行为的生效要件

民事法律行为需要具备下列生效要件:

(1) 行为人具有相应的民事行为能力(自然人的民事行为能力分类如表1-1所示);

(2) 意思表示真实;

(3) 不违反法律、行政法规的强制性规定,不违背公序良俗。

表1-1 自然人的民事行为能力分类表

	完全民事行为能力人	限制民事行为能力人	无民事行为能力人
范围	十八周岁以上的自然人; 十六周岁以上的未成年人,以自己的劳动收入为主要生活来源的	八周岁以上的未成年人; 不能完全辨认自己行为的成年人	不满八周岁的未成年人; 不能辨认自己行为的成年人以及不能辨认自己行为的八周岁以上的未成年人
效力	可以独立实施法律行为	可以独立实施纯获利益的法律行为或者与其年龄、智力、精神健康状况相适应的法律行为; 超出此范围的法律行为应当由其法定代理人代理,或者经其法定代理人事先同意、事后追认	独立实施的法律行为一律无效,应当由其法定代理人代理实施法律行为

（三）附条件和附期限的民事法律行为

1. 附条件的民事法律行为

1）附条件的民事法律行为的概念

附条件的民事法律行为，指当事人在法律行为中约定一定的条件，并以条件成就与否决定法律行为生效或者消灭的法律行为。它包括附生效条件的民事法律行为和附解除条件的民事法律行为。

附生效条件的民事法律行为，自条件成就时生效。附解除条件的民事法律行为，自条件成就时失效。当事人为自己的利益不正当地阻止条件成就的，视为条件已成就；不正当地促成条件成就的，视为条件不成就。

2）民事法律行为所附条件的特征

（1）条件具有未来性，即属于将来发生的事实。如果当事人约定的事实在实施民事法律行为时已经发生或者正在发生，则不构成民事法律行为的所附条件。

（2）条件具有或然性，即属于不确定的事实，当事人在约定时不知道其将来是否发生。如果当事人在约定时确知在将来会发生或者不会发生的事实，则均不构成民事法律行为的所附条件。

（3）条件具有意定性，即属于当事人意定的事实，法定的事实则不属于民事法律行为的所附条件。

（4）条件具有合法性，即属于合法的事实。当事人所约定的事实条件，应当符合法律的要求，不得违反法律的强制性规定，也不得有悖于社会公共利益和社会公德。

2. 附期限的民事法律行为

附期限的民事法律行为，是指在法律行为中约定一定的期限，把期限的到来作为法律行为生效或终止依据的法律行为。它包括附生效期限的民事法律行为和附终止期限的民事法律行为。

法律行为所附的生效期限，又称始期，是法律行为效力发生的期限；终止期限，又称终期，是法律行为效力消灭的期限。附生效期限的民事法律行为，自期限届至时生效；附终止期限的民事法律行为，自期限届满时失效。

法律行为所附的期限可以是确定的期限，也可以是不确定的期限，但都是一定会发生的，是将来肯定会发生的事实，这是与附条件的法律行为所附条件的根本不同。如，甲、乙约定，如果甲死亡，则乙赠予甲的儿子丙50万元，属于附期限的民事法律行为；但如果甲、乙约定，如果甲此次在住院期间死亡，则乙赠予甲的儿子丙50万元，属于附条件的民事法律行为。

（四）可撤销的民事法律行为

1. 可撤销的民事法律行为的概念

可撤销的民事法律行为是指民事行为虽已成立并生效，但由于意思表示存在瑕疵，因行为人行使撤销权，使其自始不发生效力的民事行为。

2. 可撤销的民事法律行为的表现

根据《民法总则》的规定，有下列行为的，一方有权请求法院或仲裁机构予以撤销：

（1）基于重大误解实施的民事法律行为；

（2）以欺诈手段，使对方在违背真实意思的情况下实施的民事法律行为；

(3) 以胁迫手段,使对方在违背真实意思的情况下实施的民事法律行为;
(4) 利用对方处于危困状态、缺乏判断能力等情形,致使民事法律行为成立时显失公平的。

3. 可撤销的民事法律行为的法律后果

民事法律行为被撤销的,自始没有法律约束力。民事法律行为被撤销后,行为人因该行为取得的财产,应当予以返还;不能返还或者没有必要返还的,应当折价补偿。有过错的一方应当赔偿对方由此所受到的损失;各方都有过错的,应当各自承担相应的责任。

(五) 无效的民事法律行为

1. 无效的民事法律行为的概念

无效的民事法律行为指已经成立的民事行为,但由于不具备民事法律行为的生效要件,因而自始不能产生行为人预期后果的行为。

2. 无效的民事法律行为的表现

根据《民法总则》的规定,下列民事法律行为无效:
(1) 无民事行为能力人实施的民事法律行为;
(2) 行为人与相对人以虚假的意思表示实施的民事法律行为;
(3) 违反法律、行政法规的强制性规定的民事法律行为,但是该强制性规定不导致该民事法律行为无效的除外;
(4) 违背公序良俗的民事法律行为;
(5) 行为人与相对人恶意串通,损害他人合法权益的民事法律行为。

3. 无效的民事法律行为的法律后果

无效的民事法律行为,自始没有法律约束力。民事法律行为部分无效,不影响其他部分效力的,其他部分仍然有效。

民事法律行为无效的,行为人因该行为取得的财产,应当予以返还;不能返还或者没有必要返还的,应当折价补偿。有过错的一方应当赔偿对方由此所受到的损失;各方都有过错的,应当各自承担相应的责任。

四、法人制度与代理制度

(一) 法人制度

一般认为,法人的术语起源于罗马法。但法人作为制定法上的概念,则肇始于1794年普鲁士邦普通法典,于1896年被《德国民法典》采用。法人制度是世界各国规范经济秩序以及整个社会秩序的一项重要法律制度。

1. 法人的概念

法人是自然人的对称,是在法律上人格化了的,具有民事权利能力和民事行为能力,依法独立享有民事权利、承担民事义务的社会组织。法人在本质上是国家赋予一定的社会组织以法律上的人格,即人格化的法律组织。

2. 法人的分类

1) 公法人与私法人

依据法人设立的法律依据为标准,可以将法人分为公法人和私法人。依公法设立的法人为公法人,如国家管理机关;依私法设立的法人为私法人,如公司。

根据法人的内部结构的不同,私法人又分为社团法人和财团法人。通常认为,社团法人以人的存在为成立基础的法人,是人的集合体,社团法人主要有公司、合作社、协会等。财团法人是以财产的集合为成立基础的法人,是财产的集合体,财团法人没有组织成员,只有来源于捐献的财产,如各慈善团体、基金会等。

根据法人的成立目的的不同,社团法人又分为营利法人和公益法人。以营利为目的的社团法人为营利法人,如公司、银行等。以公益为目的的社团法人为公益法人,如学校等。

2) 企业法人与非企业法人

根据法人设立的宗旨和所从事活动的性质不同,将法人分为企业法人和非企业法人。企业法人是以营利为目的、独立从事商品生产和经营活动的法人,典型的企业法人是公司。非企业法人是指依法设立,从事生产经营活动之外的其他社会活动的法人,主要有机关法人、事业单位法人和社会团体法人。

3. 法人的成立要件

法人是一种社会组织,但并不是任何社会组织都是法人。社会组织要取得法人资格,必须具备法定的成立要件。法人的成立应当具备下列条件:

(1) 依法成立,法人的成立必须符合法律规定的条件和程序。
(2) 有必要的财产和经费,这是法人从事民事活动的物质基础。
(3) 有自己的名称、组织机构和场所,名称是法人区别于其他民事主体的标志。
(4) 能够独立承担民事责任。

4. 法人的民事能力

1) 法人的民事权利能力

法人的民事权利能力是指法人享有民事权利和承担民事义务的资格。法人的民事权利能力从法人成立时产生,到法人终止时消灭。法人民事权利能力的内容因法人的性质、目的、业务范围的不同而有所区别。

2) 法人的民事行为能力

法人的民事行为能力是指法人在法定范围内以自己的行为取得民事权利和承担民事义务的资格。法人的民事行为能力,与法人的民事权利能力一样,从法人成立时产生,到法人终止时消灭。而且,法人的民事行为能力与民事权利能力在范围上一致。

3) 法人的民事责任能力

法人的民事责任能力是指法人因违反法定或约定的义务而独立承担民事责任的资格。法人的民事责任能力的范围包括侵权责任和合同责任两个方面。

(二) 代理制度

在当事人没有约定的情况下,下列行为可以由他人代理完成的是(　　　)。

　　A. 订立遗嘱　　　　B. 登记结婚　　　　C. 租赁房屋　　　　D. 收养子女

1. 代理的含义和法律特征

代理,是指代理人在代理权限范围内,以被代理人的名义独立与第三人进行法律行为,由此产生的法律后果直接归属于被代理人的行为和相应的法律制度。代理关系主要有三方当事人：被代理人（或称本人、委托人）、代理人和第三人（或称相对人，指与代理人进行法律行为的人）。

代理作为一种行为或法律制度，具有如下几个方面的特征：

（1）代理是一种能够产生法律上的权利与义务的法律行为，这种特征能将其与事务性的代办行为（如代为整理资料、代人抄写作业等）区别开来。

（2）代理是以被代理人的名义进行的民事法律行为。以被代理人的名义是指代理人所实施的代理行为的一方当事人为被代理人，而不是代理人。是否以被代理人名义进行民事法律行为是区分代理行为与非代理行为（如行纪行为等）的标志。

（3）代理是代理人在被代理人授权范围内独立作出的意思表示。代理人在代理权限范围内，按照自己的意志独立进行代理活动。代理的这一特征是代理与无权代理相区分的标准。

（4）代理行为产生的法律后果由被代理人承担。

2. 代理的种类

按照代理权产生原因的不同，代理可以分为两种：委托代理和法定代理。

委托代理，是指代理人的代理权是基于被代理人的委托授权而产生的委托代理是最主要的一种代理，这种代理的代理权产生于被代理人的单方法律行为。

法定代理，是指代理人的代理权是基于法律的直接规定而产生的代理。这种代理与民事主体制度息息相关，主要适用于无民事行为能力或限制民事行为能力的人实施民事活动或者确定监护人的问题。

3. 代理的适用范围

《中华人民共和国民法通则》（以下简称《民法通则》）第六十三条规定："公民、法人可以通过代理人实施民事法律行为。""依照法律规定或者按照双方当事人约定，应当由本人实施的民事法律行为，不得代理。"这是对代理适用范围的法律规定。从中可以看出，并不是所有的行为都适用代理。具有人身属性的行为和具有严格人身性质的债务，不适用代理，而应根据法律规定或者当事人的约定必须由本人亲自实施。如，结婚、收养子女、订立遗嘱或者受约演出、创作字画等法律行为。除此之外，违法行为也不适用代理。

4. 无权代理与表见代理

【以案学法之案例1-2】

顺利公司在对外交易中，一直由陈俊作为其代理人。后因某些原因，该公司撤销了陈俊的代理权改由李立代理，但没有将此事通知与其交易的高效公司。陈俊仍以顺利公司的名义与高效公司订立了一批货物买卖合同。高效公司付款后，却未收到顺利公司的货物。

请思考：陈俊以顺利公司的名义与高效公司订立的货物买卖合同是否有效？为什么？

1）无权代理

无权代理是指没有代理权、超越代理权或者代理权终止后进行的代理活动。无权代理表现为三种情形：未经被代理人授权的行为；代理权被撤销或终止后的行为；超越代理权的行为。

一般而言，无权代理行为对被代理人没有法律约束力。只有经过被代理人的追认，被代理人才承担民事责任；未经追认的行为，由行为人承担民事责任。

2）表见代理

表见代理是指行为人无代理权，仍以被代理人的名义与第三人进行民事行为，在客观上足以使第三人有理由相信其有代理权实施的代理行为。表见代理行为有效，其法律后果由被代理人承担。

5. 违反职责的代理与违法代理

1) 违反职责的代理

违反职责的代理包括三种情形：自己代理、双方代理、代理人与相对人恶意串通。

自己代理，是指代理人以被代理人的名义与自己实施民事法律行为。这种行为一般属于滥用代理权，但若征得被代理人的事先同意或者追认的，以及法定代理中未成年子女纯获利益的除外。

双方代理，是指代理人同时代理两方被代理人进行同一民事活动，这是一种滥用代理权的行为，但是被代理的双方同意或者追认的除外。

代理人与相对人恶意串通，损害被代理人合法权益的，代理人和相对人应当承担连带责任。

2) 违法代理

违法代理是指代理人代理的事项违法或者代理行为本身违法。代理人知道或者应当知道代理事项违法仍然实施代理行为，或者被代理人知道或者应当知道代理人的代理行为违法未作反对表示的，被代理人和代理人应当承担连带责任。

6. 代理终止

1) 委托代理的终止

委托代理终止的情形有以下几种：

（1）代理期间届满或者代理事务完成；

（2）被代理人取消委托或者代理人辞去委托；

（3）代理人丧失民事行为能力；

（4）代理人或者被代理人死亡；

（5）作为代理人或者被代理人的法人、非法人组织终止。

但是，被代理人死亡后，有下列情形之一的，委托代理人实施的代理行为仍有效：代理人不知道并且不应当知道被代理人死亡；被代理人的继承人予以承认；授权中明确代理权在代理事务完成时终止；被代理人死亡前已经实施，为了被代理人的继承人的利益继续代理。

2) 法定代理的终止

法定代理终止的情形有以下几种：

（1）被代理人取得或者恢复完全民事行为能力；

（2）代理人丧失民事行为能力；

（3）代理人或者被代理人死亡；

（4）法律规定的其他情形。

本章理论知识学习小结

本章主要对经济法的概念和调整对象、经济法律关系、民事法律行为、法人制度和代理制度等经济法基本理论知识进行了介绍。经济法概述理论知识整理如图1-1所示。

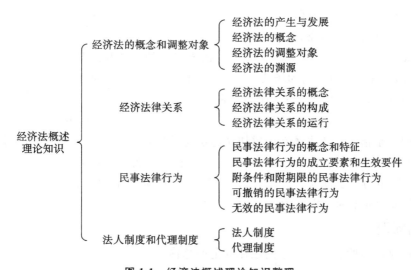

图 1-1 经济法概述理论知识整理

任务三 知识巩固与能力提升

一、知识巩固

（一）单项选择题

1. 经济法的调整对象是（　　）。
A. 所有经济法律关系　　　　　　B. 各种经济关系
C. 一定范围内的经济关系　　　　D. 经济权利和经济义务关系
2. 经济法律关系的发生、变更和终止，总是由一定的（　　）所引发的。
A. 当事人的要求　　B. 事件　　　C. 行为　　　　D. 法律事实
3. 经济法律关系是（　　）对特定经济关系调整的结果。
A. 道德伦理　　　B. 风俗习惯　　C. 经济法　　　D. 党的纪律
4. 经济法律关系的内容是（　　）。
A. 主体　　　　　B. 客体　　　　C. 内容　　　　D. 权利义务
5. 下列各项中，属于法律事实中事件的是（　　）。
A. 经济管理行为　B. 战争　　　　C. 签订合同　　D. 倾销商品
6. 下列经济法主体中具有法人资格的是（　　）。
A. 个体工商户　　B. 公司　　　　C. 农村承包经营户　D. 合伙企业

（二）多项选择题

1. 下列可以成为我国经济法律关系主体的有（　　）。
A. 国家经济管理机关　　　　　B. 个体工商户
C. 企业法人　　　　　　　　　D. 公民
2. 经济法律关系的构成要素是（　　）。
A. 主体　　　　　B. 主观方面　　C. 客体

D. 客观方面　　　　E. 内容
　3. 法人应当具备（　　）条件。
　　A. 依法成立　　　　　　　　B. 有必要的财产和经费
　　C. 有自己的名称、组织机构和场所　　D. 能够独立承担民事责任
　4. 下列各项中，可以作为经济法律关系客体的是（　　）。
　　A. 阳光　　　　B. 商标权　　　　C. 空气　　　　D. 房屋
　5. 经济权利是指经济法主体在国家协调经济运行过程中，依法具有（　　）的资格。
　　A. 自己必须为一定行为　　　　B. 自己可以为一定行为
　　C. 自己可以不为一定行为　　　D. 自己必须不为一定行为
　　E. 要求他人为或不为一定行为

（三）判断题

1. 经济法是调整所有经济关系的法律规范的总称。（　　）
2. 国家在一定情况下也可以成为经济法律关系的主体。（　　）
3. 法律事件就是指能够引起经济法律关系产生、变更和终止的客观情况。（　　）
4. 作为法律事实中的行为，包括合法行为和违法行为。（　　）
5. 经济法律关系主体可以是双方互有权利、义务，也可以是一方只享有权利，另一方只承担义务。（　　）
6. 美国的《克莱顿法》被认为是现代反垄断法之母。（　　）

二、项目实训与能力提升

（一）以法析案

　　广州某公司的江明2019年国庆节与妻子外出旅游，他选择了新江旅行社提供的"昆明—大理5日游"。预订10月2日上午乘飞机去昆明，10月7日上午返程。在云南期间，有进口空调大巴接送他们至旅馆及各景点，住宿条件为三星级宾馆、双人房，旅行社承担第一门票及三餐，每日餐费50元/人，旅行社为每位旅客购买人身意外伤害险，保额为2万元，旅行费用为4500元/人。江明在9月20日到新江旅行社付款9000元，并办理了相关手续。
　　请分析该案例中法律关系的主体、客体和内容。

（二）能力提升训练

　1. 训练内容
　　关注和收集当下与经济法相关的社会热点现象，并选择其一进行分析和展开讨论。
　2. 训练目的
　　通过训练，培养学生对经济法的学习兴趣，提高学生分析问题的能力、沟通能力、语言表达能力、组织协调能力，培养团队合作精神，提升学生综合素质。
　3. 训练的形式和要求
　　以小组为单位完成。全班同学每8～9人分为一组，每组推选一名小组长，组长对本组同学进行合理分工。训练任务在小组长的组织下展开，各组将分析和讨论情况加以整理和记录，并选派代表到讲台上将本组讨论情况做主题发言。

第二章
市场主体法

JINGJIFA JICHU

学习目标

(1) 掌握个人独资企业的设立和变更、事务管理、解散与清算等内容。

(2) 掌握普通合伙企业设立、事务执行、入伙与退伙、普通合伙企业的内部关系与外部关系、有限合伙企业的规定。

(3) 掌握公司的分类、基本法律制度;有限公司、股份公司设立的条件、组织机构;有限公司股权的转让和股份公司股份发行与转让。

(4) 了解个人独资企业的概念、特征、设立程序。

(5) 了解合伙企业概念、特征、解散与清算、特殊的普通合伙企业等。

(6) 了解公司的相关概念、特征、公司的合并与分立、解散与清算等法律规定。

(7) 能运用所学知识,解决与个人独资企业相关的法律问题。

(8) 能运用合伙企业法律知识,分析和解决现实中的问题。

(9) 能运用公司法律知识,设立一家有限公司。

重点和难点

重点:

(1) 个人独资企业的设立条件。

(2) 普通合伙企业的事务执行、入伙与退伙,有限合伙企业的法律规定。

(3) 公司的设立、有限公司的组织机构和股权转让、一人公司的特殊规定、股份公司的股份发行。

难点:

(1) 个人独资企业的法律责任形式。

(2) 合伙企业的内部关系与外部关系。

(3) 股权的继承、公司人格否认制度、独立董事制度。

本章学习所涉及的规范性法律文件

(1)《中华人民共和国个人独资企业法》(以下简称《个人独资企业法》)。

(2)《中华人民共和国合伙企业法》(以下简称《合伙企业法》)。

(3)《中华人民共和国公司法》(以下简称《公司法》)。

(4) 最高人民法院关于适用《中华人民共和国公司法》若干问题的规定(一)~(四)。

第一节 个人独资企业法律制度

任务一 课前思考

一、问题提出

(1) 什么是个人独资企业?如何设立一家个人独资企业?

(2) 个人独资企业的投资人有哪些特别规定？
(3) 个人独资企业在什么样的情况下应当解散？

二、案例导入

李勇大学毕业后到一家企业工作，经济上独立于其家庭。后来企业的效益连连滑坡，濒临破产，于是他自立门户创建了一家独资企业，自己当老板。其企业的大致情况如下：2018年8月，在工商行政管理局注册成立一家个人独资企业，取名为"昆海化妆品经销公司"，注册资本为人民币1000元。企业成立后，营业形势甚好，收益颇丰。于是，其朋友庄民与李勇协议参加独资企业的投资经营，并投资5万元人民币。企业聘用了10名员工，但未为员工购买社会保险，也未与员工签订劳动合同。后来该企业因经营不善，负债10万元人民币。因企业财产不足清偿而被债权人、职工诉诸法院。法院审理后认为李勇与庄民形成事实上的合伙关系，判决李勇、庄民为职工补缴社会保险，并对企业的债务承担无限连带责任。

请思考：
(1) 该企业的设立是否合法？
(2) 李勇允许庄民参加投资、经营的行为是否合法？
(3) 企业是否应与职工签订劳动合同并购买社保？

任务二　理论知识学习

一、个人独资企业的概念与法律特征

1. 个人独资企业的概念

个人独资企业是企业发展史上产生最早、最简单、为数众多的企业形式，也是我国市场经济条件下，颇受广大中小投资者青睐的企业组织形式。为规范个人投资企业的行为，保护投资人和债权人的合法权益，我国2000年1月起正式施行了《个人独资企业法》。

关于个人独资企业的概念，《布莱克法律词典》作出了界定：个人独资企业，是一种与合伙企业和公司相对立的个人拥有企业财产的组织形式。

在我国，根据《个人独资企业法》的规定，个人独资企业是指依法在我国境内设立，由一个自然人投资，财产为投资人个人所有，投资人以其个人财产对企业债务承担无限责任的经营实体。

2. 个人独资企业的法律特征

作为一种企业形态，个人独资企业与其他企业形态相比较，具有以下法律特征：

(1) 投资主体的单一性。个人独资企业的投资主体具有单一性，这种单一性表现在两个方面：一是投资主体数量的单一性，即个人独资企业投资人有且只有一个；二是投资主体资格具有单一性，即个人独资企业的投资人仅限于自然人，法人和其他组织被排除在投资人之外。

(2) 性质上的非法人性。个人独资企业在性质上是非法人企业。一方面，个人独资企业没有独立的财产，企业的财产即是投资人个人的财产；另一方面，个人独资企业不能独立承担民事责任，企业的责任是投资人个人的责任，投资人对企业的债务承担无限责任。因此，个人独资企业不具有法人资格，但它可以作为独立的民事主体，能够以自己的名义从事民事、经济活动。

(3) 投资人责任的无限性。当企业资产不足清偿到期债务时，投资人应以个人的全部财产对企业债务承担无限责任。这是个人独资企业与公司在投资人责任形式上的显著区别。

（4）权利义务的融合性。个人独资企业的投资人是企业的所有权人，在义务责任上对企业债务承担无限责任。因此，个人独资企业与投资人在权利、义务、责任上融为一体。

课堂讨论 2-1

个人独资企业与个体工商户的关系。

二、个人独资企业的设立和变更

【以案学法之案例 2-1】

2018年10月28日，周某准备到某市中心投资开店，项目名称为"伤心酸辣粉店"。2018年11月5日至11月20日，陈某夫妇分别以实物和现金的形式5次为开店投资共计人民币55 050元，周某之妻向陈某夫妇开具了5张收据。2019年1月30日，周某私自到工商局申请个人独资企业登记。工商局根据周某提交的申请材料，作出了准予登记的决定，并核发《个人独资企业营业执照》。后来陈某夫妇不服该项登记，向法院提起行政诉讼。法院经审理判决：确认被告工商局核发给周某的《个人独资企业营业执照》无效。

请思考：法院为什么会判决确认《个人独资企业营业执照》无效？

（一）个人独资企业的设立条件

根据我国《个人独资企业法》的规定，设立个人独资企业应当具备以下条件：

1. 投资人为一个自然人

个人独资企业，顾名思义，是一个人投资的企业。要设立个人独资企业，其投资人必须是一个自然人，而且必须是具有中国国籍的自然人，法人和其他组织不能作为投资人。当然，也不是所有的自然人都可以投资开办个人独资企业。国家公务员、商业银行工作人员等法律、行政法规禁止从事营利性活动的人，不得作为投资人申请设立个人独资企业。

2. 有合法的企业名称

个人独资企业名称是企业享有的一种人格权，它必须合法，才能受法律保护。个人独资企业的名称应当符合名称登记管理有关规定，并应当与其责任形式及从事的营业相符合。个人独资企业的名称中不得使用"有限""有限责任""公司"等字样，但可以使用"厂""部""店""中心""工作室"等，如电器维修部、服装店。

3. 有投资人申报的出资

在设立个人独资企业时，我国法律仅要求投资人有自己申报的出资即可，对出资数额未作规定和限制，但一般而言，投资人申报的出资额应与企业的生产经营规模相适应。投资人可以个人财产申报出资，也可以其家庭共有财产作为个人申报出资，但应当在设立申请书中予以明确。

4. 有固定的生产经营场所和必要的生产经营条件

个人独资企业作为企业，作为经营实体，应当有别于行商游贩、走街串巷叫卖的小本生意人，需要固定的场地设施，在比较固定的地点，从事特定的生产经营活动，提供相应的服务或商品。同时，也要具备必要的生产经营条件，比如机器设备、营销柜台等。

5. 有必要的从业人员

个人独资企业要有与其生产经营范围、规模相适应的从业人员。

(二) 个人独资企业的设立程序

与法人企业相比较,个人独资企业的设立程序相对简单,主要包括两个环节:提交申请和核准登记。

1. 提交申请

设立个人独资企业,由投资人向个人独资企业所在地的登记机关申请设立登记。申请时应提交设立申请书、投资人身份证明、生产经营场所使用证明等文件。从事法律、行政法规规定须报经有关部门审批的业务,应当在申请设立登记时提交有关部门的批准文件。投资人也可以委托其代理人申请设立登记,委托代理人申请设立登记时,还应当出具投资人的委托书和代理人的合法证明。

2. 核准登记

登记机关应在收到设立申请文件之日起十五日内,作出核准登记或者不予登记的决定。对符合法定条件的,予以登记,发给营业执照;对不符合法定条件的,不予登记,并应给予书面答复,说明理由。个人独资企业营业执照的签发日期,为个人独资企业成立日期。但在领取个人独资企业营业执照前,投资人不得以个人独资企业的名义从事经营活动。

(三) 个人独资企业的变更

个人独资企业的变更,是指个人独资企业在存续期间,其名称、住所、经营范围等登记事项发生改变。个人独资企业存续期间登记事项发生变更的,应当在作出变更决定之日起的15日内依法向登记机关申请办理变更登记。

三、个人独资企业的事务管理

个人独资企业的事务管理,关系到个人独资企业投资人及其他负责个人独资企业事务管理人员的利益,也关系到个人独资企业的对外责任和交易相对人的利益,因此,我国《个人独资企业法》对个人独资企业的事务管理作出相应的规定,从法律上加以规范。

【以案学法之案例2-2】

方某委托陈某管理其个人独资企业,并授权陈某在10万元以内的开支和100万元以内的合同交易可自行决定。陈某未经方某同意与某不知情的公司签订交易额为200万元人民币的合同,向某不知情的电视台支付广告费12万元人民币,将自己的房屋以150万元人民币出售给方某的独资企业。

请思考:陈某受托期间实施的行为是否有效?为什么?

(一) 个人独资企业事务的管理方式

我国《个人独资企业法》对个人独资企业事务管理的方式作了较为灵活的规定。个人独资企业事务的管理方式主要有两种:

1. 自行管理

自行管理是由投资人自己直接管理个人独资企业的事务。

2. 委托或聘用管理

委托或聘用管理是由投资人委托或者聘用其他人负责企业的事务管理。投资人委托或聘用他人管理个人独资企业事务时,应注意以下三个方面的问题:

(1) 受托人或被聘用人的资格。受托人或被聘用人应具有民事行为能力。

(2) 在程序上,投资人委托或者聘用他人管理个人独资企业事务,应当与受托人或者被聘用人签订书面合同,明确委托的具体内容和所授权利的性质、种类和行使条件等内容。

(3) 为保护善意第三人的合法利益,法律规定,投资人对受托人或者被聘用的人员职权的限制,不得对抗善意第三人。所谓善意第三人,是指对投资人予以受托人或被聘用人的权限不知情的第三人。受托人或者被聘用人超越权限与善意第三人发生的相关业务交易,应视为有效交易,受法律保护,投资人应承担委托的法律后果,不得以委托权利的限制对抗善意第三人。

【法条链接 2-1】

《个人独资企业法》第十九条规定:"投资人对受托人或者被聘用的人员职权的限制,不得对抗善意第三人。"

(二) 受托人或被聘用人的义务

受托人或被聘用人管理个人独资企业事务应当履行相应的义务,这些义务包括命令性和禁止性两个规则。

1. 命令性规则

受托人或者被聘用的人员在管理个人独资企业事务时,应当履行诚信、勤勉义务和损害赔偿义务。

(1) 诚信、勤勉义务,即忠实、注意义务。受托人或被聘用的人员在管理企业事务中应当忠实于所管理企业的利益,诚实、信用地行使自己的职权,履行自己的管理职责,以处理个人事务时所具有的尽职尽责的态度,严格按照与投资人签订的合同审慎地管理个人独资企业的事务。

(2) 损害赔偿义务。投资人委托或者聘用的人员管理个人独资企业事务时违反双方订立的合同,给投资人造成损害的,应当承担民事赔偿责任。

2. 禁止性规则

受托人或者被聘用的人员在管理个人独资企业事务时,禁止从事下列十项行为:

(1) 利用职务上的便利,索取或者收受贿赂;

(2) 利用职务或者工作上的便利侵占企业财产;

(3) 挪用企业的资金归个人使用或者借贷给他人;

(4) 擅自将企业资金以个人名义或者以他人名义开立账户储存;

(5) 擅自以企业财产提供担保;

(6) 未经投资人同意,从事与本企业相竞争的业务;

(7) 未经投资人同意,同本企业订立合同或者进行交易;

(8) 未经投资人同意,擅自将企业商标或者其他知识产权转让给他人使用;

(9) 泄露本企业的商业秘密;

(10) 从事法律、行政法规禁止的其他行为。

四、个人独资企业的解散与清算

【以案学法之案例 2-3】

甲以个人财产设立了一家个人独资企业,后甲病故,其妻和其子女(均已满18岁)都明确表示不愿继承该企业。

请思考:该企业应该怎么办?

(一) 个人独资企业的解散

1. 个人独资企业解散的事由

个人独资企业的解散是相对于个人独资企业成立而言的。个人独资企业的解散,是指个人独资企业因出现某些法定的事由而导致其作为经济实体的资格消灭的行为。根据法律规定,个人独资企业符合下列事由之一的,应当解散:

(1) 投资人决定解散;

(2) 投资人死亡或者被宣告死亡,无继承人或者继承人决定放弃继承;

(3) 被依法吊销营业执照;

(4) 法律、行政法规规定的其他情形。

在上述四项法定解散事由中,第一、二个事由属于自行解散,即个人独资企业投资人自己决定解散或者因强制解散以外的原因导致企业解散的情形。第三个事由为强制解散的情形,即个人独资企业违反了法律、法规的规定而依法必须解散。

宣告死亡及其法律后果

1. 宣告死亡及其条件

宣告死亡,又称推定死亡,是指自然人离开住所,下落不明达到法定期限,经利害关系人申请,由法院宣告其死亡的法律制度。公民被宣告死亡应当符合下列条件:

(1) 公民处于持续下落不明状态并达到一定期间。根据《民法通则》的规定,投资人下落不明满四年,或者因意外事故下落不明,自事故发生之日起满二年。战争期间下落不明的,下落不明的时间从战争结束之日起计算。

(2) 要经利害关系人向法院申请。利害关系人的顺序:一是配偶,二是父母和子女,三是兄弟姐妹、祖父母、外祖父母、孙子女、外孙子女,四是其他具有民事权利义务关系的人。

2. 宣告死亡的法律后果

宣告死亡发生与自然死亡同样的法律后果:

(1) 被宣告死亡人丧失民事主体资格,其民事权利能力和民事行为能力终止;

(2) 婚姻关系:被宣告死亡人与其配偶之间的婚姻关系消灭;

(3) 财产关系:其个人合法财产变为遗产,继承人开始继承遗产;

(4) 子女收养关系:其子女可以被他人依法收养。

宣告死亡只是推定死亡,如果被宣告死亡人事实上没有死亡,有民事行为能力的人在被宣告死亡期间实施的民事法律行为有效。

【以案学法之案例 2-4】

李某以夫妻共有的写字楼作为出资设立樱园服装设计中心。企业设立后,其妻张某购体育彩票中奖 30 万元,后提出与李某离婚。离婚诉讼期间,樱园服装设计中心宣告解散,但欠银行债务 80 万元。该项债务的清偿责任应如何确定?以下哪一项是正确的?

A. 李某以其在家庭共有财产中应占的份额对银行承担无限责任。
B. 李某以家庭共有财产承担无限责任,但不包括张某中奖的 30 万元。
C. 李某以全部家庭共有财产承担无限责任,包括张某中奖的 30 万元在内。
D. 李某仅以写字楼对银行承担责任。

【以案学法之案例 2-5】

郑某投资兴建一粮油经销店,2014 年 3 月 29 日与 B 市大米加工厂签订价款为 3 万元的大米购销合同。2014 年 5 月 10 日该店收到大米后未支付货款,同年 5 月 31 日被有关部门吊销营业执照。2019 年 6 月 1 日,B 市大米加工厂向法院起诉,请求郑某支付货款。

请思考:B 市大米加工厂的请求能否得到法院的支持?为什么?

2. 个人独资企业解散后的责任承担

(1) 责任承担的持续。个人独资企业解散后,投资人的偿债责任并不能随之免除,投资人对个人独资企业存续期间的债务仍应承担偿还责任。根据我国《个人独资企业法》的规定,个人独资企业解散后,其财产不足以清偿债务的,投资人应当以其个人的其他财产予以清偿,如果投资人以其家庭共有财产作为个人出资的,应当以家庭共有财产对企业债务进行清偿。

(2) 责任的消灭。个人独资企业解散后,虽然投资人对个人独资企业存续期间的债务仍应承担偿还责任,但投资人所承担的债务偿还责任不是无限期的。如果债权人在个人独资企业解散后五年内未向债务人提出偿债请求的,则该责任消灭。

【法条链接 2-2】

《个人独资企业法》第十八条规定:"个人独资企业投资人在申请企业设立登记时明确以其家庭共有财产作为个人出资的,应当依法以家庭共有财产对企业债务承担无限责任。"

《个人独资企业法》第二十八条规定:"个人独资企业解散后,原投资人对个人独资企业存续期间的债务仍应承担偿还责任,但债权人在五年内未向债务人提出偿债请求的,该责任消灭。"

(二)个人独资企业的清算

个人独资企业的解散并不意味着独资企业立即消灭。个人独资企业解散时,应当依法进行清算。清算是处理解散企业未了结的各种法律关系的程序。

1. 清算的方式

个人独资企业解散,由投资人自行清算或者由债权人申请人民法院指定清算人进行清算。

(1) 投资人自行清算,即个人独资企业的投资人自己对企业进行清算。投资人自行清算的,应当在清算前十五日内书面通知债权人,无法通知的,应当予以公告。债权人应当在接到通知之日起三十日内,未接到通知的应当在公告之日起六十日内,向投资人申报其债权。

(2) 债权人申请人民法院指定清算人进行清算,这是法律对个人独资企业债权人一项权利的规定。个人独资企业的解散、清算,直接关系到债权人的利益。如果债权人出于其他考虑,向法院提出申请,法院可以指定投资人以外的人为清算人进行清算。

2. 财产清偿的顺序

个人独资企业解散后,财产应当按照下列顺序进行清偿:

(1) 所欠职工工资和社会保险费用;

(2) 所欠税款;

(3) 其他债务。

3. 注销登记

个人独资企业清算结束后,投资人或者法院指定的清算人应编制清算报告,并于十五日内到登记机关办理注销登记。经登记机关注销登记,个人独资企业正式终止。

本节理论知识学习小结

本节主要对个人独资企业的概念与法律特征、设立和变更、事务管理、解散与清算等个人独资企业法律制度有关理论知识进行了系统介绍。个人独资企业法律制度理论知识整理如图2-1所示。

个人独资企业法律制度理论知识
- 个人独资企业的概念与法律特征
- 个人独资企业的设立和变更
- 个人独资企业的事务管理
- 个人独资企业的解散与清算

图 2-1　个人独资企业法律制度理论知识整理

任务三　知识巩固与能力提升

一、知识巩固

(一) 单项选择题

1. 下列关于个人独资企业的说法,不正确的是(　　)。

A. 企业名称中不得有"有限""有限责任""合伙"字样

B. 公务员不得作为出资人

C. 可以不设置会计账簿

D. 没有从业人员人数的限制

2. 个人独资企业的投资人对企业债务承担(　　)。

A. 以出资额为限承担责任　　　　　B. 以企业财产为限承担责任

C. 以其个人财产承担无限责任　　　D. 以其个人财产承担无限连带责任

3. 甲某准备成立一家个人独资企业,下列律师给的咨询意见中,正确的是(　　)。

A. 个人独资企业对被聘用人员的限制不得对抗善意第三人

B. 个人独资企业成立时需缴足法定最低注册资本

C. 个人独资企业应依法缴纳企业所得税

D. 个人独资企业的投资人以其投资额为限对个人独资企业债务承担责任

4. 下列关于个人独资企业的表述中,正确的是( )。
A. 个人独资企业的投资人可以是自然人、法人或者其他组织
B. 个人独资企业的投资人对企业债务承担无限责任
C. 个人独资企业不能以自己的名义从事民事活动
D. 个人独资企业具有法人资格

5. 根据《个人独资企业法》的规定,能够成为个人独资企业投资人的是( )。
A. 某国有企业下岗工人　　　　B. 某外国公司外籍人员
C. 某国家机关公务员　　　　　D. 某派出所警察

6. 根据《个人独资企业法》的规定,个人独资企业解散后,原投资人对个人独资企业存续期间的债务仍应承担偿还责任,但债权人在一定期间内未向债务人提出偿债要求的,该责任消灭。该期间是( )。
A. 6个月　　　B. 1年　　　C. 3年　　　D. 5年

7. 个人独资企业的成立日期是( )。
A. 申请之日　　B. 获得批准之日　　C. 试营之日　　D. 营业执照签发之日

(二)多项选择题

1. 王某设立甲个人独资企业,聘请李某为企业的总经理。后由于王某的决策失误,欠乙公司20万元,王某决定解散甲个人独资企业。下列说法正确的是( )。
A. 王某有权委托李某清算
B. 王某有权自行清算
C. 清算结束后,应当由清算人办理注销登记
D. 乙公司有权请求法院指定清算人进行清算

2. 以下关于个人独资企业的表述正确的是( )。
A. 个人独资企业解散后,由投资人自行清算或者由债权人申请人民法院指定清算人进行清算
B. 个人独资企业解散后,原投资人对个人独资企业存续期间的债务不应再负偿还责任
C. 个人独资企业财产不足以清偿债务的,投资人应当以其个人的其他财产予以清偿
D. 个人独资企业解散后,原投资人对个人独资企业存续期间的债务仍应承担偿还责任

3. 乐乐玩具厂是张乐创办的个人独资企业,下列属于个人独资企业解散的法定事由的有( )。
A. 张乐决定解散
B. 张乐车祸死亡,又无继承人
C. 张乐被宣告死亡,其继承人决定放弃继承
D. 违法经营,被依法吊销营业执照

4. 根据《个人独资企业法》的规定,下列关于个人独资企业设立条件的表述中,正确的是( )。
A. 投资人只能是自然人
B. 投资人可以家庭共有财产作为个人出资
C. 须有企业章程

D. 有符合规定的法定最低注册资本

5. 下列内容中符合《个人独资企业法》规定的有（　　）。

A. 公务员、警官、法官不得成为个人独资企业的投资人

B. 个人独资企业为非法人企业，没有注册资本的限额规定

C. 个人独资企业投资人对聘用人员职权的限制不得对抗外部善意的第三人

D. 个人独资企业不能设立分支机构

6. 某个人独资企业决定解散，并进行清算。该企业财产状况如下：企业尚有可用于清偿的财产10万元；欠缴税款3万元；欠职工工资1万元；欠社会保险费用0.5万元；欠甲公司到期债务5万元；欠乙未到期债务2万元。根据《个人独资企业法》的规定，该个人独资企业在清偿所欠税款前，应先行清偿的款项有（　　）。

A. 所欠职工工资1万元　　　　　　B. 所欠社会保险费用0.5万元

C. 所欠甲公司到期债务5万元　　　D. 所欠乙未到期债务2万元

7. 王某以个人名义兴办了一个木制品加工厂，在申请设立企业登记时明确以其家庭共有财产作为个人出资，以下观点正确的有（　　）。

A. 该加工厂为个人独资企业

B. 该加工厂实为合伙企业

C. 王某应以个人财产对企业债务承担无限责任

D. 王某应以家庭共有财产对企业债务承担无限责任

（三）判断题

1. 根据《个人独资企业法》的规定，设立个人独资企业只能是一个自然人，国家机关、国家授权投资的机构或者国家授权的部门、企业、事业单位等都不能作为个人独资企业的投资人。（　　）

2. 《个人独资企业法》对设立个人独资企业的出资额有最低限制要求。（　　）

3. 个人独资企业设立时一般不需要办理审批手续，但必须办理工商核准登记。（　　）

4. 个人独资企业由于不具备法人资格，也无独立承担民事责任的能力，故不能以自己的名义从事民事活动。（　　）

5. 个人独资企业投资人对其投资创办的企业享有所有权不享有经营权。（　　）

6. 个人独资企业投资人对受托人职权的限制，可以对抗恶意第三人。（　　）

二、项目实训与能力提升

（一）以法析案

2017年1月15日，甲出资10万元设立个人独资企业好味道食品厂（以下简称食品厂），甲聘请乙管理企业事务，同时规定，凡乙对外签订标的额超过1万元的合同，必须经过甲同意。2月10日，乙未经甲同意，以食品厂名义向善意的丙购入价值2万元的货物。

2018年7月，食品厂发生亏损，不能支付丁的到期债务，甲决定解散该企业，并请求法院指定清算人。7月10日，法院指定了清算人对食品厂进行清算。经审查，食品厂和甲的资产及债权债务情况如下：

①食品厂欠缴税款2000元，欠乙的工资5000元，欠社会保险费用5000元，欠丁10万元；

②食品厂的银行存款1万元,实物折价8万元;
③甲在B合伙企业出资6万元,占50%的出资额,B合伙企业每年可向合伙人分配利润;
④甲个人其他可执行财产价值2万元。

请分析:

(1) 乙于2月10日以食品厂名义向丙购买价值2万元货物的行为是否有效?为什么?

(2) 食品厂的财产清偿顺序是什么?

(3) 如何满足丁的债权请求?

(二) 能力提升训练

高帅毕业后选择了自主创业,他准备创办一家羽毛球训练中心。但他对《个人独资企业法》知之甚少,而且对如何创业毫无头绪,因此,请结合《个人独资企业法》的相关规定,为高帅提供一些援助。

(1) 请为高帅设计一份羽毛球训练中心创业计划书。

(2) 请告诉高帅创办羽毛球训练中心所需办理的手续和流程。

(3) 上述两项援助任务,以小组为单位完成。全班同学每8~9人分为一组,每组推选一名小组长,在小组长的组织下展开讨论,最终以书面形式完成并提交。

附:《中华人民共和国个人独资企业法》

中华人民共和国个人独资企业法

(1999年8月30日第九届全国人民代表大会常务委员会第十一次会议通过)

第一章 总 则

第一条 为了规范个人独资企业的行为,保护个人独资企业投资人和债权人的合法权益,维护社会经济秩序,促进社会主义市场经济的发展,根据宪法,制定本法。

第二条 本法所称个人独资企业,是指依照本法在中国境内设立,由一个自然人投资,财产为投资人个人所有,投资人以其个人财产对企业债务承担无限责任的经营实体。

第三条 个人独资企业以其主要办事机构所在地为住所。

第四条 个人独资企业从事经营活动必须遵守法律、行政法规,遵守诚实信用原则,不得损害社会公共利益。

个人独资企业应当依法履行纳税义务。

第五条 国家依法保护个人独资企业的财产和其他合法权益。

第六条 个人独资企业应当依法招用职工。职工的合法权益受法律保护。

个人独资企业职工依法建立工会,工会依法开展活动。

第七条 在个人独资企业中的中国共产党党员依照中国共产党章程进行活动。

第二章 个人独资企业的设立

第八条 设立个人独资企业应当具备下列条件:

(一) 投资人为一个自然人;

(二) 有合法的企业名称;

(三) 有投资人申报的出资;

(四) 有固定的生产经营场所和必要的生产经营条件;

（五）有必要的从业人员。

第九条　申请设立个人独资企业,应当由投资人或者其委托的代理人向个人独资企业所在地的登记机关提交设立申请书、投资人身份证明、生产经营场所使用证明等文件,委托代理人申请设立登记时,应当出具投资人的委托书和代理人的合法证明。

个人独资企业不得从事法律、行政法规禁止经营的业务;从事法律、行政法规规定须报经有关部门审批的业务,应当在申请设立登记时提交有关部门的批准文件。

第十条　个人独资企业设立申请书应当载明下列事项:

（一）企业的名称和住所;

（二）投资人的姓名和居所;

（三）投资人的出资额和出资方式;

（四）经营范围。

第十一条　个人独资企业的名称应当与其责任形式及从事的营业相符合。

第十二条　登记机关应当在收到设立申请文件之日起十五日内,对符合本法规定条件的,予以登记,发给营业执照;对不符合本法规定条件的,不予登记,并应当给予书面答复,说明理由。

第十三条　个人独资企业的营业执照的签发日期,为个人独资企业成立日期。

在领取个人独资企业营业执照前,投资人不得以个人独资企业名义从事经营活动。

第十四条　个人独资企业设立分支机构,应当由投资人或者其委托的代理人向分支机构所在地的登记机关申请登记,领取营业执照。

分支机构经核准登记后,应将登记情况报该分支机构隶属的个人独资企业的登记机关备案。

分支机构的民事责任由设立该分支机构的个人独资企业承担。

第十五条　个人独资企业存续期间登记事项发生变更的,应当在作出变更决定之日起的十五日内依法向登记机关申请办理变更登记。

第三章　个人独资企业的投资人及事务管理

第十六条　法律、行政法规禁止从事营利性活动的人,不得作为投资人申请设立个人独资企业。

第十七条　个人独资企业投资人对本企业的财产依法享有所有权,其有关权利可以依法进行转让或继承。

第十八条　个人独资企业投资人在申请企业设立登记时明确以其家庭共有财产作为个人出资的,应当依法以家庭共有财产对企业债务承担无限责任。

第十九条　个人独资企业投资人可以自行管理企业事务,也可以委托或者聘用其他具有民事行为能力的人负责企业的事务管理。

投资人委托或者聘用他人管理个人独资企业事务,应当与受托人或者被聘用的人签订书面合同,明确委托的具体内容和授予的权利范围。

受托人或者被聘用的人员应当履行诚信、勤勉义务,按照与投资人签订的合同负责个人独资企业的事务管理。

投资人对受托人或者被聘用的人员职权的限制,不得对抗善意第三人。

第二十条　投资人委托或者聘用的管理个人独资企业事务的人员不得有下列行为:

（一）利用职务上的便利,索取或者收受贿赂;

（二）利用职务或者工作上的便利侵占企业财产；

（三）挪用企业的资金归个人使用或者借贷给他人；

（四）擅自将企业资金以个人名义或者以他人名义开立账户储存；

（五）擅自以企业财产提供担保；

（六）未经投资人同意，从事与本企业相竞争的业务；

（七）未经投资人同意，同本企业订立合同或者进行交易；

（八）未经投资人同意，擅自将企业商标或者其他知识产权转让给他人使用；

（九）泄露本企业的商业秘密；

（十）法律、行政法规禁止的其他行为。

第二十一条 个人独资企业应当依法设置会计账簿，进行会计核算。

第二十二条 个人独资企业招用职工的，应当依法与职工签订劳动合同，保障职工的劳动安全，按时、足额发放职工工资。

第二十三条 个人独资企业应当按照国家规定参加社会保险，为职工缴纳社会保险费。

第二十四条 个人独资企业可以依法申请贷款、取得土地使用权，并享有法律、行政法规规定的其他权利。

第二十五条 任何单位和个人不得违反法律、行政法规的规定，以任何方式强制个人独资企业提供财力、物力、人力；对于违法强制提供财力、物力、人力的行为，个人独资企业有权拒绝。

第四章 个人独资企业的解散和清算

第二十六条 个人独资企业有下列情形之一时，应当解散：

（一）投资人决定解散；

（二）投资人死亡或者被宣告死亡，无继承人或继承人决定放弃继承；

（三）被依法吊销营业执照；

（四）法律、行政法规规定的其他情形。

第二十七条 个人独资企业解散，由投资人自行清算或者由债权人申请人民法院指定清算人进行清算。

投资人自行清算的，应当在清算前十五日内书面通知债权人，无法通知的，应当予以公告。债权人应当在接到通知之日起三十日内，未接到通知的应当在公告之日起六十日内，向投资人申报其债权。

第二十八条 个人独资企业解散后，原投资人对个人独资企业存续期间的债务仍应承担偿还责任，但债权人在五年内未向债务人提出偿债请求的，该责任消灭。

第二十九条 个人独资企业解散的，财产应当按照下列顺序清偿：

（一）所欠职工工资和社会保险费用；

（二）所欠税款；

（三）其他债务。

第三十条 清算期间，个人独资企业不得开展与清算目的无关的经营活动。在按前条规定清偿债务前，投资人不得转移、隐匿财产。

第三十一条 个人独资企业财产不足以清偿债务的，投资人应当以其个人的其他财产予以清偿。

第三十二条 个人独资企业清算结束后，投资人或者人民法院指定的清算人应当编制清算报告，并于十五日内到登记机关办理注销登记。

第五章 法 律 责 任

第三十三条 违反本法规定,提交虚假文件或采取其他欺骗手段,取得企业登记的,责令改正,处以五千元以下的罚款;情节严重的,并处吊销营业执照。

第三十四条 违反本法规定,个人独资企业使用的名称与其在登记机关登记的名称不相符合的,责令限期改正,处以二千元以下的罚款。

第三十五条 涂改、出租、转让营业执照的,责令改正,没收违法所得,处以三千元以下的罚款;情节严重的,吊销营业执照。

伪造营业执照的,责令停业,没收违法所得,处以五千元以下的罚款。构成犯罪的,依法追究刑事责任。

第三十六条 个人独资企业成立后无正当理由超过六个月未开业的,或者开业后自行停业连续六个月以上的,吊销营业执照。

第三十七条 违反本法规定,未领取营业执照,以个人独资企业名义从事经营活动的,责令停止经营活动,处以三千元以下的罚款。

个人独资企业登记事项发生变更时,未按本法规定办理有关变更登记的,责令限期办理变更登记;逾期不办理的,处以二千元以下的罚款。

第三十八条 投资人委托或者聘用的人员管理个人独资企业事务时违反双方订立的合同,给投资人造成损害的,承担民事赔偿责任。

第三十九条 个人独资企业违反本法规定,侵犯职工合法权益,未保障职工劳动安全,不缴纳社会保险费用的,按照有关法律、行政法规予以处罚,并追究有关责任人员的责任。

第四十条 投资人委托或者聘用的人员违反本法第二十条规定,侵犯个人独资企业财产权益的,责令退还侵占的财产;给企业造成损失的,依法承担赔偿责任;有违法所得的,没收违法所得;构成犯罪的,依法追究刑事责任。

第四十一条 违反法律、行政法规的规定强制个人独资企业提供财力、物力、人力的,按照有关法律、行政法规予以处罚,并追究有关责任人员的责任。

第四十二条 个人独资企业及其投资人在清算前或清算期间隐匿或转移财产,逃避债务的,依法追回其财产,并按照有关规定予以处罚;构成犯罪的,依法追究刑事责任。

第四十三条 投资人违反本法规定,应当承担民事赔偿责任和缴纳罚款、罚金,其财产不足以支付的,或者被判处没收财产的,应当先承担民事赔偿责任。

第四十四条 登记机关对不符合本法规定条件的个人独资企业予以登记,或者对符合本法规定条件的企业不予登记的,对直接责任人员依法给予行政处分;构成犯罪的,依法追究刑事责任。

第四十五条 登记机关的上级部门的有关主管人员强令登记机关对不符合本法规定条件的企业予以登记,或者对符合本法规定条件的企业不予登记的,或者对登记机关的违法登记行为进行包庇的,对直接责任人员依法给予行政处分;构成犯罪的,依法追究刑事责任。

第四十六条 登记机关对符合法定条件的申请不予登记或者超过法定时限不予答复的,当事人可依法申请行政复议或提起行政诉讼。

第六章 附 则

第四十七条 外商独资企业不适用本法。

第四十八条 本法自 2000 年 1 月 1 日起施行。

第二节 合伙企业法律制度

任务一 课前思考

一、问题提出

(1) 合伙人能否以合伙企业中的财产清偿自己的债务？
(2) 合伙存续过程中新入伙人是否要对入伙前的债务承担责任，是否可以随时退伙？

二、案例导入

张越与王紫藤、李靖等3个朋友计划共同出资合伙经营一家酒吧，合伙协议决定使用王紫藤的个体工商营业执照，并决定：张越与王紫藤各出资人民币5000元，李靖出资人民币1万元，三个人的利润分配分别为25%、25%、50%。王紫藤向朋友借款人民币4000元，购买酒吧办公用品，后王紫藤提出，这4000元债务应该按照1∶1∶2的比例承担。张越与李靖都不同意，遂发生争议。

请思考：
(1) 合伙企业设立的条件是什么？
(2) 酒吧的设立符合法律规定吗？
(3) 4000元借款应该如何处理？

任务二 理论知识学习

一、合伙企业的概念和特征

(一) 合伙的含义与类型

【以案学法之案例2-6】
圣诞将至，某学校6位同学决定每人出资500元购买圣诞礼物到学校宿舍、教室等地方兜售，分工合作：两人采购材料，两人凭自制画册和宣传单以及个别样品进行推销，两人配送。后因礼物滞销亏损1200元。

请问：
(1) 该6位同学的行为是合伙行为吗？
(2) 亏损应该如何分担？

1. 合伙的含义

合伙最初起源于家族共有经营形式，后来演变为一种特定的企业组织形式。所谓合伙，是两个或者两个以上主体为共同目的，按照协议共同投资、共同经营、共享权益、共担风险的组合关系。合伙是一种基于契约而形成的特定法律关系。

商事合伙与民事合伙的区别是什么?

2. 合伙的类型

(1)依合伙的性质及所适用的法律的不同,合伙可以分为民事合伙和商事合伙。这种分类存在于实行民商分立体例的大陆法系国家,其民法典中规定的合伙称为民事合伙,指各个合伙人提供约定出资,以实现某一共同目的的合作;其商法典中规定的合伙称为商事合伙,指两个或两个以上的合伙人基于协议,在一个商号下,以经营商事营业为目的所建立的营利性商事组织。

(2)依合伙的组织形态的不同,合伙可以分为契约型合伙与组织型合伙。契约型合伙仅仅表现为合伙人之间的一种关系,合伙人各自以自己的名义从事活动或经营,不构成组织体;组织型合伙则有合伙人构成一个相对稳定的组织体,合伙人以合伙组织的名义从事活动或经营。

(二)合伙企业的概念与特征

1. 合伙企业的概念

2006年8月27日,我国第十届全国人民代表大会常务委员会第二十三次会议修订通过的《中华人民共和国合伙企业法》,对合伙企业的概念作出了规定。

合伙企业,是指自然人、法人和其他组织依法在中国境内设立的普通合伙企业和有限合伙企业。普通合伙企业由普通合伙人组成,合伙人对合伙企业债务承担无限连带责任。有限合伙企业由普通合伙人和有限合伙人组成,普通合伙人对合伙企业债务承担无限连带责任,有限合伙人以其认缴的出资额为限对合伙企业债务承担责任。

2. 合伙企业的特征

(1)由两个或两个以上的投资人共同设立。

(2)以合伙协议为基础。合伙协议是合伙人之间旨在建立合伙关系,明确合伙人的权利和义务的一致的意思表示。合伙协议是合伙企业设立的基础,合法有效的合伙协议是处理合伙关系的直接依据。

(3)合伙人按照协议共同投资、共同经营、共享收益、共担风险。

(4)合伙企业不能取得法人资格。合伙企业没有独立的民事责任能力,不符合法人应具备的条件,不能成为企业法人。

二、合伙企业的设立

(一)合伙企业的设立条件

【以案学法之案例2-7】

张三、李四、王五(已退休教育局副局长)三人合伙成立一普通合伙企业,三人达成君子协议:企业取名国际文具配送中心,张三出资10万元,李四出资15万元,王五以其劳务和信用关系出资,作价10万元;张三负责企业平时运作,李四不参与经营,王五负责采购和协调各方面关系。

请问:该合伙企业能否设立?

合伙企业的设立条件包括以下五个方面:

（1）有两个以上合伙人。普通合伙人为自然人的,应当具有完全民事行为能力。有限合伙企业由两个以上五十个以下合伙人设立,法律另有规定的除外。合伙人中至少应有一个普通合伙人。

（2）有书面合伙协议。合伙协议必须采用书面形式,不得是口头协议。订立合伙协议,应当遵守自愿、平等、公平、诚实的原则,经全体合伙人协商一致。合伙协议须经全体合伙人签名、盖章后,方能生效。

（3）有合伙人认缴或者实际缴付的出资。合伙人应当按照合伙协议约定的出资方式、数额和缴付出资的期限,履行出资义务。合伙人作为出资的财产,应当是合伙人的合法财产及财产权利。

合伙人的出资方式可以是货币,也可以为实物、土地使用权、知识产权或者其他财产权利。设立普通合伙企业,经全体合伙人协商一致,也可以用劳务出资,但设立有限合伙企业,有限合伙人不得以劳务出资。对货币以外的出资需要评估作价的,可以由全体合伙人协商确定,也可以由全体合伙人委托法定评估机构进行评估;但对劳务出资的评估办法,应由全体合伙人协商确定。

（4）有合伙企业的名称和生产经营场所。普通合伙企业的名称中应当标明"普通合伙"字样,有限合伙企业的名称中应当标明"有限合伙"字样。

（5）法律、行政法规规定的其他条件。

（二）合伙企业的设立程序

1. 提出设立申请

设立合伙企业,应由全体合伙人指定的代表或者共同委托的代理人向合伙企业所在地的登记主管机关提出书面申请。申请时一般应提交下列文件:全体合伙人签署的设立合伙企业的申请书;合伙协议;合伙人身份证明;经营场所使用权证明。另外,委托代理人申请设立登记时,还应当出具全体合伙人签署的委托书和代理人的合法证明;企业拟从事法律、行政法规规定须报经有关部门审批的业务的,还应当在申请登记时提交有关部门的批准文件。

2. 核准登记

企业登记机关应当自收到申请登记文件之日起三十日内,作出是否登记的决定。对符合上述法定条件的,予以登记,发给营业执照;对不符合法定条件的,不予登记,并应当给予书面答复,说明理由。合伙企业以营业执照的签发日期为企业成立日期。

合伙企业设立分支机构的,应当向分支机构所在地的企业登记机关申请登记,领取营业执照。

三、普通合伙企业的财产

（一）合伙财产的构成

合伙财产由合伙人出资和合伙收益两部分组成,其中,合伙人出资应为各合伙人按照合伙协议实际缴付的出资;合伙收益包括合伙企业的经营收益、投资收益和营业外收益(如获奖、受赠等),合伙企业存续期间以合伙人名义取得的收益不属于合伙收益。

（二）合伙财产的性质及其限制

合伙财产属于全体合伙人共同共有,应由全体合伙人依法共同管理和使用,并应按全体合

伙人的共同意志进行处分。因此,在合伙企业存续期间,合伙人对合伙财产行使权利应受下列限制:

(1) 合伙企业存续期间,应保持合伙财产的完整性,除退伙等法定情形外,在合伙企业进行清算前,合伙人不得请求分割合伙企业的财产。但是,合伙人在合伙企业清算前私自转移或者处分合伙企业财产的,合伙企业不得以此对抗不知情的善意第三人。

(2) 合伙人可以依法转让其在合伙企业中的财产份额。合伙人之间转让在合伙企业中的全部或者部分份额时,应当通知其他合伙人,不须其他合伙人同意;而合伙人向合伙人以外的人转让其在合伙企业中的全部或者部分份额时,则须经其他合伙人一致同意,在同等条件下,其他合伙人有优先购买权,但是,合伙协议另有约定的除外。

(3) 合伙人可以依法以其在合伙企业中的财产份额作为合伙企业以外的其他债的担保物。合伙人以其财产份额出质的,须经其他合伙人一致同意;未经其他合伙人一致同意的,该出质行为无效,由此给善意第三人造成损失的,由行为人依法承担赔偿责任。

知识链接2-2

按份共有与共同共有

按份共有是指数人按照确定的份额对于同一项财物享有所有权的形态。共同共有是指数人之间由于一定原因成立共同关系,基于共同关系而共享一项财物所有权。区别如下:

(1) 二者成立的原因不同。共同共有的成立,须以存在共同关系为前提,按份共有则没有此限制,因此,按份共有人之间不存在共有人的结合关系,而共同共有人则存在这种关系。

(2) 享有的权利不同。在按份共有中,共有人对应有部分享有所有权,共有人之间的彼此限制相对较小。在共同共有中,共有人的权利及于共有物的全部,并不是按照应有部分享有所有权,因此原则上应得到全体共有人的同意后,方可行使对共有物的使用、收益等权利。

(3) 分割的限制不同。在按份共有中,共有人除了因共有物的使用目的不能分割或契约约定不能分割的期限之外,随时可要求分割共有物。在共同共有关系中,各共有人则不得请求分割共有物。

(4) 对共有物的管理不同。在按份共有中,共有人除另有约定之外,对共有物的改良行为需获得共有人过半数同意或其应有部分合计过半数的共有人同意,而对共有物的一般保存行为和简易修缮,则可以单独进行。在共同共有中,除法律规定或当事人另有约定之外,对共有物的管理应获得全体共有人的同意。

(5) 对应有部分的处分不同。在按份共有中,各共有人可自由处分其应有部分;而共同共有中,则没有应有部分的处分可言。

(6) 共有关系的存续期间不同。按份共有就其性质而言,共有人之间不存在婚姻家庭等共同关系,因此其共有关系具有短暂性;而共同共有人之间的关系相对比较稳定,因此存续期间较长。

四、普通合伙企业的事务执行

(一) 普通合伙企业事务的执行方式

所谓普通合伙企业的事务执行,即掌管合伙企业的业务,负责合伙企业的经营管理。合伙

企业事务的执行方式,亦即事务执行人的确定方式有三种:

(1) 共同执行,即由全体合伙人共同执行合伙企业事务。

(2) 委托执行,即由合伙协议约定或者由全体合伙人决定,委托一名或者数名合伙人执行合伙企业事务,此种方式下,合伙企业事务的执行权集中委托给受托的一名或者数名合伙人行使,其他合伙人则不再执行合伙企业事务。

(3) 分别执行,即由合伙协议约定或者由全体合伙人决定,合伙人分别执行某项或者部分合伙企业事务,此种方式下,各合伙人只在被委托授权的单项事务或部分事务上有执行权。

(二) 普通合伙企业事务的执行人

负责执行普通合伙企业事务的合伙人即为合伙企业的负责人,对外代表合伙企业,其以合伙企业名义实施的行为,归属该合伙企业,由全体合伙人承受其后果:其执行合伙企业事务所产生的收益归全体合伙人;所产生的亏损或者民事责任,也由全体合伙人承担。

为维护全体合伙人的利益,对合伙事务执行权及其对外代表权,应给予一定的限制。根据《合伙企业法》第三十一条的规定,除合伙协议另有约定外,合伙企业的下列事务应当经全体合伙人一致同意:

(1) 改变合伙企业的名称;

(2) 改变合伙企业的经营范围、主要经营场所的地点;

(3) 处分合伙企业的不动产;

(4) 转让或者处分合伙企业的知识产权和其他财产权利;

(5) 以合伙企业名义为他人提供担保;

(6) 聘任合伙人以外的人担任合伙企业的经营管理人员。

合伙事务的执行人擅自处理上述事务,给其他合伙人造成损失的,依法承担赔偿责任。不具有事务执行权的合伙人,擅自执行合伙企业的事务,给合伙企业或者其他合伙人造成损失的,依法承担赔偿责任。

(三) 普通合伙人的权利和义务

【以案学法之案例 2-8】

王某与周某各出资10万元,设立了永昌挂面厂。挂面厂建好后,经营状况相当好,每月利润有2万元。周某见有利可图,又与刘某各出资15万元,兴建了永利挂面厂,该厂与永昌挂面厂相距一条街。由于永利挂面厂规模大,流水线生产,成本低,不久就占领了大部分当地市场份额,永昌挂面厂几乎处于半停产状态,给王某造成了极大的损失,而周某却从永利挂面厂获得了丰厚的利润。王某与周某交涉未果。

请问:

(1) 周某的做法合法吗?违反了《合伙企业法》的什么规定?

(2) 对此,依照《合伙企业法》应该怎样处理?

(3) 周某该怎么办?

1. 权利

(1) 同等执行权,这是对共同执行方式下的每个合伙人而言的。

(2) 对外代表权,该权利属于任何执行方式下的有权执行合伙事务的合伙人。

（3）监督权，这是对委托执行方式下的不执行合伙事务的合伙人而言的，他们有权监督执行事务的合伙人，检查其执行合伙企业事务的情况。

（4）查阅账簿权，任何执行方式下的合伙人为了了解合伙企业的经营状况和财务状况，均有权查阅企业的账簿。

（5）异议权，这是对分别执行方式下的各合伙人而言的，合伙人分别执行合伙企业事务时，合伙人可以对其他合伙人执行的事务提出异议；提出异议时，应暂停该项事务的执行；如果发生争议，可由全体合伙人共同决定。

（6）撤销权，在委托执行和分别执行方式下，被委托执行合伙企业事务的合伙人不按照合伙协议或者全体合伙人的决定执行事务的，其他合伙人可以决定撤销该委托。

2. 义务

（1）受托执行合伙企业事务的合伙人，应当依照约定向不参加执行事务的合伙人报告事务执行情况以及合伙企业的经营状况和财务状况。

（2）合伙人不得自营或者同他人合作经营与本合伙企业相竞争的业务。

（3）合伙人不得同本企业进行交易，但合伙协议另有约定或者经全体合伙人同意的除外。

（4）合伙人不得从事损害本合伙企业利益的活动。

（四）合伙企业的损益分配及决议办法

1. 合伙企业的损益分配

合伙企业的利润分配、亏损分担，按照合伙协议的约定办理；合伙协议未约定或者约定不明确的，由合伙人协商决定；协商不成的，由合伙人按照实缴出资比例分配、分担；无法确定出资比例的，由合伙人平均分配、分担。

合伙协议不得约定将全部利润分配给部分合伙人或者由部分合伙人承担全部亏损。

2. 合伙企业的决议办法

合伙人对合伙企业有关事项作出决议，按照合伙协议约定的表决办法办理。合伙协议未约定或者约定不明确的，实行合伙人一人一票并经全体合伙人过半数通过的表决办法。

五、普通合伙企业与第三人的关系

（一）对外代表权的限制与第三人的关系

合伙企业对合伙人执行合伙事务以及对外代表合伙企业权利的限制，不得对抗善意第三人。

（二）债务清偿与第三人的关系

1. 合伙企业的债务清偿关系

处理合伙企业的债务清偿关系，应遵守以下规则：

（1）合伙企业的债务，应先以其全部财产进行清偿；合伙企业财产不足清偿到期债务的，对其不能清偿的部分债务，各合伙人应当承担无限连带责任。

（2）各合伙人承担无限清偿责任时，原则上应按合伙协议约定的或者法定的损益分配比例；但依照连带责任原则，债权人可以不按该比例，而可以以其认为最有利于实现其债权的任何比例，向任一合伙人、部分合伙人或者全部合伙人主张部分或者全部债权，而合伙人均无权对其抗辩。

(3) 合伙人应债权人的要求而承担了连带责任的,对所清偿的数额超过其所应当承担的数额部分,有权向其他合伙人追偿。

2. 合伙人的债务清偿关系

处理合伙人的债务清偿关系,应遵守以下规则:

(1) 在合伙企业存续期间,合伙人的个人债务,应以其个人财产清偿;合伙人个人财产不足清偿其个人所负债务的,该合伙人只能以其从合伙企业中分取的收益用于清偿;若无分取的收益或者分取的收益仍不足清偿的,债权人也可以依法请求人民法院强制执行该合伙人在合伙企业中的财产份额用于清偿。对被执行的该合伙人的财产份额,其他合伙人有优先受让的权利。

(2) 合伙人的个人财产不足清偿其个人债务的,其债权人只能通过民事诉讼法规定的强制执行程序,从执行该合伙人在合伙企业中应分得的收益或者属于该合伙人的财产份额中受偿,而不得自行接管合伙人在合伙企业中的财产份额,代位行使该合伙人在合伙企业中的权利。合伙人的财产份额被执行完毕时,该合伙人当然退伙。

(3) 合伙企业中的某一合伙人的债权人,不得以该债权抵销其对合伙企业的债务。

六、普通合伙人的入伙和退伙

(一) 入伙

【以案学法之案例 2-9】

张德权欲加入他人的合伙企业。但是,原合伙人的态度和表示态度的方式不一样:

(1) 李小平对此未置可否;

(2) 贾军山出国未归,但是在电话中表示同意;

(3) 刘名援口头表示同意,但是未签订书面协议;

(4) 霍光来在入伙协议书上签了字;

(5) 霍光来依据单国强从国外发回的委托传真,代为在该协议书上签字。

入伙之事一直不能定下来。

请问:从法律上看,张德权怎样才能成为新合伙人?为什么?

【以案学法之案例 2-10】

朱某与甲、乙两人商议合伙开办一小食品加工厂,三人商定各出资 2 万元,订立了书面协议。

在准备生产过程中,发现资金仍然不够,朱某于是动员胞弟朱丙支持他们 2 万元。朱丙表示出资可以,但要参加合伙的盈余分配。经朱某与甲乙两合伙人商议,对朱丙参加盈余分配表示同意,但约定朱丙不得参与合伙的经营活动,正式写下书面协议。

小食品加工厂成立一年后,朱丙了解到该厂经营情况不景气,就以父亲生病缺钱为由,要求抽回他的 2 万元,朱某不答应。

某日,朱某外出,朱丙遂找到甲、乙两位合伙人,以同样理由要求还钱,并声称朱某已经同意,碍于朱某与朱丙的关系,两合伙人便将该小食品加工厂当时仅有的 12 000 元现金交给了朱丙。朱某回来后对此表示十分不满。

又过了半年,朱某告知朱丙,小食品加工厂现已累计亏损 32 000 元,小食品加工厂的债权人正在追讨债务。朱丙的 8000 元应当用来还债,不予归还。

请问:

(1) 朱丙的出资行为能否视为新加入合伙企业?

(2) 对朱丙抽走 12 000 元的行为应如何认定?他是否有权再要求抽回剩下的 8000 元?

(3) 朱丙对小食品加工厂的债务承担什么责任?为什么?

1. 入伙的概念

入伙是指在合伙企业存续期间,合伙人以外的人加入合伙企业,从而取得合伙人资格的活动。

2. 入伙的条件与程序

吸收合伙人以外的人入伙,无疑会改变合伙企业的合伙人构成、投资构成及损益分配关系,特别是会影响原合伙人的利益和责任,因此,新合伙人入伙时,应当经全体合伙人一致同意。新合伙人须与原合伙人依法订立书面入伙协议,并须相应修改原合伙协议的有关事项。订立入伙协议时,原合伙人应当向新合伙人告知原合伙企业的经营状况和财务状况。

3. 新合伙人的权利与责任

新合伙人与原合伙人享有同等权利,承担同等责任,即使对其入伙前的合伙企业的债务,也应承担连带责任。但入伙协议对新合伙人的权利和责任另有约定的,从其约定。

(二) 退伙

1. 退伙的概念

退伙是指在合伙企业存续期间,合伙人退出合伙企业,从而丧失合伙人资格的活动。

2. 退伙的种类及程序

按是否基于退伙人的退伙意愿,退伙可分为自愿退伙和法定退伙两大类。

1) 自愿退伙

自愿退伙,也称声明退伙,是指基于合伙人的退伙意愿而退伙。自愿退伙又分为协议退伙和通知退伙,前者是在合伙协议约定合伙企业经营期限的情况下的自愿退伙;后者是在合伙协议未约定经营期限的情况下的自愿退伙。《合伙企业法》第四十五条规定,合伙协议约定合伙期限的,在合伙企业存续期间,有下列情形之一的,合伙人可以退伙:

(1) 合伙协议约定的退伙事由出现;

(2) 经全体合伙人一致同意;

(3) 发生合伙人难以继续参加合伙的事由(如移居异地、丧失从事营利性活动的资格等);

(4) 其他合伙人严重违反合伙协议约定的义务。

《合伙企业法》第四十六条规定,合伙协议未约定合伙期限的,合伙人在不给合伙企业事务执行造成不利影响的情况下,可以退伙,但应当提前三十日通知其他合伙人。合伙人违反上述两条规定退伙的,应当赔偿由此给合伙企业造成的损失。

2) 法定退伙

法定退伙,也称强制退伙,是指直接基于法定退伙事由的退伙。法定退伙又分为当然退伙和除名退伙,前者是基于法定的客观事实而认定的退伙;后者则是基于合伙人的主观过错而被强制退伙。《合伙企业法》第四十八条规定,合伙人有下列情形之一的,当然退伙:

（1）作为合伙人的自然人死亡或者被依法宣告死亡；
（2）个人丧失偿债能力；
（3）作为合伙人的法人或者其他组织依法被吊销营业执照、责令关闭、撤销，或者被宣告破产；
（4）法律规定或者合伙协议约定合伙人必须具有相关资格而丧失该资格；
（5）合伙人在合伙企业中的全部财产份额被人民法院强制执行。

《合伙企业法》第四十九条规定，合伙人有下列情形之一的，经其他合伙人一致同意，可以决议将其除名：
（1）未履行出资义务；
（2）因故意或者重大过失给合伙企业造成损失；
（3）执行合伙事务时有不当行为；
（4）发生合伙协议约定的事由。

对合伙人除名的协议应当书面通知被除名人；被除名人自接到除名通知之日起，除名生效，被除名人退伙。被除名人对除名有异议的，可以在接到除名通知之日起三十日内，向人民法院起诉。

3．退伙的法律后果

1）合伙人资格的继承

合伙人死亡或者被依法宣告死亡的，对该合伙人在合伙企业中的财产份额享有合法继承权的继承人，依照合伙协议的约定或者经全体合伙人同意，从继承开始之日起，即取得该合伙企业的合伙人资格；但继承人不愿意成为合伙人的，或者法律规定、合伙协议约定合伙人必须具有相关资格，而该继承人未取得该资格的，合伙企业应当向合伙人的继承人退还被继承合伙人的财产份额。

2）退伙结算

合伙人退伙的，其他合伙人应当与该退伙人按照退伙时的合伙企业的财产状况进行结算，退还退伙人的财产份额。退伙时有未了结的合伙企业事务的，待了结后进行结算。退伙人在合伙企业中的财产份额的退还办法，由合伙协议约定或者由全体合伙人决定，可以退还货币，也可以退还实物。

3）退伙人的责任

合伙人退伙时，合伙企业财产少于合伙企业债务的，退伙人应当按照约定或者法定的损益分配比例分担亏损。退伙人对基于其退伙前的原因发生的合伙企业债务，承担无限连带责任。

七、特殊的普通合伙企业

特殊的普通合伙企业是指以专业知识和专门技能为客户提供有偿服务，合伙人依法定方式承担法律责任的普通合伙企业。特殊的普通合伙企业名称中应当标明"特殊普通合伙"字样。

一个合伙人或者数个合伙人在执业活动中因故意或者重大过失造成合伙企业债务的，应当承担无限责任或者无限连带责任，其他合伙人以其在合伙企业中的财产份额为限承担责任。合伙人在执业活动中非因故意或者重大过失造成的合伙企业债务以及合伙企业的其他债务，由全体合伙人承担无限连带责任。

合伙人执业活动中因故意或者重大过失造成的合伙企业债务，以合伙企业财产对外承担责任后,该合伙人应当按照合伙协议的约定对给合伙企业造成的损失承担赔偿责任。

 课堂讨论 2-3

甲、乙、丙、丁、戊五个人想成立一五金生产的合伙企业,其中甲为公务员;乙为另一五金公司股东;丙是某服装厂负责人,有资金没时间参与合伙经营;丁、戊表示可以出资,只以出资额为限承担责任。他们能如愿吗?

八、有限合伙企业

1. 有限合伙企业的事务执行

有限合伙企业的事务由普通合伙人执行。有限合伙人不执行合伙事务,也不得对外代表有限合伙企业,但在执行事务合伙人怠于行使权利时,应当督促其行使权利或者为了本企业的利益以自己的名义提起诉讼。

2. 有限合伙人的权利

(1) 自我交易:除非合伙协议另有约定,有限合伙人可以同合伙企业进行交易。

(2) 竞业活动:除非合伙协议另有约定,有限合伙人可以自营或者同他人合作经营与本合伙企业相竞争的业务。

(3) 合伙份额出质:除非合伙协议另有约定,有限合伙人可以将其在合伙企业中的财产份额出质。

(4) 合伙份额转让:有限合伙人可以按照合伙协议的约定向合伙人以外的人转让其在合伙企业中的财产份额,只需提前三十天通知其他合伙人即可。

(5) 行为能力:作为有限合伙人的自然人在合伙企业存续期间丧失民事行为能力的,其他合伙人不得因此要求其退伙。

(6) 合伙份额继承:作为有限合伙人的自然人死亡、被依法宣告死亡或者作为有限合伙人的法人及其他组织终止时,其继承人或者权利承受人可以依法取得该有限合伙人在有限合伙企业中的资格。

(7) 利润分配:有限合伙企业不得将全部利润分配给部分合伙人,但合伙协议另有约定的除外。

3. 有限合伙人的入伙与退伙

新入伙的有限合伙人对入伙前有限合伙企业的债务,以其认缴的出资额为限承担责任。有限合伙人退伙后,对基于其退伙前的原因发生的有限合伙企业债务,以其退伙时从有限合伙企业中取回的财产承担责任。

4. 有限合伙企业与普通合伙企业的转换

(1) 当有限合伙企业仅剩普通合伙人时,有限合伙企业转为普通合伙企业,并应当进行相应的变更登记。

(2) 当有限合伙企业仅剩有限合伙人时,则该企业解散。

(3) 经全体合伙人一致同意,普通合伙人可以转变为有限合伙人,有限合伙人可以转变为普通合伙人。有限合伙人转变为普通合伙人的,对其作为有限合伙人期间合伙企业发生的债务承担无限连带责任;普通合伙人转变为有限合伙人的,对其作为普通合伙人期间合伙企业发生的债务承担无限连带责任。

九、合伙企业的解散和清算

(一) 合伙企业解散的法定原因

合伙企业有下列情形之一时,应当解散:
(1) 合伙期限届满,合伙人决定不再经营;
(2) 合伙协议约定的解散事由出现;
(3) 全体合伙人决定解散;
(4) 合伙人已不具备法定人数满三十天;
(5) 合伙协议约定的合伙目的已经实现或者无法实现;
(6) 依法被吊销营业执照、责令关闭或者被撤销;
(7) 法律、行政法规规定的其他原因。

(二) 合伙企业的清算

【以案学法之案例 2-11】

瑞蚨祥是一个合伙企业,在清算时,其企业财产加上各合伙人的可执行财产,共计有 50 万元现金和价值 150 万元的实物。其负债为:职工工资 10 万元,银行贷款 40 万元和其他债务 160 万元,欠缴税款 60 万元。

请问:
(1) 如果你是清算人,该如何清算和清偿?
(2) 全部财产不足清偿其债务时,应该如何处理?

合伙企业解散后,应当按下列规定进行清算:
(1) 合伙企业进行清算,应当通知和公告债权人。
(2) 合伙企业解散,清算人由全体合伙人担任;未能由全体合伙人担任清算人的,经全体合伙人过半数同意,可以自合伙企业解散后十五日内指定一名或者数名合伙人,或者委托第三人担任清算人;十五日内未能确定清算人的,合伙人或者其他利害关系人可以请求人民法院指定清算人。
(3) 清算人在清算期间执行下列事务:清理合伙企业财产,分别编制资产负债表和财产清单;处理与清算有关的合伙企业未了结事务;清缴所欠税款;清理债权、债务;处理合伙企业清偿债务后的剩余财产;代表合伙企业参加诉讼或者仲裁活动。
(4) 合伙企业财产在支付清算费用后,按下列顺序清偿:合伙企业所欠职工工资和社会保险费用;合伙企业所欠税款;合伙企业的债务。合伙企业财产按上述顺序清偿后仍有剩余的,合伙人按照约定或者法定的损益分配比例进行分配;合伙企业清算时,其全部财产不足清偿其债务的,由合伙人依法承担无限连带责任。

清算结束,应当编制清算报告,经全体合伙人签名、盖章后,在十五日内向企业登记机关报送清算报告,申请办理合伙企业注销登记。

本节理论知识学习小结

本节主要对合伙企业的概念和特征、合伙企业的设立、普通合伙企业、有限合伙企业以及合伙企业的解散和清算等合伙企业法律制度有关理论知识进行了系统性介绍。合伙企业法律制度理论知识整理如图 2-2 所示。

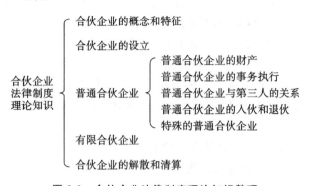

图 2-2　合伙企业法律制度理论知识整理

任务三　知识巩固与能力提升

一、知识巩固

（一）单项选择题

1. 下列有关合伙企业的说法正确的是(　　)。
A. 采用合伙制的律师事务所不适用《合伙企业法》的规定
B. 合伙企业的合伙人只能是自然人
C. 外国个人在中国设立合伙企业的管理办法遵循《合伙企业法》的规定
D. 合伙协议依法由全体合伙人协商一致、以书面形式签订

2. 下列对普通合伙企业设立的论述，符合法律规定的是(　　)。
A. 公民张某与自己年仅 13 周岁的儿子成立一个合伙企业
B. 合伙人必须一次全部缴付出资，不可以约定分期出资
C. 公民甲乙丙丁出资设立一个普通合伙企业，甲可以以劳务出资
D. 合伙企业名称中没有标明"普通"或是"有限"字样的话，就视为是普通合伙企业

3. 某普通合伙企业委托合伙人张某单独执行合伙企业事务，张某定期向其他合伙人报告事务执行情况以及合伙企业的经营和财务状况。对于张某在执行合伙企业事务期间产生的亏损，应当承担责任的是(　　)。

　A. 张某　　　　　　　　　　　B. 张某和有过错的第三人
　C. 提议委托张某的合伙人　　　　D. 全体合伙人

4. 除合伙协议另有约定外，普通合伙企业存续期间，下列行为中，不必经全体合伙人一致同意的是(　　)。
　A. 合伙人之间转让其在合伙企业中的财产份额
　B. 以合伙企业名义为他人提供担保
　C. 聘任合伙人以外的人担任合伙企业的经营管理人员
　D. 处分合伙企业的不动产

（二）多项选择题

1. 根据《合伙企业法》的规定，下列有关普通合伙企业的说法错误的是（　　）。
   A. 合伙人为自然人的，可以是限制民事行为能力人
   B. 利润分配和亏损分担办法是合伙协议应该记载的事项
   C. 合伙企业解散清算委托第三人担任清算人的，需要经全体合伙人一致同意
   D. 合伙人之间约定的合伙企业亏损的分担比例对合伙人和债权人均有约束力
   E. 合伙人之间约定的合伙企业亏损的分担比例对合伙人具有约束力，对债权人是没有约束力的

2. 下列选项中，可以设立普通合伙企业的有（　　）。
   A. 1个具有完全民事行为能力的自然人
   B. 10个具有完全民事行为能力的自然人
   C. 1个具有完全民事行为能力的自然人和1个法人型企业
   D. 9个具有完全民事行为能力的自然人和1个不具有完全民事行为能力的自然人

3. 甲、乙、丙准备设立一家普通合伙企业，其拟定的合伙协议不符合规定的有（　　）。
   A. 以劳务出资的甲对企业债务承担有限责任
   B. 企业名称中只标明"合伙"字样
   C. 由乙执行企业事务
   D. 出资最多的丙有权修改合伙协议

4. 甲是某普通合伙企业合伙人，因病身亡，其继承人只有乙。关于乙继承甲的合伙财产份额的表述中，符合《合伙企业法》规定的有（　　）。
   A. 乙可以要求退还甲在合伙企业的财产份额
   B. 乙只能要求退还甲在合伙企业的财产份额
   C. 乙因继承财产份额而当然成为合伙企业的合伙人
   D. 经其他合伙人同意，乙因继承而成为合伙企业的合伙人

（三）简答题

1. 简述合伙企业的设立条件与程序。
2. 简述合伙企业的内外部关系。
3. 简述合伙企业的债务承担。
4. 简述合伙企业清算过程中的财产分配。

二、项目实训与能力提升

（一）以法析案

甲、乙、丙、丁计划成立一个普通合伙企业。甲出资现金12万元，并参与日常工作，按劳务作价5000元；乙出资现金30万元，因现金紧张，声明其中50%即15万元，在合伙企业成立半年后才能缴付，且他不同意甲参与日常工作，按劳务作价5000元；丙出资汽车一辆，不办理过户，仅以使用权出资，作价9万元；丁提供经营场所，以两所房屋的使用权出资，作价10万元。约定经营期3年。

合伙企业成立半年以后，丙在为合伙企业运货的归途中翻车，车毁人亡。其子要求赔偿汽

车价款 25 万元,并代替其父成为合伙人。甲、乙、丁仅仅知道丙之子刚刚刑满出狱,对其不甚了解,不同意其成为合伙人,但不知汽车是否该赔。

又过了两个月,乙的债权人张某,也是合伙企业的客户,向合伙企业主张:乙拖欠他 15 万元,至今不还,所以,他欠合伙企业的 14 万 5000 元货款也不还了,相互抵消,5000 元的差额也不要了。

第二年春天,合伙企业失火,将一所房屋烧毁。丁要求赔偿其损失。

甲提出退伙,其他几个合伙人不同意。在一次会议上,甲又提出将其出资份额转让给李某,丁不同意。会后,甲单独与丁协商,将其出资份额转让给丁,丁同意。事后乙知道了,坚决反对。

合伙企业解散已是不可避免。于是,请万事通律师事务所律师曾国静咨询解散清算事宜。

请分析:

(1) 甲是否可以按劳务作价 5000 元出资?

(2) 如何选任清算人?

(3) 如何认定乙的出资?

(4) 甲是否可以退伙?

(5) 丁是否可以房屋的使用权出资?

(6) 在清算期间,如果全体合伙人以个人财产承担清算责任后,仍不能清偿合伙企业的债务,应该如何处理?

(7) 合伙企业是否应该赔偿汽车价款 25 万元?

(8) 合伙企业的债务应按照什么顺序清偿?

(9) 丙之子是否可以成为合伙人?

(10) 乙反对甲将其出资份额转让给丁,反对是否有效?

(11) 张某是否可以向合伙企业主张乙拖欠他 15 万元债款?

(12) 甲是否可以将其份额转让给李某?

(13) 合伙企业失火,将一所房屋烧毁。应该由谁承担损失赔偿责任?

(二) 能力提升训练

1. 训练内容

模拟设立一个普通合伙企业、一个有限合伙企业和一个特殊的普通合伙企业。

2. 训练目的

通过训练,强化学生对所学知识的理解,提高学生的沟通能力、协作能力、知识应用能力。

3. 训练的形式和要求

以小组为单位完成。全班同学大约分为 3 个大组 6 个小组,每小组 6～8 人,每组推选一名小组长。每两个小组为一大组,负责完成一个合伙企业的设立;其中一个小组负责收集资料、了解设立流程,另一个小组负责起草合伙协议、填写相应资料和完成展示材料制作。各组完成后,在课堂上集中展示,并进行互评,老师作最后点评。

附:《中华人民共和国合伙企业法》

中华人民共和国合伙企业法

(1997 年 2 月 23 日第八届全国人民代表大会常务委员会第二十四次会议通过

2006年8月27日第十届全国人民代表大会常务委员会第二十三次会议修订）

第一章 总 则

第一条 为了规范合伙企业的行为，保护合伙企业及其合伙人、债权人的合法权益，维护社会经济秩序，促进社会主义市场经济的发展，制定本法。

第二条 本法所称合伙企业，是指自然人、法人和其他组织依照本法在中国境内设立的普通合伙企业和有限合伙企业。

普通合伙企业由普通合伙人组成，合伙人对合伙企业债务承担无限连带责任。本法对普通合伙人承担责任的形式有特别规定的，从其规定。

有限合伙企业由普通合伙人和有限合伙人组成，普通合伙人对合伙企业债务承担无限连带责任，有限合伙人以其认缴的出资额为限对合伙企业债务承担责任。

第三条 国有独资公司、国有企业、上市公司以及公益性的事业单位、社会团体不得成为普通合伙人。

第四条 合伙协议依法由全体合伙人协商一致、以书面形式订立。

第五条 订立合伙协议、设立合伙企业，应当遵循自愿、平等、公平、诚实信用原则。

第六条 合伙企业的生产经营所得和其他所得，按照国家有关税收规定，由合伙人分别缴纳所得税。

第七条 合伙企业及其合伙人必须遵守法律、行政法规，遵守社会公德、商业道德，承担社会责任。

第八条 合伙企业及其合伙人的合法财产及其权益受法律保护。

第九条 申请设立合伙企业，应当向企业登记机关提交登记申请书、合伙协议书、合伙人身份证明等文件。

合伙企业的经营范围中有属于法律、行政法规规定在登记前须经批准的项目的，该项经营业务应当依法经过批准，并在登记时提交批准文件。

第十条 申请人提交的登记申请材料齐全、符合法定形式，企业登记机关能够当场登记的，应予当场登记，发给营业执照。

除前款规定情形外，企业登记机关应当自受理申请之日起二十日内，作出是否登记的决定。予以登记的，发给营业执照；不予登记的，应当给予书面答复，并说明理由。

第十一条 合伙企业的营业执照签发日期，为合伙企业成立日期。

合伙企业领取营业执照前，合伙人不得以合伙企业名义从事合伙业务。

第十二条 合伙企业设立分支机构，应当向分支机构所在地的企业登记机关申请登记，领取营业执照。

第十三条 合伙企业登记事项发生变更的，执行合伙事务的合伙人应当自作出变更决定或者发生变更事由之日起十五日内，向企业登记机关申请办理变更登记。

第二章 普通合伙企业

第一节 合伙企业设立

第十四条 设立合伙企业，应当具备下列条件：

（一）有二个以上合伙人。合伙人为自然人的，应当具有完全民事行为能力；

（二）有书面合伙协议；

（三）有合伙人认缴或者实际缴付的出资；

（四）有合伙企业的名称和生产经营场所；

（五）法律、行政法规规定的其他条件。

第十五条　合伙企业名称中应当标明"普通合伙"字样。

第十六条　合伙人可以用货币、实物、知识产权、土地使用权或者其他财产权利出资，也可以用劳务出资。

合伙人以实物、知识产权、土地使用权或者其他财产权利出资，需要评估作价的，可以由全体合伙人协商确定，也可以由全体合伙人委托法定评估机构评估。

合伙人以劳务出资的，其评估办法由全体合伙人协商确定，并在合伙协议中载明。

第十七条　合伙人应当按照合伙协议约定的出资方式、数额和缴付期限，履行出资义务。

以非货币财产出资的，依照法律、行政法规的规定，需要办理财产权转移手续的，应当依法办理。

第十八条　合伙协议应当载明下列事项：

（一）合伙企业的名称和主要经营场所的地点；

（二）合伙目的和合伙经营范围；

（三）合伙人的姓名或者名称、住所；

（四）合伙人的出资方式、数额和缴付期限；

（五）利润分配、亏损分担方式；

（六）合伙事务的执行；

（七）入伙与退伙；

（八）争议解决办法；

（九）合伙企业的解散与清算；

（十）违约责任。

第十九条　合伙协议经全体合伙人签名、盖章后生效。合伙人按照合伙协议享有权利，履行义务。

修改或者补充合伙协议，应当经全体合伙人一致同意；但是，合伙协议另有约定的除外。

合伙协议未约定或者约定不明确的事项，由合伙人协商决定；协商不成，依照本法和其他有关法律、行政法规的规定处理。

第二节　合伙企业财产

第二十条　合伙人的出资、以合伙企业名义取得的收益和依法取得的其他财产，均为合伙企业的财产。

第二十一条　合伙人在合伙企业清算前，不得请求分割合伙企业的财产；但是，本法另有规定的除外。

合伙人在合伙企业清算前私自转移或者处分合伙企业财产的，合伙企业不得以此对抗善意第三人。

第二十二条　除合伙协议另有约定外，合伙人向合伙人以外的人转让其在合伙企业中的全部或者部分财产份额时，须经其他合伙人一致同意。

合伙人之间转让在合伙企业中的全部或者部分财产份额时，应当通知其他合伙人。

第二十三条　合伙人向合伙人以外的人转让其在合伙企业中的财产份额的，在同等条件下，其他合伙人有优先购买权；但是，合伙协议另有约定的除外。

第二十四条　合伙人以外的人依法受让合伙人在合伙企业中的财产份额的,经修改合伙协议即成为合伙企业的合伙人,依照本法和修改后的合伙协议享有权利,履行义务。

第二十五条　合伙人以其在合伙企业中的财产份额出质的,须经其他合伙人一致同意;未经其他合伙人一致同意,其行为无效,由此给善意第三人造成损失的,由行为人依法承担赔偿责任。

第三节　合伙事务执行

第二十六条　合伙人对执行合伙事务享有同等的权利。

按照合伙协议的约定或者经全体合伙人决定,可以委托一个或者数个合伙人对外代表合伙企业,执行合伙事务;

作为合伙人的法人、其他组织执行合伙事务的,由其委派的代表执行。

第二十七条　依照本法第二十六条第二款规定委托一个或者数个合伙人执行合伙事务的,其他合伙人不再执行合伙事务;

不执行合伙事务的合伙人有权监督执行事务合伙人执行合伙事务的情况。

第二十八条　由一个或者数个合伙人执行合伙事务的,执行事务合伙人应当定期向其他合伙人报告事务执行情况以及合伙企业的经营和财务状况,其执行合伙事务所产生的收益归合伙企业,所产生的费用和亏损由合伙企业承担。

合伙人为了解合伙企业的经营状况和财务状况,有权查阅合伙企业会计账簿等财务资料。

第二十九条　合伙人分别执行合伙事务的,执行事务合伙人可以对其他合伙人执行的事务提出异议。提出异议时,应当暂停该项事务的执行。如果发生争议,依照本法第三十条规定作出决定。

受委托执行合伙事务的合伙人不按照合伙协议或者全体合伙人的决定执行事务的,其他合伙人可以决定撤销该委托。

第三十条　合伙人对合伙企业有关事项作出决议,按照合伙协议约定的表决办法办理。合伙协议未约定或者约定不明确的,实行合伙人一人一票并经全体合伙人过半数通过的表决办法。

本法对合伙企业的表决办法另有规定的,从其规定。

第三十一条　除合伙协议另有约定外,合伙企业的下列事项应当经全体合伙人一致同意:

（一）改变合伙企业的名称;

（二）改变合伙企业的经营范围、主要经营场所的地点;

（三）处分合伙企业的不动产;

（四）转让或者处分合伙企业的知识产权和其他财产权利;

（五）以合伙企业名义为他人提供担保;

（六）聘任合伙人以外的人担任合伙企业的经营管理人员。

第三十二条　合伙人不得自营或者同他人合作经营与本合伙企业相竞争的业务。

除合伙协议另有约定或者经全体合伙人一致同意外,合伙人不得同本合伙企业进行交易。

合伙人不得从事损害本合伙企业利益的活动。

第三十三条　合伙企业的利润分配、亏损分担,按照合伙协议的约定办理;合伙协议未约定或者约定不明确的,由合伙人协商决定;协商不成的,由合伙人按照实缴出资比例分配、分担;无法确定出资比例的,由合伙人平均分配、分担。

合伙协议不得约定将全部利润分配给部分合伙人或者由部分合伙人承担全部亏损。

第三十四条　合伙人按照合伙协议的约定或者经全体合伙人决定,可以增加或者减少对合伙企业的出资。

第三十五条　被聘任的合伙企业的经营管理人员应当在合伙企业授权范围内履行职务。

被聘任的合伙企业的经营管理人员,超越合伙企业授权范围履行职务,或者在履行职务过程中因故意或者重大过失给合伙企业造成损失的,依法承担赔偿责任。

第三十六条　合伙企业应当依照法律、行政法规的规定建立企业财务、会计制度。

第四节　合伙企业与第三人关系

第三十七条　合伙企业对合伙人执行合伙事务以及对外代表合伙企业权利的限制,不得对抗善意第三人。

第三十八条　合伙企业对其债务,应先以其全部财产进行清偿。

第三十九条　合伙企业不能清偿到期债务的,合伙人承担无限连带责任。

第四十条　合伙人由于承担无限连带责任,清偿数额超过本法第三十三条第一款规定的其亏损分担比例的,有权向其他合伙人追偿。

第四十一条　合伙人发生与合伙企业无关的债务,相关债权人不得以其债权抵销其对合伙企业的债务;也不得代位行使合伙人在合伙企业中的权利。

第四十二条　合伙人的自有财产不足清偿其与合伙企业无关的债务的,该合伙人可以以其从合伙企业中分取的收益用于清偿;债权人也可以依法请求人民法院强制执行该合伙人在合伙企业中的财产份额用于清偿。

人民法院强制执行合伙人的财产份额时,应当通知全体合伙人,其他合伙人有优先购买权;其他合伙人未购买,又不同意将该财产份额转让给他人的,依照本法第五十一条的规定为该合伙人办理退伙结算,或者办理削减该合伙人相应财产份额的结算。

第五节　入伙、退伙

第四十三条　新合伙人入伙,除合伙协议另有约定外,应当经全体合伙人一致同意,并依法订立书面入伙协议。

订立入伙协议时,原合伙人应当向新合伙人如实告知原合伙企业的经营状况和财务状况。

第四十四条　入伙的新合伙人与原合伙人享有同等权利,承担同等责任。入伙协议另有约定的,从其约定。

新合伙人对入伙前合伙企业的债务承担无限连带责任。

第四十五条　合伙协议约定合伙期限的,在合伙企业存续期间,有下列情形之一的,合伙人可以退:

(一)合伙协议约定的退伙事由出现;

(二)经全体合伙人一致同意;

(三)发生合伙人难以继续参加合伙的事由;

(四)其他合伙人严重违反合伙协议约定的义务。

第四十六条　合伙协议未约定合伙期限的,合伙人在不给合伙企业事务执行造成不利影响的情况下,可以退伙,但应当提前三十日通知其他合伙人。

第四十七条　合伙人违反本法第四十五条、第四十六条的规定退伙的,应当赔偿由此给合伙企业造成的损失。

第四十八条 合伙人有下列情形之一的，当然退伙：

（一）作为合伙人的自然人死亡或者被依法宣告死亡；

（二）个人丧失偿债能力；

（三）作为合伙人的法人或者其他组织依法被吊销营业执照、责令关闭、撤销，或者被宣告破产；

（四）法律规定或者合伙协议约定合伙人必须具有相关资格而丧失该资格；

（五）合伙人在合伙企业中的全部财产份额被人民法院强制执行。

合伙人被依法认定为无民事行为能力人或者限制民事行为能力人的，经其他合伙人一致同意，可以依法转为有限合伙人，普通合伙企业依法转为有限合伙企业。其他合伙人未能一致同意的，该无民事行为能力或者限制民事行为能力的合伙人退伙。

退伙事由实际发生之日为退伙生效日。

第四十九条 合伙人有下列情形之一的，经其他合伙人一致同意，可以决议将其除名：

（一）未履行出资义务；

（二）因故意或者重大过失给合伙企业造成损失；

（三）执行合伙事务时有不正当行为；

（四）发生合伙协议约定的事由。

对合伙人的除名决议应当书面通知被除名人。被除名人接到除名通知之日，除名生效，被除名人退伙。

被除名人对除名决议有异议的，可以自接到除名通知之日起三十日内，向人民法院起诉。

第五十条 合伙人死亡或者被依法宣告死亡的，对该合伙人在合伙企业中的财产份额享有合法继承权的继承人，按照合伙协议的约定或者经全体合伙人一致同意，从继承开始之日起，取得该合伙企业的合伙人资格。

有下列情形之一的，合伙企业应当向合伙人的继承人退还被继承合伙人的财产份额：

（一）继承人不愿意成为合伙人；

（二）法律规定或者合伙协议约定合伙人必须具有相关资格，而该继承人未取得该资格；

（三）合伙协议约定不能成为合伙人的其他情形。

合伙人的继承人为无民事行为能力人或者限制民事行为能力人的，经全体合伙人一致同意，可以依法成为有限合伙人，普通合伙企业依法转为有限合伙企业。全体合伙人未能一致同意的，合伙企业应当将被继承合伙人的财产份额退还该继承人。

第五十一条 合伙人退伙，其他合伙人应当与该退伙人按退伙时的合伙企业财产状况进行结算，退还退伙人的财产份额。退伙人对给合伙企业造成的损失负有赔偿责任的，相应扣减其应当赔偿的数额。

退伙时有未了结的合伙企业事务的，待该事务了结后进行结算。

第五十二条 退伙人在合伙企业中财产份额的退还办法，由合伙协议约定或者由全体合伙人决定，可以退还货币，也可以退还实物。

第五十三条 退伙人对基于其退伙前的原因发生的合伙企业债务，承担无限连带责任。

第五十四条 合伙人退伙时，合伙企业财产少于合伙企业债务的，退伙人应当依照本法第三十三条第一款的规定分担亏损。

第六节　特殊的普通合伙企业

第五十五条　以专业知识和专门技能为客户提供有偿服务的专业服务机构,可以设立为特殊的普通合伙企业。

特殊的普通合伙企业是指合伙人依照本法第五十七条的规定承担责任的普通合伙企业。

特殊的普通合伙企业适用本节规定;本节未作规定的,适用本章第一节至第五节的规定。

第五十六条　特殊的普通合伙企业名称中应当标明"特殊普通合伙"字样。

第五十七条　一个合伙人或者数个合伙人在执业活动中因故意或者重大过失造成合伙企业债务的,应当承担无限责任或者无限连带责任,其他合伙人以其在合伙企业中的财产份额为限承担责任。

合伙人在执业活动中非因故意或者重大过失造成的合伙企业债务以及合伙企业的其他债务,由全体合伙人承担无限连带责任。

第五十八条　合伙人执业活动中因故意或者重大过失造成的合伙企业债务,以合伙企业财产对外承担责任后,该合伙人应当按照合伙协议的约定对给合伙企业造成的损失承担赔偿责任。

第五十九条　特殊的普通合伙企业应当建立执业风险基金、办理职业保险。

执业风险基金用于偿付合伙人执业活动造成的债务。执业风险基金应当单独立户管理。具体管理办由国务院规定。

第三章　有限合伙企业

第六十条　有限合伙企业及其合伙人适用本章规定;本章未作规定的,适用本法第二章第一节至第五节关于普通合伙企业及其合伙人的规定。

第六十一条　有限合伙企业由二个以上五十个以下合伙人设立;但是,法律另有规定的除外。

有限合伙企业至少应当有一个普通合伙人。

第六十二条　有限合伙企业名称中应当标明"有限合伙"字样。

第六十三条　合伙协议除符合本法第十八条的规定外,还应当载明下列事项:

(一)普通合伙人和有限合伙人的姓名或者名称、住所;

(二)执行事务合伙人应具备的条件和选择程序;

(三)执行事务合伙人权限与违约处理办法;

(四)执行事务合伙人的除名条件和更换程序;

(五)有限合伙人入伙、退伙的条件、程序以及相关责任;

(六)有限合伙人和普通合伙人相互转变程序。

第六十四条　有限合伙人可以用货币、实物、知识产权、土地使用权或者其他财产权利作价出资。

有限合伙人不得以劳务出资。

第六十五条　有限合伙人应当按照合伙协议的约定按期足额缴纳出资;未按期足额缴纳的,应当承担补缴义务,并对其他合伙人承担违约责任。

第六十六条　有限合伙企业登记事项中应当载明有限合伙人的姓名或者名称及认缴的出资数额。

第六十七条　有限合伙企业由普通合伙人执行合伙事务。执行事务合伙人可以要求在合伙协议中确定执行事务的报酬及报酬提取方式。

第六十八条 有限合伙人不执行合伙事务,不得对外代表有限合伙企业。

有限合伙人的下列行为,不视为执行合伙事务:

(一)参与决定普通合伙人入伙、退伙;

(二)对企业的经营管理提出建议;

(三)参与选择承办有限合伙企业审计业务的会计师事务所;

(四)获取经审计的有限合伙企业财务会计报告;

(五)对涉及自身利益的情况,查阅有限合伙企业财务会计账簿等财务资料;

(六)在有限合伙企业中的利益受到侵害时,向有责任的合伙人主张权利或者提起诉讼;

(七)执行事务合伙人怠于行使权利时,督促其行使权利或者为了本企业的利益以自己的名义提起诉讼;

(八)依法为本企业提供担保。

第六十九条 有限合伙企业不得将全部利润分配给部分合伙人;但是,合伙协议另有约定的除外。

第七十条 有限合伙人可以同本有限合伙企业进行交易;但是,合伙协议另有约定的除外。

第七十一条 有限合伙人可以自营或者同他人合作经营与本有限合伙企业相竞争的业务;但是,合伙协议另有约定的除外。

第七十二条 有限合伙人可以将其在有限合伙企业中的财产份额出质;但是,合伙协议另有约定的除外。

第七十三条 有限合伙人可以按照合伙协议的约定向合伙人以外的人转让其在有限合伙企业中的财产份额,但应当提前三十日通知其他合伙人。

第七十四条 有限合伙人的自有财产不足清偿其与合伙企业无关的债务的,该合伙人可以以其从有限合伙企业中分取的收益用于清偿;债权人也可以依法请求人民法院强制执行该合伙人在有限合伙企业中的财产份额用于清偿。

人民法院强制执行有限合伙人的财产份额时,应当通知全体合伙人。在同等条件下,其他合伙人有优先购买权。

第七十五条 有限合伙企业仅剩有限合伙人的,应当解散;有限合伙企业仅剩普通合伙人的,转为普通合伙企业。

第七十六条 第三人有理由相信有限合伙人为普通合伙人并与其交易的,该有限合伙人对该笔交易承担与普通合伙人同样的责任。

有限合伙人未经授权以有限合伙企业名义与他人进行交易,给有限合伙企业或者其他合伙人造成损失的,该有限合伙人应当承担赔偿责任。

第七十七条 新入伙的有限合伙人对入伙前有限合伙企业的债务,以其认缴的出资额为限承担责任。

第七十八条 有限合伙人有本法第四十八条第一款第一项、第三项至第五项所列情形之一的,当然退伙。

第七十九条 作为有限合伙人的自然人在有限合伙企业存续期间丧失民事行为能力的,其他合伙人不得因此要求其退伙。

第八十条 作为有限合伙人的自然人死亡、被依法宣告死亡或者作为有限合伙人的法人及其他组织终止时,其继承人或者权利承受人可以依法取得该有限合伙人在有限合伙企业中的资格。

第八十一条 有限合伙人退伙后，对基于其退伙前的原因发生的有限合伙企业债务，以其退伙时从有限合伙企业中取回的财产承担责任。

第八十二条 除合伙协议另有约定外，普通合伙人转变为有限合伙人，或者有限合伙人转变为普通合伙人，应当经全体合伙人一致同意。

第八十三条 有限合伙人转变为普通合伙人的，对其作为有限合伙人期间有限合伙企业发生的债务承担无限连带责任。

第八十四条 普通合伙人转变为有限合伙人的，对其作为普通合伙人期间合伙企业发生的债务承担无限连带责任。

第四章 解散、清算

第八十五条 合伙企业有下列情形之一的，应当解散：

（一）合伙期限届满，合伙人决定不再经营；
（二）合伙协议约定的解散事由出现；
（三）全体合伙人决定解散；
（四）合伙人已不具备法定人数满三十天；
（五）合伙协议约定的合伙目的已经实现或者无法实现；
（六）依法被吊销营业执照、责令关闭或者被撤销；
（七）法律、行政法规规定的其他原因。

第八十六条 合伙企业解散，应当由清算人进行清算。

清算人由全体合伙人担任；经全体合伙人过半数同意，可以自合伙企业解散事由出现后十五日内指定一个或者数个合伙人，或者委托第三人，担任清算人。

自合伙企业解散事由出现之日起十五日内未确定清算人的，合伙人或者其他利害关系人可以申请人民法院指定清算人。

第八十七条 清算人在清算期间执行下列事务：

（一）清理合伙企业财产，分别编制资产负债表和财产清单；
（二）处理与清算有关的合伙企业未了结事务；
（三）清缴所欠税款；
（四）清理债权、债务；
（五）处理合伙企业清偿债务后的剩余财产；
（六）代表合伙企业参加诉讼或者仲裁活动。

第八十八条 清算人自被确定之日起十日内将合伙企业解散事项通知债权人，并于六十日内在报纸上公告。债权人应当自接到通知书之日起三十日内，未接到通知书的自公告之日起四十五日内，向清算人申报债权。

债权人申报债权，应当说明债权的有关事项，并提供证明材料。清算人应当对债权进行登记。

清算期间，合伙企业存续，但不得开展与清算无关的经营活动。

第八十九条 合伙企业财产在支付清算费用和职工工资、社会保险费用、法定补偿金以及缴纳所欠税款、清偿债务后的剩余财产，依照本法第三十三条第一款的规定进行分配。

第九十条 清算结束，清算人应当编制清算报告，经全体合伙人签名、盖章后，在十五日内向企业登记机关报送清算报告,申请办理合伙企业注销登记。

第九十一条 合伙企业注销后,原普通合伙人对合伙企业存续期间的债务仍应承担无限连带责任。

第九十二条 合伙企业不能清偿到期债务的,债权人可以依法向人民法院提出破产清算申请,也可以要求普通合伙人清偿。

合伙企业依法被宣告破产的,普通合伙人对合伙企业债务仍应承担无限连带责任。

第五章 法律责任

第九十三条 违反本法规定,提交虚假文件或者采取其他欺骗手段,取得合伙企业登记的,由企业登记机关责令改正,处以五千元以上五万元以下的罚款;情节严重的,撤销企业登记,并处以五万元以上二十万元以下的罚款。

第九十四条 违反本法规定,合伙企业未在其名称中标明"普通合伙"、"特殊普通合伙"或者"有限合伙"字样的,由企业登记机关责令限期改正,处以二千元以上一万元以下的罚款。

第九十五条 违反本法规定,未领取营业执照,而以合伙企业或者合伙企业分支机构名义从事合伙业务的,由企业登记机关责令停止,处以五千元以上五万元以下的罚款。

合伙企业登记事项发生变更时,未依照本法规定办理变更登记的,由企业登记机关责令限期登记;逾期不登记的,处以二千元以上二万元以下的罚款。

合伙企业登记事项发生变更,执行合伙事务的合伙人未按期申请办理变更登记的,应当赔偿由此给合伙企业、其他合伙人或者善意第三人造成的损失。

第九十六条 合伙人执行合伙事务,或者合伙企业从业人员利用职务上的便利,将应当归合伙企业的利益据为己有的,或者采取其他手段侵占合伙企业财产的,应当将该利益和财产退还合伙企业;给合伙企业或者其他合伙人造成损失的,依法承担赔偿责任。

第九十七条 合伙人对本法规定或者合伙协议约定必须经全体合伙人一致同意始得执行的事务擅自处理,给合伙企业或者其他合伙人造成损失的,依法承担赔偿责任。

第九十八条 不具有事务执行权的合伙人擅自执行合伙事务,给合伙企业或者其他合伙人造成损失的,依法承担赔偿责任。

第九十九条 合伙人违反本法规定或者合伙协议的约定,从事与本合伙企业相竞争的业务或者与本合伙企业进行交易的,该收益归合伙企业所有;给合伙企业或者其他合伙人造成损失的,依法承担赔偿责任。

第一百条 清算人未依照本法规定向企业登记机关报送清算报告,或者报送清算报告隐瞒重要事实,或者有重大遗漏的,由企业登记机关责令改正。由此产生的费用和损失,由清算人承担和赔偿。

第一百零一条 清算人执行清算事务,牟取非法收入或者侵占合伙企业财产的,应当将该收入和侵占的财产退还合伙企业;给合伙企业或者其他合伙人造成损失的,依法承担赔偿责任。

第一百零二条 清算人违反本法规定,隐匿、转移合伙企业财产,对资产负债表或者财产清单作虚假记载,或者在未清偿债务前分配财产,损害债权人利益的,依法承担赔偿责任。

第一百零三条 合伙人违反合伙协议的,应当依法承担违约责任。

合伙人履行合伙协议发生争议的,合伙人可以通过协商或者调解解决。不愿通过协商、调解解决或者协商、调解不成的,可以按照合伙协议约定的仲裁条款或者事后达成的书面仲裁协议,向仲裁机构申请仲裁。合伙协议中未订立仲裁条款,事后又没有达成书面仲裁协议的,可以向人民法院起诉。

第一百零四条　有关行政管理机关的工作人员违反本法规定,滥用职权、徇私舞弊、收受贿赂、侵害合伙企业合法权益的,依法给予行政处分。

第一百零五条　违反本法规定,构成犯罪的,依法追究刑事责任。

第一百零六条　违反本法规定,应当承担民事赔偿责任和缴纳罚款、罚金,其财产不足以同时支付的,先承担民事赔偿责任。

第六章　附　　则

第一百零七条　非企业专业服务机构依据有关法律采取合伙制的,其合伙人承担责任的形式可以适用本法关于特殊的普通合伙企业合伙人承担责任的规定。

第一百零八条　外国企业或者个人在中国境内设立合伙企业的管理办法由国务院规定。

第一百零九条　本法自2007年6月1日起施行。

第三节　公司法律制度

任务一　课前思考

一、问题提出

(1) 什么是有限责任公司？设立有限责任公司要满足什么条件？履行哪些手续？
(2) 公司股东会(股东大会)的职责有哪些,议事规则是什么？
(3) 股东股份转让的法律规定有哪些？

二、案例导入

某高校甲、乙、丙、丁、戊五个毕业生欲自主创业设立一经营计算机软件开发的有限责任公司,资本总额为20万元。

请思考：
(1) 丁认为公司软件开发不需要太多资金,公司设立后立即撤回其投资的钱,是否合法？
(2) 丙欲转让其股份,股东乙、戊均有意购买,庚公司亦有意购买,则该如何处理？

任务二　理论知识学习

一、公司的概念与法律特征

(一) 概念

公司是目前世界上普遍存在的一种企业组织形式。在法律上,关于"公司"一词的含义,不同国家因所属法系不同而有不同的表述。

我国《公司法》第二条规定,公司是指依照本法在中国境内设立的有限责任公司和股份有限公司。

公司的产生与发展

公司作为企业的一种组织形式,产生于资本主义萌芽和上升时期,是资本主义商品经济发展的产物。它经历了由合伙向无限公司、两合公司、股份有限公司、股份两合公司及有限公司的发展过程。

中世纪欧洲地中海沿岸商业、贸易的发达,催生了各种各样的商事组织,其中的家族性企业和康孟达(Commenda)组织即为无限公司和两合公司的雏形。在中世纪,有两个因素对公司的产生具有直接影响:一是合伙制度的发展,出现了由二人以上的出资人共同经营的经济实体;二是法人制度的发展,出现了具有法人地位的经济实体,二者的结合就形成了公司。

地理大发现后,葡萄牙和西班牙作为世界上第一批殖民者开始对非洲和美洲进行殖民地掠夺,掠夺要靠海上交通才能到达大洋彼岸。交通工具要靠船舶,需要筹集大量资金,并承担很大的风险。于是出现了两种组织形式:一种是共同筹集资金、共担风险、共享利益的船舶共有制;另一种是有产者不亲自去海外冒险,而将资产委托船舶所有人或其他人代为买卖,销售后获利共同分配的康孟达组织,亏损时,航海者负无限责任,有产者仅在出资范围内负有限责任。康孟达组织被认为是现代企业中隐名合伙和两合公司的雏形。与此同时,西欧大陆因商品生产的发展,商品交换的繁荣,专门从事商业活动的组织出现。他们以家族为中心,子继父业,亲朋联办,形成家族企业。这种家族企业最早在普鲁士形成,而后波及整个西欧,是后来无限公司的原始形态。

除家族经营和康孟达组织,在英国等欧洲国家还出现了一些具有法人性质的经济实体,如16世纪末17世纪初由英国和荷兰国王特许建立了直接以"公司"命名的远航贸易性企业——英国东印度公司和荷兰东印度公司。这些公司一般经营对外贸易,发起人可以招募股东,公司财产与股东个人财产分离,股东对公司按其出资承担有限责任。特许公司的出现对现代公司制度的建立具有十分重要的影响,英国东印度公司被认为是股份有限公司的鼻祖。

但此后的300年间,公司制度发展缓慢。到了19世纪初,欧洲工业革命的兴起,资本主义的商品生产得到了前所未有的发展,这种发展和资本有机构成的提高,使企业规模不断扩大,开办一个企业所需的最低限额资金也随之增多,大多数资本家无法独自承担。要在短期内把分散的资金结合为一个巨大的资本,就需要一种相应的方式,于是,以集资为主要功能的股份制公司应运而生。正如马克思指出的:"假如必须等待积累去使某些单个资本增长到能够修建铁路的程度,那么恐怕直到今天世界上还没有铁路。但是,集中通过股份公司转瞬之间就把这件事完成了。"公司组织形式的出现,给资本运营带来了广泛的空间,大力促进了资本主义生产力的发展。19世纪末,资本主义国家不少独资与合伙企业纷纷改组为公司,使公司制度得到了广泛普及和长足发展,以至于有人称19世纪中叶至今的西方世界为"公司的世界"。

(二) 法律特征

公司的法律特征包括以下四个方面:

(1) 公司是法人,具有独立人格。

人格一词来源于罗马法,所谓人格,是指民事权利主体的资格。公司具有独立人格首先意味着公司设立以后,就与其股东的人格相分离,成为一个完全独立的实体,不能将公司与其股东混为一谈；其次公司具有独立人格意味着公司能够以自己的名义,从事商事经营活动,对外独立承担民事责任。公司对外承担法律责任的基础是具有自己独立的财产。

(2) 公司是社团法人,具有集合性。

(3) 公司是企业,具有营利性。

营利性是公司作为商事组织的本质属性,营利性要求公司要以尽可能小的投入获取最大限度的利益,实现公司及其股东利益的最大化。我国《公司法》规定公司的利益受法律保护,不受侵犯。但公司从事经营活动,追逐利润的同时,也必须遵守法律、行政法规,遵守社会公德、商业道德,诚实守信,接受政府和社会公众的监督,承担社会责任。

(4) 公司是依照专门法律设立的,具有合法性。

公司依法成立主要包括两大方面的要求：第一,公司成立应当具备我国《公司法》所规定的实质条件；第二,公司成立必须遵循我国《公司法》所规定的程序,履行相关的法律手续。

二、公司的分类

(一) 有限责任公司与股份有限公司

根据我国《公司法》的规定,可以将公司分为有限责任公司和股份有限公司两类。这也是我们通常所说的法定分类。

有限责任公司是指股东以其出资额为限对公司承担责任,公司以其全部资产对公司债务承担责任的企业法人。有限责任公司起源于19世纪的德国。有限责任公司具有如下特征：公司股东仅以出资额为限对公司债务承担间接有限的清偿责任；有限责任公司的股东可以是自然人,也可以是法人,但股东人数按照我国《公司法》的要求不超过50人；有限责任公司的股权不能公开募集并自由转让,不能在资本市场自由流通,有限责任公司股东出资的转让受到严格的限制；有限责任公司带有一定人合公司的性质,设立比较简便,组织机构比较简单。有限责任公司的代理成本、内部监督成本较低,决策比较灵活,对市场反应比较迅速,是中小型企业的理想组织形式,在市场经济中发挥着巨大的作用。

股份有限公司是指公司全部资本划分为等额股份,股东以其所持有的股份额对公司承担责任,公司以其全部资产对公司债务承担清偿责任的企业法人。股份有限公司具有如下特征：股东以其所拥有的股份额对公司债务承担有限责任；股份有限公司的资本划分为等额股份,股票向社会公开发行并自由转让,这一点是股份有限公司与有限责任公司的重要区别；股份有限公司法人治理结构比较完备、周密。

(二) 人合公司、资合公司和人合兼资合公司

根据公司信用标准不同,在学理上可以将公司划分为：人合公司、资合公司和人合兼资合公司。公司作为商事主体同自然人一样,在从事经营活动时必须具有一定的信用。以股东的信用作为公司信用基础的,是人合公司；以公司所拥有的资产为信用基础的,为资合公司。

人合公司对外承担责任的信用实际上是以股东的人格对公司信用的担保。人合公司不强调公司资产,而关注股东的实力和信用,股东的信用决定了公司对外承担责任的能力,无限责任公司是典型的人合公司,实际上人合公司和我国的合伙企业并没有本质上的区别。

资合公司对外承担责任的能力是由公司所拥有的净资产数额决定的,公司资产数额与公司

的信用成正比,股东的信用与公司的信用并无关系。股份有限公司是典型的资合公司。

人合兼资合公司是既以公司股东的信用为基础又以公司资产为信用基础的公司。

(三)本国公司、外国公司和跨国公司

按公司国籍的不同,可将公司分为本国公司、外国公司和跨国公司。

本国公司是指一国按照本国公司法所规定的公司国籍标准,确定具有该国国籍的公司。外国公司是与本国公司相对应的概念,是指东道国(本国公司所在国)所确定的不具有东道国国籍,但可以在东道国从事商事活动的公司。一般来说外国公司在东道国从事商事活动的只是该公司的分公司或分支机构。跨国公司是指在某一个国家设立,在多个国家或地区开设分公司或子公司开展业务活动的国际性营利组织。由于跨国公司涉及多国国籍,所以它也被称为多国公司。

(四)母公司与子公司

以公司的外部控制关系为标准,可以将公司分为母公司与子公司两类。

母公司是指拥有其他公司一定数量的股份,能够支配控制其他公司主要经营活动的公司。母公司是一种控制公司,有时又称控股公司。但实际上两者是有区别的:凡拥有另一公司的股份已达到控股程度并直接掌握其经营活动的公司,是控制公司;凡拥有另一公司的股份已达到控股程度但不直接参加公司业务活动的公司,则是控股公司。

子公司是指主要经营业务被另外一家公司实际控制、支配的公司。子公司具有独立的法人资格,对外可以独立地开展业务和承担责任。母公司一般情况下是以其所持有的股份对子公司的债务承担有限责任。母公司与子公司的关系实际上是大股东与公司的关系,如果母公司对子公司的控制使子公司丧失了独立的地位,严重损害债权人利益时,司法机关就可以适用"法人人格否认制度",要求母公司对子公司的债务承担无限责任。

(五)总公司与分公司

基于组织系统上的从属关系所做的分类,可以将公司分为总公司与分公司。

总公司又称本公司,是指在组织系统中处于支配和管理若干分支机构或部门的地位,具有独立法人资格的公司。分公司是相对于总公司而言的,分公司是指公司在其住所以外设立的,不具有企业法人资格而从事经营活动的机构。分公司是总公司的一个附属机构或业务部门,没有自己独立的财产和组织机构,而只有业务管理人,因此分公司活动的后果将全部由总公司承受。

(六)多人公司与一人公司

根据公司股东数量,可以将公司分为多人公司和一人公司。

多人公司是指由两个以上(包括两个)的股东共同出资设立的公司。多人公司是传统公司法上的公司,是公司存在的常态、一般形式。一人公司是指由一个股东单独出资设立的公司。我国现行《公司法》规定了两种一人公司:一个自然人、法人设立的有限责任公司和国有独资公司。一人公司由于缺乏股东间的制衡机制,而明显不利于公司债权人利益的保护,所以各国在承认一人公司的同时,又对其做了许多限制性规定。如我国《公司法》就规定,一人有限责任公司的股东不能证明公司财产独立于股东自己的财产的,应当对公司债务承担连带责任。

三、公司的设立

(一) 公司设立的原则

从公司发展的历史看,不同的历史时期法律对公司设立所采取的原则是不同的,法学界在讨论公司设立原则时将其分为自由主义、特许主义、核准主义和准则主义。

1. 自由主义原则

自由主义原则,又称放任主义原则,即创办人可以自由设立公司,国家完全不予干涉。根据这一原则,公司设立完全听凭当事人自由,是否成立公司、成立何种公司、怎样成立公司、何时成立公司,法律不加任何干涉。一般认为自由主义盛行于欧洲中世纪公司蓬勃发展的时候,法律对公司的立法态度是既不承认商业公司的类似现在"法人"的地位,也不对公司的设立主动干涉,这与当时的法人理论与法人制度尚不完善有很大关系。

2. 特许主义原则

特许主义原则是指公司只有经过国王或国会的特许才可设立。在这一原则下,成立公司是一种由国家元首或法令赋予的特权。这一原则的出现,一方面是社会分工与商业行会发展的结果。虽然这种做法杜绝了滥设公司的现象,但公司设立过于严格,手续复杂,且容易造成机会不均等,特别是从19世纪以后,实行特许方式设立公司已不能适应资本主义经济迅速发展的要求,因而导致了西方国家的公司由特许设立向核准设立的转变。

3. 核准主义原则

核准主义原则,又称许可主义原则,即公司设立除符合有关法律规定外,还须经有关行政机关审查批准。该原则在18世纪的德国、法国比较流行。这一原则适用于设立与国计民生有密切关系的公司。

4. 准则主义原则

准则主义原则又分为单纯准则主义原则与严格准则主义原则。单纯准则主义原则是指公司设立的必要条件由法律作出统一规定,凡是公司创办人认为符合法定条件的,不需经任何行政机关的审批,公司即可设立并取得法人资格。单纯准则主义原则一般也须登记,但登记机关只进行形式上的审查,不进行实质上的审核与审批。

严格准则主义原则是指在严格规范公司设立条件、加重公司设立责任的同时,增加了法院判定设立或行政机关设立登记的监督公司设立的程序。这种设立原则既不像特许主义与核准主义烦琐严格,限制公司发展,又不像自由主义和单纯准则主义那样放任自由,造成滥设公司,所以自19世纪末,大多数国家均采用这种原则设立公司。

我国《公司法》第六条规定:设立公司,应当依法向公司登记机关申请设立登记。符合本法规定的设立条件的,由公司登记机关分别登记为有限责任公司或者股份有限公司;不符合本法规定的设立条件的,不得登记为有限责任公司或者股份有限公司。法律、行政法规规定设立公司必须报经批准的,应当在公司登记前依法办理批准手续。

(二) 有限责任公司的设立

1. 有限责任公司的概念与特征

有限责任公司简称"有限公司",是指由法定数目股东共同出资组成的,股东以其出资额对公司承担责任,公司以其全部资产对公司的债务承担责任的企业法人。其主要特征有:

(1) 股东人数既有最低限,又有最高限,我国《公司法》要求50人以下；

(2) 股东仅以其出资额为限对公司负责,即股东的出资额就是股东为公司经营失败而承担责任的界限,股东无义务在其出资额以外承担公司债务；

(3) 股东之间联系密切,股东向股东之外的人转让其出资受法律及公司章程的限制,因此,在学理上往往认为该类公司具有"人合兼资合"的性质；

(4) 公司行为具有非公开性,即不能向社会募集自有资本,不能发行股票,其财务和经营状况也不必对外界公开,因而属于"封闭式"公司。

2. 有限责任公司的设立条件

(1) 股东符合法定人数。

有限责任公司应由50个以下股东共同出资设立,即股东人数不得超过50人。一般有限责任公司的股东可以为法人,也可以为自然人,还可以是国家授权投资的机构和国家授权的部门；但国有独资公司的唯一股东则只能是国家授权投资的机构或者国家授权的部门。

(2) 有符合公司章程规定的全体股东认缴的出资额。

有限责任公司的注册资本为在公司登记机关登记的全体股东认缴的出资额。法律、行政法规以及国务院决定对有限责任公司注册资本实缴、注册资本最低限额另有规定的,从其规定。

(3) 股东共同制定公司章程。

公司章程是关于公司内部组织及其活动的基本准则,对公司股东、董事、监事、经理具有约束力。制定公司章程既为公司内部经营管理所必须,也是外界了解公司的重要途径和有关国家机关监督、管理公司的重要依据,因而为公司所必备。

(4) 有公司名称,建立符合有限责任公司要求的组织机构。

公司应依照法律、行政法规的有关规定选用特定的、规范的公司名称。公司名称经登记后,即受法律保护,公司享有对其名称专用权。同时,有限责任公司作为法人,必须设有健全的组织机构,包括股东会、董事会或执行董事、监事会或监事及经理。

(5) 有公司住所。

3. 有限责任公司的设立程序

由于有限责任公司是一种非公众性、封闭性的法人,所以其设立方式只能以发起人设立为限,不能采用募集设立方式。根据我国《公司法》第二章及相关法律的规定,设立有限责任公司一般应经过如下程序：

1) 发起人发起

发起人发起是有限责任公司设立的预备阶段。在这个阶段,发起人要确立设立公司的意向,对拟设立的有限责任公司进行可行性研究,并作好设立公司的必要准备。当发起人有数人时,发起人之间应签订书面协议,也称为投资协议或股东协议书,以明确各发起人在公司设立过程中的权利和义务。在法律上,发起人协议被视为合伙协议。如果公司设立成功,该协议履行完毕,因公司设立所产生的权利和义务由公司承担；如果公司设立不成,如因设立对外所发生的债务,则应依设立协议由设立人对第三人承担无限连带责任。

2) 公司名称的预先核准

公司名称是公司章程的必要记载事项之一,也是公司注册登记的必要登记事项之一,而且在公司设立过程的若干环节如申请批准、申请登记等也必须使用公司名称。为规范发起人对公司名称的选用,我国《公司登记管理条例》和《企业名称登记管理实施办法》均规定,设立有限责任公司时,应向公司登记机关申请拟设立公司的名称,预先核准。

实行公司名称的预先核准制度,可以使公司的名称在公司申请设立登记前就具有了合法性和确定性,从而确保公司名称的质量和公司设立登记的顺利进行,有效避免可能出现的公司名称不恰当、不规范、不合法状态下影响公司及时成立。

3)制定公司章程

有限责任公司股东应当共同起草章程条款,商定章程的内容,章程条款起草完毕后,应当由股东共同同意通过。股东应当在公司章程上签名、盖章。

有限责任公司的章程体现着全体股东的共同意志,对全体股东、公司的组织机构和经营管理人员均有约束力。我国《公司法》第二十五条明确规定有限责任公司章程应载明下列事项:公司名称和住所;公司经营范围;公司注册资本;股东的姓名或者名称;股东的出资方式、出资额和出资时间;公司的机构及其产生办法、职权、议事规则;公司法定代表人;股东会会议认为需要规定的其他事项。

4)办理必要的行政审批

发起人如设立那些法律、行政法规规定对其设立需要报经审批的有限责任公司,则应当按照有关的法律、行政法规的规定,办理必要的审批手续。我国《公司法》第六条规定:法律、行政法规规定必须报经批准的,应当在公司登记前依法办理批准手续。

根据我国法律的规定,需要办理审批的有限责任公司有以下几类:

一是法律、法规规定必须经审批的,如设立经营证券业务的有限责任公司,应事先经证券管理部门的批准;

二是公司营业项目中有必须报经审批的公司,如设立烟草买卖方面的公司,就必须经过国家烟草管理部门进行审批方可设立;

此外,我国国有企业股份制改造过程中改组为有限责任公司的也必须经过审批。

5)缴纳出资

【以案学法之案例 2-12】

A、B、C、D、E 五个人共同投资设立一饮食有限责任公司,A 出资现金 20 万元,B 以某股票 10 万元股出资,自然人股东 C 以烹调技术作价 5 万元出资,D 以其大公司信用和关系出资,E 以厂房作价 15 万元出资。上述出资方式哪些合法?哪些不合法?

股东可以用货币出资,也可以用实物、知识产权、土地使用权等可以用货币估价并可以依法转让的非货币财产作价出资;但是,法律、行政法规规定不得作为出资的财产除外。

股东应当按期足额缴纳公司章程中规定的各自所认缴的出资额。股东以货币出资的,应当将货币出资足额存入有限责任公司在银行开设的账户;以非货币财产出资的,应当依法办理其财产权的转移手续。

6)申请设立登记

股东的全部出资经法定的验资机构验资后,由全体股东指定的代表或共同委托的代理人,如设立国有独资公司,应当由国有资产监督管理机构代表国家作为申请人,向公司登记机关申请设立登记,提交公司登记申请书、公司章程、验资证明等文件。设立有限责任公司的同时设立分公司的,应当就拟设分公司向公司登记机关申请登记。

7)登记机关签发营业执照

登记机关对申请登记时提供的材料进行审查后,认为符合法律规定的,将予以登记并发给营业执照,有限责任公司即告成立。公司营业执照签发日期,为有限责任公司的成立日期。自成立之日起公司取得法人资格,可以公司名义对外从事经营活动。凭登记机关颁发的企业法人营业执照,公司可以刻制印章、开立银行账户、申请纳税登记。

(三)股份有限公司的设立

1. 股份有限公司的概念与特征

股份有限公司简称"股份公司",是指由法定数目以上的发起人组织设立的,其全部资本划分为若干等额股份并以股票形式向股东发行,股东以其所持股份对公司承担责任,公司以其全部资产对公司的债务承担责任的企业法人。

股份有限公司的主要特征是:

(1)发起人人数有限制,一般要求不得少于2人,不超过200人;

(2)股东以所持股份为限对公司负责;

(3)一般股东可依法自由转让其股份,公司不得以章程或者协议等形式予以限制;

(4)具有公开性,公司可以在发起人内部发行股份而筹集资本,也可以以发行股票的方式向社会公开募集股份而筹集资本;而且,向社会公开募股的公司必须依法将公司的财务、经营状况向社会公众公开,因而属于"开放式"公司。

2. 股份有限公司的设立条件

(1)发起人符合法定人数。

设立股份有限公司,应当有2人以上200人以下为发起人,其中须有半数以上的发起人在中国境内有住所,以便实际履行发起人的职责和落实发起人的责任。

(2)有符合公司章程规定的全体发起人认购的股本总额或者募集的实收股本总额。

股份有限公司采取发起设立方式设立的,注册资本为在公司登记机关登记的全体发起人认购的股本总额。在发起人认购的股份缴足前,不得向他人募集股份。

股份有限公司采取募集方式设立的,注册资本为在公司登记机关登记的实收股本总额。

法律、行政法规以及国务院决定对股份有限公司注册资本实缴、注册资本最低限额另有规定的,从其规定。

(3)股份发行、筹办事项符合法律规定。

股份有限公司在股份发行条件、程序、办法以及其他筹建手续方面均应合法,不仅要符合《公司法》,同时还要符合《证券法》以及其他有关法律、法规的规定。

(4)发起人制定公司章程,采用募集方式设立的经创立大会通过。

(5)有公司名称,建立符合股份有限公司要求的组织机构。

(6)有公司住所。

3. 股份有限公司的设立程序

1)确定发起人并由其制定公司章程

股份有限公司的章程应当载明下列事项:公司名称和住所;公司经营范围;公司设立方式;公司股份总数、每股金额和注册资本;发起人的姓名或者名称、认购的股份数、出资方式和出资时间;董事会的组成、职权和议事规则;公司法定代表人;监事会的组成、职权和议事规则;公司利润分配办法;公司的解散事由与清算办法;公司的通知和公告办法;股东大会会议认为需要规定的其他事项。

2) 报经审批

设立股份有限公司必须办理审批手续,即须报经国务院授权的部门或者省级人民政府批准。采取募集设立方式设立、向社会公开发行股份的,还须经国务院证券监督管理部门核准。

3) 认股、募股与缴股

以发起设立方式设立股份有限公司的,发起人应当书面认足公司章程规定其认购的股份,并按照公司章程规定缴纳出资。以非货币财产出资的,应当依法办理其财产权的转移手续。发起人不依照前款规定缴纳出资的,应当按照发起人协议承担违约责任。发起人认足公司章程规定的出资后,应当选举董事会和监事会,由董事会向公司登记机关报送公司章程以及法律、行政法规规定的其他文件,申请设立登记。

以募集设立方式设立股份有限公司的,发起人认购的股份不得少于公司股份总数的35%;但是,法律、行政法规另有规定的,从其规定。

发起人向社会公开募集股份,必须公告招股说明书,并制作认股书。认股书应当载明《企业法》第八十六条所列事项,由认股人填写认购股数、金额、住所,并签名、盖章。认股人按照所认购股数缴纳股款。招股说明书应当附有发起人制定的公司章程,并载明法定事项。

发起人向社会公开募集股份,应当由依法设立的证券公司承销,签订承销协议。发起人向社会公开募集股份,应当同银行签订代收股款协议,代收股款的银行应当按照协议代收和保存股款,向缴纳股款的认股人出具收款单据,并负有向有关部门出具收款证明的义务。

4) 召开创立大会

发行股份的股款缴足后,必须经依法设立的验资机构验资并出具证明。发起人应当自股款缴足之日起三十日内主持召开公司创立大会。创立大会由发起人、认股人组成。

发行的股份超过招股说明书规定的截止期限尚未募足的,或者发行股份的股款缴足后,发起人在三十日内未召开创立大会的,认股人可以按照所缴股款并加算银行同期存款利息,要求发起人返还。

发起人应当在创立大会召开十五日前将会议日期通知各认股人或者予以公告。创立大会应有代表股份总数过半数的发起人、认股人出席,方可举行。

发起人、认股人缴纳股款或者交付抵作股款的出资后,除未按期募足股份、发起人未按期召开创立大会或者创立大会决议不设立公司的情形外,不得抽回其股本。

5) 办理设立登记

创立大会选举产生的董事会,应于创立大会结束后三十日内,向公司登记机关申请设立登记,领取营业执照。公司以营业执照签发日期为成立日期。

6) 公告与备案

股份有限公司成立后,应当进行公告。采取募集方式设立的,应当将募集股份情况报国务院证券管理部门备案。

4. 股份有限公司发起人的设立责任

【以案学法之案例 2-13】

某一饮食股份有限公司成立后不久,发现发起人有以下事实:甲股东根据章程认缴100万元人民币,但实缴60万元;乙股东以厂房出资作价150万元,但经评估实际价值为100万元;丙股东设立过程中负责办理卫生许可证,但由于急慢直至开张3个月后才办理完毕,导致公司开业后第一个月被卫生部门罚款10万元人民币。

请问：上述甲、乙、丙分别承担什么责任？

（1）补充责任：股份有限公司成立后，发起人未按照公司章程的规定缴足出资的，应当补缴；其他发起人承担连带责任。

股份有限公司成立后，发现作为设立公司出资的非货币财产的实际价额显著低于公司章程所定价额的，应当由交付该出资的发起人补足其差额；其他发起人承担连带责任。

（2）连带责任：公司不能成立时，发起人对设立行为所产生的债务和费用负连带责任；公司不能成立时，发起人对认股人已缴纳的股款，负返还股款并加算银行同期存款利息的连带责任。

（3）赔偿责任：在公司设立过程中，由于发起人的过失致使公司利益受到损害的，应当对公司承担赔偿责任。

四、公司的组织机构

（一）有限责任公司的组织机构

1. 股东会

1）股东与股东权

股东泛指公司的出资人，是公司设立的基础。股东对公司依法享有和行使股东权（简称股权）。股东权是物权的衍生形态，它包括物权但不限于物权。股东权可分为自益权和共益权：自益权是股东基于自身的利益而行使的权利，包括获利权、股份转让权、优先认股权、优先受让权、剩余财产分配权等；共益权包括表决权、监督权、诉讼权等。

课堂讨论 2-4

根据法律规定，股东享有知情权。甲公司经营计算机配件，其股东A公司占有5%的股份，其想知道公司经营情况，提出查阅公司会计账簿，但被拒绝，拒绝理由是A公司也是经营计算机配件，是同行竞争者，其查阅目的不明确，为保护公司商业秘密，拒绝查阅。

试讨论：A公司该怎样维护自己权益？法律应该怎样保护小股东利益？

2）股东会的性质与组成

股东会是公司的权力机构，决定公司的一切重大事项。股东会由全体股东组成，严格体现"谁投资，谁决策"原则。

【以案学法之案例2-14】

甲、乙、丙、丁、戊分别出资20万元、30万元、10万元、21万元、27万元设立一有限责任公司，经营过程中，丙提出召开临时股东会，遂决定在10天后召开股东会议，会议通知送达各股东，会议作出以下决定：

（1）决定解聘公司总经理黄某；

（2）经投票决定修改公司章程，其中甲乙丙同意，丁戊反对；

（3）全体股东一致同意向某合伙企业融资30万元。

请问：以上会议程序和内容有哪些不合法之处？

3）股东会行使的职权

有限责任公司的股东会行使以下职权：决定公司的经营方针和投资计划；选举和更换非由职工代表担任的董事、监事,决定有关董事、监事的报酬事项；审议批准董事会的报告；审议批准监事会或者监事的报告；审议批准公司的年度财务预算方案、决算方案；审议批准公司的利润分配方案和弥补亏损方案；对公司增加或者减少注册资本作出决议；对发行公司债券作出决议；对公司合并、分立、解散、清算或者变更公司形式作出决议；修改公司章程；公司章程规定的其他职权。

对以上所列事项股东以书面形式一致表示同意的,可以不召开股东会会议,直接作出决定,并由全体股东在决定文件上签名、盖章。

首次股东会会议由出资最多的股东召集和主持,依照《公司法》的规定行使职权。

4）股东会的会议制度及议事规则

股东会会议分为定期会议和临时会议。定期会议应当依照公司章程的规定按时召开。代表十分之一以上表决权的股东、三分之一以上的董事、监事会或者不设监事会的公司的监事提议召开临时会议的,应当召开临时会议。

（1）会议的召集与主持。有限责任公司设立董事会的,股东会会议由董事会召集,董事长主持；董事长不能履行职务或者不履行职务的,由副董事长主持；副董事长不能履行职务或者不履行职务的,由半数以上董事共同推举一名董事主持。有限责任公司不设董事会的,股东会会议由执行董事召集和主持。

董事会或者执行董事不能履行或者不履行召集股东会会议职责的,由监事会或者不设监事会的公司的监事召集和主持；监事会或者监事不召集和主持的,代表十分之一以上表决权的股东可以自行召集和主持。

（2）会议通知。召开股东会会议,应当于会议召开十五日前通知全体股东；但是,公司章程另有规定或者全体股东另有约定的除外。

（3）会议记录与签名。股东会应当对所议事项的决定作成会议记录,出席会议的股东应当在会议记录上签名。

（4）会议的表决。股东会会议由股东按照出资比例行使表决权；但是,公司章程另有规定的除外。

股东会会议作出修改公司章程、增加或者减少注册资本的决议,以及公司合并、分立、解散或者变更公司形式的决议,必须经代表三分之二以上表决权的股东通过。

股东会的议事方式和表决程序,除《公司法》有规定的外,由公司章程规定。

【法条链接 2-3】

《公司法》第二十二条规定：公司股东会或者股东大会、董事会的决议内容违反法律、行政法规的无效。

股东会或者股东大会、董事会的会议召集程序、表决方式违反法律、行政法规或者公司章程,或者决议内容违反公司章程的,股东可以自决议作出之日起六十日内,请求人民法院撤销。

股东依照前款规定提起诉讼的,人民法院可以应公司的请求,要求股东提供相应担保。

公司根据股东会或者股东大会、董事会决议已办理变更登记的,人民法院宣告该决议无效或者撤销该决议后,公司应当向公司登记机关申请撤销变更登记。

2. 董事会

1) 性质与组成

董事会是公司的执行机构,执行公司业务并对股东会负责。董事会一般由3~13名董事组成;股东人数较少和规模较小的有限责任公司,可以设1名执行董事而不设董事会。董事会设董事长1人,可以设副董事长1~2人,其产生办法由公司章程规定。董事长为公司的法定代表人。不设董事会的,执行董事为公司的法定代表人。

2) 任免与任期

董事一般应由自然人担任,由股东会选举产生。两个以上的国有企业或者两个以上的国有投资主体投资设立的有限责任公司,其董事会成员中应当有由公司职工民主选举产生的职工代表。董事的任期由公司章程规定,但每届不得超过三年;任期届满的,连选可以连任。董事在任期届满前,股东会不得无故解除其职务。

3) 职权

董事会对股东会负责,行使下列职权:召集股东会会议,并向股东会报告工作;执行股东会的决议;决定公司的经营计划和投资方案;制定公司的年度财务预算方案、决算方案;制定公司的利润分配方案和弥补亏损方案;制定公司增加或者减少注册资本以及发行公司债券的方案;制定公司合并、分立、解散或者变更公司形式的方案;决定公司内部管理机构的设置;决定聘任或者解聘公司经理及其报酬事项,并根据经理的提名决定聘任或者解聘公司副经理、财务负责人及其报酬事项;制定公司的基本管理制度;公司章程规定的其他职权。

4) 会议制度

召开董事会会议,应当于会议召开十日前通知全体董事。董事会会议由董事长召集和主持;董事长因特殊原因不能履行职务或者不履行职务的,由副董事长召集和主持;副董事长不能履行职务或者不履行职务的,由半数以上董事共同推举一名董事召集和主持。董事会的议事方式和表决程序,除《公司法》有规定的外,由公司章程规定。董事会应当对所议事项的决定作成会议记录,出席会议的董事应当在会议记录上签名。

董事会决议的表决,实行一人一票。

5) 经理

公司经理,是有限责任公司负责并控制公司及其分支机构各生产部门或其他业务单位的高级职员,对公司事务进行具体管理。经理由董事会决定聘任或者解聘。经理必须服从董事会的所有决议和指示,并使之在公司的生产经营活动中得以有效的贯彻和执行,即经理对董事会负责。

按照《公司法》的有关规定,经理具有以下职权:主持公司的生产经营管理工作,组织实施董事会决议;组织实施公司年度经营计划和投资方案;拟订公司内部管理机构设置方案;拟订公司的基本管理制度;制定公司的具体规章;提请聘任或者解聘公司副经理、财务负责人;决定聘任或者解聘除应由董事会决定聘任或者解聘以外的负责管理人员;公司董事会授予的其他职权。

3. 监事会

1) 性质与组成

监事会也称"监察委员会",是公司的内部监督机构。我国的有限责任公司一般均应设立监事会,且由不少于3名的监事(也称监察员)组成。股东人数较少和规模较小的,可以设1~2名监事而不设监事会。监事会成员由股东代表和适当比例的公司职工代表组成,其中职工代表的比例不得低于三分之一,具体比例由公司章程规定。股东代表由股东会选举产生,职工代表由公司职工民主选举产生,但董事、高级管理人员不得兼任监事。

2) 任期

监事的任期每届为三年,任期届满的,连选可以连任。

3) 职权

监事会或者监事依法行使下列职权:检查公司财务;对董事、高级管理人员执行公司职务的行为进行监督,对违反法律、行政法规、公司章程或者股东会决议的董事、高级管理人员提出罢免的建议;当董事、高级管理人员的行为损害公司的利益时,要求董事、高级管理人员予以纠正;提议召开临时股东会会议,在董事会不履行《公司法》规定的召集和主持股东会会议职责时召集和主持股东会会议;向股东会会议提出提案;对董事、高级管理人员提起诉讼;公司章程规定的其他职权。另外,监事可以列席董事会会议。

(二) 股份有限公司的组织机构

1. 股东大会

(1) 性质与组成:股东大会是股份有限公司的权力机构,由股东组成。

(2) 股东大会行使的职权与有限责任公司相同。

(3) 会议制度及议事规则如下:

股东大会分为年会与临时股东大会。股东大会应当每年召开一次年会。有下列情形之一的,应当在两个月内召开临时股东大会:董事人数不足《公司法》规定人数或者公司章程所定人数的三分之二时;公司未弥补的亏损达实收股本总额三分之一时;单独或者合计持有公司10%以上股份的股东请求时;董事会认为必要时;监事会提议召开时;公司章程规定的其他情形。

会议的召集与主持。股东大会会议由董事会召集,董事长主持;董事长不能履行职务或者不履行职务的,由副董事长主持;副董事长不能履行职务或者不履行职务的,由半数以上董事共同推举一名董事主持。董事会不能履行或者不履行召集股东大会会议职责的,监事会应当及时召集和主持;监事会不召集和主持的,连续九十日以上单独或者合计持有公司10%以上股份的股东可以自行召集和主持。

会议通知。召开股东大会会议,应当将会议召开的时间、地点和审议的事项于会议召开二十日前通知各股东;临时股东大会应当于会议召开十五日前通知各股东;发行无记名股票的,应当于会议召开三十日前公告会议召开的时间、地点和审议事项。

临时提案的提出。单独或者合计持有公司3%以上股份的股东,可以在股东大会召开十日前提出临时提案并书面提交董事会;董事会应当在收到提案后两日内通知其他股东,并将该临时提案提交股东大会审议。临时提案的内容应当属于股东大会职权范围,并有明确议题和具体决议事项。

会议表决。股东出席股东大会会议,所持每一股份有一表决权。但是,公司持有的本公司股份没有表决权。股东大会作出决议,必须经出席会议的股东所持表决权过半数通过。但是,股东大会作出修改公司章程、增加或者减少注册资本的决议,以及公司合并、分立、解散或者变更公司形式的决议,必须经出席会议的股东所持表决权的三分之二以上通过。

特殊表决。公司转让、受让重大资产或者对外提供担保等事项必须经股东大会作出决议的,董事会应当及时召集股东大会会议,由股东大会就上述事项进行表决。

累积投票制。股东大会选举董事、监事,可以依照公司章程的规定或者股东大会的决议,实行累积投票制。

累积投票制,是指股东大会选举董事或者监事时,每一股份拥有与应选董事或者监事人数相同的表决权,股东拥有的表决权可以集中使用。这种制度的安排是为了保护小股东利益。如,甲、乙、丙、丁、戊分别持有公司股份55%、15%、10%、5%、15%,公司欲从A、B、C、D中增选董事3人,其中A、B、C是甲公司安排的人,D是乙、丙、丁、戊心仪之人,如按常规各股东逐一对A、B、C、D投票,因选董事只需过半数通过,所以尽管乙、丙、丁、戊反对A、B、C入选,甲股东依然可以如愿使用自己的多数表决权选出它安排的A、B、C,但如果按照累积投票制,乙、丙、丁、戊可以集中把自己的票全部投给自己心仪的D而让D当选,甲最多也只能选出其安排的A、B、C中的2人。

会议代理。股东可以委托代理人出席股东大会会议,代理人应当向公司提交股东授权委托书,并在授权范围内行使表决权。

会议签名。股东大会应当对所议事项的决定作成会议记录,主持人、出席会议的董事应当在会议记录上签名。会议记录应当与出席股东的签名册及代理出席的委托书一并保存。

2. 董事会

1) 性质与组成

股份有限公司设立董事会作为公司的业务执行机构,其成员为5~19人。董事由股东大会选举产生,其任期由公司章程规定,但每届任期不得超过三年;任期届满,连选可以连任。

董事会设董事长1人,可以设副董事长,其人选由董事会的全体董事的过半数选举产生。董事长为公司的法定代表人,董事长主持股东大会和召集、主持董事会会议,检查董事会决议的实施情况。

2) 职权

股份有限公司董事会行使的职权与有限责任公司相同。

3) 会议制度与议事规则

董事会每年度至少召开两次会议,每次会议应当于会议召开十日前通知全体董事和监事。代表十分之一以上表决权的股东、三分之一以上董事或者监事会,可以提议召开董事会临时会议。董事会会议应由二分之一以上的董事出席方可举行。董事会会议应由董事本人出席,因故不能出席的,可以书面委托其他董事代为出席,并应在委托书中载明授权范围。董事会作出决议,必须经全体董事过半数通过。董事会应当对所议事项的决定作成会议记录,出席会议的董事和记录员在会议记录上签名。董事会的决议违反法律、行政法规或者公司章程,致使公司遭受严重损失的,参与决议的董事对公司负赔偿责任;但经证明在表决时曾表明异议并记载于会议记录的,该董事可以免除责任。

3. 监事会

股份有限公司设监事会,作为公司的内部监督机构,其成员不得少于3人。关于监事会的其他规定,与有限责任公司的监事会基本相同。

(三) 董事、监事、经理的任职资格、职责及特殊权利

【以案学法之案例2-15】

A公司的董事、监事存在以下事实,试分析其合法性。

(1) 甲董事为英国人,19周岁,按英国法律,年满20周岁为完全民事行为能力人,其能否成为董事?

(2) 乙董事欠债10万元到期未清偿,是否有资格担任董事?

(3) 丙一年前曾火线救急担任一经营不善公司董事长,3个月后该公司破产,其能否担任公司董事长?

(4) 丁担任公司董事期间未经董事会同意将自己一套房租给公司的分公司,是否合法?

(5) 戊将自己原来倒闭公司剩余原材料以低于市场价出售给公司,是否合法?

1. 董事、监事、经理的任职资格

有下列情形之一的,不得担任公司的董事、监事、高级管理人员:无民事行为能力或者限制民事行为能力;因贪污、贿赂、侵占财产、挪用财产或者破坏社会主义市场经济秩序,被判处刑罚,执行期满未逾五年,或者因犯罪被剥夺政治权利,执行期满未逾五年;担任破产清算的公司、企业的董事或者厂长、经理,对该公司、企业的破产负有个人责任的,自该公司、企业破产清算完结之日起未逾三年;担任因违法被吊销营业执照、责令关闭的公司、企业的法定代表人,并负有个人责任的,自该公司、企业被吊销营业执照之日起未逾三年;个人所负数额较大的债务到期未清偿。

公司违反以上规定选举、委派董事、监事或者聘任高级管理人员的,该选举、委派或者聘任无效。

2. 董事、监事、经理的职责

董事、监事、高级管理人员应当遵守法律、行政法规和公司章程,对公司负有忠实义务和勤勉义务。董事、监事、高级管理人员不得利用职权收受贿赂或者其他非法收入,不得侵占公司的财产。

董事、高级管理人员不得有下列行为:挪用公司资金;将公司资金以其个人名义或者以其他个人名义开立账户存储;违反公司章程的规定,未经股东会、股东大会或者董事会同意,将公司资金借贷给他人或者以公司财产为他人提供担保;违反公司章程的规定或者未经股东会、股东大会同意,与本公司订立合同或者进行交易;未经股东会或者股东大会同意,利用职务便利为自己或者他人谋取属于公司的商业机会,自营或者为他人经营与所任职公司同类的业务;接受他人与公司交易的佣金归为己有;擅自披露公司秘密;违反对公司忠实义务的其他行为。

董事、高级管理人员违反规定所得的收入应当归公司所有。董事、监事、高级管理人员执行公司职务时违反法律、行政法规或者公司章程的规定,给公司造成损失的,应当承担赔偿责任。

股东会或者股东大会要求董事、监事、高级管理人员列席会议的,董事、监事、高级管理人员应当列席并接受股东的质询。

董事、高级管理人员应当如实向监事会或者不设监事会的有限责任公司的监事提供有关情况和资料,不得妨碍监事会或者监事行使职权。

3. 派生诉讼与直接诉讼权

【以案学法之案例 2-16】

绿野股份有限公司董事长李某是公司大股东品源有限公司委派,品源有限公司为解决资金流通向绿野股份有限公司借款200万,到期后经多次催告因李某从中作梗未果。同时绿野股份有限公司经营利润丰厚,但4年来一直未向股东分配利润,小股东丰泽公司和中冠公司就债务和利润分配问题要求公司予以解决。

请问:绿野股份有限公司应该如何解决问题?

1)派生诉讼

董事、高级管理人员执行公司职务时违反法律、行政法规或者公司章程的规定,给公司造成损失的,有限责任公司的股东、股份有限公司连续一百八十日以上单独或者合计持有公司1%以上股份的股东,可以书面请求监事会或者不设监事会的有限责任公司的监事向人民法院提起诉讼;监事执行公司职务时违反法律、行政法规或者公司章程的规定,给公司造成损失的,前述股东可以书面请求董事会或者不设董事会的有限责任公司的执行董事向人民法院提起诉讼。

监事会、不设监事会的有限责任公司的监事,或者董事会、执行董事收到股东书面请求后拒绝提起诉讼,或者自收到请求之日起三十日内未提起诉讼,或者情况紧急、不立即提起诉讼将会使公司利益受到难以弥补的损害的,有限责任公司的股东、股份有限公司连续一百八十日以上单独或者合计持有公司1%以上股份的股东有权为了公司的利益以自己的名义直接向人民法院提起诉讼。

他人侵犯公司合法权益,给公司造成损失的,有限责任公司的股东、股份有限公司连续一百八十日以上单独或者合计持有公司1%以上股份的股东可以依照规定向人民法院提起诉讼。

2)直接诉讼

董事、高级管理人员违反法律、行政法规或者公司章程的规定,损害股东利益的,股东可以向人民法院提起诉讼。

五、特殊的有限责任公司

(一)一人有限责任公司

萨洛蒙诉萨洛蒙有限公司案

萨洛蒙是一个多年从事皮靴业务的商人。在1892年,他把自己拥有的靴店卖给了由他本人组建的公司,转让的价格为39 000英镑。此后,公司发行了每股1英镑的股份20 007股,他的妻子和五个子女各拥有1股,萨洛蒙本人拥有20 001股(这主要是为了达到当时法律规定的最低股东人数7人)。公司还以其所有资产作担保向萨洛蒙发行了10 000英镑的债券,其余差额用现金支付。公司不久陷入困境,1年后公司进行清算。若公司清偿了萨洛蒙的有担保的债权,其他的无担保的债权人就将一无所获。无担保的债权人认为,萨洛蒙和其公司实际上是同一人,公司不能欠他的债,因为自己不能欠自己的债,公司的财产应该用来偿还其他债权人的债。初审法院和上诉法院都认为,萨洛蒙公司只不过是萨洛蒙的化身、代理人,公司的钱就是萨洛蒙的钱,萨洛蒙没有理由还钱给自己,从而判决萨洛蒙应清偿无担保债权人的债务。但是,上议院推翻了初审法院和上诉法院的判决。英国上议院认为,萨洛蒙公司是合法有效成立的,因为法律仅要求有七个成员并且每人至少持有一股作为公司成立的条件,而对于这些股东是否独立、是否参与管理则没有作出明文规定。因此,从法律角度讲,该公司一经正式注册,就成为一个区别于萨洛蒙的法律上的人,拥有自己独立的权利和义务,以其独立的财产承担责任。本案中,萨洛蒙既是公司的唯一股东,也是公司的享有担保债权的债权人,具有双重身份。因此,他有权获得优先清偿。最后,法院判决萨洛蒙获得公司清算后的全部财产。

"萨洛蒙诉萨洛蒙有限公司"一案一直被认为是承认实质意义上的一人公司的典型案例。最早以成文法的形式肯定一人公司法律地位的应是1925年的列士敦支堡制定的《自然人和公司法》。

1. 一人有限责任公司的概念与特征

一人有限责任公司是指只有一个自然人股东或者一个法人股东的有限责任公司。其特征主要表现为以下几点:

(1) 股东的唯一性。不论是一名自然人发起设立的一人有限责任公司,还是有限公司的股份全部转归一人持有的一人公司,在其成立或存续期间,公司股东仅为一人。

(2) 责任的有限性。一人有限责任公司的股东以其出资为限对公司债务承担有限责任,公司以其全部资产为限对公司债务独立承担责任。

(3) 一人有限责任公司,特别是自然人一人有限责任公司的所有者和经营者大多是不分的。所以在一人公司中,一人股东通常都身兼数职。

一人有限责任公司与个人独资企业的区别

一人有限责任公司与个人独资企业是完全不同的两个概念。二者的区别在于:

(1) 法律性质不同。一人有限责任公司需要原则满足《公司法》为股权多元化的公司设置的公司资本制度、公司财务会计审计制度以及公司治理制度,而个人独资企业只适用《个人独资企业法》,受该法的调整和约束。

(2) 承担的民事责任能力不同。一人有限责任公司是独立的企业法人,具有完全的民事权利能力、民事行为能力和民事责任能力,是有限责任公司中的特殊类型;而后者则不是独立的企业法人,不能以其财产独立承担民事责任,而是投资者以个人财产对企业债务承担无限责任。

(3) 承担的税收义务有所不同。一人有限责任公司及其股东需分别就其公司所得和股东股利分别缴纳法人所得税和个人所得税;而个人独资企业自身不缴纳法人所得税,只待投资者取得投资回报时缴纳个人所得税。

【以案学法之案例2-17】

张三设立某一人有限责任公司,公司以下行为是否合法:

(1) 公司设立后张三自己不参与经营,委托职业经理人李四经营管理;

(2) 张三见电商风生水起,决定让公司投资设立另一个一人有限责任公司在网上经营服装;

(3) 公司上一年度生意不景气,制定了年度财务会计报告,但因资金缺乏没有经过会计师事务所审核;

(4) 在公司经营过程中,张三多次不听李四劝告,动用公司公款组织自己家庭成员旅游、私人应酬,发票到公司报销等,后公司破产,资不抵债,债权人要求张三用其家庭财产抵债,张三不同意。

2. 一人有限责任公司的设立

一人有限责任公司的设立,除了适用特别的规定外,其他方面都应该与一般有限责任公司的设立条件和程序相同。

1) 股东的限制

《公司法》第五十八条规定:"一个自然人只能投资设立一个一人有限责任公司。该一人有限责任公司不能投资设立新的一人有限责任公司。"也就是说,法律上不允许一个自然人拥有多个一人有限责任公司,如果允许自然人同时拥有不同的一人有限责任公司,其债权人权益难以得到有效保障。

2) 公司登记的特别要求

一人有限责任公司应当在公司登记中注明自然人独资或者法人独资,并应在公司营业执照中载明。

出于有利于债权人及时保护自身的权益的需要,一人有限责任公司的股东不能证明公司财产独立于股东自己的财产的,应当对公司债务承担连带责任。

3) 公司章程的制定

一人有限责任公司不设股东会,股东只有一个自然人或者一个投资主体,因此,其公司章程必须由股东制定。

3. 一人有限责任公司的组织机构

(1) 一人有限责任公司不设股东会。

(2) 对自然人为唯一股东的一人有限责任公司,可以不设董事会。

对于自然人为唯一股东的一人有限责任公司,可以不设董事会,而仅设一名执行董事,由唯一股东来担任,作为公司的法定代表人;同时,对其权力加以限制,如规定其不具有对公司经营的全权决定权,不得兼任经理等。

(3) 自然人为唯一股东的一人有限责任公司应当设立监事会,以对公司的经营运作进行监督,监事可以在公司职工中民主选举产生,也可以从公司外部人员中聘任。

4. 一人有限责任公司的人格否认

为了防止一人有限责任公司的独立人格及一人有限责任公司的单独股东的有限责任原则被滥用,《公司法》人格否认的适用至关重要。

《公司法》第六十三条规定:"一人有限责任公司的股东不能证明公司财产独立于股东自己的财产的,应当对公司债务承担连带责任。"这是通过法律责任对一人有限责任公司滥用有限责任进行矫正,防止混淆公司财产与股东财产,将公司财产充作私用,以及有可能以公司名义为自己的目的借贷和担保、有可能有计划地独占公司财产、有可能诈欺债权人等。

(二) 国有独资公司

【以案学法之案例 2-18】

甲国有独资公司由国企乙公司和丙公司投资组建,经乙公司和丙公司召开会议作出以下决议:

(1) 乙公司、丙公司和当地国资委组成股东会,为公司权力机构;

(2) 当地国资委授权董事会行使部分股东会职权;

(3) 董事会召开会议决定董事经理报酬以及职工董事人选;

(4)监事共5人,其中职工监事1人。

请问:以上决定是否合法?如不合法请说明理由。

1. 国有独资公司的概念与特征

国有独资公司是我国《公司法》中规定的一种特殊形态的有限责任公司,是指国家单独出资,由国务院或者地方人民政府授权本级人民政府国有资产监督管理机构履行出资人职责的有限责任公司。

国有独资公司是我国《公司法》借鉴现代世界通行的公司制度,针对中国的特殊国情,为促进中国国有企业制度改革而专门创立的一种特殊公司形态。

与其他的有限责任公司相比,国有独资公司具有以下特征:

(1)股东的单一性。国有独资公司成立后其股东仅一人,因此国有独资公司属于一人有限责任公司的范畴,其在组织机构的设置和管理权的分配方面均与一般的有限责任公司不同。

(2)投资主体的独特性。国有独资公司的投资主体是国家授权投资的机构或国家授权的部门。这包括两方面的含义:一是国有独资公司的投资主体必须是国家的机构或部门,二是该国家机构或部门须经国家的授权。因此,非国家的机构或部门不能设立国有独资公司,即使是国家的机构或部门,如未取得国家的授权,也不能设立国有独资公司。

(3)适用范围的特定性。对于国有独资公司的适用领域,公司法并没有规定,一般来说,在下列领域采取国有独资公司的形式:

第一,关系国家安全的行业,如重要军事工业和涉及国防安全关键领域以及国家储备系统等;

第二,具有较强社会效益,如大型基础设施建设项目;

第三,特大型不可再生资源,如油田、煤矿等开发项目;

第四,对国家长期发展具有战略意义的高新技术开发项目,如超大规模集成电路的研制等。

(4)资产的国有性。所谓资产的国有性,是指国有独资公司是由国家投资设立,资产归国家所有,属于国有企业的一种特殊形式。

2. 国有独资公司与一般国有企业的区别

国有独资公司与一般国有企业的区别,具体可以概括为以下三个方面:

第一,设立根据不同。国有独资公司依照《公司法》设立,受《公司法》调整;而一般国有企业则是依照《全民所有制工业企业法》设立的,并受其调整;

第二,财产权不同。国有独资公司作为有限责任公司的一种特殊形式,实行股权与法人财产权的分离,国有资产监督管理机构作为股东,依法享有股权,国有独资公司拥有法人财产权;而一般国有企业与国家实行的是所有权与经营权的分离,国家作为企业的所有人,依法享有所有权,企业则拥有经营权;

第三,管理体制不同。国有独资公司设立董事会,董事长是公司的法定代表人,由董事会聘任或解聘经理;而一般国有企业则实行厂长(经理)负责制,厂长(经理)是企业的法定代表人。

因此,国有独资公司与一般国有企业并不是简单的名义转换,而是机制的转换,这就意味着一般国有企业要转变为国有独资公司也要进行公司化改组。

3. 国有独资公司的设立

国有独资公司是我国法律所确认的一种特殊形态的有限责任公司形式,但是国有独资公司由国有资产监督管理机构单独投资设立,其设立条件和程序除《企业法》有特别规定外,与一般的有限责任公司大体相同,不同的主要是股东的人数以及公司章程的制定。国有独资公司的公司章程由国有资产监督管理机构依法制定,或者由公司董事会制定报国有资产监督管理机构批准。

实践中,在《公司法》施行前已设立的单一投资主体的国有企业,符合规定的有限责任公司设立条件的,可以依法改建为国有独资公司,并按国务院规定的有关实施步骤和具体办法进行。

4. 国有独资公司的组织机构

国有独资公司,作为一种独立的企业法人经营组织,应包括执掌决策、执行和监督功能在内的健全的领导体制和机构。

1) 国有独资公司的决策机构

国有独资公司不设股东会,由国有资产监督管理机构代表国家履行出资人职责,行使股东会的职权。国有资产监督管理机构应行使下列职权:

(1) 制定、修改公司章程或批准由董事会制定、修改的公司章程;

(2) 决定公司的经营方针和投资计划;

(3) 选配国家股权代表参加国有独资公司的董事会,更换或罢免其委派的董事,并从董事会成员中指定董事长和副董事长;授权董事会行使股东会的部分职权;

(4) 决定公司增加或者减少注册资本和发行公司债券;

(5) 决定公司合并、分立、解散;

(6) 审议批准董事会、监事会或监事的工作报告;

(7) 审议批准公司的年度财务预决算方案:利润分配方案和补亏损方案;

(8) 公司依法转让产权时,办理产权登记和产权交易事项的法律手续;

(9) 检查公司财务,对董事、经理的行为进行监督,向公司派出监事会。

其中,重要的国有独资公司合并、分立、申请破产、解散的,应当由国有资产监督管理机构审核后,报本级人民政府批准。

2) 国有独资公司的执行机构

国有独资公司设董事会,执行公司业务。董事会是国有独资公司的常设经营管理机构,而且是必设机关。

《公司法》第六十七条规定,国有独资公司设董事会,参照本法对有限责任公司的规定行使职权:

(1) 选聘或者解聘公司总经理,并根据总经理的提名,聘任或者解聘公司副总经理、财务负责人;负责对总经理的考核,决定其报酬事项,并根据总经理建议决定副总经理、财务负责人的报酬;

(2) 决定公司的经营计划、投资方案(含投资设立企业、收购股权和实物资产投资方案),以及公司对外担保;

(3) 制定公司的年度财务预算方案、决算方案;

(4) 制定公司的利润分配方案和弥补亏损方案;

(5) 制定公司增加或者减少注册资本的方案以及发行公司债券的方案;

(6) 拟订公司合并、分立、变更公司形式、解散的方案;

(7) 决定公司内部管理机构的设置,决定公司分支机构的设立或者撤销;

(8) 制定公司的基本管理制度。

国有独资公司董事会在行使以上职权时,还须履行以下义务:

(1) 执行国有资产监督管理机构的决定,对国有资产监督管理机构负责,最大限度地追求所有者的投资回报,完成国家交给的任务;

(2) 向国有资产监督管理机构提交年度经营业绩考核指标和资产经营责任制目标完成情况的报告;

(3) 向国有资产监督管理机构提供董事会的重大投融资决策信息;

(4) 向国有资产监督管理机构提供真实、准确、全面的财务和运营信息;

(5) 向国有资产监督管理机构提供董事和经理人员的实际薪酬以及经理人员的提名、聘任或解聘的程序和方法等信息;

(6) 维护公司职工、债权人和用户的合法权益;

(7) 确保国家有关法律法规和国有资产监督管理机构规章在公司的贯彻执行。

国有独资公司董事会由3~13名董事组成。董事会的成员主要来源于两方面:一是由国有资产监督管理机构委派;二是由公司职工代表大会选举产生。董事会每届任期三年。

董事会设董事长1人,可以视需要设副董事长。董事长、副董事长由国有资产监督管理机构从董事会成员中指定。国有独资公司设经理,由董事会聘任或者解聘。

我国《公司法》对国有独资公司的负责人实行专任制度,明确规定国有独资公司的董事长、副董事长、董事、高级管理人员,未经国有资产监督管理机构同意,不得兼任其他有限责任公司、股份有限公司或者其他经济组织的负责人。

3) 国有独资公司的监督机构

《公司法》第七十条规定:"国有独资公司监事会成员不得少于五人,其中职工代表的比例不得低于三分之一,具体比例由公司章程规定。"

国有独资公司监事会成员的来源主要有两方面:一是由国有资产监督管理机构委派;二是监事会成员中的职工代表由公司职工代表大会选举产生。其中,监事会主席由国有资产监督管理机构从监事会成员中指定。

监事会的职权分为以下两方面:

一是《公司法》所规定的职权,即检查公司财务;对董事、高级管理人员执行公司职务的行为进行监督;对违反法律、行政法规、公司章程或者股东会决议的董事、高级管理人员提出罢免的建议;当董事、高级管理人员的行为损害公司利益时,要求董事、高级管理人员予以纠正。

二是国务院规定的其他职权,如检查企业贯彻执行有关法律、行政法规和规章制度的情况;检查企业的经营效益、利润分配、国有资产保值增值、资产运营等情况;检查企业负责人的经营行为,并对其经营管理业绩进行评价,提出奖惩、任免建议。

监事会一般每年对企业定期检查1~2次,并可以根据实际需要不定期地对企业进行专项检查。

六、公司的股权(股份)转让

【以案学法之案例2-19】

甲有限责任公司由A、B、C、D、E五位股东投资设立。经营过程中,B和C发生矛盾,A为此想退出,准备将其股份转让给朋友李方,B 和 C 均不同意,A 又提出把自己的股份转让给 B,C 表示反对,事后愿意比 B 多出 10 000 元购买,A 另一朋友王悦则愿意多出 50 000 元购买其股份。

请回答以下问题:

(1) A 是否可以把股份转让给朋友李方?

(2) A 提出把股份转让给 B,C 反对是否有法律依据?

(3) A 能否如愿把股份转让给王悦?

(一) 有限责任公司的股权转让

根据《公司法》的规定,股权转让可以分为两种方式:一是公司内部股权转让,即股东将股权转让给现有股东;二是公司外部的股权转让,股东将股权转让给现有股东以外的其他投资者。这两种股权转让的具体程序和顺序也有不同。

1. 有限责任公司股权的内部转让

《公司法》第七十一条规定:"有限责任公司的股东之间可以相互转让其全部或者部分股权。"这表明我国《公司法》在股东内部股权转让问题上采用自由转让原则。

2. 有限责任公司股权的外部转让

《公司法》第七十一条第二款规定:"股东向股东以外的人转让股权,应当经其他股东过半数同意。股东应就其股权转让事项书面通知其他股东征求同意,其他股东自接到书面通知之日起满三十日未答复的,视为同意转让。其他股东半数以上不同意转让的,不同意的股东应当购买该转让的股权;不购买的,视为同意转让。"这是《公司法》针对有限责任公司股东向股东以外的第三人转让股权规定的限制条件,即股权外部转让的限制制度。

股东向股东以外的人转让股权,会发生新股东进入公司的情况,而新股东与其他股东之间并不一定存在相互信任的关系。为了维持有限责任公司的人合因素,《公司法》规定除转让股东以外的其他股东中,有超过一半的股东同意,股东才能向股东以外的人转让股权。

对于股东的股权转让,如果其他股东有一半或者一半以上表示不同意,那么,这些表示不同意的股东应当购买其不同意转让的股权,以使意图转让股权的股东获得资金、退出公司等目的能够实现,同时也保证公司的人合性不受影响。如果表示不同意的股东不购买其不同意转让的股权,那么,在法律上就认为该股东同意该股权转让,以防止表示不同意转让的股东既不同意转让,又不购买其不同意转让的股权,使意图转让股权的股东无法实现其目的。

3. 股东的优先购买权

股东的优先购买权是法律赋予股东的一种特别权利,也是对股东对外转让股权的一种限制手段,其目的是保持有限责任公司股东的稳定。

《公司法》第七十一条第三款规定:"经股东同意转让的股权,在同等条件下,其他股东有优先购买权。两个以上股东主张行使优先购买权的,协商确定各自的购买比例;协商不成的,按照转让时各自的出资比例行使优先购买权"。"同等条件下"是指同样的价格条件下,股东有权优先购买。这意味着根据股权转让协议确定的出让价格,如果其他股东出价更高,则必须转让给其他股东。

4. 有限责任公司股权转让登记

《公司法》第七十三条的规定:"依照本法第七十一条、第七十二条转让股权后,公司应当注销原股东的出资证明书,向新股东签发出资证明书,并相应修改公司章程和股东名册中有关股东及其出资额的记载。对公司章程的该项修改不需再由股东会表决。"这就是公司内部股东变更登记及公司章程的变更。

5. 有限责任公司股权转让的特殊形式

1) 对股权的强制执行涉及的股权转让

在审判实践中,经常会遇到股东资不抵债的情况。在这种情况下,能否通过强制执行股东在有限责任公司中的股权来清偿其债务?《公司法》第七十二条规定:"人民法院依照法律规定的强制执行程序转让股东的股权时,应当通知公司及全体股东,其他股东在同等条件下有优先购买权。其他股东自人民法院通知之日起满二十日不行使优先购买权的,视为放弃优先购买权。"

人民法院强制执行股东在有限责任公司中的股权,一般是通过股权转让的方式来实现的。

2) 异议股东收购请求权行使涉及的股权转让

异议股东收购请求权这种特殊的股权转让方式,是投资人对其权利的一种安排。在不损害第三人利益的基础上,允许股东与公司依据自己的情况做出自行安排,以实现双方的投资利益。《公司法》第七十四条规定,有下列情形之一的,对股东会该项决议投反对票的股东可以请求公司按照合理的价格收购其股权:公司连续五年不向股东分配利润,而公司该五年连续盈利,并且符合本法规定的分配利润条件的;公司合并、分立、转让主要财产的;公司章程规定的营业期限届满或者章程规定的其他解散事由出现,股东会会议通过决议修改章程使公司存续的。

3) 因股权继承而发生的股权转让

《公司法》第七十五条明确规定:"自然人股东死亡后,其合法继承人可以继承股东资格;但是,公司章程另有规定的除外。"

(二) 股份有限公司的股份转让

股份转让又称股权转让或简称股转,是指股东将代表股东身份和股东权利的股份移转于他人的民事行为。股份转让权原则上属于股东权中的自益权,但由于股权转让不但是股权转让人与股权受让人之间的合同行为,同时又涉及公司、其他股东及债权人的利益,因此股权转让又受到各种各样的限制。

1. 股份转让的方式

我国《公司法》关于股票的转让方式主要是根据股票是否记名而定,考虑到交易安全的问题,法律对记名股票与无记名股票分别规定如下:

记名股票的转让,由股东以背书方式或者法律、行政法规规定的其他方式转让;转让后由公司将受让人的姓名或者名称及住所记载于股东名册。股东大会召开前二十日内或者公司决定分配股利的基准日前五日内,不得进行股东名册的变更登记。但是,法律对上市公司股东名册变更登记另有规定的,从其规定。这就意味着记名股票一经背书转让,在转让人与受让人之间即发生法律效力,且该转让可以对抗第三人。但只有将受让人的姓名或者名称及住所记载于公司股东名册,才能对公司产生对抗。

无记名股票的转让,由股东将该股票交付给受让人后即发生转让的效力。无记名股票在票面上没有记载股东姓名或名称,也没有公司股东名册的设置,因此,无记名股票的转让方式相当方便自由,这也正是股份有限公司筹集资金的优势所在。无记名股票的转让,由股东在依法设立的证券交易所将股票交付受让人后即发生转让的效力,没有登记的规定,所以股票一经交付受让人,转让即告完成,产生对抗第三人的效力。

2. 股份转让的具体规定

1) 股份转让的规定

股份有限公司的股份转让,分为记名股票的转让和无记名股票的转让。对于股份有限公司的股份转让,公司不得在法定限制之外设定意定限制。股份有限公司股份转让的限制主要表现在对发起人、董事、监事、经理持股转让权的限制、禁止内幕交易、对收购公司设定法定限制以及股权分置改革中非流通股股东上市挂牌交易转让股份的限制。

《公司法》第一百四十一条规定,发起人持有的本公司股份,自公司成立之日起一年内不得转让。公司公开发行股份前已发行的股份,自公司股票在证券交易所上市交易之日起一年内不得转让。公司董事、监事、高级管理人员应当向公司申报所持有的本公司的股份及其变动情况,在任职期间每年转让的股份不得超过其所持有本公司股份总数的25%;所持本公司股份自公司股票上市交易之日起一年内不得转让。上述人员离职后半年内,不得转让其所持有的本公司股份。公司章程可以对公司董事、监事、高级管理人员转让其所持有的本公司股份作出其他限制性规定。

2) 关于离婚中的股份转让

夫妻双方分割共同财产中的股票及未上市股份有限公司股份时,协商不成或者按市价分配有困难的,人民法院可以根据数量按比例分配。人民法院审理离婚案件,涉及分割夫妻共同财产中以一方名义在公司的出资额,另一方不是该公司股东的,按以下情形分别处理:

夫妻双方协商一致将出资额部分或者全部转让给该股东的配偶,过半数股东同意、其他股东明确表示放弃优先购买权的,该股东的配偶可以成为该公司股东;

夫妻双方就出资额转让份额和转让价格等事项协商一致后,过半数股东不同意转让,但愿意以同等价格购买该出资额的,人民法院可以对转让出资所得财产进行分割。过半数股东不同意转让,也不愿意以同等价格购买该出资额的,视为其同意转让,该股东的配偶可以成为该公司股东。

3) 关于继承中的股份转让

继承中的股份转让适用股份转让的概括性规则,公司有权在公司章程中规定强制买卖协议条款,即规定公司或其他股东有义务按事先约定的股权价格或事先约定的计算方法计算所得的股权价格购买去世股东的遗产股份,同时该遗产股份的继承人有义务向公司或其他股东转让该遗产股份。

4) 关于公司回购股份

公司回购股份是指公司作为本公司股份的受让方所进行的股权转让,即股东向其股份所在公司转让股份。

《公司法》第一百四十二条规定,公司不得收购本公司股份。但是,有下列情形之一的除外:减少公司注册资本;与持有本公司股份的其他公司合并;将股份奖励给本公司职工;股东因对股东大会作出的公司合并、分立决议持异议,要求公司收购其股份的;将股份用于转换上市公司发行的可转换为股票的公司债券;上市公司为维护公司价值及股东权益所必需。

5) 关于因股份质押导致的股份转让

《中华人民共和国担保法》(以下简称《担保法》)第七十八条规定:"以依法可以转让的股票

出质的,出质人与质权人应当订立书面合同,并向证券登记机构办理出质登记。质押合同自登记之日起生效。股票出质后,不得转让,但经出质人与质权人协商同意的可以转让。出质人转让股票所得的价款应当向质权人提前清偿所担保的债权或者向与质权人约定的第三人提存。以有限责任公司的股份出质的,适用公司法股份转让的有关规定。质押合同自股份出质记载于股东名册之日起生效"。

最高人民法院《关于适用〈中华人民共和国担保法〉若干问题的解释》第一百零三条规定:"以股份有限公司的股份出质的,适用《中华人民共和国公司法》有关股份转让的规定。以上市公司的股份出质的,质押合同自股份出质向证券登记机构办理出质登记之日起生效。以非上市公司的股份出质的,质押合同自股份出质记载于股东名册之日起生效"。

我国《公司法》规定,公司不得接受本公司的股票作为质押权的标的。

七、公司的资本制度

(一)公司资本的概念及构成

有限责任公司的注册资本为在公司登记机关登记的全体股东认缴的出资额之和。股份有限公司采取发起设立方式设立的,注册资本为在公司登记机关登记的全体发起人认购的股本总额。在发起人认购的股份缴足前,不得向他人募集股份。股份有限公司采取募集方式设立的,注册资本为在公司登记机关登记的实收股本总额。法律、行政法规以及国务院决定对股份有限公司注册资本实缴、注册资本最低限额另有规定的,从其规定。

(二)公司资本的立法规制原则

1. 资本确定原则

所谓资本确定原则,是要求公司设立时应在其章程中载明资本总额,并由发起人及股东认足或者缴足,否则,公司不能成立。该原则的确定,旨在强调公司资本的确定性、真实性与可靠性,防止滥设公司及设立公司中的欺诈与投机。因此,该原则也称"资本法定原则"。该原则首先为法国、德国的公司法所确认。

2. 资本维持原则

所谓资本维持原则,又称"资本充实原则",是要求公司在存续期间,应经常保持注册资本的充实并应保障注册资本的安全。公司注册资本是在公司章程中载明并公示的,因而是对债权人的信用担保。实行资本维持原则,保有充实、有效的注册资本,是保障公司发展、保持公司信用,维护债权人利益、实现交易安全的第二道屏障。

3. 资本不变原则

所谓资本不变原则,是要求公司存续期间,应保持注册资本的相对稳定,非经法定程序不得增加或者减少。这里所说的"不变"并非绝对的一成不变,而是要求公司"不得擅自改变"已经确定的注册资本额;公司确实需要变更注册资本数额的,依法也可进行"整体增资"或者"整体减资",但必须经过严格的法定程序。该原则的确立,旨在强调公司增减资本的严肃性和有序性,杜绝随意性和无序性,防止公司因人为变更使其注册资本不得维持而给债权人及股东造成损害(如为补亏而增发新股,欺骗投资者),特别是防止一些公司在风险发生之前恶意减资而损害公司债权人的利益。

八、公司的财务会计

(一)公司财务会计的基本要求

财务会计是公司经营管理的基础性和经常性的工作。公司应当依照法律、行政法规和国务院财政主管部门的规定建立公司的财务、会计制度,依法进行财务管理和会计核算。公司应当单独设置会计机构,配备会计人员,并依法设置会计账册,编制财务会计报告,一切经济业务活动均应办理会计手续。公司不得在法定会计账册外另立账册。对公司资产,不得以任何个人名义开立账户存储。

(二)公司的财务会计报告

1. 财务会计报告的内容

公司一般应当在每一会计年度终了时制作财务会计报告。公司财务会计报告应当包括下列财务会计报表及附属明细表:

(1) 资产负债表;
(2) 损益表;
(3) 现金流量表;
(4) 财务情况说明书;
(5) 利润分配表。

2. 财务会计报告的报送要求

公司财务会计报告是反映公司一定时期的财务和经营状况的重要书面资料,公司应当按下列规定报送或者公开其财务会计报告:

(1) 有限责任公司应当按照公司章程规定的期限,将财务会计报告送交各股东;
(2) 股份有限公司的财务会计报告应当在召开股东大会年会的前二十日以前置备于本公司,供股东查阅;
(3) 公开发行股票的股份有限公司,必须依法定期公告其财务会计报告。

(三)公司的利润分配

【以案学法之案例 2-20】

甲公司注册资本为 600 万元,公司经营良好,按照《公司法》规定提取法定公积金 600 万元、公益金 280 万元后不再提取公积金。2017 年,股东大会认为股东们苦心经营辛苦,应将当年经营利润优先分配给各股东。2018 年底,为给股东福利,甲公司从法定公积金中拿出 150 万元,奖励 3 大股东每人一套价值 50 万元的房屋。2019 年初,为扩大公司规模,董事会决定将增资 500 万元,从法定公积金提取 350 万元,公益金中提取 150 万元。

请回答:

(1) 公司在提取法定公积金 600 万元、公益金 280 万元后不再提取公积金的做法是否合法?
(2) 2017 年,股东会优先将利润分配给股东的做法是否有法律依据?
(3) 2018 年,公司购房奖励大股东的做法合法吗?
(4) 公司增资行为是否符合法律规定?

1. 利润分配的顺序

公司的利润是公司在一定时期内从事生产经营活动的财务成果,包括营业利润、投资收益和营业外收支净额。公司的年度利润,应当按照下列法定顺序分配:

(1) 弥补以前年度的亏损,但不得超过税法规定弥补期限;

(2) 缴纳所得税;

(3) 弥补未能在税前弥补的亏损;

(4) 提取法定公积金;

(5) 提取任意公积金;

(6) 向股东分配利润。

公司弥补亏损和提取公积金后所余税后利润,有限责任公司依照股东实缴的出资比例分配;股份有限公司按照股东持有的股份比例分配,但股份有限公司章程规定不按持股比例分配的除外。

股东会、股东大会或者董事会违反上述分配顺序,在弥补亏损和提取法定公积金之前向股东分配利润的,股东必须将违反规定分配的利润退还公司。

2. 公积金的提取与使用

1) 公积金的概念及分类

公积金是公司在法定资本金之外所保留的自有资本金,又称准备金或储备金。公积金按来源不同,分为资本公积金和盈余公积金。

资本公积金是直接由资本原因形成的公积金,如法定财定价值重估的增值额、接受捐赠的财产价值以及股份有限公司超过股票票面金额发行股份所得的溢价款等,均应列入资本公积金。

盈余公积金是从公司盈余(即补亏、纳税后的利润余额)中提取的专项基金,包括法定盈余公积金和任意盈余公积金,简称法定公积金和任意公积金。法定公积金是依《公司法》规定必须提取的公积金;任意公积金是依公司章程或公司权力机关的决议而提取的公积金。

2) 提取比例

法定公积金的提取比例为税后利润的10%。法定公积金累计额超过公司注册资本的50%的,可不再提取。任意公积金的提取取决公司意志,其提与不提、提多提少,均由公司章程或权力机关决定。

3) 公积金的用途

公司的公积金用于弥补公司的亏损、扩大公司生产经营或者转为增加公司资本。法定公积金转为资本时,所留存的该项公积金不得少于转增前公司注册资本的25%。

九、公司的变更、终止与清算

(一) 公司的变更

公司的变更是指构成公司的基本要素发生变化。构成公司的基本要素主要是指其登记事项,包括公司名称、住所、法定代表人、注册资本、公司类型、经营范围、营业期限、有限责任公司的股东姓名或名称和股份有限公司发起人的姓名或名称、分支机构等。公司变更须依法进行。《公司法》对公司的组织和资本变更作了具体规定。公司的组织变更,包括公司的合并、分立和变更公司形式。

1. 公司的合并、分立

1）公司合并、分立的含义及形式

公司合并是指两个或两个以上的公司依法变为一个公司。公司合并采取吸收合并和新设合并两种形式：一个公司吸收其他公司为吸收合并（也称兼并），被吸收的公司解散；两个或两个以上的公司合并设立一个新的公司为新设合并，合并各方均告解散。

公司分立是指一个公司依法分为两个或两个以上的公司。公司分立的形式一般也有两种：一是派生分立，即公司以其部分财产或业务另设一个新公司，原公司仍存续；二是新设分立，即公司以全部财产分别设立或者归入两个或者两个以上的新设公司，原公司解散。

2）公司合并、分立的程序

第一，由公司权力机构作出合并或者分立的特别决议。

第二，公司合并的，应由合并各方签订合并协议。

第三，编制资产负债表及财产清单。

第四，通知债权人。公司应当自作出合并或分立的决议之日起十日内通知债权人，并于三十日内在报纸上公告。债权人自接到通知书之日起三十日内、未接到通知书的自公告之日起四十五日内，可以要求公司清偿债务或提供相应的担保。

第五，依法进行登记。公司合并或分立致使登记事项发生变更的，应当依法向公司登记机关办理变更登记。

3）公司合并、分立时债权债务的处理

公司的合并与分立，不直接导致其原有债权债务关系的消灭。公司合并前各方的债权债务，应当由合并后存续或者新设的公司承继；公司分立前的债权债务，按所达成的协议由分立后的公司分享和分担，协议未约定的，由分立后的公司享有连带债权，承担连带债务。

2. 公司形式的变更

公司形式的变更，特指有限责任公司依法变更为股份有限公司。

有限责任公司变更为股份有限公司，应当符合《公司法》规定的股份有限公司的设立条件，并依照《公司法》有关设立股份有限公司的程序办理。有限责任公司依法经批准变更为股份有限公司，折合的股份总额应当等于原公司净资产额；公司为增加资本向社会公开募集股份时，应当依照《公司法》有关向社会公众募集股份的规定办理。

公司形式变更的，原有限责任公司的债权债务由变更后的股份有限公司承继。

（二）公司的终止与清算

公司的终止是指公司组织的解体和法人资格的消灭。公司因破产或者解散而终止。公司终止时，须依法进行清算。

1. 公司破产与清算

公司因不能清偿到期债务，被依法宣告破产的，由人民法院依照有关法律的规定，组织股东、有关机关及有关专业人员成立清算组，对公司进行破产清算。

2. 公司解散与清算

1）公司解散的法定原因

公司有下列情形之一的，可以解散：公司章程规定的营业期限届满或者公司章程规定的其解散事由出现;股东会或者股东大会决议解散;因公司合并或者分立需要解散;依法被吊销营业执照、责令关闭或者被撤销;公司经营管理发生严重困难,继续存续会使股东利益受到重大损失,通过其他途径不能解决的,持有公司全部股东表决权10%以上的股东,请求人民法院解散公司,人民法院依法予以解散。

2) 清算组及其职权

公司解散的,应当在十五日内成立清算组。有限责任公司的清算组由股东组成,股份有限公司的清算组由董事或者股东大会确定的人员组成。逾期不成立清算组进行清算的,债权人可以申请人民法院指定有关人员组成清算组进行清算。人民法院应当受理该申请,并及时组织清算组进行清算。

清算组在清算期间行使下列职权:清理公司财产,分别编制资产负债表和财产清单;通知、公告债权人;处理与清算有关的公司未了结的业务;清缴所欠税款以及清算过程中产生的税款;清理债权、债务;处理公司清偿债务后的剩余财产;代表公司参与民事诉讼活动。

公司财产在分别支付清算费用、职工的工资、社会保险费用和法定补偿金,缴纳所欠税款,清偿公司债务后的剩余财产,有限责任公司按照股东的出资比例分配,股份有限公司按照股东持有的股份比例分配。公司财产在未依照规定清偿前,不得分配给股东。

清算组成员应当忠于职守,依法履行清算义务,不得利用职权收受贿赂或者其他非法收入,不得侵占公司财产。清算组成员因故意或者重大过失给公司或者债权人造成损失的,应当负赔偿责任。

清算期间,公司存续,但不得开展与清算无关的经营活动。公司清算结束后,清算组应当制作清算报告,报股东会、股东大会或者人民法院确认,并报送公司登记机关,申请注销公司登记,公告公司终止。

本节理论知识学习小结

本节主要对公司的概念与法律特征、分类、设立,特殊的有限责任公司,公司的股权(股份)转让、资本制度、财务会计、变更、终止与清算等公司法律制度有关理论知识进行了系统性介绍。公司法律制度理论知识整理如图2-3所示。

公司法律制度理论知识
- 公司的概念与法律特征
- 公司的分类
- 公司的设立
- 公司的组织机构
- 特殊的有限责任公司
- 公司的股权(股份)转让
- 公司的资本制度
- 公司的财务会计
- 公司的变更、终止与清算

图2-3 公司法律制度理论知识整理

任务三　知识巩固与能力提升

一、知识巩固

（一）单项选择题

1. 甲公司的分公司在经营范围内以自己的名义对外签订一份合同，关于该合同的效力及其责任承担的表述中，正确的是（　　）。
   A. 合同有效，民事责任由甲公司承担
   B. 合同有效，民事责任由分公司独立承担
   C. 合同有效，民事责任由分公司承担，甲公司承担补充责任
   D. 合同无效，甲公司和分公司均不承担民事责任

2. 甲、乙公司与郑某、张某欲共同设立一有限公司，下列有关出资方式中，符合《公司法》的是（　　）。
   A. 甲公司以其获得的某知名品牌特许经营权评估作价20万元出资
   B. 乙公司以其企业商业信誉评估作价30万元出资
   C. 郑某以其享有的某项专利权作价40万元出资
   D. 张某以设定了抵押权的某房产作价50万元出资

3. 根据《公司法》的规定，下列各项中，属于有限责任公司董事会职权的是（　　）。
   A. 对增加注册资本作出决议　　　　B. 决定公司内部管理机构的设置
   C. 对发行公司债券作出决议　　　　D. 审议批准利润分配方案

4. 下列关于国有独资公司组织机构表述中，合法的是（　　）。
   A. 国有独资公司应设股东会
   B. 董事长由董事会选举产生
   C. 经国有资产监督管理机构同意，国有独资公司董事可以兼任经理
   D. 监事会主席由全体监事过半数选举产生

5. 下列关于股份有限公司发行股票表述中，不符合《公司法》规定的是（　　）。
   A. 股票发行必须同股同价　　　　B. 股票发行价格可以低于票面金额
   C. 向发起人发行的股票应为记名股票　　D. 向法人发行的股票应为记名股票

6. 下列关于股份有限公司公积金表述中，不符合《公司法》规定的是（　　）。
   A. 法定公积金按照公司税后利润的10%提取
   B. 法定公积金累计额为公司注册资本的50%时，可以不再提取
   C. 资本公积金可用来弥补公司亏损
   D. 公司以超过股票票面金额发行价格发行所得价款，应列入资本公积金

7. 发起人甲、乙、丙三人筹备设立A股份有限公司，公司成立之前，发起人甲以自己的名义与B公司签订了房屋租赁合同，约定租赁B公司办公用房一幢，月租金5万元。A公司成立后入住了该办公房并正常经营，后A公司和甲均未支付B公司相应的租金，关于此案，下列说法正确的是（　　）。
   A. 由于合同当事人为甲和B公司，因此B公司只能要求甲支付租金
   B. 由于A公司成立后未对该租赁合同进行确认，如果B公司请求A公司支付租金的，人

民法院不予支持

C.由于A公司实际已经实际享有合同权利,B公司请求A公司支付租金的,人民法院应予支持

D.甲无权以自己的名义签订该租赁合同

8.甲与乙协商约定,乙为实际出资人,甲为名义股东,后甲没有与乙商量,私自将其名下股权低价转让于丙,下列说法错误的是( )。

A.如果丙是出于善意的,则丙可以取得股权的所有权

B.甲的该行为造成乙的损失,乙有权向甲要求赔偿

C.乙可以依法请求人民法院确认甲的该处分股权行为无效

D.丙不可以适用善意取得制度取得该股权

9.下列有关公司董事、监事以及高级管理人员兼任的表述中,符合公司法律制度规定的是( )。

A.公司董事可以兼任公司经理　　　B.公司董事可以兼任公司监事
C.公司经理可以兼任公司监事　　　D.公司董事会秘书可以兼任公司监事

(二)多项选择题

1.某股份有限公司注册资本为人民币6000万元,董事会有7名成员,最大股东赵某持有公司11%股份。根据《公司法》的规定,下列属于公司应在两个月内召开临时股东大会情形的有( )。

A.董事人数减至4人　　　　　　　B.监事陈某提议召开
C.最大股东赵某请求召开　　　　　D.公司未弥补亏损达人民币1900万元

2.根据《公司法》的规定,股份有限公司股东大会所议下列事项中,须经出席会议股东所持表决权三分之二以上通过的有( )。

A.增加公司注册资本　　　　　　　B.修改公司章程
C.发行公司债券　　　　　　　　　D.与其他公司合并

3.股东对公司董事、监事、高级管理人员给公司造成损失行为,提起股东代表诉讼的程序有( )。

A.股东通过监事会或者监事提起诉讼

B.股东通过董事会或者执行董事提起诉讼

C.股东通过股东大会提起诉讼

D.股东直接提起诉讼

(三)简答题

1.简述有限责任公司股权转让的两种方式。
2.简述公司董事、监事、经理的任职资格条件与义务。
3.简述公司的利润分配顺序。

二、项目实训与能力提升

(一)以法析案

李某是A电器有限责任公司的董事兼总经理。某年7月,A公司所在地出现罕见的高温,

空调供不应求。于是李某以B公司的名义从外地购进一批总价为200万元的空调。之后,李某将该批空调销售给C公司,获利10万元。A公司董事会闻讯后,认为李某身为公司董事兼总经理,应当忠实履行其职责,负有竞业禁止的义务,不得经营与本公司同类的业务。李某的行为违反了《公司法》,应属无效。于是,董事会作出决议,责成李某取消该合同,并由A公司将此批空调买下。C公司认为,该批空调的买卖,是在C公司和B公司之间进行的,与A公司毫无关系。两公司之间签订的合同是双方当事人一致意思的表示。并且合同内容并不违法,因而双方签订的合同是有效的。至于李某身为A公司董事,经营与A公司同类业务,属于A公司的内部事务,A公司董事会的决议缺乏法律依据,没有对外效力。

A公司诉至法院。法院判决李某将所获利10万元交归A公司,C公司与B公司的买卖合同合法有效。

请分析：

（1）何为竞业禁止义务？

（2）C公司与B公司的合同有效吗？

（3）应如何处理李某所获利的10万元？

（二）能力提升训练

根据《公司法》关于有限责任公司设立的条件与程序相关规定,试以设立"你我他酒吧有限责任公司"为例,完成以下任务。

1. 订立发起协议

任务提示：发起协议性质上相当于一份合伙协议,请参照《合伙企业法》合伙协议的相关内容,草拟一份发起协议。

2. 办理企业名称预先核准（申请书见附件）

3. 制定公司章程

公司章程包含以下条款：(1)公司名称和住所；(2)公司经营范围；(3)公司注册资本；(4)股东的姓名或者名称；(5)股东的出资方式、出资额和出资时间；(6)公司的机构及其产生办法、职权、议事规则；(7)公司的法定代表人；(8)股东会会议认为需要规定的其他事项。

请根据公司实际情况,按照以上条款制定"你我他酒吧有限责任公司"的章程。

4. 办理必要的行政审批手续

(1) 办理卫生许可证。以下是办理卫生许可证的程序与需提交的材料：

卫生许可证办证程序：

①受理（某市行政服务中心）；

②现场审查（某市卫生执法监督所）；

③现场卫生监测（某市疾控中心）；

④审批（某市卫生执法监督所）；

⑤发证（某市行政服务中心）。

申请办证应提供的材料：

①申请表；

②经营单位卫生管理组织和卫生制度；

③经营场所平面布局图,基本卫生设施,生产企业工艺流程图；

④从业人员名册;
⑤从业人员接受预防性健康检查并取得健康证(市疾控中心);
⑥从业人员接受卫生知识培训并取得培训合格证(市卫生执法监督所);
⑦卫生监测合格报告(市疾控中心);
⑧法人代表或非法人单位负责人身份证复印件及一寸照片2张;
⑨卫生监督机构要求申报的其他材料。
请参照卫生许可证的办理程序和需提交的材料,办理其他必要的行政审批。
(2)文化部门办理经营许可。
(3)公安和消防部门办理消防登记。
(4)税务部门办理税务登记(也可以在设立后3个月内办理)。
(5)办理登记获取营业执照。

附件:企业名称预先核准申请书

企业名称预先核准申请书

□企业设立名称预先核准		
申请企业名称		
备选企业字号	1.	
	2.	
	3.	
企业住所地	_____省(市/自治区)_____市(地区/盟/自治州)_____县(自治县/旗/自治旗/市/区)	
注册资本(金)	_____万元	企业类型
经营范围		
投资人	名称或姓名	证照号码

注:请仔细阅读本申请书填写说明,按要求填写。

企业名称预先核准申请书填写说明:
1. 本申请书适用于所有内资企业的名称预先核准申请、名称项目调整(投资人除外)、名称延期申请等。
2. 向登记机关提交的申请书只填写与本次申请有关的栏目。
3. 申请人应根据《企业名称登记管理规定》和《企业名称登记管理实施办法》有关规定申请企业名称预先核准,所提供信息应真实、合法、有效。
4. "企业类型"栏应根据以下具体类型选择填写:有限责任公司、股份有限公司、分公司、非公司企业法人、营业单位、企业非法人分支机构、个人独资企业、合伙企业。

5."经营范围"栏只需填写与企业名称行业表述相一致的主要业务项目,应参照《国民经济行业分类》国家标准及有关规定填写。

6.申请企业设立名称预先核准、对已核准企业名称项目进行调整或延长有效期限的,申请人为全体投资人。其中,自然人投资的由本人签字,非自然人投资的加盖公章。

根据上述要求和公司实际情况,备齐相关材料申请公司名称。

第三章
合同法律制度

JINGJIFA JICHU

学习目标

(1) 掌握合同的概念和特征,合同订立的形式和内容,要约和承诺的概念和要件。
(2) 掌握合同的效力认定、履行、变更、转让、解除、终止以及违约责任。
(3) 理解合同法的基本原则和缔约过失责任。
(4) 了解合同的分类,了解四种具体合同。
(5) 能分辨常见的合同类型,能判断合同的形式,能正确区分要约和要约邀请。
(6) 能运用合同法律知识,分析和解决现实中的问题。

重点和难点

重点:
(1) 合同的订立、效力认定、履行、解除、终止。
(2) 违约责任。
(3) 买卖合同的法律规定。

难点:
(1) 合同法的诚实信用原则,要约和承诺的辨别。
(2) 所有权和风险的转移。

本章学习所涉及的规范性法律文件
(1)《中华人民共和国合同法》(以下简称《合同法》)。
(2) 最高人民法院《关于适用〈中华人民共和国合同法〉若干问题的解释一》。
(3) 最高人民法院《关于适用〈中华人民共和国合同法〉若干问题的解释二》。

任务一 课前思考

一、问题提出

(1) 什么是合同?有什么特征?如何分类?
(2) 什么是缔约过失责任?
(3) 一份完整合同的包括哪些内容?
(4) 合同履行过程中要注意哪些问题?违约如何救济?

二、案例导入

甲公司与乙公司订立一份合同,约定由乙公司在10天内,向甲公司提供新鲜蔬菜6000公斤,每公斤蔬菜的单价1元。乙公司在规定的期间内,向甲公司提供了小白菜6000公斤,甲公司拒绝接受。甲公司认为食堂与乙公司是长期合作关系,经常向其购买蔬菜,每次买的不是大白菜就是萝卜等容易清洗的蔬菜,从来没有买过小白菜,乙公司应该知道这种情况,但是其仍然提供了不需要的小白菜,这是对合同标的的曲解。乙公司称合同标的是蔬菜,小白菜也是蔬菜,甲公司并没有说清楚要什么样的蔬菜,合同标的约定的是新鲜蔬菜,而小白菜最新鲜,这没有违反合同的约定,甲公司所称的蔬菜就是大白菜或萝卜的说法太过牵强附会,既没有合同依据也没有法律依据,不足为凭。

请思考:

(1) 本案的合同标的究竟是什么?

(2) 对于合同条款未具体规定的,应采取什么方法解决呢?

任务二　理论知识学习

一、合同与合同法概述

(一) 合同概述

下列情形中哪些存在合同关系?

(1) 清晨,某同学至食堂购买牛奶1杯,南瓜饼2只。

(2) 夕阳西下,小桥流水,某男某女海誓山盟,签订婚约,某男非该女不娶,某女非该男不嫁。

(3) 某男生约某女生周末晚六点在空中花园不见不散,女生欣然应允。

(4) 某中年夫妇与正在街头流浪的三毛达成协议,抚养三毛至成年。

(5) 环保局与某学院签订周边环境保护责任协议,该学院承诺保护其校内自然环境。

(6) 张某与李某是好朋友。10月23日是张某生日,李某经张某同意,决定在某酒楼设宴为张某庆祝生日,邀请家人、同学和朋友共20余人参加。生日那天,张某因故未能出席,李某感到很没面子,找到张某交涉,因言辞过激,发生口角。李某一怒之下,向法院起诉,诉称张某违反参加生日宴会的约定,要求赔偿设宴所花去的费用2000元。

(7) 2013年4月,原告与被告达成收养协议,由被告收养原告6岁的小孩。该协议约定,任何一方违反约定,应承担违约责任。双方依法办理了登记手续。2年后,被告以无法与小孩共同生活为由,提出解除收养协议。原告起初不同意,后来考虑再三同意解除,但要求被告承担违约责任,被告则不同意承担违约责任,于是发生纠纷。

1. 合同的概念

合同是平等主体的自然人、法人、其他组织之间设立、变更、终止民事权利义务关系的协议。婚姻、收养、监护等有关身份关系的协议,适用其他法律的规定。

2. 合同的特征

合同的特征主要包括以下四个方面。

1) 合同是一种协议,是当事人的法律行为

合同是当事人意思表示一致的双方或多方的法律行为,具有意思表示的一致性,即合同必须有两个或者两个以上民事主体的意思表示相一致,达成协议,才能成立。这是合同行为区别于授权行为、遗嘱行为等单方法律行为的重要标志。

2) 合同是平等主体之间的民事法律关系

合同是平等的民事主体之间进行的民事法律行为,具有主体的平等性,即行为主体的法律地位完全平等。这是民事法律行为与行政法律行为的根本区别。同时,合同确立的是受合同法调整的民事法律关系,而非只受道德调整的友情关系或爱情关系。

3) 合同从法律上明确当事人之间特定权利与义务关系

合同是以确立、变更或终止某一权利义务关系为内容和目的的法律关系。其内容具有确定性,它把当事人之间的权利请求和义务履行通过协议的方式确定下来。

4) 合同是具有相应法律效力的协议

合同对于当事人具有法律约束力,当事人应当依约履行义务,不得擅自变更或解除合同。

3. 合同的分类

1) 有名合同与无名合同

根据法律是否对合同赋予特定名称并设有调整规则来划分,合同可以分为有名合同与无名合同。

有名合同是立法上规定有确定名称与规则的合同,又称典型合同。如《合同法》在分则中规定的买卖合同、赠与合同等,可直接适用《合同法》中关于该种合同的具体规定。

无名合同是立法上尚未规定有确定名称与规则的合同,又称非典型合同。对它们只能在适用《合同法》总则中规定的一般规则的同时,参照该法分则或者其他法律中最相类似的规定执行。

2) 单务合同与双务合同

根据合同当事人是否互享权利、互负义务来划分,合同可以分为单务合同与双务合同。

单务合同是指仅有一方当事人承担义务的合同,如典型的赠与合同。

双务合同是指双方当事人相互享受权利、承担义务的合同,如买卖合同、承揽合同等。

3) 有偿合同与无偿合同

根据合同当事人取得权利是否偿付代价来划分,合同可以分为有偿合同与无偿合同。

有偿合同是指当事人为从合同中得到利益要支付相应代价的合同,如买卖合同。

无偿合同是指当事人无须为从合同中得到的利益支付相应代价的合同,如赠与合同。

4) 诺成合同与实践合同

根据合同成立除当事人的意思表示以外,是否还要其他现实给付来划分,合同可以分为诺成合同与实践合同。

诺成合同是在当事人意思表示一致时即告成立的合同,如买卖合同。

实践合同是在当事人意思表示一致后,仍须有实际交付标的物的行为才能成立的合同,如借用合同、民间借贷合同、一般保管合同、定金合同等。

5) 要式合同与不要式合同

根据法律是否要求合同必须符合一定的形式才能成立来划分,合同可以分为要式合同与不要式合同。

要式合同是必须按照法律规定的特定形式订立方可成立的合同,如车辆、房屋转让合同,专利转让合同等。

不要式合同是法律对合同订立未规定特定形式的合同。通常,合同除有法律特别规定者外,均为不要式合同。

6）主合同与从合同

依合同是否须以其他合同的存在为前提而存在划分,合同可以分为主合同与从合同。

主合同是无须以其他合同存在为前提即可独立存在的合同。主合同的成立与效力直接影响从合同的成立与效力。

从合同是须以其他合同的存在为前提方可存在的合同。它不能独立存在,又称附属合同,如保证合同。

7）确定合同与射幸合同

依合同的法律效果在订立合同时是否已经确定划分,合同可以分为确定合同与射幸合同。

确定合同是指合同的法律效果在订立合同时已经确定的合同。

射幸合同是指合同的法律效果在订立合同时尚未确定的合同。如保险合同、有奖销售合同和有奖抽奖合同。

（二）合同法概述

1. 合同法的概念

合同法是调整平等主体之间商品交换关系的法律规范的总称。合同法是现代各国民事法律制度的重要组成部分,是调整财产流转关系,规制交易行为的基本法,是国家在现代经济发展时期依法管理经济的重要法律。

2. 合同法的调整范围

合同法的调整对象是民事主体利用合同进行经济（财产）流转或相互交易而产生的社会关系。

（1）合同法调整的是平等主体之间民事权利义务关系,政府经济管理活动即政府管理国民经济的关系和企业单位内部的管理关系均不适合合同法。

（2）合同法主要调整企业以及各社会组织之间的经济关系,同时还包括自然人之间买卖、租赁、借贷、赠与等合同关系。

合同法既调整国内的合同关系,也调整涉外因素的合同关系。在中华人民共和国境内履行的中外合资经营企业合同、中外合作经营企业合同、中外合作勘探开发自然资源合同,只能适用我国《合同法》。

（3）涉及婚姻、收养、监护等有关身份关系不适用合同法的规定。

（4）对无名合同,适用合同法总则的规定。

（5）其他法律对合同另有规定的,依照其规定,但仍适用合同法总则的规定。例如,劳动合同不能直接适用,但有些规则可以参照适用。

3. 合同法的基本原则

合同法的基本原则是指对合同关系的本质规律进行集中抽象和反映、效力贯穿于合同法始终的根本规则。其作用是对立法机关制定各项规定和审判机关适用合同法等起指导作用。基本原则是正确理解具体条文的关键。法律缺乏某个问题的具体规定时当事人可依基本原则来确定,审判机关可以根据基本原则做判决。我国《合同法》所规定的基本原则有：

1）平等、自愿、公平原则

《合同法》第三条规定:"合同当事人的法律地位平等,一方不得将自己的意志强加给另一方。"自然人的民事权利能力一律平等。不同的民事主体参与民事关系,适用同一法律,具有平等地位。民事主体在民事法律关系中必须平等协商。例如：工商行政管理部门在依法维护市场秩序时，与企业之间是管理与被管理的关系，但在购买商品时，与企业是平等的，不能因为是管理部门就可以将自己的意志强加于企业。

《合同法》第四条规定："当事人依法享有自愿订立合同的权利，任何单位和个人不得非法干预。"合同自由的基本内容包括：缔结合同的自由；选择相对人的自由；决定合同内容的自由；选择合同形式的自由；排除法律规范适用的自由；选择纠纷解决方式的自由；变更解除合同的自由。

《合同法》第五条规定："当事人应当遵循公平原则确定各方的权利和义务。"公平原则要求合同当事人的权利和义务要对等；公平原则还要求对免责条款进行限制；要求令违约人承担的违约责任应当公平合理；同时要求对风险造成的损失无约定时双方应公平合理的分担。

2）诚实信用原则

《合同法》第六条规定："当事人行使权利、履行义务应当遵循诚实信用原则。"诚实信用原则要求当事人应当诚实可信，以善意的方式签订合同和履行合同。

3）公序良俗原则

《合同法》第七条规定，"当事人订立、履行合同，应当遵守法律、行政法规，尊重社会公德，不得扰乱社会经济秩序，损害社会公共利益。"该项原则体现了对合同自由的适度限制，也要求当事人订立的合同不具有社会危害性。

二、合同的订立

合同的订立，是指两个或两个以上的当事人，依法就合同的主要条款经过协商一致达成协议的法律行为。当事人也可以依法委托代理人订立合同。合同的订立是建立合同法律关系的起点。合同订立是合同成立的前提，而合同成立又是合同生效的前提。

对于合同订立，首先要求采取双方约定或符合法律规定的订立方式；其次订立的各个环节必须具备法律规定有效要件；最后，要明确合同成立的时间和地点。

（一）合同订立的形式和内容

1. 合同订立的形式

（1）书面形式，是指有形地表现所载内容的形式。它是最普遍的形式。包括合同书、信件和数据电文等。

（2）口头形式，是指当事人之间通过对话（包括当面洽谈和电话协商）约定双方权利义务关系的协议，录音为口头形式的证据。一般适用于即时清结的合同。

（3）其他形式，如推定形式，或称"作为的默示形式"，如《合同法》第三十六条规定："法律、行政法规规定或者当事人约定采用书面形式订立合同，当事人未采用书面形式但一方已经履行主要义务，对方接受的，该合同成立。"沉默形式，或称"不作为的默示形式"，如《合同法》第一百七十一条规定："试用买卖的买受人在试用期内可以购买标的物，也可以拒绝购买。试用期间届满，买受人对是否购买标的物未作表示的，视为购买。"

法律、行政法规规定采用书面形式的，应当采用书面形式；当事人约定采用书面形式的，应当采用书面形式。

2. 合同的内容

合同的条款是合同中经双方当事人协商一致，规定双方当事人权利义务的具体条文。合同

的内容由当事人约定,一般包括以下条款:

(1) 当事人的名称或姓名和住所;

(2) 标的,包括:有形财产、无形财产、劳务、工作成果;

(3) 数量;

(4) 质量;

(5) 价款或报酬;

(6) 履行期限、地点和方式,履行期限是指合同中规定的一方当事人向对方当事人履行义务的时间界限,履行地点是指当事人履行合同义务和对方当事人接受履行义务的地点,履行方式是指合同当事人履行合同义务的具体做法;

(7) 违约责任,是指合同当事人一方或者双方不履行合同义务或者履行合同义务不符合约定的,按照法律或合同的规定应当承担的法律责任;

(8) 解决争议的方法,包括:双方和解、调解、仲裁、诉讼。

知识链接3-1

格 式 条 款

格式条款是当事人为重复使用而预先拟订并在订立合同时未与对方协商的条款。对于格式条款,有以下几个方面的限制:

(1) 提供格式条款的一方有提示说明的义务,即应当提请对方注意免除或者限制其责任的条款,并按照对方的要求予以说明;

(2) 其提供的格式条款中有免除其责任,加重对方责任,排除对方主要权利的条款,或格式条款具有《合同法》第五十二条(合同无效)、第五十三条(合同免责条款无效)规定的情形时,该格式条款无效;

(3) 对格式条款的理解发生争议的,应当按照通常理解予以解释,对格式条款有两种以上解释的,应当作出不利于提供格式条款一方的解释;格式条款和非格式条款不一致的,应当采用非格式条款。

(二) 合同订立的方式

根据《合同法》的规定,当事人订立合同采取要约、承诺方式。这是合同订立的两个必经环节,是双方或多方当事人就合同内容进行协商,达成一致意见的一般过程。

1. 要约

要约是提出合同条件,希望和对方订立合同的意思表示。又称发盘、发价、出盘、出价或报价等。发出要约的当事人称为要约人,要约所指向的对方当事人则称为受要约人。

1) 要约应具备的条件

第一,原则上应向特定人发出。特定人不限于1个,也可以是几个,但必须都是确定的。如,一个水泥厂有2000吨水泥可以销售,分别向4个建筑公司发出数量各为500吨的要约。

第二,内容具体确定。必须包含以使合同成立的条款,包括标的、数量和价款等,但不同的合同其主要条款要求并不一样。如果要约内容含混不清,即使受要约人同意,也会因权利义务不清而无法确立。

第三,须表现出受约束的意旨。要约是一种法律行为,经受要约人承诺,要约人就受该意思表示约束。例如,甲向乙提出"我正在考虑卖掉家中祖传的一套家具,价值 10 万元"或"我愿意卖掉家中祖传的一套家具,价值 10 万元",前者甲并没有决定订立合同,而后者甲已决定订立合同。再如新产品发布会、不是为销售而仅是展出的产品展销会、博物馆内展出的文物,这些皆因不具有与出席展会的人订立合同的意思而不构成要约。

第四,要约必须送达受要约人。要约采取到达生效的原则。

【以案学法之案例 3-1】

广告 A:甲公司 7 月 1 日通过报纸发布广告,称其有某型号的电脑出售,每台售价 8000 元,"随到随购,数量不限",广告有效期至 7 月 30 日。广告 B:甲公司 7 月 1 日通过报纸发布广告,称其有某型号的电脑出售,每台售价 8000 元,"欲购从速,数量有限",广告有效期至 7 月 30 日。

请问:上述两个广告哪个是要约?哪个是要约邀请?

要约与要约邀请

要约邀请是指希望他人向自己发出要约的意思表示。要约邀请与要约不同,实践中要注意区别。

要约是以订立合同为目的的法律行为,一经发出就会产生一定的法律效果;要约邀请的目的则是让他人向自己发出要约,本身不具有法律意义,不受所发邀请的约束。要约内容要明确具体,要约邀请的内容则不受此约束。

我国《合同法》规定,寄送的价目表、拍卖公告、招标公告、招股说明书等都是要约邀请。商业广告,视其内容确定是要约还是要约邀请,若内容行使要约规定条件的,则视为要约,否则是要约邀请。

例如,10 月 8 日长江机械公司向黄河公司发出信函:"我公司急需 aa 型钢丝绳 100 吨,每吨价格 2500 元,如贵公司有货,请于 1 周内通知我方,并请于 1 周内发货,货到付款,转账支付"。即为要约。

又如,某果品公司因市场上西瓜脱销,向新疆某农场发出一份传真:"因我市市场西瓜脱销,不知贵方能否供应。如有充足货源,我公司欲购十个冷冻火车皮。望能及时回电与我公司联系协商相关事宜。"这就是典型的要约邀请。

2) 要约生效时间

要约到达受要约人时生效。采用数据电文形式订立合同,收件人指定特定系统接收电文的,该数据电文进入该特定系统的时间,视为到达时间;未指定特定系统的,该数据电文进入收件人的任何系统的首次时间,视为到达时间(此规定也同样适用承诺到达时间)。要约到达受要约人,并不是指要约一定实际送达到受要约人或者其代理人手中,要约只要送达到要约人通常的地址、住所或者能够控制的地方(如信箱或传达室等),即为送达。

3) 要约的撤回、撤销与失效

【以案学法之案例 3-2】

仁达电器商店得知弦山商场新进了一批 VCD 机,立即派业务员王某前去联系购买。弦山商场提出有货 100 台,每台售价 500 元,如果购买,一周之日来车提货。王某表示价格太高,得回去和领导商量一下,若一周之内不来提货,VCD 机可以另卖他人。第三天另一个体电器商来弦山商场买 VCD 机,出价每台 550 元,货全要。弦山商场于是将 100 台 VCD 机全部售出。第五天仁达电器商店来车提货,弦山商场已无货可付。

请问:弦山商场是否应当承担法律责任? 为什么?

【以案学法之案例 3-3】

我国某对外工程承包公司于 5 月 3 日以电传请意大利某供应商发盘出售一批钢材。我方在电传中声明:要求这一发盘是为了计算一项承造一幢大楼的标价和确定是否参加投标之用;我方必须于 5 月 15 日向招标人送交投标书,而开标日期为 5 月 31 日。意大利供应商于 5 月 5 日用电传就上述钢材向我方发盘。我方据以计算标价并于 5 月 15 日向招标人递交投标书。5 月 20 日意大利供应商因钢材市价上涨,发来电传通知撤销 5 月 5 日的发盘。我方当即复电表示不同意撤盘。于是,双方为能否撤销发盘发生争执。及至 5 月 31 日招标人开标,我方中标,随即电传通知意大利供应商,我方接受该商 5 月 5 日的发盘。但意大利供应商坚持该发盘已于 5 月 20 日撤销,合同不能成立。而我方则认为合同已经成立。对此,双方争执不下,遂协议提交仲裁。

请问:如果你是仲裁员,将如何裁决? 请说明理由。

要约撤回,是指要约在发出后、生效前,要约人使要约不发生法律效力的意思表示。法律规定要约可以撤回的原因在于这时要约尚未发生法律效力,撤回不会对受要约人产生影响。由于要约到达受要约人时即生效,因此撤回要约的通知应当在要约到达受要约人之前或者与要约同时到达受要约人。

要约撤销,是指要约人在要约生效后、受要约人承诺前,使要约丧失法律效力的意思表示。撤销要约的通知应当在受要约人发出承诺通知之前到达受要约人。由于撤销要约可能会给受要约人带来不利的影响,法律规定不得撤销要约的情形有:

(1)要约人确定了承诺期限或者以其他形式表明要约不可撤销;
(2)受要约人有理由认为要约是不可撤销的,并已经为履行合同作了准备工作。

例如,甲是古董商,要求乙在 3 个月内修复 10 幅画,价格不超过一个具体金额。乙告知甲,为决定是否承诺,有必要先对一幅画进行修复,然后才能在 5 天内明确答复。甲同意。基于对甲的要约的信赖,乙开始工作。甲在 5 天内不得撤销要约。

要约失效,是指要约丧失法律效力,即要约人与受要约人均不再受其约束,要约人不再承担接受承诺的义务,受要约人也不再享有通过承诺使合同得以成立的权利。要约失效的情形有:拒绝要约的通知到达要约人;要约人依法撤销要约;承诺期限届满,受要约人未作出承诺;受要约人对要约的内容作出实质性变更。

2. 承诺

【以案学法之案例 3-4】

某年 2 月 3 日,某电器设备公司向某市电容器发出购买该厂生产的 CZM 油浸吊扇电容 5 万个、每个 34 元的信件。当日下午,该电器设备公司收到该电容器厂发来的信件,内容是该厂愿意提供单价 34 元的 CZM 油浸吊扇电容 5 万个。

请问:此合同是否成立? 为什么?

【以案学法之案例 3-5】

甲公司给乙公司发出要约,要卖给乙公司 50 吨枣庄小枣。要约中条款齐全,乙公司表示接受,同时提出,甲公司发货时应附有产地证明书。

请问:该合同成立了吗?

承诺是受要约人同意要约的意思表示。承诺生效时合同成立。

1) 承诺应当具备的条件

第一,承诺必须由受要约人作出。如由代理人作出承诺,则代理人须有合法的委托手续。由于要约原则上是向特定人发出的,因此只有接受要约的特定人即受要约人才有权作出承诺,第三人因不是受要约人,当然无资格向要约人作出承诺,否则视为发出要约。

第二,承诺必须向要约人作出。

第三,承诺的内容应当与要约的内容一致。这意味着承诺不得限制、扩张或者变更要约的内容,但并不是说承诺的内容对要约的内容不得作丝毫的更改,要求承诺与要约内容绝对一致不利于很多合同的成立。法律允许承诺可以更改要约的非实质性内容,如要约人未及时表示反对,则承诺有效。受要约人对要约的内容作出实质性变更的,为新要约。有关合同标的、数量、质量、价款或者报酬、履行期限、履行地点和方式、违约责任和解决争议方法等的变更,是对要约内容的实质性变更。承诺对要约内容作出非实质性变更的,除要约人及时表示反对或者要约表示承诺不得对要约的内容作出任何变更的以外,该承诺有效,合同的内容以承诺的内容为准。

第四,必须在规定的期限内送达要约人。承诺的生效亦采取到达原则,与要约相同。承诺生效时合同成立,承诺生效的地点为合同成立的地点。

第五,承诺的方式必须符合要约的要求。如果要约人在要约中规定承诺需用特定方式的,承诺人作出承诺时,必须符合要约人规定的承诺方式。即使是这种要求的方式在一般人看来是很特别的,只要不为法律所禁止或者不属于在客观上根本不可能,受要约人都必须遵守。例如,要约人限定承诺应以电报回答,受要约人若以书面回答,则不发生承诺的效力。

2) 承诺的方式

承诺的方式是指受要约人将其承诺的意思表示传达给要约人所采用的方式。承诺应当以通知的方式作出,通知的方式可以是口头的,也可以是书面的。一般来说,若法律或要约中无规定须以书面形式表示承诺,当事人就可以口头形式表示承诺。

根据交易习惯或当事人之间的约定,承诺也可以不以通知的方式,而以通过实施一定的行为或以其他方式作出,例如,卖方用发运货物、买方用支付价款等来表示。再例如,要约中要求预付 20% 的货款,受要约人在收到该要约后支付了这 20% 的预付款,以此表示对要约的承诺。

3) 承诺的期限

【以案学法之案例 3-6】

我国某进出口公司向国外某客商询问某商品,不久我方接到外商发盘,有效期至 7 月 22 日。我方于 7 月 24 日用电传表示接受对方发盘,对方一直没有音讯。因该商品供求关系发生变化,市价上涨,8 月 26 日对方突然来电要求我方必须在 8 月 28 日前将货发出,否则,我方将要承担违约的法律责任。

请问:我方是否应该发货?为什么?

承诺应当在要约确定的期限内到达要约人。要约没有确定承诺期限的,承诺应当依照下列规定到达:要约以对话方式作出的,应当即时作出承诺,但当事人另有约定的除外;要约以非对话方式作出的,承诺应当在合理期限内到达。合理期限的长短应当根据具体情况来确定,一般应当包括,根据一般的交易惯例,受要约人在收到要约以后需要考虑和作出决定的时间,以及发出承诺并到达要约人的时间。

承诺期限的计算:若要约是以信件或者电报作出的,承诺期限自信件载明的日期或者电报交发之日开始计算。信件未载明日期的,自投寄该信件的邮戳日期开始计算。要约以电话、传真等快速通讯方式作出的,承诺期限自要约到达受要约人时开始计算。

受要约人超过承诺期限发出承诺的,除要约人及时通知受要约人该承诺有效的以外,为新要约。受要约人在承诺期限内发出承诺,按照通常情形能够及时到达要约人,但因其他原因承诺到达要约人时超过承诺期限的,除要约人及时通知受要约人因承诺超过期限不接受该承诺的以外,该承诺有效。

4) 承诺的撤回和生效

承诺可以撤回。撤回承诺的通知应当在承诺通知到达要约人之前或者与承诺通知同时到达要约人。

承诺通知到达要约人时生效。承诺不需要通知的,根据交易习惯或者要约的要求作出承诺的行为时生效。采用数据电文形式订立合同的,承诺到达的时间遵守与前述要约到达时间相同的规定。

(三)缔约过失责任

【以案学法之案例 3-7】

张某家住海南,李某家住北京。李某有一批祖传字画打算出售,并告知古字画收藏家张某于 6 月 16 日前来商谈购买事宜,张某同意前来。5 月 20 日,该批字画被盗,但李某认为,双方尚未产生合同关系,自己没有通知义务,遂未将被盗事实告知张某。张某如期赶到,于李某见面后方才知道字画被盗。张某遂要求李某负担往返交通费和其他合理费用,共计 4000 余元。李某不从,张某遂诉到法院。

请问:法院应如何处理?

缔约过失责任是指当事人在订立合同过程中,因违背诚实信用原则给对方造成损失时所应承担的法律责任。当事人在订立合同过程中,因过错违反依诚实信用原则负有的先合同义务,导致合同不成立,或者合同虽然成立,但不符合法定的生效条件而被确认无效、被变更或被撤销,给对方造成损失时,必须承担的民事责任。

《合同法》对缔约过失责任规定了三种情形:

(1) 假借订立合同,恶意进行磋商;

(2) 故意隐瞒与订立合同有关的重要事实或者提供虚假情况;

(3) 有其他违背诚实信用原则的行为。

缔约过失责任构成要件和性质

缔约过错责任发生于合同不成立或者合同无效的缔约过程。

缔约过失责任构成要件是：(1)当事人有过错；(2)有损害后果的发生；(3)当事人的过错行为与造成的损失有因果关系。

缔约过失责任的性质：缔约过失责任不同于违约责任，也不同于侵权责任；缔约过失责任是为了弥补违约责任和侵权责任立法不足而设；该责任所依据的法律原则是诚实信用原则。首先，缔约过失责任是非合同责任，合同责任产生以合同的有效成立为前提，当缔约过失产生时，合同显然未成立；其次，它也非侵权责任，侵权责任的客体是财产权（包括物权和债权）、人身权和知识产权，缔约过失责任的客体是诚实信用基础上的信赖利益。因此，缔约过失责任是一类独特的责任形式。

某年 7 月 15 日，一东北买主与河北省龙县朱丈子乡江生协商购买 1 万公斤西瓜，单价每公斤 0.9 元。正当双方要达成协议时，江生邻村村民秦鹏前来也要买，并允诺价格要比东北买主高。于是江生终止了与东北买主的买卖，答应卖给秦鹏。东北买主只好与另一西瓜种植大户李桂成交。东北买主走后，秦鹏借故推迟到第二天再买。可第二天却不见秦鹏来。无奈，江生将 1 万公斤西瓜以平均每公斤 0.75 元卖出。后来江生得知，秦鹏受李桂指使，故意搅散江生与东北买主的买卖，李桂才能与东北买主成交。于是江生向法院起诉了秦鹏。

三、合同的成立

1. 合同成立的概念

合同成立是指订约当事人就合同的主要条款达成合意。

我国《合同法》第四十四条规定："依法成立的合同，自成立时生效。""依法"既包括合同的成立要件，又包括合同的生效要件。可见，合同是否成立属于事实判断问题。通常情况下，合同自承诺生效时成立，是当事人意思表示一致，是一种合意。合同是否有效则属于法律对已成立的合同的价值判断问题，要看合同成立后是否符合法律的生效要件。

合同成立要件包括以下两个部分：

(1) 合同的一般成立要件：须有双方或多方当事人；当事人各方意思表示一致；具备要约和承诺两个阶段。简言之，合同一般成立要件是：具备了要约和承诺阶段的当事人的意思表示达成一致。

(2) 合同的特别成立要件。它是指依法规定或依交易惯例确定或依当事人特别约定的合同成立要件。如实践合同，又称要物合同，以物的交付为成立要件之一。

2. 合同成立的时间

【以案学法之案例 3-8】

甲超市向乙电器厂洽谈购买一批电暖气，双方已达成书面协议，尚未盖章。随后乙电器厂按照约定向甲超市发货，甲超市收到货物后即摆放在柜台上销售。一个月后，因销售不理想甲超市要求退货，为此形成纠纷。此案应认定为（　　）。

A. 合同因未盖章尚不成立

B. 合同因未盖章无效

C. 合同因有书面协议所以成立，但未盖章合同关系无效

D.合同因乙电器厂已经履行供货义务,甲超市接受供货,该合同成立

对于诺成性合同,承诺生效时合同成立。对于实践合同,交付标的物时合同成立。

通常情况下,以通知的方式订立合同,通知到达时合同成立,通知方式若是口头方式,则自受要约人即时作出承诺时成立;若不是以通知的方式,而是以一定的行为的方式作出,自受要约人根据要约的要求作出承诺的行为时成立。但在实务中,当事人完成要约和承诺程序即订立合同的方式是多样化的。因此,对合同成立时间的确定也有所不同。以下这些可以称为合同特别成立要件:

(1)当事人采用合同书形式订立合同的,自双方当事人签字或者盖章时合同成立,在签字或者盖章之前,当事人一方已经履行主要义务并且对方接受的,该合同成立。

(2)当事人采用信件、数据电文等形式订立合同的,可以在合同成立之前要求签订确认书,签订确认书时合同成立。

(3)法律、行政法规规定或者当事人约定采用书面形式订立合同,当事人未采用书面形式但一方已经履行主要义务并且对方接受的,该合同成立。

(4)当事人签订要式合同的,以法律、法规规定的特殊形式要求完成的时间为合同成立时间。

3.合同成立的地点

(1)采用数据电文形式订立合同的,收件人的主营业地为合同成立的地点,没有主营业地的,其经常居住地为合同成立的地点。

(2)当事人采用合同书、确认书形式订立合同的,双方当事人签字或者盖章的地点为合同成立的地点。

(3)合同需要完成特殊的约定或法律形式才能成立的,以完成合同的约定形式或法定形式的地点为合同成立的地点。

(4)当事人对合同的成立地点另有约定的,按照其约定。

【法条链接3-1】

我国《合同法》第二十五条规定:"承诺生效时合同成立。"

四、合同的效力

【以案学法之案例3-9】

甲公司与乙公司签订一份秘密从境外买卖免税香烟并运至国内销售的合同。甲公司依双方约定,按期将香烟运至境内,但乙公司提走货物后,以目前账上无钱为由,要求暂缓支付货款,甲公司同意。3个月后,乙公司仍未支付货款,甲公司多次索要无果,遂向当地人民法院起诉要求乙公司支付货款并支付违约金。

试分析:

(1)该合同是否具有法律效力?为什么?

(2)人民法院会如何处理?

合同的效力,又称合同的法律效力,是指已经依法成立的合同在当事人各方以至第三人间产生的法律拘束力。使合同具有效力是当事人订立合同的最基本、也是最重要的要求。合同生

效是指已经成立的合同因符合法定的生效要件,从而产生法律效力。它意味着双方当事人通过合同欲实现的预期目标获得了国家的承认和保护,是国家干预的体现。

合同对当事人各方的拘束力主要表现在:

(1) 当事人必须适当履行合同的义务;

(2) 违约方须承担违约责任;

(3) 当事人不得擅自变更、解除合同或擅自转让合同权利义务;

(4) 当事人享有法律规定的权利保障合同的履行,如抗辩权、代位权、撤销权等;

(5) 当事人须履行法律规定的附随义务。

合同对第三人的效力表现在:任何第三人不得侵害合同债权;当事人行使撤销权、代位权时涉及第三人;在涉他合同中有向第三人履行或由第三人履行的效力。

(一) 合同的生效要件

《合同法》第四十四条规定:"依法成立的合同,自成立时生效。""依法"是一种是非判断、法律判断,而合同的成立本身是一种事实判断,"依法"是指符合合同的生效要件。因此,合同成立并非等于合同生效,只有依法成立的合同才能生效。一般而言,合同的生效要件包括以下几个方面:

(1) 合同当事人订立合同时具有相应的民事行为能力。民事行为能力是指民事主体以自己的行为设定民事权利或者义务的能力。合同作为民事法律行为,只有具备相应民事行为能力的人才有资格订立;不具有相应的民事行为能力的人所订立的合同为效力待定的合同。但不具有相应民事行为能力的人可以通过其法定代理人订立合同。

(2) 合同当事人意思表示真实。意思表示真实是指表意人即意思表示的行为人的表示行为应当真实反映其内心的效果意思,即当事人的内在意志和外在意思一致即为真实。

(3) 合同不违反法律或社会公共利益。主要包括两层含义:一是合同的内容合法,即合同条款中约定的权利、义务及其指向的对象即标的等,应符合法律的规定和社会公共利益的要求;二是合同的目的合法,即当事人缔约的原因合法,并且是直接的内心原因合法,不存在以合法的方式达到非法目的等规避法律的事实。

(4) 合同的内容必须确定或可能。合同的内容确定,是指合同内容在合同成立时必须确定,或者必须处于在将来履行时可以确定的状态。合同内容可能,是指合同所规定的特定事项在客观上具有实现的可能性。若合同内容属于事实不能、自始不能、客观不能、永久不能及全部不能中的任何一种情形,则合同无效。

另外,根据《合同法》规定,法律、行政法规规定应当办理批准、登记等手续的合同,必须依照规定办理批准登记等手续才能生效;否则,即使具备了上述一般合同的生效要件,合同也不生效。该项规定主要体现了国家对合同自由的适度干预或者对善意第三人的保护。例如,根据《担保法》第四十一条、第四十二条的规定,当事人以城市房地产或者乡(镇)、村企业的厂房等建筑物抵押的,必须经县级以上地方人民政府规定的部门办理抵押物登记后,抵押合同才生效。

(二) 无效合同

无效合同是指不具备合同有效要件因而在法律上自始、绝对、当然对当事人无约束力的合同。无效合同具备以下特征:

(1) 违法性。无效合同都是违反了法律行政法规强制性规定的合同,对此类合同应实行国家干预,而不能将主张合同无效的权利完全留给当事人。

(2) 自始无效性。由于无效合同从本质上违反了法律规定,因此国家不得承认此类合同并对之加以保护。合同一旦确认无效,将产生溯及力,使合同从订立之时起就不具有法律约束力,以后也不能转化为有效合同。对于已经履行的,应当通过返还财产、赔偿损失等方式使当事人的财产恢复到合同订立前的状态。

(3) 不得履行性。即当事人在订立无效合同后,不能依据合同实际履行,也不能承担不履行合同的违约责任。即使当事人在订立合同时不知道该合同的内容违法,当事人也不能履行。如果允许履行,则意味着允许当事人实施不法行为。

(4) 当然、确定的无效。由于无效合同的违法性,因此无效合同无须经过当事人主张无效,法院或仲裁机构可以主动审查合同确定其无效;合同无效不由当事人确定,只能由法院或仲裁机构依法确认。

《合同法》规定,有下列情形之一的,合同无效:一方以欺诈、胁迫的手段订立合同,损害国家利益;恶意串通,损害国家、集体或者第三人利益;以合法形式掩盖非法目的;损害社会公共利益;违反法律、行政法规的强制性规定。

上述合同无效的情形,是因合同内容和目的不合法导致的合同无效。除此之外,订立合同主体不合格也属于合同无效的情形,表现为:第一,无民事行为能力人、限制民事行为能力人订立合同且法定代理人不予追认的,该合同无效,但有例外,即纯获利益的合同和与其年龄、智力、精神健康状况相适应而订立的合同,不需追认,合同当然有效;第二,代理人不合格且相对人有过失而成立的合同,该合同无效;第三,法人和其他组织的法定代表人、负责人超越权限订立的合同,且相对人知道或应当知道其超越权限的,该合同无效。

(三) 可变更可撤销合同

【以案学法之案例 3-10】

某山区农民赵某家中有一花瓶,系赵某的祖父留下。李某通过他人得知赵某家有一清朝花瓶,遂上门索购。赵某不知该花瓶真实价值,李某用 1 万 5000 元买下。随后,李某将该花瓶送至某拍卖行进行拍卖,卖得价款 11 万元。赵某在一个月后得知此事,认为李某欺骗了自己,通过许多渠道找到李某,要求李某退回花瓶。李某以买卖花瓶是双方自愿的,不存在欺骗,拒绝赵某的请求。经人指点,赵某到李某所在地人民法院提起诉讼,请求撤销合同,并请求李某返还该花瓶。

试分析:
(1) 赵某的诉讼请求有无法律依据?为什么?
(2) 法院应如何处理?

【以案学法之案例 3-11】

张三父亲突然病危,急需治疗费用 50 万元,向邻居张某借钱,张某答应借钱没问题,张三需答应将其家价值 100 万元的果园以 60 万元转让给他,张三无奈只得答应。最终父亲抢救无效去世,痛心之余想到果园低价转让不值,遂与张某交涉,未果,起诉到人民法院。

请思考:本案该如何处理?

变更或者可撤销的合同是指因当事人在订立合同时意思表示不真实,法律允许当事人一方请求人民法院或者仲裁机构将该合同予以变更或者撤销的合同。

合同是双方当事人意思表示一致的结果，如果当事人对意思表示的内容有误解或者在错误、胁迫、不当影响的情况下订立了合同，这时双方当事人虽然达成了协议，但这种合意是不真实的，因而当事人可以以此为抗辩理由，请求变更或撤销合同。可变更可撤销的合同主要有以下特征：

第一，可撤销合同在未被撤销前，是有效合同，撤销权不行使，合同继续有效；合同一旦被撤销，自合同成立时无效，又称为相对无效的合同。

第二，可撤销合同一般是意思表示不真实的合同。所谓意思表示不真实，是指当事人的行为表示没有真实地反映其内在的目的和愿望，违背了合同自由的基本原则。

第三，可撤销合同的撤销，要由当事人行使撤销权来实现。撤销权自撤销权人知道撤销或应当知道撤销事由之日起一年内不行使，就归于消灭；撤销权人可明确表示或以行为表示放弃撤销权。撤销权消灭或放弃后，不能再恢复。

第四，对于可撤销合同，当事人可选择行使撤销权，还可选择请求变更合同内容。变更权与撤销权是有区别的。撤销权的行使旨在使合同归于消灭；变更权的行使则并不是使合同归于消灭，而只是变更合同的部分条款。请求变更，不会导致整个合同无效，可减少无效合同的数量，促成更多的合同交易。

为鼓励交易，《合同法》规定，当事人请求变更的，人民法院或者仲裁机构不得撤销。如果当事人既要求变更也要求撤销的，根据该规定的精神，人民法院或者仲裁机构应当首先考虑当事人变更的要求，只有在难以变更合同，或者变更后的条款对当事人双方均不利的情况下才应撤销合同。

根据《合同法》的规定，可变更可撤销的合同主要有以下几种情形：

1. 因重大误解订立的合同

重大误解是指行为人对行为的性质、对方当事人、标的物的品种、质量、规格和数量等的错误认识，使行为的后果与自己的意思相悖，造成较大损失的意思表示。其构成要件是：错误是由表意人自己的原因造成的；表意人的内心真意与表示不一致；表意人不知其内心真意与表示不一致；错误必须具有严重性，即足以影响表意人决定为意思表示；错误是否存在，以意思表示成立之时为决定标准。动机的误解不为重大误解。

重大误解的认定包括以下两方面：

第一，误解必须是重大的，如果是普通误解、轻微误解，则不为重大误解。对此，当事人不能请求撤销民事行为，而只能请求变更民事行为。

第二，误解是指内容和方式的误解，动机的误解不为重大误解。动机的误解对民事行为的效力不生影响。例如，甲去刀店买刀，其买刀之动机是为了杀乙，该动机是不法、邪恶的，但不能因此否认买刀合同的效力，也不能因此撤销买刀合同。

2. 在订立合同时显失公平的合同

显失公平是一方当事人利用自己的优势，或者利用对方没有经验致使违反公平原则，显失公平仅适用于实行市场价的财产行为，而重大误解没有此限制。

3. 一方以欺诈的手段，不损害国家利益，使对方在违背真实意思的情况下订立的合同

欺诈是指当事人一方故意编造虚假情况或隐瞒真实情况，使对方陷入错误而作出违背自己

真实意思表示的行为。其构成要件是：须有欺诈人的欺诈行为；欺诈人必须有欺诈的故意，即行为人须有使对方受欺诈而陷入错误，并因此为意思表示的目的；须表意人因相对人的欺诈而陷入错误；须对方因陷入错误而为意思表示，即错误与意思表示之间有因果关系。

4. 一方以胁迫的手段，不损害国家利益，使对方在违背真实意思的情况下订立的合同

胁迫是指因他人的威胁和强迫而陷入恐惧作出的不真实意思表示。胁迫的构成要件是：须胁迫人有胁迫的行为；胁迫人须有胁迫的故意；胁迫的本质在于对表意人的自由意思加以干涉；须相对人受胁迫而陷入恐惧状态；须相对人受胁迫而为意思表示，即表意人陷入恐惧或无法反抗的境地，与意思表示之间有因果关系。

5. 乘人之危订立的合同

乘人之危是指行为人利用对方当事人的急迫需要或危难处境，迫使其作出违背本意而接受对其非常不利的条件的意思表示。其构成要件是：须有表意人在客观上正处于急迫需要或紧急危难的境地；须有行为人乘人之危的故意，即相对人明知表意人正处于急迫需要或紧急危难的境地，却故意加以利用，使表意人因此而被迫作出对行为人有利的意思表示；须有相对人实施了足以使表意人为意思表示的行为；须相对人的行为与表意人的意思表示之间有因果关系；表意人因其意思表示而蒙受重大不利。

乘人之危与单方允诺的区别在于：在一个危难背景的情况下，如果是行为人主动索要，则可认定为乘人之危；如果是行为人被动接受，则可认定为单方允诺。乘人之危与显失公平的区别在于：在乘人之危中必须存在危难背景，而在显失公平中则不存在危难背景。

【法条链接 3-2】

《合同法》第五十四条中规定："一方以欺诈、胁迫的手段或者乘人之危，使对方在违背真实意思的情况下订立的合同，受损害方有权请求人民法院或者仲裁机构变更或者撤销。"

（四）效力待定合同

【以案学法之案例 3-12】

宏美门业有限责任公司是郑某的家族企业，试判断以下行为的效力：

（1）郑某大儿子甲是该公司总经理，公司章程规定其对外签订合同金额 50 万元以上要经过公司特殊授权，那么其任期内签订一金额 80 万元的合同是否有效？

（2）郑某二儿子乙是公司采购员，因其胡作非为被郑某驱逐出公司，不再担任公司采购员，外界均不知情，其后乙采购回一批木材，该木材购销合同是否有效？

（3）郑某三儿子丙 15 岁，某少年大学高才生，某楼盘开盘日见优惠很大，遂以自己的名义签订房屋买卖合同，该合同是否有效？

（4）郑某义子丁某日开着郑某的路虎与朋友外出，晚上打麻将输了 100 多万元，遂决定以车抵债，将价值 129 万元的车作价 100 万元卖给一朋友。该行为是否有效？

效力待定合同是指合同欠缺有效要件，能否发生当事人预期的法律效力尚未确定，有待于其他行为或事实使之确定的合同。一般认为，效力待定合同的效力是不确定的，既非有效也非无效，而是处于一种中间的状态，此类合同的效力在其被有权人追认前是自始无效，追认后是自始有效。并且认为，可追认合同其实质是不成立的合同，因为他们的意思表示基于主体资格欠缺根本不能成立。

根据《合同法》规定,效力待定合同主要有以下几种类型:

1. 无民事行为能力人、限制民事行为能力人订立的合同

无民事行为能力人、限制民事行为能力人除可以订立某些与其年龄、智力相适应的细小的日常生活方面的合同外,对其他的合同,必须由其法定代理人代理订立。一般来说,由这类人所订立的除细小的日常生活方面以外的合同,必须经过其法定代理人事先允许或事后承认才能生效。比如,11周岁的小孩,花了8000元买了一台电脑,这种购买行为明显与11周岁孩子的认知能力不符,如果该买卖合同想生效,必须得到孩子监护人的同意,在孩子监护人同意之前,该合同就是效力待定的合同。但纯获利益的合同或者与其年龄、智力、精神健康状况相适应而订立的合同,不必经法定代理人追认。

2. 无权代理人订立的合同

《合同法》规定,行为人没有代理权、超越代理权或者代理权终止后以被代理人名义订立的合同,未经被代理人追认,对被代理人不发生效力,由行为人承担责任。相对人可以催告被代理人在一个月内予以追认。被代理人未作表示的,视为拒绝追认。合同被追认之前,善意相对人有撤销的权利。撤销应当以通知的方式作出。

3. 无处分权人订立的合同

《合同法》规定,无处分权的人处分他人财产,经权利人追认或者无处分权的人订立合同后取得处分权的,该合同有效。

(五)合同无效或被撤销的法律后果

人们在订立合同时,因种种原因难免会出现合同无效或被撤销的情况。如因合同内容违法、恶意串通、欺诈胁迫等因素所订立的合同,都会导致合同无效或被撤销。无效或被撤销的合同在合同纠纷中占有一定的比例,约占30%。合同无效或被撤销将引起以下法律后果:

1. 返还财产

合同被确认无效或被撤销后当事人依据该合同所取得的财产应当返还给对方。因为无效或被撤销合同从开始就无效,所以返还财产就是使当事人的财产关系恢复到合同签订以前的状态。也就是说,是谁的财产就应当归还给谁。如果标的物已消耗、损坏或灭失,或者已被善意的第三人合法取得而不能返还时,则可用赔偿经济损失的办法进行抵偿。

2. 赔偿损失

合同被确认无效或被撤销后,有过错的一方应赔偿对方因此所遭受的经济损失。如果双方均有过错,那么各自承担相应的责任。各自承担相应的责任是指承担因自己的过错责任而造成的损失,即指双方当事人按照责任主次、轻重,分别承担经济损失中与自己责任相应的份额,而不是各自承担自己的损失,也不是平均分担损失。

3. 追缴财产

对于违反国家利益和社会公共利益的无效合同,如果当事人双方都是故意的,就应当将双方已经取得或者约定取得的财产收归国家所有。如果只有一方是出于故意的,那么故意的一方应将从对方取得的财产返回给对方;非故意的一方已经从对方取得的或者约定取得的财产,应收归国家所有。同时,在追缴故意一方当事人的财产时,要注意保护非故意一方当事人的合法利益,也就是说非故意一方的合法财产是不能追缴的。

五、合同的履行

（一）合同履行的概念

合同的履行，即合同规定义务的执行，是指合同债务人全面、适当完成其合同义务，以使合同债权人的债权获得实现的行为。它是合同成立生效后，在合同行为继续行进过程中的一个环节，是实现合同目的最重要和最关键的环节。合同的履行多数情况下表现为作为形式，如交付标的物、支付价款和报酬、提供服务等，也可以是不作为形式，如合同约定不得将租赁物转租第三人，则承租人履行合同就是不作为的形式。

（二）合同履行的规则

【以案学法之案例 3-13】

2014年5月，贵州甲公司与广州乙公司签订一份干辣椒供应合同，约定2014年6月10日甲公司送货上门，甲公司辣椒收购顺利，于是提前10天将货物送达广州，但广州乙公司以公司仓库尚未腾出，不接收货物，货物停放在露天篮球场，乙公司要求甲公司协助在当地寻找仓库存放货物，甲公司拒绝，第二天甲公司押送货物的人还在寻找仓库，突然天下大雨，甲公司的广州人员对淋雨的货物置之不理，导致几天后辣椒烂掉半数以上。

请问：本案中辣椒的损失应该由谁承担？

合同履行的规则，是指当事人履行合同时必须共同遵守的具体规范和准则。在合同履行过程中，要遵守基于诚实信用等《合同法》基本原则而制定的以下规则：

1. 正确履行规则

正确履行规则又称全面履行规则，是指当事人按照合同规定的实际标的及其质量、数量，由适当的主体在适当的履行期限、履行地点以适当的履行方式，全面完成合同义务的履行原则。我国《合同法》第六十条第一款规定，当事人应当按照约定全面履行自己的义务。

全面履行原则要求合同债务人在履行合同时，不仅要适当履行，而且还要实际履行。适当履行与实际履行是全面履行的两个要求，前者强调合同债务人交付标的物或提供服务以及履行方式、期限和地点要适当，后者则强调合同债务人按照合同的约定实际交付标的或者提供服务。

2. 随附义务规则

随附义务规则又称法定义务规则，是指合同当事人在合同中没有具体的规定，但依据法律规定也应承担相应的随附义务。在合同履行的过程中，当事人往往只注意约定合同义务的履行，而忽视法律规定的随附义务。这种状况容易导致合同目的落空。《合同法》第六十条第二款明确规定：当事人应当遵循诚实信用原则，根据合同的性质、目的和交易习惯履行通知、协助、保密等义务。随附义务主要包括以下几个方面：

（1）通知对方的义务。合同当事人应将自己履行义务的情况即时、快捷地通知对方当事人。在《合同法》第六十九条关于中止履行的通知、第七十条关于债权人状况变更的通知，都是通知义务的法律表现。对影响合同履行的事项，合同双方当事人应即时相互通知对方，以便使对方采取适当的行为，顺利地履行合同。如，电力供应商需要检修线路而可能增加电力负荷时，如果不通知用电各户就可能造成用电户的电器烧坏。再如，房屋买卖合同履行过程中或者履行完毕后，卖家应将有关房屋的重要事项或存在的缺陷告诉买家；卖方附送屋内设施如家电等的，不管是有价转让,还是无偿赠予,都必须把这些设备的具体状况告诉买方。

(2) 协助对方的义务。合同存在的本身决定了协助义务的产生,合同当事人应该协助对方履行义务,以便使合同得以顺利进行。协助义务是指协助对方履行合同义务的义务。与履行合同义务无关的义务,不应要求合同当事人协助。房屋买卖双方不仅在合同履行过程中需要互相协助对方,在房屋产权过户后,基于诚实信用原则的要求,也需要协助另一方当事人办理后续事宜。

(3) 方便义务。此项义务理论上称为协力义务,是为对方履行合同义务提供方便的义务。如建筑工程施工合同,对于承建方来说,如果业主没有为其提供水电供应方便、临时用地等,其施工义务的履行就无法进行。

(4) 减损义务。在《合同法》中"防止损失扩大"即是法定双方义务。由于主客观原因,一方遭受损失时,遭受损失的一方有义务采取一切必要的措施,以防止损失的扩大。在我国,凡是在履行合同过程中遭受损失的一方有意扩大损失的,不单是违背了减损的义务,而且也无权利就扩大的损失向对方要求赔偿。

(5) 保密义务。合同当事人通过订立合同,了解了对方的商业秘密、技术秘密,了解该秘密的合同当事人必须承担保密义务。

3. 亲自履行规则

亲自履行是指合同义务要由合同债务人向合同债权人履行,不得由第三人代为履行。这一规则事实上是法律对主体这一履行因素的要求。其基本含义有两个方面:一是合同义务只能由合同当事人的债务人亲自执行;二是合同义务的执行只能向合同当事人的债权人本人进行。《合同法》第六十条规定的:"当事人应当按照约定全面履行自己的义务",实际上就包含了履行主体的约定。

4. 第三人履行规则

第三人履行指的是在合同履行过程中,执行合同义务的人或者接受义务履行的人不是合同当事人,而是合同当事人以外的第三人的状况。

亲自履行规则并不绝对排除第三人的代为履行。我国允许在一定条件下的第三人代替履行。债权人的代理人代替接受履行;债务的代理人代理执行义务;债务转让的新债务人履行债务等都是第三人代替履行的情况。

当事人在订立合同时,可以将某项义务约定由第三人履行或将某项合同权利约定由第三人享有。值得注意的是,在没有合同债权人同意的情况下,合同义务是绝对不能由第三人直接履行的。合同义务的第三人履行实际上是合同义务的转让。

5. 合同条款约定不明的履行规则

【以案学法之案例 3-14】

某村配电室(供电方,以下简称甲方)与该村饲料加工专业户李某(用电方,以下简称乙方)签订了供用电合同。合同生效后,甲方按照国家规定的供电标准和合同的约定,保证了供电的安全性和连续性,但乙方没按时交纳电费。甲方诉至法院,要求乙方交纳电费。在诉讼期间,电费上涨,法院遂判决乙方按新的电费价格交纳电费,并承担逾期交付的违约责任。

试分析:

(1) 法院上述判决的法律依据是什么?

(2) 请根据供用电合同的概念及性质论证法院判决的依据。

合同条款应当明确具体,以便合同的履行。这是各国合同法的普通要求。但是由于客观情况的复杂性和当事人主观认识的局限性,合同条款欠缺或条款约定不明的现象是不可避免的。在执行这些欠缺的条款或者约定不明的条款时,由于理解的不同,往往容易发生纠纷,影响合同的顺利履行。为了保证这类合同的顺利履行,我国《合同法》规定了一系列补救性规则。这就是合同条款约定不明的履行规则。合同条款约定不明的履行规则的适用是以合同有效为前提的,对于欠缺必要条款而导致不成立的合同,欠缺的条款导致无效的合同,欠缺主要条款、必要条款的合同都不能适用这个补救规则。

合同内容的欠缺或约定不明,首要的补救方法就是双方达成协议补充;达不成补充协议,则按合同有关条款或交易习惯确定;若还不能确定,则根据《合同法》规定按以下几个方面的规则来加以确定:

1) 质量不明条款的履行

对于合同中有关标的质量约定不明的,《合同法》第六十二条规定,按国家标准、行业标准执行;没有国家标准、行业标准的,按照通常标准或者符合合同目的的特定标准执行。通常标准,指的是该标的物在通常流通中所适用的标准,对于标的物的质量可以分为高级、中级和低级的,通常标准应是中级的标准。根据我国的标准划分,产品的质量标准分为强制性标准和推荐性标准,推荐性标准自愿采用,强制性标准强制推行。对于同时存在强制性标准和推荐性标准的,通常标准指的是强制性标准。对于只存在推荐性标准的,通常标准指的是推荐性标准的平均数标准。而对于那些没有强制性标准和推荐性标准的,通常标准就是行业使用的平均标准。对于没有行业标准的,通常标准就是一般人认为合理的标准。

对于质量条款约定不明的确定,各国法律都作出了相应的规定。大陆法系国家一般以"中等品质"为标准。例如《法国民法典》就规定,债务人为消灭债务,并无给付最上等品质之物的义务,但亦不得给付最劣等品质之物,可以中等品质之物给付。而英美法系的国家一般也是以"通常标准"为标准的。《联合国国际货物销售合同公约》第35条规定:卖方交付的货物需与通常标准相符,抑或符合通常使用目的。这里的通常标准就是目前各国认可的标准。

2) 价格不明条款的履行

对于价格条款约定不明的,《合同法》规定,按照订立合同时履行地市场价格履行。依法应当执行政府定价或者政府指导价的,按照规定履行。这说明在价格约定不明的,一般情况下,按市场价格履行。并且有两个限制性条件,即合同履行地的市场价格和订立合同时的市场价格。

执行政府定价或政府指导价的合同,如果在约定的交付期限内政府价格调整,按交付时的价格履行;逾期交付的,遇价格上涨,按原价执行,价格下降,按新价执行;逾期提货或者逾期付款的,遇价格上涨,按新价执行,价格下降,按原价执行。

3) 地点不明条款的履行

合同中约定的履行地点不明确的,应根据合同的性质、标的种类和法律规定来确定。《合同法》规定:给付货币的,在接受货币一方所在地履行;交付不动产的,在不动产所在地履行;其他标的,在履行义务一方所在地履行。从这一规定可以看出,履行地点约定不明的,一般情况下都可以以履行义务一方所在地为合同的履行地。但是,也有例外,一是货币给付;二是不动产。前者是接受履行的一方,后者则是依不动产所在地为准。这是考虑到货币安全和不动产转移方便而作的规定。

4）期限不明条款的履行

合同履行期限约定不明的,根据《合同法》规定债务人可以随时履行。债权人也可以随时要求履行,但是应给对方必要的准备时间。履行期限约定不明,说明当事人可以随时随地要求履行义务和接受履行。

5）方式不明条款的履行

履行方式不明确的,按照有利于实现合同目的方式履行。合同目的的实现即是取决于所有合同履行因素的。在履行方式不明确时当事人对履行方式的选择只有一个标准,即是否有利于合同目的的实现,而不能从是否有利于债权人或债务人出发。

6）费用不明条款的履行

履行费用的负担不明确的,一般由履行义务一方负担,即债务人负担。

【法条链接 3-3】

《合同法》第六十二条规定:当事人就有关合同内容约定不明确,依照本法第六十一条的规定仍不能确定的,适用下列规定:

(一)质量要求不明确的,按照国家标准、行业标准履行;没有国家标准、行业标准的,按照通常标准或者符合合同目的的特定标准履行。

(二)价款或者报酬不明确的,按照订立合同时履行地的市场价格履行;依法应当执行政府定价或者政府指导价的,按照规定履行。

(三)履行地点不明确,给付货币的,在接受货币一方所在地履行;交付不动产的,在不动产所在地履行;其他标的,在履行义务一方所在地履行。

(四)履行期限不明确的,债务人可以随时履行,债权人也可以随时要求履行,但应当给对方必要的准备时间。

(五)履行方式不明确的,按照有利于实现合同目的的方式履行。

(六)履行费用的负担不明确的,由履行义务一方负担。

(三)合同履行的抗辩权

抗辩权,是指能够阻止他人请求自己为一定给付行为的权利,它主要是一种针对请求权的权利,其效力在于阻止请求权,从而使抗辩权人能够拒绝向债务人履行债务。

【以案学法之案例 3-15】

甲公司与乙公司签订一份买卖木材合同,合同约定买方甲公司应在合同生效后 15 日内向卖方乙公司支付 40% 的预付款,乙公司收到预付款后 3 日内发货至甲公司,甲公司收到货物验收后即结清余款。乙公司收到甲公司 40% 预付款后的 2 日即发货至甲公司。甲公司收到货物后经验收发现木材质量不符合合同约定,遂及时通知乙公司并拒绝支付余款。

试分析:

(1)甲公司拒绝支付余款是否合法?

(2)甲公司的行为若合法,法律依据是什么?

(3)甲公司行使的是什么权利?行使该权利必须具备什么条件?

【以案学法之案例 3-16】

甲乙两公司签订钢材购买合同,合同约定:乙公司向甲公司提供钢材,总价款 500 万元。甲公司预支价款 200 万元。在甲公司即将支付预付款前,得知乙公司因经营不善,无法交付钢材,并有确切证据证明。于是,甲公司拒绝支付预付款,除非乙公司能提供一定的担保,乙公司拒绝提供担保。为此,双方发生纠纷并诉至法院。

试分析:
(1) 甲公司拒绝支付预付款是否合法?
(2) 甲公司的行为若合法,法律依据是什么?
(3) 甲公司行使的是什么权利?行使该权利必须具备什么条件?

1. 同时履行抗辩权

同时履行抗辩权是指没有先后履行顺序的双务合同的当事人一方在另一方未履行债务之前或未按合同约定履行债务时,可以相应地拒绝另一方要求自己履行债务的权利。

同时履行抗辩权的行使必须符合下列条件:
(1) 须由同一双务合同产生互负债务;
(2) 须双方互负的债务均已届清偿期;
(3) 须对方未履行债务或者未按约定履行债务;
(4) 须对方的对待履行是可能的。

同时履行抗辩权仅能阻碍对方的履行请求权,从而使对方的请求权延期,但并不是消灭对方的请求权。

2. 后履行抗辩权

后履行抗辩权是指有先后履行顺序的双务合同中,先履行一方未履行之前,后履行一方有权拒绝其相应的履行请求。后履行抗辩权的设定是为了保护后履行一方的权利。后履行抗辩权是我国《合同法》首创的制度。

行使后履行抗辩权要符合以下条件:
(1) 必须是由同一双务合同产生的互负债务;
(2) 当事人互负的债务有先后履行顺序;
(3) 必须存在应该先履行的一方未履行或者履行债务不符合约定。

后履行抗辩权的行使,使后履行一方可暂时中止履行自己的债务,以对抗先履行一方的履行请求,保护自己的利益。在先履行一方采取了补救措施后,后履行一方应及时履行其债务。后履行抗辩权的行使,不影响后履行一方追究对方违约责任的权利。

3. 不安抗辩权

不安抗辩权是大陆法的制度,是指当事人一方具有在先给付的义务,如果对方的财产于订约后明显减少,有可能难于给付时,在对方没有对待给付或提出担保之前,有权拒绝自己的给付。

关于不安抗辩权的成立条件,各国法律的规定不尽相同。法国民法中的不安抗辩权只限于买卖合同,而且只在买受人破产或处于无力清偿状态时才能成立。德国法中不安抗辩权的适用范围比法国法要广,但在行使不安抗辩权的条件上比法国法严格,即只限于一方财产的明显减少。

我国《合同法》第六十八条规定,应当先履行债务的当事人,有确切证据证明对方有下列情形之一的,可以中止履行:经营状况严重恶化;转移财产、抽逃资金,以逃避债务;丧失商业信誉;有丧失或者可能丧失履行债务能力的其他情形。比较起来,我国《合同法》规定的不安抗辩权的成立条件比其他国家要宽得多,一方当事人只要具备上述规定的任何一种情形,对方当事人就可以依法行使不安抗辩权。

为了防止当事人滥用不安抗辩权,不安抗辩权的行使应当符合下列条件:

(1) 由同一有效双务合同所产生的两项债务,并且互为对价给付。

(2) 互为对价给付的双务合同规定有先后履行顺序,应先履行债务的一方履行期届至,而应后履行债务的一方履行期尚未到来。

(3) 应后履行债务的当事人一方在合同依法成立后出现丧失或有可能丧失对待履行债务的能力,并且应先履行债务的当事人一方对上述情况有确切的证据加以证明。

(4) 后履行债务的当事人没有为主债务的履行提供适当担保。

当事人依法行使不安抗辩权时,应当及时通知对方。对方提供适当担保后,当事人应当恢复履行。中止履行后,对方在合理期限内未恢复履行能力并且未提供适当担保的,中止履行的一方可以解除合同,并要求对方赔偿损失。

【法条链接 3-4】

《合同法》第六十六条规定:"当事人互负债务,没有先后履行顺序的,应当同时履行。一方在对方履行之前有权拒绝其履行要求。一方在对方履行债务不符合约定时,有权拒绝其相应的履行要求。"

《合同法》第六十七条规定:"当事人互负债务,有先后履行顺序,先履行一方未履行的,后履行一方有权拒绝其履行要求。先履行一方履行债务不符合约定的,后履行一方有权拒绝其相应的履行要求。"

(四) 合同的保全

合同的保全是合同的一般担保,是指为了保护一般债权人不因债务人的财产不当减少而受损害,允许债权人干预债务人处分自己财产行为的法律制度。合同保全主要有代位权与撤销权。其中代位权是针对债务人消极不行使自己债权的行为,撤销权则是针对债务人积极侵害债权人债权实现的行为。两者或者为了实现债务人的财产权利,或是恢复债务人的责任财产,从而确保债权人债权的实现。

1. 代位权

代位权是指债权人享有的对债务人怠于行使对次债务人的财产权利而危及债权时,得以自己的名义代替债务人行使财产权利的权利。我国的代位权是在传统民法理论的基础上,针对改革开放初期经济活动中严重存在的"三角债"以及逃避债务的现象而确立的保全制度。具有防止债务人的财产消极、积极的不当减少和缓解、减少经济活动中"要债难"的现象提供法律依据的功能。以充分保障债权人合法权利的实现。

1) 代位权行使的条件

债权人行使代位权,应当符合下列条件:

(1) 债权人对债务人的债权合法。这是行使代位权的前提条件,如果债权人对债务人不享有合法的债权,债权债务关系不成立或者被宣告无效、被撤销、已过诉讼时效等,代位权则无从谈起。同样,债务人对第三人(即次债务人)的债权也必须是合法的债权。

(2) 债务人怠于行使其到期债权,对债权人造成损害。这是构成代位权的实质要件,所谓"怠于行使"是指债务人不履行其对债权人的到期债权,又不以诉讼或者仲裁方式向其债务人主张其享有的金钱给付内容的到期债权,致使债权人的到期债权未能实现。若债务人客观上不能行使,则债权人也不得代位行使。例如,债务人已受破产宣告,其对次债务人的权利有清算人行使,债权人不得代位行使。

(3) 债权人的债权已到期。代位权的行使条件中虽然没有明确债权人的债权是否到期,但是根据法律的规定,债权人在主张代位权时,要求债权人的债权已经到期。

(4) 债务人的债权不是专属于债务人自身的债权。所谓专属于债务人自身的债权,是指基于扶养关系、抚养关系、赡养关系、继承关系产生的给付请求权和劳动报酬、退休金、养老金、抚恤金、安置费、人寿保险、人身伤害赔偿请求权等权利。

2) 代位权的行使

代位权的行使方式是债权人以自己的名义并以诉讼方式为之。因此,代位权的行使集中表现在代位权诉讼上。根据《合同法》解释,在代位权诉讼中,主体认定中,债权人是原告,次债务人是被告,债务人为诉讼上的第三人;代位权诉讼的管辖,由被告(即次债务人)住所地法院管辖;代位权请求的范围,以保全债权人的债权为限,诉讼的标的仅以金钱为限。因此在代位权诉讼中,如果债权人胜诉的,由次债务人承担诉讼费用,且从实现的债权中优先支付。其他必要费用则由债务人承担。

3) 代位权行使的法律效果

根据《合同法》解释规定,债权人向次债务人提起的代位权诉讼经人民法院审理后认定代位权成立的,由次债务人向债权人履行清偿义务,债权人与债务人、债务人与次债务人之间相应的债权债务关系即予消灭。

典型案例3-2

2009年4月,甲建筑公司承建某公司办公楼时,拖欠王某建筑材料款47万元一直没有支付,而镇政府亦拖欠甲建筑公司工程款60万元。王某便找到镇政府说明甲建筑公司欠自己的材料款,要求镇政府向自己履行甲建筑公司拖欠的47万元材料款。镇政府称没有欠王某的材料款,只能向甲建筑公司支付工程款,不能向王某支付材料款。无奈之下,王某以自己的名义向法院提起诉讼,要求镇政府支付甲建筑公司拖欠的47万元材料款。

本案中王某对债务人甲建筑公司享有债权,而债务人甲建筑公司没有积极行使其对镇政府享有的债权,致使王某的债权无法实现。

2. 撤销权

撤销权是指债务人实施了减少财产行为,危及债权人债权实现时,债权人为保障自己的债权请求人民法院撤销债务人处分行为的权利。

【以案学法之案例3-17】

甲公司为开发新项目,急需资金。2000年3月12日,向乙公司借钱15万元。双方谈妥,乙公司借给甲公司15万元,借期6个月,月息为银行贷款利息的1.5倍,至同年9月12日本息一起付清,甲公司为乙公司出具了借据。

甲公司因新项目开发不顺利，未盈利，到了9月12日无法偿还欠乙公司的借款。某日，乙公司向甲公司催促还款无果，但得到一信息，某单位曾向甲公司借款20万元，现已到还款期，某单位正准备还款，但甲公司让某单位不用还款。于是，乙公司向法院起诉，请求甲公司以某单位的还款来偿还债务，甲公司辩称该债权已放弃，无法清偿债务。

试分析：

（1）甲公司的行为是否构成违约？为什么？

（2）乙公司是否可针对甲公司的行为行使撤销权？为什么？

（3）乙公司是否可以行使代位权？说明理由。

1）撤销权的性质

撤销权的行使必须依一定的诉讼程序进行，故又称废罢诉权。债权人行使撤销权，可请求受益人返还财产，恢复债务人责任财产的原状，因此撤销权兼有请求权和形成权的特点。合同保全中的撤销权与可撤销合同中的撤销权不同，保全撤销权是债权人请求人民法院撤销债务人与第三人之间已经生效的法律关系。此种撤销权突破了合同相对性，其效力扩及第三人，而且其目是维护债务人清偿债权的清偿能力。而可撤销合同中的撤销权并没有扩及第三人，其目的也是消除当事人之间意思表示的瑕疵。

2）撤销权的成立条件

《合同法》规定，债权人行使撤销权，应当具备以下条件：

（1）债权人须以自己的名义行使撤销权。

（2）债权人对债务人存在有效债权。债权人对债务人的债权可以到期，也可以不到期。

（3）债务人实施了减少财产的处分行为。

这包含三层意思，一是债务人的行为必须是使其财产减少的行为，如放弃到期债权、无偿转让财产、以明显不合理的低价转让财产。但是不为其财产减少的行为不得撤销，如放弃受遗赠、放弃继承等不得撤销。二是在时间上债务人须于债权成立后实施行为。至于债务人是单方法律行为，是有偿还是无偿，均在所不问。三是债务人的行为必须有害债权。有害债权，是指因债务人的行为导致财产减少，会使债务人承担民事责任的能力减弱而无法满足债权。如果债务人的行为减少了财产，但债务人有足够的财产清偿债务时则无行使撤销权的必要。

其中，债务人减少财产的处分行为有：放弃到期债权，对债权人造成损害；无偿转让财产，对债权人造成损害；以明显不合理的低价转让财产，对债权人造成损害，并且受让人知道该情形；债务人与第三人为行为时具有恶意，即明知其行为有害于债权人的债权而依然成立。其中第三种处分行为不但要求有客观上对债权人造成损害的事实，还要求有受让人知道的主观要件。

当债务人的处分行为符合上述条件时，债权人可以请求人民法院撤销债务人的处分行为。撤销权的行使范围以债权人的债权为限。

3）撤销权的行使

（1）可以行使撤销权的权利主体是债权人。凡与债务人为有害债权行为前有效成立的债权，债权人均可行使撤销权。

（2）撤销权行使的方式。债权人以自己的名义以诉讼方式为之，由被告所在地人民法院管辖。

（3）撤销权的被告是债务人，债权人未将受益人或受让人列为诉讼第三人的，人民法院可以追加该受益人或受让人以第三人的身份参加诉讼。

4）撤销权的行使期限

《合同法》对撤销权的行使规定有期限限制。撤销权自债权人知道或者应当知道撤销事由之日起一年内行使。自债务人的行为发生之日起五年内没有行使撤销权的，该撤销权消灭。上述规定中的"五年"期间为除斥期间，不适用诉讼时效中止、中断或者延长的规定。

5）行使撤销权的法律效果

一旦人民法院确认债权人的撤销权成立，债务人的处分行为即归于无效。债务人的处分行为无效的法律后果则是双方返还，即受益人应当返还从债务人获得的财产。撤销权行使的目的是恢复债务人的责任财产，债权人就撤销权行使的结果并无优先受偿权利。

六、合同的担保

（一）合同担保的概述

1. 担保的概念与法律特征

1）担保的概念

合同的担保，是指依照法律的规定或当事人的约定而设立的确保合同义务履行和权利实现的法律措施。这是从广义上界定合同担保含义的。一般来说，合同的担保分为一般担保和特别担保。一般担保，是债务人必须以其全部财产作为履行债务的总担保，它不是特别针对某一类合同的，而是面向债务人成立的全部合同的。如此，它在保障债权实现方面显现出了弱点，即在债务人没有责任财产或者责任财产不足的情况下，债权人的债权便全部不能或者不能全部实现。在担保债权实现上具有优势的，当属特别担保。所谓合同的特别担保，现代法上包括人的担保、物的担保和金钱担保。

2）担保的法律特征

（1）从属性。

担保合同是从属于主合同的从合同，主合同无效，担保合同无效。当然这种从属性也有例外。《担保法》规定了从属性的前提下，允许"担保合同另有约定的，按照约定"。可见，合同担保的从属性是有条件。

（2）补充性。

担保对债权人权利的实现仅具有补充作用，在主债关系因适当履行而正常终止时，担保人并不实际履行担保义务。只有在主债务不能得到履行时，补充的义务才需要履行，使主债权得以实现，因此，担保具有补充性。

（3）相对独立性。

合同担保的相对独立性是指合同的担保相对独立于被担保的合同债权而发生或者存在。合同担保的相对独立性主要表现在以下两个方面：一是发生或者存在的相对独立性，即合同担保关系虽属一种法律关系，但也是一种独立的法律关系；二是效力的相对独立性，即依照法律的规定或者当事人的约定，合同的担保可以不依附于被担保的合同债权而单独发生效力，被担保的合同债权不成立、无效或者失效，对已经成立的合同担保不发生影响。同时，合同担保有自己的成立、生效要件和消灭原因，且合同担保的不成立、无效或者消灭，对其所担保的合同债权不发生影响。

2. 担保的方式

《担保法》规定的担保方式除了保证、抵押、质押、留置和定金以外，还有一种重要的担保方式就是反担保。

反担保，是指为了换取担保人提供保证、抵押或质押等担保方式，而由债务人或第三人向该担保人提供的担保，该担保相对于原担保而言被称为反担保。《担保法》第四条规定："第三人为债务人向债权人提供担保时，可以要求债务人提供反担保"。这条规定强调反担保只能由债务人提供，忽视了债务人委托第三人向原担保人提供反担保的情形。《担保法》解释对此进行了扩张解释，规定反担保人可以是债务人，也可以是债务人之外的其他人。当然并非《担保法》规定的五种担保方式均可作为反担保方式。根据《担保法》解释的规定，反担保方式可以是债务人提供的抵押或者质押，也可以是其他人提供的保证、抵押或者质押，因此留置和定金不能作为反担保方式。在债务人自己向原担保人提供反担保的场合，保证就不得作为反担保方式。

3. 担保的分类

1）人的担保、物的担保和金钱担保

根据担保财产的形式不同，合同的担保可以分为人的担保、物的担保和金钱担保。

人的担保，又称为信用担保，是指债务人以外的第三人以其财产和信用为债务人提供的担保。人的担保以保证为基本形式。此外，还有连带债务、并存的债务承担等特殊形式。保证，是指基于保证人与债权人的约定，当债务人不履行其债务时，由保证人按照约定代债务人履行债务或者承担民事责任。在我国现行法上分为一般保证和连带责任保证；连带债务，是在多数债务人场合下，每个债务人都有义务向债权人清偿全部债务的现象；并存的债务承担，也叫附加的债务承担或者重叠的债务承担，是指第三人加入债的关系，与原债务人共同承担同一责任的现象。新加入的债务人不是从债务人，其债务没有补充性，因而无先诉抗辩权。债权人可直接向他主张债权，从而增加了债权实现的可能性。

物的担保，是以债务人或第三人的特定财产担保债务履行而设定的担保。也就是说，以债务人或者第三人所有的特定的动产、不动产或其他财产权利作为清偿债权的标的，在债务人不履行其债务时，债权人可以将财产变价，并从中优先受清偿，使其债权得以实现的担保形式。物的担保可分为不转移所有权的物的担保和转移所有权的物的担保。前者即担保物权，主要有抵押权、质权、留置权和优先权，为典型的物的担保；后者如让与担保、所有权保留等，为非典型的物的担保。

金钱担保，所谓金钱担保，是指以金钱为标的物的担保，即在债务以外又交付一定数额的金钱，该特定数额的金钱得丧与债务履行与否联系在一起，使当事人双方产生心理压力，从而促使债务人积极履行债务，保障债权实现的制度。其主要方式有定金、押金。

2）约定担保和法定担保

根据担保发生的依据，合同的担保可以划分为约定担保和法定担保。

约定担保，又称为意定担保，是指依照当事人的意思表示，以合同的方式设立并发生效力的担保方式。约定担保，除法律对其成立要件和内容另有规定外，完全依照当事人的意思而设立。在我国现行担保法制下，抵押、质押、保证、所有权保留等均属于约定担保方式。

法定担保，是指依照法律的规定而直接成立并发生效力的担保方式。法定担保可分为两种情形：一是当事人不得通过约定排除其适用的法定担保，如优先权、法定抵押权等担保方式；二是当事人可通过约定排除其适用的法定担保，如留置权这种担保方式。

3）本担保和反担保

根据担保设立的目的不同，合同的担保可以分为本担保和反担保。

本担保，是指保障主债权的实现而设立的担保。本担保只有在具有反担保现象时才有区分意义，我国《担保法》第四条规定："第三人为债务人向债权人提供担保时，可以要求债务人提供反担保"。可见，我国现行担保法律已经认可了反担保，只要当事人设立了反担保，则原担保即为本担保。

所谓反担保，是为担保之债而设立的担保。在商业贸易中，特别是一些大型贸易项目中，由于风险大，担保责任也大，即担保人承担财产责任的可能性很大，这样就很难有人愿意为之进行担保。没有担保，主合同的履行就更没有保障。在这种情况下，为了换取担保人的担保，就要为之解除可能承担担保责任的后顾之忧，以该担保责任为担保对象设立担保是最为理想的办法，这种为担保之债而设立的担保，就是反担保。关于反担保方式，不能认为《担保法》规定的五种担保方式均可作反担保方式。在实践中运用较多的反担保形式是保证、抵押权，然后是质权。至于实际采用何种反担保方式，取决于债务人和原担保人之间的约定。

4．担保合同的无效与责任承担

1）担保合同无效的情形

担保合同必须合法方才有效。根据有关法律和司法解释规定，下列担保合同无效：国家机关和以公益为目的的事业单位、社会团体违法提供担保的，担保合同无效；董事、高级管理人员违反《公司法》第一百四十九条规定，即违反公司章程的规定，未经股东会、股东大会或者董事会同意，以公司财产为他人提供担保的，担保合同无效；以法律、法规禁止流通的财产或者不可转让的财产设定担保的，担保合同无效。

根据《担保法》解释规定，下列情形的对外担保合同无效：未经国家有关主管部门批准或者登记对外担保的；未经国家有关主管部门批准或者登记，为境外机构向境内债权人提供担保的；为外商投资企业注册资本、外商投资企业中的外方投资部分的对外债务提供担保的；无权经营外汇担保业务的金融机构、无外汇收入的非金融性质的企业法人提供外汇担保的；主合同变更或者债权人将对外担保合同项下的权利转让，未经担保人同意和国家有关主管部门批准的，担保人不再承担担保责任。但法律、法规另有规定的除外。

2）担保合同无效的法律责任

担保合同被确认无效时，债务人、担保人、债权人有过错的，应当根据其过错各自承担相应的民事责任，即承担《合同法》规定的缔约过失责任。根据《担保法》解释规定：主合同有效而担保合同无效，债权人无过错的，担保人与债务人对主合同债权人的经济损失，承担连带赔偿责任，债权人、担保人有过错的，担保人承担民事责任的部分，不应超过债务人不能清偿部分的二分之一；主合同无效而导致担保合同无效，担保人无过错则不承担民事责任，担保人有过错的，应承担的民事责任不超过债务人不能清偿部分的三分之一；担保人因无效担保合同向债权人承担赔偿责任后，可以向债务人追偿，或者在承担赔偿责任的范围内，要求有过错的反担保人承担赔偿责任。

但为了保证债权人的利益，主合同解除后，担保人对债务人应当承担的民事责任仍应承担担保责任。但是，担保合同另有约定的除外。另外，如果法人或者其他组织的法定代表人、负责人超越权限订立的担保合同，除相对人知道或者应当知道其超越权限的以外，该代表行为有效。

(二) 保证

1. 保证的概念

保证是指合同当事人以外的第三人向债权人担保债务人履行合同义务的协议。不能做保证人的有：

(1) 国家机关；
(2) 公益性事业单位和社会团体；
(3) 法人的职能部门；
(4) 分支机构(但分支机构有法人书面授权的,可以在授权范围内提供保证)。

2. 保证的特征

(1) 从属性。保证合同所担保的是主债,保证债务是从债,其本身具有从属性。
(2) 补充性。只有主债务人不履行主债,保证人才应当履行其保证债务。
(3) 独立性。保证债务附从主债,但并非主债的一部分,而是一个独立的债。

3. 保证合同

1) 保证合同的概念

保证合同是指保证人和债权人达成的明确相互权利义务,当债务人不履行债务时,由保证人承担代为履行或连带责任的协议。

2) 保证合同的内容

被保证的主债权种类和数额、债务人履行债务的期限、保证的方式、保证担保的范围、保证期间。

保证的方式分为一般保证和连带责任保证,连带责任保证要比一般保证的责任大。当事人在保证合同中约定,债务人不能履行债务时,由保证人承担保证责任的,为一般保证。当事人在保证合同中约定保证人与债务人对债务承担连带责任的,为连带责任保证。连带责任保证的债务人在主合同规定的债务履行期届满没有履行债务的,债权人可以要求债务人履行债务,也可以要求保证人在其保证范围内承担保证责任。

保证担保的范围是指保证人对哪些债务承担保证责任。保证人可以在保证合同中约定保证的范围,明确是对主债务、主债务的利息、损害赔偿金、违约金以及实现债权的费用等内容的全部还是部分承担保证责任。

保证期间。一般保证的保证人与债权人未约定保证期间的,保证期间为主债务履行期届满之日起六个月。连带责任保证的保证人与债权人未约定保证期间的,债权人有权自主债务履行期届满之日起六个月内要求保证人承担保证责任。

(三) 定金

【以案学法之案例 3-18】

2018年4月11日,黄某通过A房产有限责任公司介绍,欲购买宋某所有的位于某处住房。当日,双方达成购房协议,约定总房价为348 000元,并对有关过户费、中介费、公证费由谁承担进行了约定。宋某于当日收取定金5000元,并出具收条一张,言明:"该房过户合同于2018年4月26号之前签订,如违约定金一概不退还。"4月26日,双方来到A房产有限责任公司商谈签订合同事宜,后因双方就付款方式达不成一致意见而未签订合同。同年6月20日,宋某将该房卖给他人。后黄某要求宋某退还定金不成,遂诉至法院,要求退还其购房定金5000元。庭审中,原告黄某认为其按约定的日期与宋某协商签订合同,不存在违约行为,故不适用定金罚则。被告宋某则认为,当时约定了一次性付款,双方在协商签订合同过程中黄某又不同意一次性付款,要求分期付款,故黄某存在违约行为,定金不予退还。

试分析:黄某能要求退还定金吗?

1. 定金的含义

定金,是指为担保合同债权的实现,由一方当事人向对方当事人预先交付一定数额的金钱。以定金担保合同债权受偿的方式为定金担保。

2. 定金的分类

(1) 立约定金。《担保法》解释规定,当事人约定以交付定金作为订立主合同担保的,给付定金的一方拒绝订立主合同的,无权要求返还定金;收受定金的一方拒绝订立合同的,应当双倍返还定金。

(2) 成约定金。《担保法》解释规定,当事人约定以交付定金作为主合同成立或者生效要件的,给付定金的一方未支付定金,但主合同已经履行或者已经履行主要部分的,不影响主合同的成立或者生效。虽然是成约定金,当事人没有履行定金给付义务,但主合同已经履行或者已经履行主要部分的,不影响主合同的成立或者生效。

(3) 解约定金。《担保法》解释规定,定金交付后,交付定金的一方可以按照合同的约定以丧失定金为代价而解除主合同,收受定金的一方可以双倍返还定金为代价而解除主合同。对解除主合同后责任的处理,适用《合同法》的规定。

(4) 违约定金。违约定金即定金设立目的是保证合同得以履行,在定金给付后,一方应履行债务而未履行的,受定金罚则约束。《担保法》规定的定金原则上属于违约定金。

3. 定金罚则

我国《担保法》第八十九条规定:"当事人可以约定一方向对方给付定金作为债权的担保。债务人履行债务后,定金应当抵作价款或者收回。给付定金的一方不履行约定的债务的,无权要求返还定金;收受定金的一方不履行约定的债务的,应当双倍返还定金"。

定金是对合同履行的一种担保,是否采用这种担保方式,由合同当事人自行决定。定金担保的当事人为主合同的当事人,提供定金作为合同履行的担保的人,为定金给付人;接受定金并愿意承担双倍返还定金义务的相对人,称为定金接受人。定金给付人和定金接受人因为定金合同的生效,相应取得定金担保利益。

七、合同的变更、转让和终止

依法成立的合同受法律保护,对当事人具有法律约束力。当事人应当按照合同约定履行自己的义务,不得擅自变更或者解除合同。如果在合同订立之后,因为各种原因使得合同内容或者合同主体发生了变更,则为合同的变更与转让。如果当事人基于履行、提存、抵销等原因使得合同消灭,即为合同的终止。

(一) 合同的变更

1. 合同变更的概念

合同的变更,是指合同依法成立后尚未履行或尚未完全履行时,由于客观情况发生了变化,使原合同已不能履行或不应履行,经双方当事人同意,依照法律规定的条件和程序,对原合同条款进行的修改或补充。合同的变更有广义和狭义之分:从广义上讲,是指合同内容和主体发生变化;从狭义上讲,仅指合同内容的变更。我国《合同法》中合同的变更是指狭义的合同变更,即仅指合同内容的变更,而合同主体的变更则称为合同转让。

合同变更是对原合同关系的内容作某些修改或补充,是对合同内容的局部调整。例如合同标的数量增减、交货时间和地点的改变、价款和结算方式的改变等,它不应包括合同标的变更。标的是合同关系中权利义务指向的对象,是合同的实质内容。标的变更,合同的权利义务会发生根本的改变,从而导致原合同关系的消灭。合同变更也不应包括合同主体的变更,主体的变更是广义的合同变更,指的是新的主体取代原合同关系的主体,即新的债权人、债务人代替原来的债权人、债务人,但是合同的内容并没有发生变化。对于这种变更,《合同法》将其规定在合同转让之中。

2. 合同变更的条件

合同变更应具备以下条件:

(1)原已存在有效合同关系,但尚未履行或尚未完全履行。

(2)变更的内容已明确约定。当事人对合同变更的内容约定不明确的,推定为未变更。

(3)经当事人协商一致。合同变更,仅指当事人之间的协议变更,不包括人民法院或者仲裁机构根据当事人的请求,变更或撤销因欺诈、胁迫或者乘人之危、重大误解、显失公平而订立的合同的法定变更。

(4)必须遵守法律要求的方式。法律、行政法规规定变更合同应当办理批准、登记手续的,依照其规定。

3. 合同变更后的法律效力

(1)变更后原有的合同内容失去效力,当事人按照变更后的合同内容履行;

(2)合同的变更只对合同未履行的部分有效,不对已履行的内容发生效力;

(3)合同变更不影响当事人请求损害赔偿的权利。

(二)合同的转让

【以案学法之案例3-19】

甲公司对乙公司享有10万元债权,乙公司对丙公司享有20万元债权。甲公司将其债权转让给丁公司并通知了乙公司,丙公司未经乙公司同意,将其债务转移给戊公司。如丁公司对戊公司提起代位权诉讼,戊公司下列哪一个抗辩理由能够成立?

(1)甲公司转让债权未获乙公司同意。

(2)丙公司转移债务未经乙公司同意。

(3)乙公司已经要求戊公司偿还债务。

(4)乙公司、丙公司之间的债务纠纷有仲裁条款约束。

1. 债权转让

1)债权转让的概念及条件

债权转让,是指债权人将合同的权利全部或者部分转让给第三人的法律制度。其中债权人是转让人,第三人是受让人。《合同法》规定,债权人转让权利的,无须债务人同意,但应当通知债务人。未经通知,该转让对债务人不发生效力。债权人转让权利的通知不得撤销,但经受让人同意的除外。根据此条规定,债权转让不以债务人的同意为生效条件,但是要对债务人发生效力,则必须通知债务人。

债权转让有三个限制:根据债权性质不得转让的债权;按照当事人的约定不得转让的债权;依照法律规定不得转让的债权。

2)"从随主"规定

从权利随同主债权移转。债权人转让权利的,受让人取得与债权有关的从权利,但该从权利专属于自身的除外。随同债权移转而一并移转的从权利包括:担保物权、保证债权、定金债权、优先权、形成权、利息债权、违约金债权和损害赔偿请求权。从权利随之转移是一般原则,但专属于转让人自身的从权利并不随之转移。

3)债权转让的效力

对债权人而言,如果在全部转让的情形,原债权人脱离债权债务关系,受让人取代债权人地位。在部分转让情形中,原债权人就转让部分丧失债权。

对受让人而言,债权人转让权利的,受让人取得与债权有关的从权利,如抵押权,但该从权利专属于债权人自身的除外。

对债务人而言,债权人权利的转让,不得损害债务人的利益,不应影响债务人的权利:

(1)债务人接到债权转让通知后,债务人对转让人的抗辩可以向受让人主张,如提出债权无效、诉讼时效已过等事由的抗辩。

(2)债务人接到债权转让通知时,债务人对转让人享有债权,并且其债权先于转让的债权到期或者同时到期的,债务人可以向受让人主张抵销。

2. 债务承担

1)债务承担的概念与条件

债务承担,是指在不改变债务内容的前提下,债务人通过与第三人订立转让债务的协议,将债务全部或部分转移给第三人的法律事实。《合同法》规定,债务人将合同义务的全部或者部分转移给第三人的,应当经债权人同意。债务人转移义务的,新债务人可以主张原债务人对债权人的抗辩。新债务人应当承担与主债务有关的从债务,但该从债务专属于原债务人自身的除外。

2)对第三人的效力

第三人(承担人)对债权人只有抗辩权没有抵销权,因为抗辩权是债务人的从权利,抵销权是债权人的从权利。

3. 概括移转

合同权利义务的概括移转,是指合同一方当事人将自己在合同中的权利义务一并转让的法律制度。《合同法》规定,当事人一方经他方当事人同意,可以将自己在合同中的权利义务一并转让给第三人。概括移转有意定的概括移转和法定的概括移转两种情形。意定的概括移转基于转让合同的方式进行;而法定的概括移转往往是因为某一法定事实的发生而导致。最典型的就是合同当事人发生合并或分立时,就会有法定的概括移转的发生。《合同法》规定,当事人订立合同后合并的,由合并后的法人或者其他组织行使合同权利,履行合同义务。当事人订立合同后分立的,除债权人和债务人另有约定的以外,由分立的法人或者其他组织对合同的权利和义务享有连带债权,承担连带债务。

(三) 合同的终止

1. 合同终止的概念和原因

合同的终止也称合同的消灭,是指合同的内容客观上不复存在。合同终止是合同运行的终点。合同终止意味着合同当事人双方权利义务的消灭,因此了解合同终止制度是全面理解合同法律制度必不可少的一个环节。

合同作为一种法律关系,必有一定的法律事实才能发生变更,也必有一定的法律事实才能消灭,因一定的法律事实的出现而使既存的债权债务关系客观不复存在。合同终止的原因主要为清偿、解除、抵销、提存、免除、混同。

2. 清偿

清偿是指当事人实现债权目的的行为。清偿与履行的意义相同,只不过履行是从债的效力、债的动态方面讲的,而清偿则是从债的消灭角度讲的。在法律有规定或合同有约定时,清偿可由第三人进行。代为清偿也并非在一切情况下都适用,其适用必须符合一定条件:其一,依债的性质,可以由第三人代为清偿;其二,债权人与债务人之间无不得由第三人代为清偿的约定,但该约定必须在代为清偿前为之,否则无效;其三,债权人没有拒绝代为清偿的特别理由;其四,代为清偿的第三人必须有为债务人清偿的意思。

3. 解除

【以案学法之案例 3-20】

2010年3月15日,某纺织厂与某服装厂签订一份布料买卖合同,双方约定:由纺织厂于2010年4月15日前提供真丝双绉面料1000米,服装厂先支付价款8万元,并于5月20日将货款一次性全部支付。2010年4月15日,服装厂通知纺织厂按合同约定的时间交货,纺织厂回函言:因设备老化,按时交付有一定困难,请求暂缓履行,服装厂因为要抢在夏季到来之前上市销售该批真丝服装,没有同意纺织厂迟延履行的要求。2010年4月25日,因纺织厂没有履行合同,服装厂致函纺织厂,要求纺织厂最迟在5月10日前履行合同,否则解除合同。2010年5月20日,纺织厂仍未履行合同,服装厂只好从别的渠道用每米90元的价格购买了真丝双绉面料1000米,总价款9万元,同时通知纺织厂解除合同,返还8万元货款及利息,并要求纺织厂赔偿误工损失及购买布料多支付的1万元价款。2010年8月10日,纺织厂要求履行合同,称服装厂解除合同没有征得纺织厂的同意,因而合同没有解除,服装厂应当接受货物。在遭到拒绝后服装厂遂起诉至法院。

试分析:

(1)服装厂是否有权解除合同?

(2)法院能否支持纺织厂的主张?

(3)服装厂能否要求损害赔偿?

1)解除的概念和种类

解除,是指在合同有效成立以后,当解除的条件具备时,因当事人一方或双方的意思表示,使合同关系自始或仅向将来消灭的行为。合同解除分为合意解除与法定解除。

第一,合意解除,是指根据当事人事先约定的情况或经当事人协商一致而解除合同。可分为:

(1) 协议解除。指当事人经协商一致而终止合同的效力。即是以一个新的合同解除旧的合同。协议解除是双方的法律行为,应当遵循合同订立的程序,即要约和承诺达成一致。协议未达成之前,原合同仍然有效。

(2) 约定解除。指当事人在合同中约定的解除合同的条件出现时,由当事人一方通知另一方解除合同的效力。自解除通知到达对方时,合同即解除,对方有异议的,可请求人民法院或者仲裁机构确认解除合同的效力。

约定解除是一种单方解除,即双方在订立合同时,约定了合同当事人一方解除合同的条件,一旦该条件成就,解除权人就可以通过行使解除权而终止合同。法律规定或者当事人约定了解除权行使期限的,期限届满当事人不行使的,该权利消灭。法律没有规定或者当事人没有约定解除权行使期限,经对方催告后在合理期限内不行使的,该权利消灭。合同订立后,经当事人协商一致,也可以解除合同。

采取合意解除何时发生解除的效力?在合同解除需经有关部门批准时,有关部门批准解除的日期即为合同解除的日期;在合同解除不需有关部门批准时,双方当事人协商一致之时就是合同解除的生效之时,或者由双方当事人商定解除生效的日期。

第二,法定解除,是指根据法律规定而解除合同。《合同法》第九十四条规定,有下列情形之一的,当事人可以解除合同:

(1) 因不可抗力致使不能实现合同目的;

(2) 在履行期限届满之前,当事人一方明确表示或者以自己的行为表明不履行主要债务;

(3) 当事人一方迟延履行主要债务,经催告后在合理期限内仍未履行;

(4) 当事人一方迟延履行债务或者有其他违约行为致使不能实现合同目的;

(5) 法律规定的其他情形。

行使解除权必须以当事人享有解除权为前提。所谓解除权,是合同当事人可以单方意思表示将合同解除的权利。法律规定或者当事人约定解除权行使期限的,期限届满不行使解除权的,该权利消灭;无此期限的,经对方催告后在合理期限内不行使的,该权利消灭。解除权行使以通知对方的方式为之,通知到达对方时发生合同解除的效力。对方有异议的,可以请求人民法院或者仲裁机构确认。法律、行政法规规定解除合同应当办理批准、登记等手续的,依照该规定。

2) 解除的法律后果

解除的法律后果依合同解除有无溯及力而不同。

《合同法》第九十七条规定:"合同解除后,尚未履行的,终止履行;已经履行的,根据履行情况和合同性质,当事人可以要求恢复原状、采取其他补救措施,并有权要求赔偿损失"。据此,合同解除是否具有溯及力,取决于两个方面:一是当事人是否请求,合同解除后,当事人可以要求恢复原状,也可以不要求恢复原状,简言之,是否恢复原状,由当事人意思自治;二是合同性质,根据合同性质能够恢复原状的,则当事人可以要求恢复原状,如果根据合同性质不可能恢复原状的,则当事人不能要求恢复原状。此处所谓合同的性质,其实就是合同是一次性合同还是继续性合同。

合同解除不影响合同中结算和清理条款的效力,不影响当事人请求损害赔偿的权利。据此,无论合同解除是否具有溯及力,合同中结算和清理条款的效力都不受影响。

4. 抵销

抵销是双方当事人互负债务时,一方通知对方以其债权充当债务的清偿或者双方协商以债权充当债务的清偿,使得双方的债务在对等额度内消灭的行为。抵销分为法定抵销与约定抵销。

(1) 法定抵销。《合同法》规定,当事人互负到期债务,该债务的标的物种类、品质相同的,任何一方可以将自己的债务与对方的债务抵销,但依照法律规定或者按照合同性质不得抵销的除外。法定抵销中的抵销权性质上属于形成权,因此当事人主张抵销的,应当通知对方。通知自到达对方时生效。抵销不得附条件或者附期限。

(2) 约定抵销。《合同法》规定,当事人互负债务,标的物种类、品质不相同的,经双方协商一致,也可以抵销。

5. 提存

【以案学法之案例 3-21】

某中学与某服装厂在 2009 年 11 月签订了一份服装加工合同。合同规定:由服装厂为某中学加工校服 500 套,平均每套支付加工费 30 元,共计 15 000 元;某中学负责提供布料、服装型号和规格;某中学在接到服装厂取货通知后 2 天内付款,服装厂接到货款后 3 天内将校服送达某中学。服装厂在规定的时间里完成了服装加工任务并收到货款,依约在第 3 天将校服送达某中学,可由于该校领导班子正处于调整之中,无人负责接收该批校服,连续一周仍无人出面接收校服。因此服装厂只好将该校服提存。在提存之后,服装厂认为既然某中学领导班子未定,待领导班子确定后再通知某中学来领校服。15 天后服装厂才通知某中学领取提存物,某中学在领取提存物时被要求交付 15 天的提存费用,某中学拒交,认为服装厂未能及时通知学校去取校服,导致校服提存 15 天,应由服装厂支付提存费用。

试分析:

(1) 某中学拒绝支付提存费用的理由有法律依据吗?请依据相关法律规定予以说明。

(2) 服装厂的行为中有无不当之处?

(3) 此案应该如何处理?

1) 提存的概念

提存是指非因可归责于债务人的原因,导致债务人无法履行债务或者难以履行债务的情况下,债务人将标的物交由提存机关保存,以终止合同权利义务关系的行为。《合同法》规定的提存是以清偿为目的,所以是债消灭的原因。但是《担保法》规定的提存并非以清偿为目的,而是以担保为目的的提存。

2) 提存的原因

《合同法》规定,有下列情形之一,难以履行债务的,债务人可以将标的物提存:债权人无正当理由拒绝受领;债权人下落不明;债权人死亡未确定继承人或者丧失民事行为能力未确定监护人;法律规定的其他情形。

3) 提存的法律后果

标的物提存后,毁损、灭失的风险由债权人承担。提存期间,标的物的利息归债权人所有,提存费用由债权人负担。标的物不适于提存或者提存费用过高的,债务人依法可以拍卖或者变卖标的物,提存所得的价款。

标的物提存后,合同虽然终止,但债务人还负有后合同义务。除债权人下落不明的以外,债务人应当及时通知债权人或者债权人的继承人、监护人。

债权人可以随时领取提存物,但债权人对债务人负有到期债务的,在债权人未履行债务或者提供担保之前,提存部门根据债务人的要求应当拒绝其领取提存物。债权人领取提存物的权利,自提存之日起5年内不行使则消灭,提存物扣除提存费用后归国家所有。此处规定的"5年"时效为不变期间,不适用诉讼时效中止、中断或者延长的规定。

《合同法》解释(二)第二十五条规定:"依照合同法第一百零一条的规定,债务人将合同标的物或者标的物拍卖、变卖所得价款交付提存部门时,人民法院应当认定提存成立。提存成立的,视为债务人在其提存范围内已经履行债务。"

6. 免除

免除是指债权人抛弃债权从而全部或部分消灭债的关系的单方行为。免除应由债权人向债务人以意思表示为之。

免除发生债务绝对消灭的效力。免除不得损害第三人的合法权益。保证债务的免除不影响被担保债务的存在,被担保债务的免除则保证债务消灭。

7. 混同

混同是指债权和债务同归一人,致使债的关系消灭的事实。如甲乙双方订立一个购销合同,在履行过程中甲乙合并为一个单位,原合同义务都由一个新单位承担,合同关系终止。但是合同关系涉及第三人的除外。

债权债务的混同,由债权或债务的承受而产生,其承受包括概括承受与特定承受两种。概括承受是发生混同的主要原因;由特定承受而发生的混同,系指债务人由债权人受让债权,债权人承受债务人的债务。

八、违约责任

(一)违约责任的概念与特征

违约责任是违反合同的民事责任的简称,是指合同当事人一方不履行合同义务或履行合同义务不符合合同约定所应承担的民事责任。违约责任具有以下特征:

1. 违约责任是一种民事责任

法律责任有民事责任、行政责任、刑事责任等类型,民事责任是指民事主体在民事活动中,因实施民事违法行为或基于法律的特别规定,依据民法所应承担的民事法律后果。违约责任作为一种民事责任,在目的、构成要件、责任形式等方面均有别于其他法律责任。

2. 违约责任具有相对性

违约责任仅仅发生于特定的当事人之间,是违约的当事人一方对另一方承担的责任。合同关系的相对性决定了违约责任的相对性,具体而言:

(1) 违约责任是合同当事人的责任,不是合同当事人的辅助人(如代理人)的责任;

(2) 合同当事人对于因第三人的原因导致的违约承担责任。《合同法》第一百二十一条规定:"当事人一方因第三人的原因造成违约的,应当向对方承担违约责任。当事人一方和第三人之间的纠纷,依照法律规定或者按照约定解决。"

3. 违约责任是当事人不履行或不完全履行合同的责任

(1) 违约责任是违反有效合同的责任。合同有效是承担违约责任的前提,这一特征使违约责任与合同法上的其他民事责任(如缔约过失责任、无效合同的责任)区别开来。

(2) 违约责任以当事人不履行或不完全履行合同为条件。能够产生违约责任的违约行为有两种情形:一是一方不履行合同义务,即未按合同约定提供给付;二是履行合同义务不符合约定条件,即其履行存在瑕疵。

4. 违约责任具有补偿性和一定的任意性

(1) 违约责任以补偿守约方因违约行为所受损失为主要目的,以损害赔偿为主要责任形式,故具有补偿性质。承担违约责任的主要目的在于补偿合同当事人因违约行为所遭受的损失。从《合同法》所确认的违约责任方式来看,无论是强制实际履行,还是支付违约赔偿金,或者采用其他补救措施,无不体现出补偿性。当然,在特定情况下并不排除处罚性。

(2) 违约责任可以由当事人在法律规定的范围内约定,具有一定的任意性。《合同法》第一百一十四条规定:当事人可以约定一方违约时应当根据违约情况向对方支付一定数额的违约金,也可以约定因违约产生的损失赔偿额的计算方法。

5. 违约责任是一种财产责任

违约责任是一种财产责任,不是人身责任。

(二)《合同法》对违约责任的规定

综观各国立法实践,对违约责任归责原则的规定主要有过错责任原则和严格责任原则。我国《合同法》确定了严格责任原则:以无过错责任原则为主,在总则中规定违约责任采用无过错责任原则,即违约责任的构成要件只有一个,仅须有违约行为的存在;以过错责任原则为辅,在分则中个别规定过错责任。如该法第二百六十五条规定"承揽人应当妥善保管定作人提供的材料以及完成的工作成果,因保管不善造成毁损、灭失的,应当承担损害赔偿责任。"此处的"保管不善"即为保管人的过错。如果保管人善尽保管之义务则无过错,就不承担损害赔偿的违约责任。但需注意的是违约责任的过错通常采用推定的方法加以证明,受害人并不承担举证责任。

(三) 违约责任的承担原则

1. 无过错责任原则

无过错责任原则是指凡违反合同的行为,除了免责的外,都必须追究违约方的违约责任。任何一方合同当事人,不管是国家机关、企业、事业单位,还是公民个人,只要因过错违约,均应当依照法律规定或者合同约定追究其违约责任。

2. 过错责任原则

过错责任是指由于当事人主观上的故意或者过失而引起的违约责任。在发生违约事实的情况下,只有当事人有过错,才能承担违约责任,否则,将不承担违约责任。过错责任原则包含下列两个方面的内容:

(1) 违约责任由有过错的当事人承担。一方合同当事人有过错的,由该方自己承担;双方都有过错的,由双方分别承担。

(2) 无过错的违约行为,可依法减免责任(如不可抗力造成的违约)。

3. 赔偿实际损失的原则

实际损失是指违约方因自己的违约行为而在事实上给对方造成的经济损失。一般情况下,包括财物的减少、损坏、灭失和其他损失及支出的必要费用,还包括可得利益的损失。当因违约方的违约行为造成对方经济损失时,违约方应当向对方承担赔偿责任。

4. 全面履行的原则

全面履行是指违约方承担经济责任(如支付违约金或者赔偿金等)后仍应按合同要求全面履行。也就是说,违约方承担了经济责任后并不能代替合同的履行,不能自然免除合同的法律约束力,不能免除过错方继续履行合同的责任。只要受害方要求继续履行合同,除了法律另有规定外,违约方又有能力履行,违约方就必须继续履行未完成的合同义务。

(四)免责条件与免责条款

1. 免责条件

(1)不可抗力。是指不能预见、不能避免并不能克服的客观情况。《合同法》第一百一十七条规定:因不可抗力不能履行合同的,根据不可抗力的影响,部分或者全部免除责任,但法律另有规定的除外;当事人迟延履行后发生不可抗力的,不能免除责任。

(2)货物本身的自然性质、货物的合理损耗。《合同法》第三百一十一条规定:"承运人对运输过程中货物的毁损、灭失承担损害赔偿责任,但承运人证明货物的毁损、灭失是因不可抗力、货物本身的自然性质或者合理损耗以及托运人、收货人的过错造成的,不承担损害赔偿责任。"

(3)债权人的过错。债权人未采取措施导致损失扩大,扩大部分无权请求赔偿。当事人因防止损失扩大而支出的合理费用,由违约方承担。《合同法》第三百七十条规定:"寄存人交付的保管物有瑕疵或者按照保管物的性质需要采取特殊保管措施的,寄存人应当将有关情况告知保管人。寄存人未告知,致使保管物受损失的,保管人不承担损害赔偿责任;保管人因此受损失的,除保管人知道或者应当知道并且未采取补救措施以外,寄存人应当承担损害赔偿责任。"

2. 免责条款

免责条款,是指当事人以协议排除或限制其未来责任的合同条款。其一,免责条款是合同的组成部分,是一种合同条款;其二,免责条款的提出必须是明示的,不允许以默示方式作出,也不允许法官推定免责条款的存在。具备下列条件之一的免责条款无效:

(1)显失公平的无效。《合同法》第四十条规定:"格式条款具有本法第五十二条和第五十三条规定情形的,或者提供格式条款一方免除其责任、加重对方责任、排除对方主要权利的,该条款无效。"这种明显免除自己责任或明显排除对方当事人主要权利的免责条款,造成了当事人事实上的诉讼地位偏差和不平等,也就是明显失去公正即显失公平,必须确认其无效。

(2)以各种方式、手段订立的免责条款,损害国家、集体或第三人利益的无效。一方以欺诈、胁迫手段、恶意串通或以合法形式掩盖非法目的,订立合同中设立的免责条款,损害国家、集体或第三人利益的,均属无效。

(3)格式合同免责条款未向对方当事人提醒注意和详细说明的无效。格式条款的提供者出于保护自身利益的目的,而设立一些免除自身责任的条款,签约时既不向对方当事人提醒,也不向对方当事人作出任何说明,致使对方当事人要么懵懂签约,要么被迫接受其条款,这显然是不公平的,因此,《合同法》要求提供格式条款一方在与对方当事人签订合同时,应特别提醒合同中所约定的关于免除自身责任的有关条款,并对此条款的本义作出详细说明,在得到对方当事人的认可后方能生效。故意不提醒注意或作出说明的,则此条款无效。

(4)造成对方人身伤害的条款无效。对于人身的健康安全和生命安全,法律是给予特殊保护的,并且从整体社会利益的角度来考虑,如果允许免除一方当事人对另一方当事人人身伤害的责任,那么就无异于纵容当事人利用合同这种形式合法地对另一方当事人的生命进行摧残,这与保护公民的人身权利的宪法原则相违背。并且在实践中,这种免责条款也是与另一方当事人的真实意思相违背的,所以必须加以禁止。在实践中,此类免责条款大多出现在雇佣合同、医疗合同以及与人身权相关的合同中。

【法条链接 3-5】

《合同法》第五十二条规定:"有下列情形之一的,合同无效:(一)一方以欺诈、胁迫的手段订立合同,损害国家利益;(二)恶意串通,损害国家、集体或者第三人利益;(三)以合法形式掩盖非法目的;(四)损害社会公共利益;(五)违反法律、行政法规的强制性规定。"

《合同法》第五十三条规定:"合同中的下列免责条款无效:(一)造成对方人身伤害的;(二)因故意或者重大过失造成对方财产损失的。"

(五)违约责任与侵权责任

1. 违约责任与侵权责任的竞合

违约责任是违反合同的责任,侵权责任为侵犯人身权、财产权所应承担的民事责任。当某一违约行为的违约方对对方人身和财产权益的损害负有部分或全部责任,即该行为既符合违约要件又符合侵权要件时,则形成民事责任中违约责任与侵权责任之竞合。现实生活中有不少类似事例,比如:交付的啤酒因啤酒瓶爆炸致买受人受伤;受托人未尽到保密义务对外披露委托人的隐私;出售有毒饲料添加剂造成牲畜死亡等。

违约责任与侵权责任竞合的有以下主要特征:

(1) 必须是同一不法行为。如果行为人实施两个以上的不法行为引起侵权责任与违约责任同时发生的,应适用不同的法律规定,承担不同的责任。

(2) 同一不法行为既符合侵权责任的构成要件,又符合违约责任的构成要件,使两个民事责任在同一不法行为上并存。

(3) 必须是同一民事主体。引起侵权责任与违约责任同时发生的同一不法行为,是由一个民事主体实施的。这一不法行为同时符合侵权责任与违约责任的构成要件,因而,其可能承担双重责任的主体是同一人,其可能享有双重请求权的主体也是同一人。

(4) 只能发生同一给付内容。侵权责任与违约责任同时并存,相互冲突,但当事人只能获得一次给付满足,如同时并存获多次满足,对行为人是不公平的。

2. 违约责任与侵权责任竞合的取舍

请求权人根据违约责任提出的赔偿数额为 A,依照侵权责任提出的赔偿数额为 B,那么就可能出现三种情况。

(1) A 大于 B,此时取违约责任之诉为最佳,而不得再以侵权责任要求赔偿;

(2) A 等于 B,即说明请求权人不论依何种理由索赔,其最终结果相同,请求权人可任择其一,取其便利者为先;

(3) A 小于 B,则请求权人应以侵权之诉为首选,据此,请求权人不仅可以得到合同法与合约所规定、约定之赔偿,亦获得 A 和 B 的差额。

在第三种情况下,侵权责任之诉实际起到了弥补违约责任之诉赔偿不足的作用,反之亦然。两者互为补充。当然,实际操作时,请求权人还应从不法行为的构成要件、举证责任、赔偿范围、诉讼时效、责任形式、免责条款诸方面综合考虑。例如,当违约金高于实际损失而诉讼时效尚未届满,请求权人主张违约责任有利;否则,选择侵权责任有利。

3. 我国违约责任与侵权责任竞合的限制

司法实践中一般可以考虑从以下四个方面对竞合进行限制:

(1) 因不法行为造成受害人人身伤亡或精神损害的,当事人之间虽然存在合同关系,也应按侵权责任处理;

(2) 当事人之间事先存在合同,一方的不法行为仅造成受害人的财产损失,则一般按合同纠纷处理;

(3) 不法行为人基于合同占有对方财产,造成该财产毁损灭失,一般应按合同关系处理;但如果不法行为人占有财产的目的旨在侵权,则应根据具体情况确定行为人的侵权责任;

(4) 在责任竞合前提下,如当事人事先通过合同特别约定,双方仅承担合同责任而不负侵权责任,那么原则上应按其约定处理,一方不得行使侵权之诉的请求权。不过,如在合同关系形成以后,一方基于故意或重大过失使另一方遭受人身伤害或死亡,则仍应承担侵权责任。

(六) 违约责任的形式

【以案学法之案例 3-22】

甲油料厂与某供销社订立一份农副产品供销合同,双方约定由供销社在 1 个月内向甲油料厂供应黄豆 30 吨,每吨单价 1000 元。在合同履行期间,乙公司找到供销社表示愿意以每吨 1500 元的单价购买 20 吨黄豆,供销社见其出价高,就将 20 吨本来准备运给甲油料厂的黄豆卖给了乙公司,致使只能供应 10 吨黄豆给甲油料厂。甲油料厂要求供销社按照合同的约定供应剩余的 20 吨黄豆,供销社表示无法按照原合同的条件供货,并要求解除合同。甲油料厂不同意,坚持要求供销社履行合同。

试分析:

(1) 甲油料厂的要求是否有法律依据?

(2) 在合同没有明确约定的情况下,甲油料厂如果要求供销社继续履行合同有无法律依据?

(3) 供销社能否只赔偿损失或者只支付违约金而不继续履行合同?

违约责任的形式,即承担违约责任的具体方式。《合同法》第一百零七条规定:"当事人一方不履行合同义务或者履行合同义务不符合约定的,应当承担继续履行、采取补救措施或者赔偿损失等违约责任。"据此,违约责任有三种基本形式,即继续履行、采取补救措施和赔偿损失。除此之外,违约责任还有其他形式,如违约金和定金责任。

1. 继续履行

继续履行也称强制实际履行,是指违约方根据对方当事人的请求继续履行合同规定的义务的违约责任形式。其特征为:继续履行是一种独立的违约责任形式,它以违约为前提,体现法的强制,不依附于其他责任形式;继续履行的内容表现为按合同约定的标的履行义务;继续履行以对方当事人(守约方)请求为条件,法院不得径行判决。

继续履行的适用,因债务性质的不同而不同:

(1) 金钱债务无条件适用继续履行。金钱债务只存在迟延履行,不存在履行不能,因此,应无条件适用继续履行的责任形式。

(2) 非金钱债务有条件地适用继续履行。对非金钱债务，原则上可以请求继续履行，但下列情形除外：法律上或者事实上不能履行（履行不能）；债务的标的不适用强制履行或者强制履行费用过高；债权人在合理期限内未请求履行（如季节性物品的供应）。

2. 采取补救措施

采取补救措施作为一种独立的违约责任形式，是指矫正合同不适当履行（质量不合格），使履行缺陷得以消除的具体措施。它与继续履行（解决不履行问题）和赔偿损失具有互补性。采取补救措施的具体方式为：修理、更换、重做、退货、减少价款或者报酬等。采取补救措施在适用上，应注意以下几点：

(1) 采取补救措施的适用，以合同对质量不合格的违约责任没有约定或者约定不明确，而依《合同法》第六十一条仍不能确定违约责任为前提。对于不适当履行的违约责任形式，当事人有约定者应依其约定；没有约定或约定不明者，首先应按照《合同法》第六十一条规定确定违约责任；没有约定或约定不明又不能按照《合同法》第六十一条规定确定违约责任的，才适用这些补救措施。

(2) 应以标的物的性质和损失大小为依据，确定与之相适应的补救方式。

(3) 受害方对补救措施享有选择权，但选定的方式应当合理。

3. 赔偿损失

赔偿损失，在《合同法》上也称违约损害赔偿，是指违约方以支付金钱的方式弥补受害方因违约行为所减少的财产或者所丧失的利益的责任形式。赔偿损失具有如下特点：

(1) 赔偿损失是最重要的违约责任形式。赔偿损失具有根本救济功能，任何其他责任形式都可以转化为赔偿损失。

(2) 赔偿损失是以支付金钱的方式弥补损失。金钱为一般等价物，任何损失一般都可以转化为金钱，因此，赔偿损失主要指金钱赔偿。但在特殊情况下，也可以以其他物代替金钱作为赔偿。

(3) 赔偿损失是由违约方赔偿守约方因违约所遭受的损失。首先，赔偿损失是对违约行为所造成的损失的赔偿，与违约行为无关的损失不在赔偿之列。其次，赔偿损失是对守约方所遭受损失的一种补偿，而不是对违约行为的惩罚。

(4) 赔偿损失责任具有一定的任意性。违约赔偿的范围和数额，可由当事人约定。当事人既可以约定违约金的数额，也可以约定损害赔偿的计算方法。

赔偿损失的确定方式有两种：法定损害赔偿和约定损害赔偿。法定损害赔偿是指由法律规定的，由违约方对守约方因其违约行为而对守约方遭受的损失承担的赔偿责任。根据《合同法》的规定，法定损害赔偿应遵循以下原则：

(1) 完全赔偿原则。违约方对于守约方因违约所遭受的全部损失承担的赔偿责任。具体包括：直接损失与间接损失；积极损失与消极损失（可得利益损失）。《合同法》第一百一十三条规定，损失"包括合同履行后可以获得的利益"，可见其赔偿范围包括现有财产损失和可得利益损失。前者主要表现为标的物灭失、为准备履行合同而支出的费用、停工损失、为减少违约损失而支出的费用、诉讼费用等；后者是指在合同适当履行后可以实现和取得的财产利益。

(2) 合理预见规则。违约损害赔偿的范围以违约方在订立合同时预见到或者应当预见到的损失为限。合理预见规则是限制法定损害赔偿范围的一项重要规则，其理论基础是意思自治原则和公平原则。对此应把握几点：合理预见规则是限制包括现实财产损失和可得利益损失的损失赔偿总额的规则,不仅用以限制可得利益损失的赔偿;合理预见规则不适用于约定损害赔偿;是否预见到或者应当预见到可能的损失,应当根据订立合同时的事实或者情况加以判断。

(3)减轻损失规则。一方违约后,另一方应当及时采取合理措施防止损失的扩大;否则,不得就扩大的损失要求赔偿。其特点是:一方违约导致了损失的发生;另一方未采取适当措施防止损失的扩大,造成了损失的扩大。

约定损害赔偿是指当事人在订立合同时,预先约定一方违约时应当向对方支付一定数额的赔偿金或约定损害赔偿的计算方法。它具有预定性(缔约时确定)、从属性(以主合同的有效成立为前提)、附条件性(以损失的发生为条件)等特点。

4. 违约金

违约金是指当事人一方违反合同时应当向对方支付的一定数量的金钱或财物。依不同标准,违约金可分为:法定违约金和约定违约金;惩罚性违约金和补偿性(赔偿性)违约金。

根据现行合同法的规定,违约金具有以下法律特征:一是在合同中预先约定的(合同条款之一);二是一方违约时向对方支付的一定数额的金钱(定额损害赔偿金);三是对承担赔偿责任的一种约定(不同于一般合同义务)。

违约金是对损害赔偿额的预先约定,既可能高于实际损失,也可能低于实际损失,畸高和畸低均会导致不公平结果。其特点是:以约定违约金"低于造成的损失"或"过分高于造成的损失"为条件;经当事人请求;由法院或仲裁机构裁量;"予以增加"或"予以适当减少"。

关于违约金的增加,《合同法》解释(二)第二十八条规定:"当事人依照合同法第一百一十四条第二款的规定,请求人民法院增加违约金的,增加后的违约金数额以不超过实际损失额为限。增加违约金以后,当事人又请求对方赔偿损失的,人民法院不予支持。"

关于违约金的减少,《合同法》解释(二)第二十九条还规定:"当事人主张约定的违约金过高请求予以适当减少的,人民法院应当以实际损失为基础,兼顾合同的履行情况、当事人的过错程度以及预期利益等综合因素,根据公平原则和诚实信用原则予以衡量,并作出裁决。当事人约定的违约金超过造成损失的百分之三十的,一般可以认定为合同法第一百一十四条第二款规定的'过分高于造成的损失'"。

5. 定金责任

所谓定金,是指合同当事人为了确保合同的履行,根据双方约定,由一方按合同标的额的一定比例预先给付对方的金钱或其他替代物。《合同法》第一百一十五条也规定:当事人可以依照担保法约定一方向对方给付定金作为债权的担保。债务人履行债务后,定金应当抵作价款或者收回。给付定金的一方不履行约定的债务的,无权要求返还定金;收受定金的一方不履行约定的债务的,应当双倍返还定金。据此,在当事人约定了定金担保的情况下,如一方违约,定金罚则即成为一种违约责任形式。

违约金和定金不得同时适用;违约金和赔偿金对于同一违约行为,不能同时适用;定金和赔偿金可以合并适用。

九、几种重要的合同

(一)买卖合同

1. 买卖合同的概念及特征

买卖合同,是出卖人转移标的物的所有权于买受人,买受人支付价款的合同。买卖合同的特征：
(1) 买卖合同是双务有偿合同；
(2) 买卖合同为诺成合同；
(3) 买卖合同为不要式合同。

2. 买卖合同标的物所有权的转移

标的物的所有权自标的物交付时起转移，但法律另有规定或者当事人另有约定的除外。"法律另有规定"，在我国目前主要指的是有关法律规定一些特定的标的物所有权在办理完法定手续后，才能转移，如不动产产权过户登记等。

3. 当事人的义务

1) 出卖人的义务

(1) 标的物及相关单证资料的交付义务（即按约定的期限、地点、质量、包装方式等交付货物，转移标的物之占有）。分为现实交付和拟制交付（指将对标的物的管领控制权移转于买方，以代替物的实际交付）两种方式。

(2) 转移标的物的所有权，包括动产交付时转移，不动产登记时转移；法律另有规定或当事人另有约定除外。

(3) 瑕疵担保责任，包括物的瑕疵担保和权利瑕疵担保。

(4) 附随义务。遵循诚实信用原则，根据合同的性质、目的负担通知、协助、保密等附随义务。

2) 买受人的义务

(1) 支付价款；

(2) 受领标的物；

(3) 检验；

(4) 暂时保管及应急处置拒绝受领的标的物，属于买方附随义务。

【法条链接 3-6】

《合同法》第一百三十三条规定："标的物的所有权自标的物交付时起转移，但法律另有规定或者当事人另有约定的除外。"

4. 标的物毁损、灭失风险的承担

标的物毁损、灭失的风险，在标的物交付之前由出卖人承担，交付之后由买受人承担。因买受人的原因致使标的物不能按照约定的期限交付的，买受人应当自违反约定之日起承担标的物毁损、灭失的风险。因标的物质量不符合质量要求，致使不能实现合同目的的，买受人可以拒绝接受标的物或者解除合同。

5. 买卖合同价款的支付

买卖合同中买受人应当按照约定的数额、地点和时间支付价款。分期付款的买受人未支付到期价款的金额达到全部价款的五分之一的，出卖人可以要求买受人支付全部价款或者解除合同。出卖人解除合同的，可以向买受人要求支付该标的物的使用费。

(二) 租赁合同

1. 租赁合同的概念和内容

租赁合同，是指出租人将租赁物交付承租人使用、收益，承租人支付租金的合同。

租赁合同的内容包括租赁物的名称、数量、用途、租赁期限、租金及其支付期限和方式、租赁物维修等条款。租赁期限6个月以上的,应当采用书面形式。租赁期限不得超过20年,超过20年的,超过部分无效。

2. 当事人的权利和义务

(1) 出租人的义务：交付租赁物并在租赁期间保持租赁物使其符合约定用途；维修租赁物的义务；物的瑕疵担保义务；因不可归责于承租人的事由,致使租赁物部分或者全部毁损、灭失的,承租人可以要求减少租金或者不支付租金；因租赁物部分或者全部毁损、灭失,致使不能实现合同目的的,承租人可以解除合同。租赁物危及承租人的安全或者健康的,即使承租人订立合同时明知该租赁物质量不合格,承租人仍然可以随时解除合同。权利的瑕疵担保义务。

(2) 承租人的义务：依约定方法或租赁物的性质使用租赁物的义务；妥善保管租赁物的义务,包括通知义务和对于保存行为的容忍义务；不作为义务包括不得随意对租赁物进行改善或在租赁物上增设他物和不得随意转租,承租人未经出租人同意转租的,或无正当理由未支付或者延迟支付租金的,出租人可以解除合同；按约定期限支付租金的义务；租赁期间届满,返还租赁物的义务。

(3) 租赁合同的特别效力：承租人获取租赁物收益的权利；租赁权的物权化,即"买卖不破租赁"的原则；房屋承租人的优先购买权,出租人出卖租赁房屋的,应当在出卖之前的合理期限内通知承租人,承租人享有以同等条件优先购买的权利。

(三) 赠与合同

1. 赠与合同的概念

赠与合同,是赠与人将自己的财产无偿给予受赠人,受赠人表示接受赠与的合同。

2. 当事人的权利和义务

如果赠与合同具有救灾、扶贫等社会公益、道德义务的性质,或者经过公证的赠与合同,赠与人不交付赠与的财产的,受赠人可以要求交付。因赠与人故意或者重大过失致使赠与的财产毁损、灭失的,赠与人应当承担损害赔偿责任。赠与的财产有瑕疵的,赠与人不承担责任。赠与可以附义务。

3. 赠与的撤销

赠与人在赠与财产的权利转移之前可以撤销赠与。但具有救灾、扶贫等社会公益、道德义务性质的赠与合同或者经过公证的赠与合同,不得撤销。

受赠人有下列情形之一的,赠与人可以撤销赠与：

(1) 严重侵害赠与人或者赠与人的近亲属；

(2) 对赠与人有扶养义务而不履行；

(3) 不履行赠与合同约定的义务；

(4) 因受赠人的违法行为致使赠与人死亡或者丧失民事行为能力的,赠与人的继承人或者法定代理人可以撤销赠与。

赠与人的撤销权,自知道或者应当知道撤销原因之日起一年内行使。赠与人的继承人或者法定代理人的撤销权,自知道或者应当知道撤销原因之日起六个月内行使。

(四) 委托合同

1. 委托合同的概念

委托合同,是委托人和受托人约定,由受托人处理委托人事务的合同。

2. 当事人的义务

(1) 委托人的义务:支付费用的义务,无论委托合同是否有偿,委托人都有义务提供或补偿委托事务的必要费用;付酬义务,对于有偿委托合同,委托人应向受托人支付约定的报酬;赔偿责任。

(2) 受托人的义务:办理委托事务的义务,受托人对委托事务原则上应亲自办理,只有在事先取得委托人的同意,或因情况紧急的情况下,为了委托人的利益可以转托他人;遵守委托指示的义务;报告的义务,受托人应将委托事务情况向委托人报告;转移利益的义务,受托人应将办理委托事务取得的各种利益及时转移给委托人;转移权利的义务,受托人以自己的名义为委托人办理事务取得的权利,应将权利转移给委托人。

3. 委托合同的解除和终止

委托人或者受托人可以随时解除委托合同。因解除合同给对方造成损失的可归责于该当事人的事由以外,应当赔偿损失。

委托人或者受托人死亡、丧失民事行为能力或者破产的,委托合同终止,但当事人另有约定或者根据委托事务的性质不宜终止的除外。

本章理论知识学习小结

本章主要对合同与合同法概述,合同的订立、成立效力、履行、担保、变更、转让和终止、违约责任等合同法律制度有关理论知识进行了系统性介绍。合同法律制度理论知识整理如图 3-1 所示。

- 合同法律制度理论知识
  - 合同与合同法概述
  - 合同的订立
  - 合同的成立
  - 合同的效力
  - 合同的履行
  - 合同的担保
  - 合同的变更、转让和终止
  - 违约责任
  - 几种重要的合同

图 3-1 合同法律制度理论知识整理

任务三 知识巩固与能力提升

一、知识巩固

(一) 单项选择题

1.《合同法》不适用于( )。

A. 出版合同 B. 收养合同 C. 土地使用权合同 D. 质押合同

2. 租赁合同是( )。
   A. 双务合同   B. 无偿合同
   C. 无名合同   D. 为第三人利益订立的合同
3. 下列情形中属于效力待定合同的有( )。
   A. 10周岁的少年出售劳力士金表给40岁的李某
   B. 5周岁的儿童因发明创造而接受奖金
   C. 成年人甲误将本为复制品的油画当成真品购买
   D. 出租车司机借抢救重症病人急需租车之机将车价提高10倍
4. 某商店橱窗内展示的衣服上标明"正在出售",并且标示了价格,则"正在出售"的标示视为( )。
   A. 要约   B. 承诺   C. 要约邀请   D. 既是要约又是承诺
5. 某企业在其格式劳动合同中约定:员工在工作期间的伤残、患病、死亡,企业概不负责。如果员工已在该合同上签字,该合同条款( )。
   A. 无效   B. 是当事人真实意思的表示,对当事人双方有效
   C. 不一定有效   D. 只对一方当事人有效
6. 某甲的儿子患重病住院,急需用钱又借贷无门,某乙趁机表示愿意借给2000元,但半年后须加倍偿还,否则以甲的房子代偿,甲表示同意。根据《合同法》规定,甲、乙之间的借款合同( )。
   A. 因显失公平而无效   B. 因显失公平而可撤销
   C. 因乘人之危而无效   D. 因乘人之危而可撤销
7. 应合同当事人的请求,由人民法院予以撤销的合同( )。
   A. 自人民法院决定撤销之日起不发生法律效力
   B. 自合同订立时起不发生法律效力
   C. 自人民法院受理请求之日起不发生法律效力
   D. 自合同规定的生效日起不发生法律效力
8. 甲公司与乙公司签订买卖合同,合同约定甲公司先交货。交货前夕,甲公司派人调查乙公司的偿债能力,有确切材料证明乙公司负债累累,根本不能按时支付货款。甲公司遂暂时不向乙公司交货。甲公司的行为是( )。
   A. 违约行为   B. 行使同时履行抗辩权
   C. 行使先诉抗辩权   D. 行使不安抗辩权
9. 甲与乙订立了合同,约定由丙向甲履行债务,现丙履行的行为不符合合同的约定,甲有权请求( )。
   A. 丙承担违约责任   B. 乙承担违约责任
   C. 乙和丙承担违约责任   D. 乙或者丙承担违约责任
10. 上海某工厂向广州某公司购买一批物品,合同对付款地点和交货期限没有约定,发生争议时,依据《合同法》规定( )。
    A. 上海某工厂付款给广州某公司应在上海履行
    B. 上海某工厂可以随时请求广州某公司交货,而且可以不给该厂必要的准备时间
    C. 上海某工厂付款给广州某公司应在广州履行

D. 广州某公司可以随时交货给上海某工厂,而且可以不给该厂必要的准备时间

11. 甲收藏唐伯虎名画一幅,价值约10万元,甲的其他财产价值为10万元。甲因作生意失败欠债60万元。一天,甲将唐伯虎的画作价1万元卖给从香港回来的表弟乙,则下列表述正确的是（　　）。

A. 若乙不知甲欠巨额外债,则甲的债权人只能行使代位权
B. 只有在乙明知此买卖有害于债权人的债权的情况下,债权人才可行使代位权
C. 不管乙是否知道此买卖有害于债权人的债权,债权人均可行使撤销权
D. 若乙明知此买卖有害于债权人的债权,则债权人可行使撤销权

12. 债务人欲将合同的义务全部或者部分转移给第三人,则（　　）。

A. 应当通知债权人
B. 应当经债权人同意
C. 不必经债权人同意
D. 不必通知债权人

13. 凡发生下列情况之一的,允许解除合同（　　）。

A. 法定代表人变更
B. 当事人一方发生合并、分立
C. 由于不可抗力致使合同不能履行
D. 作为当事人一方的公民死亡或作为当事人一方的法人终止

14. 债权人吴某下落不明,债务人王某难以履行债务,遂将标的物提存,王某将标的物提存后,该标的物如果意外毁损灭失,其损失应由（　　）。

A. 吴某承担
B. 王某承担
C. 吴某和王某共同承担
D. 提存机关承担

15. 甲要购买德国制造的照相机,2009年10月2日,甲在乙店的柜台中发现一架照相机,柜台的标签上产地一栏注明的是"德国制造",甲向乙店售货员丙询问产地时,丙明确告知该照相机的产地是"德国制造",甲遂购买。2009年10月7日,甲在修理该相机时请照相机检测中心检测,发现该相机系美国制造,2010年10月10日,甲持检测中心的检测证明要求乙店退货。根据《合同法》的规定（　　）。

A. 乙店必须办理退货,因为乙店的行为构成欺诈
B. 乙店有权不退货
C. 乙店可以不退货,但必须换货
D. 乙店可以不退货,但必须折价处理

（二）多项选择题

1. 无名合同的法律适用规则为（　　）。

A. 直接适用《合同法》中有名合同的规定
B. 适用《合同法》总则中的规定
C. 应该参照《合同法》分则中最相类似的规定
D. 应该参照《合同法》以外法律中最相类似的规定
E. 只能依据《合同法》的基本原则

2. 根据《合同法》规定,合同订立采取的方式有（　　）。

A. 协商　　　B. 登记　　　C. 要约　　　D. 签约　　　E. 承诺

3. 下列合同中,属于无效合同的有(　　)。
   A. 一方以欺诈、胁迫手段订立的合同
   B. 恶意串通、损害国家、集体或者第三人利益的合同
   C. 以合法形式掩盖非法目的的合同
   D. 损害社会公共利益的合同
   E. 违反法律、行政法规规定的合同
4. 根据规定,应当先履行债务的当事人有确切证据证明对方当事人有(　　)情形的,可中止履行。
   A. 经营情况严重恶化
   B. 将合同权利转让他人而未通知,致使履行债务发生困难
   C. 转移财产、抽逃资金,以逃避债务
   D. 丧失商业信誉
5. 实际履行的构成条件包括(　　)。
   A. 必须有违约行为存在
   B. 必须由非违约方在合理的期限内提出继续履行的请求
   C. 可以由违约方在合理的期限内提出继续履行的请求
   D. 实际履行在事实上是可能的和在经济上是合理的
   E. 必须依据法律和合同的性质能够履行

(三)判断题
1. 价目表、招标公告和广告一概不属于要约。　　　　　　　　　　　　　　(　　)
2. 要约和承诺都可以撤回和撤销。　　　　　　　　　　　　　　　　　　　(　　)
3. 确定了承诺期限的要约不能撤销。　　　　　　　　　　　　　　　　　　(　　)
4. 承诺期限届满,受约人未作出承诺的,要约失效。　　　　　　　　　　　(　　)
5. 受约人对要约的内容作出实质性变更的,要约失效。　　　　　　　　　　(　　)
6. 还价一经作出,原要约即告失效。　　　　　　　　　　　　　　　　　　(　　)
7. 如要约未规定有效期,则受要约人可在任何时间内表示接受。　　　　　　(　　)
8. 邀请发盘对双方具有约束力。　　　　　　　　　　　　　　　　　　　　(　　)
9. 一项发盘,即使是不可撤销的,也是可以撤回的,只要撤回的通知在发盘送达受盘人之前或同时到达受盘人。　　　　　　　　　　　　　　　　　　　　　　　　(　　)
10. 甲乙双方订立了一份买卖合同,约定以书面形式订立,并自双方签字盖章后生效。但在书面合同签订之前,甲交货,且乙接货,该合同因形式欠缺而不成立。　　　(　　)

二、项目实训与能力提升

(一)以法析案

1. 甲公司与乙公司签订买卖合同,由甲公司以总价款600万元的价格向乙公司提供一级茶叶2吨,并约定于2019年6月1日交货,迟交一天罚总价款的3%作为违约金,同时甲公司向乙公司交纳200万元作为定金。后因甲公司未能按时交货,双方起争议。请问:
(1)甲公司称其未能交货的原因是因为茶农的茶叶被其他公司以高价买走,甲公司能否以

此为由免除违约责任？

(2) 甲公司称其未能交货的原因是当地山洪暴发，导致道路不通，甲公司能否以此为由免除违约责任？

(3) 如果甲公司未能交货，乙公司可否主张在不退还定金的同时，要求甲公司再交违约金？

(4) 如果当地茶叶因暴雨减产，如要完成供货任务，甲公司须付出上千万元的价款购买山茶，甲公司能否以此为由请求不再履行？

2. 甲公司因转产致使一台价值1千万元的精密机床闲置。该公司董事长与乙公司签订了一份机床转让合同。合同规定，精密机床作价950万元，甲公司于10月31日前交货，乙公司在交货后10天内付清款项。在交货日前，甲公司发现乙公司的经营状况恶化，通知乙公司中止交货并要求乙公司提供担保；乙公司予以拒绝。又过了一个月乙公司的经营状况进一步恶化，于是提出解除合同。乙公司遂向法院起诉。法院查明：第一，甲公司股东会决议规定，对精密机床的处置应经股东会特别决议；第二，甲公司的机床原由丙公司保管，保管期限至10月31日，保管费50万元。11月5日，甲公司将机床提走，并约定10天内付保管费，如果10天内不付保管费，丙公司可对该机床行使留置权。现丙公司要求对该机床行使留置权。依据《合同法》和《担保法》回答下列问题：

(1) 甲公司与乙公司之间转让机床的合同是否有效？为什么？
(2) 甲公司中止履行的理由能否成立？为什么？
(3) 甲公司能否解除合同？为什么？
(4) 丙公司能否行使留置权？为什么？

（二）能力提升训练

小王想购买某大学董教授的二手房屋一套。请你根据《合同法》相关规定，为他们草拟购房合同一份，并告知办事流程和所需要提交的材料以及房屋买卖中需要注意的问题。

附：商品买卖合同

商品买卖合同

买方：_____（以下称甲方） 卖方：_____（以下称乙方）
地址：_____ 地址：_____
电话：_____ 电话：_____
传真：_____ 传真：_____

甲乙双方经过协商，本着自愿及平等互利的原则，就甲方向乙方出卖本合同约定的货物事宜，达成如下一致：

第一条 名称、规格和质量

1. 名称：_____。
2. 规格：_____（应注明产品的牌号或商标）。
3. 质量，按下列第_____项执行：
(1) 按照标准执行（须注明按国家标准或企业具体标准，如标准代号、编号和标准名称等）。
(2) 按样本，样本作为合同的附件，应注明样本封存及保管方式（附件略）。
(3) 按双方商定要求执行，具体为：_____（应具体约定产品质量要求）。

第二条　数量和计量单位、计量方法

1. 数量：_____。

2. 计量单位和方法：_____。

第三条　包装方式和包装品的处理

_____

第四条　交货方式

1. 交货时间：_____

2. 交货地点：_____

3. 运输方式：_____

4. 保险：_____

第五条　损失风险

货物在送达交货地点前的损失风险由甲方承担，其后的损失风险由乙方承担。

第六条　价格与货款支付

1. 单价：_____；总价：_____（大写）。

2. 货款支付：

货款的支付时间：_____；

货款的支付方式：_____；

运杂费和其他费用的支付时间及方式_____。

3. 预付货款：_____。

第七条　提出异议的时间和方法

1. 甲方在验收中如发现货物的品种、型号、规格、花色和质量不合规定或约定，应在妥善保管货物的同时，自收到货物后_____日内向乙方提出书面异议；在托收承付期间，甲方有权拒付不符合合同规定部分的货款。甲方未及时提出异议或者自收到货物之日起_____日内未通知乙方的，视为货物合乎规定。

2. 甲方因使用、保管、保养不善等造成产品质量下降的，不得提出异议。

第八条　甲方违约责任

1. 甲方逾期付款的，应按逾期付款金额每日万分之_____计算，向乙方支付逾期付款的违约金。

2. 甲方违反合同规定拒绝接收货物的，应承担因此给乙方造成的损失。

3. 甲方如错填到货的地点、接货人，或对乙方提出错误异议，应承担乙方因此所受到的实际损失。

4. 其他约定：_____。

第九条　乙方的违约责任

1. 乙方不能交货的，向甲方偿付不能交货部分货款_____％的违约金。

2. 乙方所交货物品种、型号、规格、花色、质量不符合合同规定的，如甲方同意利用，应按质论价；甲方不能利用的，应根据具体情况，由乙方负责包换或包修，并承担修理、调换或退货而发生的实际费用。

3. 乙方因货物包装不符合合同规定，须返修或重新包装的，乙方负责返修或重新包装，并承担因此发生的费用。甲方不要求返修或重新包装而要求赔偿损失的，乙方应赔偿甲方该不合格包装物低于合格物的差价部分。因包装不当造成货物损坏或灭失的,由乙方负责赔偿。

4. 乙方逾期交货的,应按照逾期交货金额每日万分之_____计算,向甲方支付逾期交货的违约金,并赔偿甲方因此所遭受的损失。如逾期超过_____日,甲方有权终止合同并可就遭受的损失向乙方索赔。

5. 乙方提前交的货物、多交的货物,如其品种、型号、规格、花色、质量不符合约定,甲方在代保管期间实际支付的保管、保养等费用以及非因甲方保管不善而发生的损失,均应由乙方承担。

6. 货物错发到货地点或接货人的,乙方除应负责运到合同规定的到货地点或接货人外,还应承担甲方因此多支付的实际合理费用和逾期交货的违约金。

7. 乙方提前交货的,甲方接到货物后,仍可按合同约定的付款时间付款;合同约定自提的,甲方可拒绝提货。乙方逾期交货的,乙方应在发货前与甲方协商,甲方仍需要货物的,乙方应按数补交,并承担逾期交货责任;甲方不再需要货物的,应在接到乙方通知后_____日内通知乙方,办理解除合同手续,逾期不答复的,视为同意乙方发货。

8. 其他:_____。

第十条　不可抗力

本合同所称不可抗力是指不能预见、不能克服、不能避免并对一方当事人造成重大影响的客观事件,包括但不限于自然灾害,如洪水、地震、火灾和风暴等,以及社会事件如战争、动乱、政府行为等。

如因不可抗力事件的发生导致合同无法履行时,遇不可抗力的一方应立即将事故情况书面告知另一方,并应在不可抗力事件结束后_____日内,提供事故详情及合同不能履行或者需要延期履行的书面资料,双方认可后协商终止合同或暂时延迟合同的履行。

第十一条　其他事项

1. 按本合同规定应付的违约金、赔偿金、保管保养费和各种经济损失,应当在明确责任后_____日内,按银行规定的结算办法付清,否则按逾期付款处理。

2. 约定的违约金,视为违约的损失赔偿。双方没有约定违约金或预先赔偿额的计算方法的,损失赔偿额应当相当于违约所造成的损失,包括合同履行后可获得的利益,但不得超过违反合同一方订立合同时应当预见到的因违反合同可能造成的损失。

3. 合同有效期内,除非经过对方同意,或者另有法定理由,任何一方不得变更或解除合同。

第十二条　争议的处理

本合同在履行过程中发生的争议,由双方当事人协商解决,也可由有关部门调解;协商或调解不成的,依法向人民法院起诉。

第十三条　解释

本合同的理解与解释应依据合同目的和文本原义进行,本合同的标题仅是为了阅读方便而设,不应影响本合同的解释。

第十四条　补充与附件

本合同未尽事宜,依照有关法律、法规执行,法律、法规未作规定的,甲乙双方可以达成书面补充协议。本合同的附件和补充协议均为本合同不可分割的组成部分,与本合同具有同等的法律效力。

第十五条　合同效力

本合同自双方或双方法定代表人或其授权代表人签字并加盖公章之日起生效。本合同正本一式_____份,双方各执_____份,具有同等法律效力;合同副本一式_____份,送_____各留存一份。

甲方(盖章):_____　　　乙方(盖章):_____
代表(签字):_____　　　代表(签字):_____
_____年_____月_____日　　　　　　_____年_____月_____日

第四章
市场秩序维护法

JINGJIFA JICHU

学习目标

(1) 掌握不正当竞争行为的概念、特征和表现形式，不正当竞争行为应承担的法律责任。
(2) 掌握消费者的权利和经营者的义务及违反消费者权益保护法的法律责任。
(3) 理解反不正当竞争法的重要性及其原则。
(4) 理解消费者的概念和消费者权益保护法的重要性。
(5) 了解对不当竞争行为的监督检查及执法过程。
(6) 了解消费者权益的保护方式，消费者协会的有关规定。
(7) 能分析判断是否构成反不正当竞争和承担的法律责任。
(8) 能分析判断所侵犯的消费者的权利以及懂得如何维权和索赔。
(9) 能运用所学知识分析实际法律问题。

重点和难点

重点：
(1) 不正当竞争行为的概念、特征和表现形式。
(2) 消费者的权利和经营者的义务。

难点：
(1) 各种不正当竞争行为的判断。
(2) 对消费者权利的理解。

本章学习所涉及的规范性法律文件
(1)《中华人民共和国反不正当竞争法》(以下简称《反不正当竞争法》)。
(2)《中华人民共和国消费者权益保护法》(以下简称《消费者权益保护法》)。
(3)《中华人民共和国反垄断法》(以下简称《反垄断法》)。
(4)《国务院关于经营者集中申报标准的规定》

第一节　反不正当竞争法

任务一　课前思考

一、问题提出

(1) 什么是反不正当竞争行为？其有什么特征？
(2) 什么是反不正当竞争法？其调整对象是什么？立法宗旨是什么？应遵循哪些基本原则？
(3) 该法列举的不正当竞争行为有哪些？它们有哪些特征？
(4) 不正当竞争行为需要承担何种法律责任？

二、案例导入

甲厂在国家商标局注册了圆形商标"喜凰"牌,用于白酒产品,酒的名称为"喜凰"。后来,乙厂注册了圆形图案"天福山",酒的名称为"喜凤"。工厂的整个商标图形图案和文字除"天福山"和"凤"字外,所有的文字、图案都与甲厂的"喜凰"商标一样,并且都用隶书书写,字形相仿。一年来,乙厂用"天福山"的商标共生产白酒470万瓶,销售了340多万瓶,销售额达244万多元。正因为甲、乙厂的商标相似,又加上乙厂采用了与甲厂白酒相似的装潢,致使广大消费者误认为"喜凰"就是"喜凤",造成了消费者误购。同时也造成了甲厂产品滞销,给甲厂带来了巨大的经济损失。甲厂为此状告乙厂。

请思考:

(1) 本案中乙厂的行为违背了我国哪些法律法规的规定?如何认定?

(2) 违反者需要承担什么样的法律责任?

任务二 理论知识学习

一、反不正当竞争法概述

(一) 反不正当竞争法的概念和立法宗旨

1. 概念

广义的反不正当竞争法,是指调整在维护公平竞争、制止不正当竞争过程中发生的社会关系的法律规范的总称。狭义的反不正当竞争法,是指1993年9月2日,第八届全国人大常务委员会第三次会议通过的《反不正当竞争法》。

反不正当竞争法调整的对象是因不正当竞争行为而引发的各种社会关系,包括市场交易中的竞争关系和由不正当竞争行为而引发的其他各种社会关系。

2. 立法宗旨

竞争是人类社会中的普遍现象。市场竞争是指在相同市场上的经营者为实现利益最大化而竞夺商业机会、争取市场份额的活动。它是市场经济最重要的运行机制,其基本作用在于最大限度地调动经营者的积极性,为经营者造成一定的压力,通过优胜劣汰使社会资源得到合理的配置并使经济活动充满活力,最终为消费者和全社会带来最大福利。然而,市场竞争也会带来一定的消极后果,如产生垄断和不正当竞争行为,削弱了竞争对经济发展的促进作用。由于市场竞争的这些消极后果往往是市场和竞争自身都无法克服的,需要通过经济法相关法律加以规制。

我国《反不正当竞争法》的立法宗旨:为了促进社会主义市场经济健康发展,鼓励和保护公平竞争,制止不正当竞争行为,保护经营者和消费者的合法权益。

【法条链接 4-1】

《反不正当竞争法》第二条规定:"经营者在生产经营活动中,应当遵循自愿、平等、公平、诚信的原则,遵守法律和商业道德。本法所称的不正当竞争行为,是指经营者在生产经营活动中,违反本法规定,扰乱市场竞争秩序,损害其他经营者或者消费者的合法权益的行为。本法所称的经营者,是指从事商品生产、经营或者提供服务的自然人、法人和非法人组织。"

(二) 反不正当竞争法的基本原则

反不正当竞争法基本原则是指市场竞争者在市场交易行为中必须遵循的基本准则。它反映了市场经济社会对经营者的必然要求。凡是参与市场交易的一切交易主体所实施的交易行为都适用于这些基本准则。反不正当竞争法的基本原则有：

1. 自愿原则

自愿原则是指当事人按自己的意愿设立、变更或终止商业关系，不得强买强卖。当事人有权按照自己的真实意愿独立自主地选择、决定交易对象和交易条件，建立和变更民事法律关系，并同时尊重对方的意愿和社会公共利益，不能将自己的意志强加给对方或任何第三方。以欺诈、强迫、威胁等违背交易主体意志的不正当竞争行为，都为法律所禁止。

2. 平等原则

平等原则是指当事人之间在从事市场交易等民事活动中的法律地位平等，不论交易主体的财产所有制形式以及财势与规模大小、强弱等都不受歧视，平等参与市场竞争，一视同仁。完整含义应当包括地位平等、意志平等和权利平等。

3. 公平原则

公平原则是指在市场经济中，对任何经营者都只能以市场交易规则为准则，享受公平合理的对待，既不享有任何特权，也不履行任何不公平的义务。主要有两个方面的含义：交易条件的公平和交易结果的公平。

4. 诚实守信原则

诚实守信原则是指经营者在经营活动中，应当以诚待人，恪守信用，不得弄虚作假、为所欲为。诚实，是指言行与内心一致，不虚假；信用，是指遵守诺言，实践成约，从而取得别人的信任。这是中国民法的一项基本原则，常被奉为"帝王条款"。它也是相关的国际公约所普遍认可的原则，如《保护工业产权巴黎公约》第十条第二项明确规定："凡在工商业事务中违反诚实的习惯做法的竞争行为构成不正当竞争的行为"。

5. 遵守公认的商业道德的原则

遵守公认的商业道德的原则是指要求经营者应当遵守在长期的市场交易活动中形成的，为社会所普遍承认和遵守的商业行为准则，包括忠于职守、诚信无欺、公平竞争、文明经商、礼貌待客等。

二、不正当竞争行为的概念和种类

(一) 概念

广义的不正当竞争行为泛指一切违反商业道德和善良风俗，违反有关法律法规而从事商品生产和经营的行为。其中包括垄断、限制竞争和以不正当的手段从事竞争三大类。狭义的不正当竞争行为，采取以下两种方式加以界定：

1. 概括式

不正当竞争行为，是指经营者在生产经营活动中，违反本法规定，扰乱市场竞争秩序，损害其他经营者或者消费者的合法权益的行为(《反不正当竞争法》第二条第二款)。"本法规定"，应解释为整部《反不正当竞争法》的规定。不仅指经营者违反本法规定的七种属于不正当竞争行为禁止性规定,而且还应包括违反《反不正当竞争法》的其他规定,特别是自愿平等、公平竞争、诚实信用和遵守公认的商业道德等原则。因此,经营者的某些行为虽然难以被确认为该法明确规定的不正当竞争行为,但只要违反了自愿、平等、公平、诚实信用的原则或者违背了公认的商业道德,损害了其他经营者以及消费者的合法权益,扰乱了社会经济秩序,也应认定为不正当竞争行为。

2. 列举式

不正当竞争行为可分为七种:混淆行为;商业贿赂;虚假宣传;侵犯商业秘密;不正当有奖销售;诋毁商誉;利用网络技术侵害经营者。

不正当竞争行为有以下法律特征:

(1) 主体特征:经营者是实施不正当竞争行为的主体。经营者是指从事商品生产、经营或者提供服务的自然人、法人和非法人组织(《反不正当竞争法》第二条第三款)。在判断一个主体是否是《反不正当竞争法》规制的主体时,应当以是否从事经营活动为标准。上述三类主体应该作广义的理解,因为不仅合法的经营者从事经营活动,而且非法的主体或者有资格但是越权的主体或者是禁止从事经营的主体事实上从事了经营活动的均应当认定为"经营者"。

(2) 客体特征:不正当竞争行为所侵害的客体是其他经营者的合法权益,从整体上讲侵害的是正常的社会经济秩序。另外,还损害了广大消费者的利益,而且严重地损害了国家的利益。

(3) 性质特征:违法性、侵权性和社会危害性。不正当竞争行为违反了《反不正当竞争法》的规定,既包括关于禁止不正当竞争行为的各种具体规定,也包括违反了该法的原则规定。不正当竞争行为侵害的客体是其他经营者的合法权益;不正当竞争行为不仅损害了其他经营者和广大消费者的利益,而且严重地损害了国家的利益,破坏了市场秩序,阻碍了社会生产力的发展。

(二) 种类

《反不正当竞争法》规定了以下不正当竞争行为:

1. 混淆行为

混淆行为又称欺骗性交易行为、商业混同行为、假冒仿冒行为,是指经营者对其所销售的商品和提供的服务采用假冒或仿冒之类不正当手段,造成或足以造成购买者误认误购的行为。《反不正当竞争法》第六条规定,经营者不得实施下列混淆行为,引人误认为是他人商品或者与他人存在特定联系:擅自使用与他人有一定影响的商品名称、包装、装潢等相同或者近似的标识;擅自使用他人有一定影响的企业名称(包括简称、字号等)、社会组织名称(包括简称等)、姓名(包括笔名、艺名、译名等);擅自使用他人有一定影响的域名主体部分、网站名称、网页等;其他足以引人误认为是他人商品或者与他人存在特定联系的混淆行为。

在本节案例导入中的被告乙厂使用在设计构图、字体、颜色等方面与原告相似的瓶贴装潢,致使广大消费者误认为"喜凰"就是"喜凤",违反了《反不正当竞争法》第六条第一款的规定,属于擅自使用与他人有一定影响的商品名称、包装、装潢等相同或者近似的标识的不正当竞争行为。

混淆行为的特征包括以下几个方面:

(1) 主体一般是商品或服务的推销者,行为针对的对象是特定的市场经营者以及这些经营者的产品或服务。

(2)客观上采用了假冒和仿冒等欺骗手段。通过直接虚构或隐瞒商品质量的欺骗性手段进行误导或冒充特定竞争对手的商品,侵犯特定竞争对手的知识产权和特有权。

(3)主观上存在使人误信的故意。以搭名牌产品的便为目的,主观上希望客户或消费者产生混淆和误解,不正当地占有了他人潜在的或现实的市场份额。

(4)损害后果具有双重性,侵害了交易相对人和相关经营者的权益。

【以案学法之案例 4-1】

美国鸿利公司来华投资经营餐饮业,冠以"美国加州牛肉面大王"名称,并在北京已有 20 余家连锁店。其"红蓝白"的装饰牌匾,在我国获得外观设计专利。后来,北京馨燕快餐厅开业,其横幅牌匾打出"美国加州牛肉面大王"名称,牌匾颜色亦为"红蓝白"三色。鸿利公司获知后,请求北京工商部门责令馨燕快餐厅将其牌匾上的字样除去。馨燕快餐厅仅将"国""州"两字除去,改为"美加牛肉面大王",但"国""州"两字在牌匾上的空缺处仍在。于是,鸿利公司向北京市第一中级人民法院起诉。

请问:北京馨燕快餐厅的行为是否属于不正当竞争行为?

知 名 商 品

知名商品是指在市场上具有一定知名度,为相关公众所知悉的商品。

它是一个相对的概念,必须根据相关的市场情况进行具体分析,执法机关主要根据商品的产销量、销售区域、销售时间、市场占有率、广告发布情况、消费者知悉程度等要素来分析。其次,认定知名商品应与仿冒行为相联系,其关键点是看能否造成消费者误认。如果商品的名称、包装、装潢被他人擅自作相同或者相近使用,足以造成购买者误认的,该商品即可认定为知名商品。县级以上工商行政管理机关都有权认定知名商品。

2. 商业贿赂

【以案学法之案例 4-2】

A 公司与 B 食品厂正在洽谈一笔购买该厂生产的糖果的交易,但在价款上未达成协议。同时,C 食品厂也派人与 A 公司接洽,销售糖果产品。C 食品厂提议,在购销合同中说明,销售时给予 15% 的优惠。A 公司按出厂价的 85% 数额,通过银行转账付款。A 公司遂放弃与 B 食品厂的洽谈,准备与 C 食品厂签约成交。此时,B 食品厂又向 A 公司负责采购的供销科长丁某提出"成交之后,B 食品厂给丁某个人 1 万元好处费"。丁某见对个人有利,便与 B 食品厂签订了合同,并暗中获得 1 万元"好处费"。

试问:

(1) B 食品厂的行为是否构成不正当竞争,法律依据是什么?

(2) C 食品厂的行为是否违法,为什么?

(3) 丁某的行为是否违法,为什么?

商业贿赂是指经营者市场交易活动中,为了获得交易机会和市场竞争优势,通过秘密给付财物或者其他利益等不正当手段收买客户及其工作人员、政府有关部门工作人员以及其他能够影响该交易的人员的行为。

《反不正当竞争法》第七条规定:经营者不得采用财物或者其他手段贿赂下列单位或者个人,以谋取交易机会或者竞争优势:交易相对方的工作人员;受交易相对方委托办理相关事务的单位或者个人;利用职权或者影响力影响交易的单位或者个人。

商业贿赂行为的特征包括以下几个方面:

(1) 主体是从事市场交易的经营者及其相关人员。行贿人为经营者,受贿人包括作为竞争者或交易相对人的经营者及对此项交易具有影响力的一切人员。

(2) 侵害的客体是社会主义市场竞争秩序。一般是为了争取交易机会,推销其在竞争中不一定能占优势地位的商品;有时是为了抢购到在竞争中本不能买到的紧俏商品或原材料;或者为了获得交易上的便利和优惠条件。

(3) 主观上出于故意,主观目的都是非法商业利益,为了排斥商业竞争以占取竞争优势。这有别于为了获得一些非商业性实际利益和其他机会而采用贿赂手段,如竞选贿赂等。

(4) 客观上表现秘密给付财物或其他报偿,具有很大的隐蔽性。形式除金钱回扣外,还有提供高消费招待甚至是色情服务、免费度假旅游、高档宴席、赠送昂贵物品、房屋装修,以及解决子女或亲属入学、就业等多种方式。目前商业贿赂形式具有非货币化的倾向。

(5) 性质上具有违法性。违反国家有关财务、会计及廉政等方面的法律法规。

回扣、折扣、佣金

回扣,是指在市场交易中,经营者一方从交易所得的价款中提取一定比例的现金或额外以定额的酬金支付给对方单位或个人的金钱或有价证券,是违反财经纪律的现象,具体表现为账外暗送,逃避财务监督。

折扣也称价格折扣、价格减让或商业让利,是指在商品购销活动中,卖方在新成交的价格或者数量上给买方一定比例的诚让,而返还给对方的一种交易上的互惠。

折扣和非法回扣的区别:(1)折扣是明示入账,而回扣是账外暗送;(2)折扣发生在购销买卖当事人之间,只能给交易对方当事人,不能给其经办人员,回扣既可以给交易对方当事人,也可以给对方单位主管人员或经办人员;(3)给予折扣通常事出有因,而回扣则在所不问。

佣金,是指在市场交易活动中,具有独立地位的中间人因为他人提供服务、介绍、撮合交易或代买、代卖商品而得到的报酬。

香港珠宝大亨72岁的谢瑞麟获刑3年

谢氏父子在长达10年非法给付旅游业1.7亿港元回扣一事曝光。谢瑞麟珠宝为每名进入其珠宝陈列室的游客,向导游支付30港元的回扣,若有游客消费,则其回扣将上升到50港元。此外,若消费钻石首饰,导游的回扣将高达相关首饰售价的近三成。每辆开往谢瑞麟珠宝店的旅游巴士也有价码:一辆小巴50港元,一辆大巴100港元。回扣金额在数年间不断积累,最终成为1.7亿港元的巨额商业贿赂,涉及200多家旅行社。

3. 虚假宣传

虚假宣传是指经营者利用广告或者其他方法,对商品的质量、制作成分、性能、用途、生产者、有效期限、产地等作虚假广告或其他形式的引人误解的宣传行为。既包括虚假宣传,也包括引人误解的宣传。虚假宣传,是指商品宣传的内容与商品的实际情况不相符合,如将国产商品宣传为进口商品等。引人误解的宣传,是指就一般的社会公众的合理判断而言,宣传的内容会使接受宣传的人或受宣传影响的人对被宣传的商品产生错误的认识,从而影响其购买决策的宣传,如"意大利聚酯漆家具"便是这样的宣传。对于"引人误解"中的"人",判断"误解"通常应以一般人的理解为基准,对于专业性商品则应以相关专业人士的通常理解为尺度。

《反不正当竞争法》第八条规定:"经营者不得对其商品的性能、功能、质量、销售状况、用户评价、曾获荣誉等作虚假或者引人误解的商业宣传,欺骗、误导消费者。经营者不得通过组织虚假交易等方式,帮助其他经营者进行虚假或者引人误解的商业宣传。"

虚假宣传行为的特征包括以下几个方面:

(1) 主体包括商品经营者、广告代理制作者和广告发布者。在某些情况下,三者身份可能重叠。

(2) 内容表现为虚伪不实。表现为表述上的失实、语义含混、内容虚假。

(3) 主观方面,广告经营者在明知或应知情况下,应对虚假广告负法律责任;对广告主,则不论其主观上处于何种状态,均必须对虚假广告承担法律责任。

(4) 其后果是达到了引人误解的程度,因而具有社会危害性。

典型案例4-2

生产王老吉的广药集团状告加多宝公司广告语虚假宣传纠纷案

广药集团诉称,加多宝公司在广告宣传中,极力推广"王老吉改名加多宝""全国销量领先的红罐凉茶改名加多宝"这两句虚假宣传广告词,构成不正当竞争。并称此举是将红罐加多宝与原来的红罐王老吉之间画等号,向消费者传递一个错误的信息:王老吉这个名字被弃用了。

法院审理认为,根据加多宝公司2012年3月"加多宝出品的红罐王老吉凉茶换装声明"和同年5月"声明"的表述,加多宝公司或加多宝集团明确清楚地知道其之前出品的"全国销量领先的红罐凉茶"——加多宝双面王老吉凉茶的名称是(红罐)"王老吉",而不是"红罐","加多宝"凉茶是其2012年5月后新推出的产品。加多宝公司在广告宣传中大量使用"全国销量领先的红罐凉茶改名为加多宝"等引人误解的虚假广告语,期望引导消费者将购买(红罐)王老吉凉茶的消费习惯转为购买(红罐)加多宝凉茶,其行为已构成了对同业竞争者广药集团的不正当竞争。

2013年12月20日,广州市中级人民法院一审判决加多宝公司停止使用相关广告语进行宣传,赔偿广药集团人民币1000万元经济损失及合理费用,并在指定的报纸、网站公开赔礼道歉。

4. 侵犯商业秘密

【以案学法之案例 4-3】

甲乙两个旅行社都是享有盛名的国家承办境外旅游客到国内观光的经济组织。两个旅行社年均接待海外游客20万人次,经济效益不相上下。某年上半年,甲旅行社以高薪为条件,致使乙旅行社海外部15名工作人员全部辞职,转入甲旅行社工作。甲旅行社为此成立海外旅行二部,该15名原乙旅行社的工作人员在转入甲旅行社时将自己的业务资料、海外业务单位名单都带入甲旅行社。此后,两旅行社的业务均发生很大的变化,甲旅行社的海外游客骤然上升,效益大增,而乙旅行社业务受到极大影响,造成了较大的经济损失。

试分析:

(1) 甲旅行社的行为是否构成不正当竞争?如是,应属哪种不正当竞争行为?为什么?

(2) 对甲旅行社是否应进行法律制裁?如何制裁?

侵犯商业秘密的行为,是指为了竞争或个人目的,通过不正当方法获取、披露或使用权利人商业秘密的行为。商业秘密是指不为公众所知悉、具有商业价值并经权利人采取了保密措施的技术信息、经营信息等商业信息。

1) 侵犯商业秘密的法律特征

(1) 秘密性。即技术信息和经营信息不为公众所知悉,这是商业秘密的本质特征。

(2) 实用性。即技术信息和经营信息能给权利人带来实际的或潜在的经济利益及竞争优势,实用性是商业秘密的价值所在。

(3) 保密性。即权利人对技术信息和经营信息采取了保密措施。权利人是否采取了保密措施不仅是技术信息或经营信息能否成为商业秘密的条件,也是寻求法律保护的前提。

(4) 信息性。商业秘密的范围只包括具有信息性质的技术信息和经营信息,如生产配方、工艺流程、技术诀窍、设计图纸等技术信息;管理方法、产销策略、客户名单、货源情报等经营信息。

2) 侵犯商业秘密的行为方式

(1) 以盗窃、利诱、胁迫或者其他不正当手段获取权利人的商业秘密。这里的"不正当手段"是指一切违反诚实信用、公平竞争原则,直接从权利人处获取商业秘密的行为。

(2) 披露、使用或者允许他人使用以前项手段获取的商业秘密。

(3) 违反约定或者违反权利人有关保守商业秘密的要求,披露、使用或允许他人使用其所掌握的商业秘密。此为侵害他人商业秘密的最常见的行为。尽管侵权人是以正当的手段获得该项商业秘密,但由于对权利人有明示或默示的义务,因而不得披露、使用或者允许他人使用该商业秘密。

(4) 教唆、引诱、帮助他人违反保密义务或者违反权利人有关保守商业秘密的要求,获取、披露、使用或者允许他人使用权利人的商业秘密。

(5) 经营者以外的其他自然人、法人和非法人组织实施上述所列违法行为的,视为侵犯商业秘密。第三人明知或者应知商业秘密权利人的员工、前员工或者其他单位、个人实施上述违法行为,仍获取、披露、使用或允许他人使用该商业秘密的,视为侵犯商业秘密。虽然第三人并非直接以不正当手段获得他人的商业秘密,但是这种类似于"销赃"的行为会促使侵权人去实施上述行为,对于商业秘密权的侵害以及对公平竞争秩序的危害与上述四种违法行为是同样的。

3) 侵犯商业秘密的行为特征

(1) 依法确认商业秘密确实存在。即是否符合法定要件(秘密性、保密性、实用性和信息性),这是认定是否构成侵权的前提。

(2) 行为主体可以是经营者,也可以是其他人。包括:①合同当事人的侵犯,主要是违反合同的义务(包括附随义务),擅自将商业秘密转让给他人使用,或擅自公开,以及其他违约行为;

②职工的侵犯行为,主要是违反保密义务,擅自泄露或有意公开商业秘密,甚至私自转让以及自己使用等;③第三人所实施的侵权行为,主要是第三人通过盗取、贿赂和其他不正当竞争手段获取他人的商业秘密的行为。

(3) 客观上,行为主体实施了侵犯他人商业秘密的行为,实施的方式有盗窃、利诱、胁迫或不当披露、使用等。

(4) 行为后果是已经或可能给权利人带来损害。

5. 不正当有奖销售

【以案学法之案例 4-4】

某商场为了推销长虹彩电,于某年 3 月 21 日,在门前张贴海报:"自 3 月 21 日起购本商场 42 寸平面长虹彩电一台,赠价值 350 元的捷安特自行车一辆"。该商场在销售此款彩电时,每台售价为 3998 元。而消费者在该商场购买了售价为 3998 元的彩电后,发现其他商场同种品牌同种型号的彩电标价仅为 3500 元左右,遂于 6 月 2 日向工商局投诉该商场的欺诈行为。工商行政管理机关接到投诉后,会同物价等有关部门,在对同期市场同品牌同型号的彩电进行调查后认定:3 月至 6 月同期当地市场 42 寸平面长虹彩电的市场售价为 3500 元至 3520 元。该商场的销售价格远高于同期市场同类商品的售价。至被工商机关查处时,该商场已销售长虹彩电 21 台。

请分析:该商场的行为是否属于不正当竞争行为,依据是什么?

不正当有奖销售,是指经营者违反诚实信用原则和公平竞争原则,在销售商品或提供服务时,以提供奖励(包括金钱、实物、附加服务等)为名,实际上采取欺骗或者其他不当手段损害用户、消费者的利益,或者损害其他经营者合法权益的行为。

有奖销售是指经营者销售商品或提供服务时,附带性地向购买者提供物品、金钱或者其他经济上利益的一种促销行为,实质为赠与行为。经营者在销售商品的过程中为购买者提供适度的优惠和奖励,进行适度的让利是企业的一种促销手段,对于活跃商品流通、搞活企业有一定的积极作用。因此,法律允许有奖销售在一定范围内存在,但不得危害市场秩序造成强势企业对弱势企业的不公平竞争,损害消费者的利益。

不正当有奖销售行为的表现形式包括以下三种:

(1) 所设奖的种类、兑奖条件、奖金金额或者奖品等有奖销售信息不明确,影响兑奖。

(2) 采用谎称有奖或者故意让内定人员中奖的欺骗方式进行有奖销售,如:对中奖概率、奖励方式、数量等作虚假不实表示;谎称有奖其实无奖或声称有大奖其实只有小奖;抽奖式有奖销售中私下安排内部人员中奖等。

(3) 抽奖式的有奖销售,最高奖的金额超过 50 000 元。禁止巨奖有奖销售的主要原因在于:消费者在购买商品的时候,受到可能博取大奖的博彩心理所左右而选择购买商品,损害了消费者的利益,妨碍了市场公平竞争秩序,不利于市场竞争机制的建立。

不正当有奖销售行为的特征:行为主体是出售商品或提供服务的经营者;经营者实施了法律禁止的不正当有奖销售行为;经营者的目的在于争夺顾客,扩大市场份额,排挤竞争对手。

6. 诋毁商誉

【以案学法之案例 4-5】

某年 1 月 22 日,西安市韩森寨供应站委托某广告公司策划广告,推销自己经销的洗衣粉,之后又联系了某报刊登。广告上写着:"韩森寨供应站向全省用户推荐使用活力28洗衣粉、一枝花洗衣粉、威科88洗衣粉等国货洗涤精品,使用后为你省钱、节水、节电。韩森寨供应站提醒您,不要再使用有色洗衣粉,我们的国货精品在世界同类产品中一直名列前茅。"西安日化公司生产的山丹丹牌洗衣粉为粉红色,多年被评为国优、部优产品,但由于该广告的影响,该年山丹丹牌洗衣粉销售量从以前一直保持的2万吨以上下降到1.5万吨。

请问:韩森寨供应站的广告是否构成侵害?若不是,为什么?若是,谁应承担法律责任?

诋毁商誉是指经营者捏造、散布虚伪事实等手段,损害竞争对手的商业信誉、商品声誉,以削弱其市场竞争能力,为自己谋取不正当利益的行为。

诋毁商誉行为的特征包括以下几个方面:

(1)实施主体是经营者。经营者自己亲自实施或通过他人、利用他人实施侵害他人商誉权的行为。

(2)主观上是出于故意,并以削弱对手的竞争能力、排挤对手、占领市场为目的。

(3)侵害的客体是特定经营者的商誉权。

(4)客观上表现为捏造、散布损害他人商誉权的虚假事实。因此,它与虚假宣传在理论上存在竞合,即对特定竞争对象的诋毁商誉,同时也会构成虚假宣传。值得注意的是,构成不正当竞争行为的关键是捏造并实施散布虚伪事实的行为,即商业诽谤。在客观上能否直接造成损害竞争对手商业信誉、商品声誉的后果,无关紧要。

(5)行为后果上有损害事实发生。包括已经造成竞争对手的商誉受损的情况,也包括潜在的损害的危险存在的情况,两者都构成诋毁商誉行为。

7. 利用网络技术侵害经营者

【以案学法之案例4-6】

"3Q"大战,网民抱怨。

晚上,王女士上网点开QQ空间准备浏览,可却发现页面上出现了一则"关于腾讯公司软件服务与360软件不兼容的声明",这才记起自己用的是360浏览器。折腾了一会儿之后,王女士卸载了该浏览器后能正常打开QQ空间。与王女士有同样遭遇的是李先生,"今天一上网,就发现360与QQ不能兼容,可QQ是我的生活圈子,里面包括有家人、同事、朋友,放弃是不可能的,这是一种人脉资源的损失。"李先生说,"但平时已经习惯用360的各种功能,实在不舍得放弃。"

2010年11月3日,腾讯公司宣布拒绝向安装有360软件的用户提供相关的软件服务,强制用户在腾讯QQ和奇虎360之间"二选一",导致大量用户删除了奇虎公司的相关软件。

请问:腾讯公司的行为是否构成不正当竞争?

《反不正当竞争法》第十二条规定:经营者利用网络从事生产经营活动,应当遵守本法的各项规定。经营者不得利用技术手段,通过影响用户选择或者其他方式,实施下列妨碍、破坏其他经营者合法提供的网络产品或者服务正常运行的行为:

(1)未经其他经营者同意,在其合法提供的网络产品或者服务中,插入链接、强制进行目标跳转。

数据时代,用户流量对互联网企业的价值起着决定性作用,不少经营者为傍流量,试图在一些知名网页、软件中插入自己的信息。这种目的通常通过经提供网络产品或服务的其他经营者同意，购买广告达到，但也有一些经营者未经提供者同意，在其网络产品或服务中擅自插入自己的链接。这种行为一方面让用户误以为这是被插入产品经营者所为，可能致使用户对其服务评价的降低，进而贬抑其商业价值。另一方面也影响用户体验，侵犯了用户的合法权益，故构成不正当竞争。

(2) 误导、欺骗、强迫用户修改、关闭、卸载其他经营者合法提供的网络产品或者服务。

互联网市场中，即便两个经营者所经营的业务不同，也可能构成竞争关系，或是因某些原因互相排挤，或是一方经营者企图通过对他方网络产品或服务的贬损获利。因此一方往往通过发布关于对方产品或服务的虚假或引人误解的信息误导、欺骗，或者利用某种流氓软件等强迫手段，引导用户去修改、关闭、卸载他方的网络产品或服务，以期在竞争中获得优势地位。

(3) 恶意对其他经营者合法提供的网络产品或者服务实施不兼容。

实施不兼容行为，是指一方经营者出于某种目的，使另一方网络产品或服务的用户无法使用被实施不兼容的他方网络产品或服务的情形。而所谓的"恶意"，一般认定为是违反《反不正当竞争法》第二条诚实信用原则和商业道德要求的主观态度。不兼容行为是否构成《反不正当竞争法》所规定的不正当竞争，最重要的依据是经营者是否存在"恶意"。如上述案例中，腾讯QQ对360软件恶意实施不兼容，就属于这类不正当竞争行为。

(4) 其他妨碍、破坏其他经营者合法提供的网络产品或者服务正常运行的行为。

三、不正当竞争行为的监督检查和法律责任

为保障社会主义市场经济健康发展，鼓励和保护公平竞争，保护经营者和消费者的权益必须对不正当竞争行为进行监督检查，并依法追究实施不正当竞争行为者的法律责任。

(一) 不正当竞争行为的监督检查

监督检查，是指法定机关依照法定程序，对涉嫌违法行为的经营者采取的了解、取证、督促措施以及必要的行政强制措施。对不正当竞争行为的监督检查，包括政府专门机构的监督检查以及其他组织和个人的社会监督。

1. 政府监督检查

《反不正当竞争法》第四条规定："县级以上人民政府履行工商行政管理职责的部门对不正当竞争行为进行查处；法律、行政法规规定由其他部门查处的，依照其规定。"其他部门主要包括质量技术监督、物价、卫生行政管理等部门。

《反不正当竞争法》赋予监督检查部门下列职权：询问权、查询复制权、检查财务权、强制措施权和行政处罚权。监督检查部门调查涉嫌不正当竞争行为，可以采取下列措施：

(1) 进入涉嫌不正当竞争行为的经营场所进行检查；

(2) 询问被调查的经营者、利害关系人及其他有关单位、个人，要求其说明有关情况或者提供与被调查行为有关的其他资料；

(3) 查询、复制与涉嫌不正当竞争行为有关的协议、账簿、单据、文件、记录、业务函电和其他资料；

(4) 查封、扣押与涉嫌不正当竞争行为有关的财物；

(5) 查询涉嫌不正当竞争行为的经营者的银行账户。

监督检查部门调查涉嫌不正当竞争行为，应当遵守《中华人民共和国行政强制法》和其他有

关法律、行政法规的规定,并应当将查处结果及时向社会公开。监督检查部门调查涉嫌不正当竞争行为,被调查的经营者、利害关系人及其他有关单位、个人应当如实提供有关资料或者情况。监督检查部门及其工作人员对调查过程中知悉的商业秘密负有保密义务。

对涉嫌不正当竞争行为,任何单位和个人有权向监督检查部门举报,监督检查部门接到举报后应当依法及时处理。监督检查部门应当向社会公开受理举报的电话、信箱或者电子邮件地址,并为举报人保密。对实名举报并提供相关事实和证据的,监督检查部门应当将处理结果告知举报人。

2. 社会监督

《反不正当竞争法》第五条规定:"国家鼓励、支持和保护一切组织和个人对不正当竞争行为进行社会监督。国家机关及其工作人员不得支持、包庇不正当竞争行为。行业组织应当加强行业自律,引导、规范会员依法竞争,维护市场竞争秩序。"

(二) 不正当竞争行为的法律责任

根据《反不正当竞争法》的规定,违反该法所应承担的法律责任包括民事责任、行政责任和刑事责任。

1. 经营者的民事责任

经营者违反《反不正当竞争法》的规定,实施了不正当竞争行为,给被侵害的经营者造成损害的,应当承担其行为引起的民事责任,即侵权的民事责任。侵权的民事责任形式主要有:停止侵权、赔礼道歉、恢复原状、赔偿损失等。

因不正当竞争行为受到损害的经营者的赔偿数额,按照其因被侵权所受到的实际损失确定;实际损失难以计算的,按照侵权人因侵权所获得的利益确定。经营者恶意实施侵犯商业秘密行为,情节严重的,可以在按照上述方法确定数额的一倍以上五倍以下确定赔偿数额。赔偿数额还应当包括经营者为制止侵权行为所支付的合理开支。

经营者违反《反不正当竞争法》第六条、第九条规定,权利人因被侵权所受到的实际损失、侵权人因侵权所获得的利益难以确定的,由人民法院根据侵权行为的情节判决给予权利人500万元以下的赔偿。

2. 经营者的行政责任

不正当竞争行为的行政责任是指违反《反不正当竞争法》规定的行为人承担的行政法律后果。行政责任的责任形式主要有:责令停止违法行为、罚款、没收违法所得、取消经营者资格等。

经营者违反《反不正当竞争法》规定从事不正当竞争,有主动消除或者减轻违法行为危害后果等法定情形的,依法从轻或者减轻行政处罚;违法行为轻微并及时纠正,没有造成危害后果的,不予行政处罚。经营者违反《反不正当竞争法》规定从事不正当竞争,受到行政处罚的,由监督检查部门记入信用记录,并依照有关法律、行政法规的规定予以公示。

具体的行政责任包括以下几个方面:

第一,经营者实施混淆行为的,由监督检查部门责令停止违法行为,没收违法商品。违法经营额5万元以上的,可以并处违法经营额5倍以下的罚款;没有违法经营额或者违法经营额不足5万元的,可以并处25万元以下的罚款。情节严重的,吊销营业执照。经营者登记的企业名称违反《反不正当竞争法》第六条规定的,应当及时办理名称变更登记;名称变更前,由原企业登记机关以统一社会信用代码代替其名称。

第二，经营者贿赂他人的，由监督检查部门没收违法所得，处10万元以上300万元以下的罚款。情节严重的，吊销营业执照。

第三，经营者对其商品作虚假或者引人误解的商业宣传，或者通过组织虚假交易等方式帮助其他经营者进行虚假或者引人误解的商业宣传的，由监督检查部门责令停止违法行为，处20万元以上100万元以下的罚款；情节严重的，处100万元以上200万元以下的罚款，可以吊销营业执照。

第四，经营者发布虚假广告的，依照《中华人民共和国广告法》的规定处罚。

第五，经营者以及其他自然人、法人和非法人组织侵犯商业秘密的，由监督检查部门责令停止违法行为，没收违法所得，处10万元以上100万元以下的罚款；情节严重的，处50万元以上500万元以下的罚款。

第六，经营者进行不正当有奖销售的，由监督检查部门责令停止违法行为，处5万元以上50万元以下的罚款。

第七，经营者损害竞争对手商业信誉、商品声誉的，由监督检查部门责令停止违法行为、消除影响，处10万元以上50万元以下的罚款；情节严重的，处50万元以上300万元以下的罚款。

第八，经营者妨碍、破坏其他经营者合法提供的网络产品或者服务正常运行的，由监督检查部门责令停止违法行为，处10万元以上50万元以下的罚款；情节严重的，处50万元以上300万元以下的罚款。

3. 经营者的刑事责任

刑事责任是指依照刑事法律规定，行为人实施刑事法律禁止的行为所必须承担的后果。对于刑事责任，《反不正当竞争法》只作了原则规定，具体的刑事责任应适用刑法来确定。

本节理论知识学习小结

本节主要对不正当竞争行为及其法律责任等反不正当竞争法的有关理论知识进行了介绍。反不正当竞争法理论知识整理如图4-1所示。

反不正当竞争法律制度理论知识
- 反不正当竞争法概述
- 不正当竞争行为的概念和种类（共7类）
- 不正当竞争行为的监督检查和法律责任

图4-1 反不正当竞争法理论知识整理

任务三 知识巩固与能力提升

一、知识巩固

（一）单项选择题

1. 我国《反不正当竞争法》所称的不正当竞争行为主体是（   ）。
   A. 生产者　　　　B. 经营者　　　　C. 消费者　　　　D. 国家机关

2. 《反不正当竞争法》中的"经营者"是指（   ）。
   A. 企业法人的法定代表人

B. 从事商品经营或营利性服务的个人

C. 从事商品经营或营利性服务的法人

D. 从事商品经营或营利性服务的法人、其他经济组织和个人

3. 甲酒厂生产的"九月红"高粱酒，在本省市场上颇有名气。后来，乙酒厂推出"状元乐"高粱酒，其酒瓶形状和瓶贴标签的图样、色彩与"九月红"几乎一样，但使用的注册商标、商品名称以及厂名厂址均不同。对此，下列表述中正确的是（　　）。

A. 两种商品装潢虽近似但常喝"九月红"的人仔细辨认可加以区别，故乙酒厂的行为不受法律禁止

B. 两种商品装潢外观近似，足以造成购买者误认，故乙酒厂的行为构成不正当竞争

C. 因注册商标、商品名称以及厂名厂址均不相同，乙酒厂对甲酒厂不构成侵权

D. "九月红"商标不是驰名商标，其外观又未获得专利，甲酒厂不能起诉乙酒厂侵犯商标权或专利权

4. 某白酒厂在其产品的瓶颈上挂一标签，标签上印有"获1910年柏林国际白酒博览会金奖"字样和一个带外文的徽章。事实上，该厂的白酒产品自1998年才开始投放市场，也从未得过任何奖项。则这一行为（　　）。

A. 该行为构成虚假表示行为

B. 该行为构成虚假宣传行为

C. 根据《民法通则》，该行为构成欺诈的民事行为

D. 该行为违反商业道德，但不违反法律

5. 甲商场与乙电视机厂因货款纠纷产生矛盾，甲不再经销乙的产品。当客户询问甲的营业人员是否有乙厂电视机时，营业人员故意说："乙厂的电视机质量不好，价格又贵，所以我们不再卖他们的产品了。"下列表述正确的是（　　）。

A. 甲侵犯了乙的企业名称权

B. 甲侵犯了乙的荣誉权

C. 甲的行为属于诋毁乙商业信誉的行为

D. 甲没有通过宣传媒介说乙厂的产品质量不好，故不构成诋毁商业信誉

6. 我国《反不正当竞争法》规定，抽奖式有奖销售最高奖金的金额不得超过人民币（　　）元。

A. 30 000　　　　B. 50 000　　　　C. 70 000　　　　D. 100 000

7. 违背相对交易人的意愿的搭售行为是侵害了购买者的（　　）权。

A. 自主选择　　B. 知悉真情　　C. 维护尊严　　D. 依法求偿

8. 下列各项中，不属于《反不正当竞争法》的保护对象是（　　）。

A. 只限家族内部直系亲属知悉的某祖传中医秘方，采取了严格的保密措施

B. 某公司将某产品设计方案作为商业秘密保护，但被相关公众通过逆向工程获得

C. 某著名连锁经营快餐店的店堂装饰等具有独特风格的整体营业形象

D. 某著名歌唱演员的艺名

9. 实施滥用行政权力不正当竞争行为的主体是（　　）。

A. 具有独占地位的经营者　　　　B. 公用企业

C. 专卖企业　　　　　　　　　　D. 政府及其所属部门

10. 经营者的不正当竞争行为给被侵害的经营者造成的损失难以计算的,向被侵害人赔偿的赔偿额为(   )。

A. 受害人在被侵权期间所获得的利润

B. 侵权人在侵权期间所获得的利润

C. 侵权人在侵权期间因侵权所获得的利润

D. 侵权人在侵权期间因侵权所获得的利润的2倍

（二）多项选择题

1. 我国《反不正当竞争法》严加禁止的不正当竞争行为有(   )。

A. 以格式合同对消费者作出不合法律规定的行为

B. 侵犯消费者的人身权行为

C. 产品无中文标明的产品名称行为

D. 商业贿赂行为

E. 混淆行为

2. 成为商业秘密的条件是(   )。

A. 秘密性　　　　B. 实用性　　　　C. 保密性　　　　D. 先进性

3. 下列行为中,属于侵犯商业秘密行为的是(   )。

A. 披露、使用或允许他人使用以不正当手段获取的权利人的商业秘密

B. 以盗窃、利诱、胁迫或其他不正当手段获取权利人的商业秘密

C. 第三人通过违反保守商业秘密约定的人公开披露而获悉秘密并加以使用

D. 违反约定或权利人有关保守商业秘密的要求,披露、使用或允许他人使用其所掌握的商业秘密

4. 下列(   )是不正当竞争行为。

A. 甲厂捏造乙厂偷工减料,但只告诉了乙厂的几家客户

B. 甲厂产品发生质量事故,舆论误以为乙厂产品,乙厂公开说明事实真相

C. 甲电器公司为取得竞争优势,许诺给以高薪、出国进修等优惠条件,一个月内挖走竞争对手乙公司业务骨干8人

D. 甲汽车公司散布乙汽车公司售后服务差的虚假事实,虽未指名,但一般人可以推知

5. 经营者给(   )的,必须如实入账,接受折扣、佣金的经营者必须如实入账。

A. 对方折扣　　　B. 对方佣金　　　C. 中间人折扣　　　D. 中间人佣金

（三）判断题

1. 不正当竞争行为是指经营者违反《反不正当竞争法》规定,损害其他经营者的合法权益,扰乱社会经济秩序的行为。所以,不正当竞争行为不损害消费者的利益。(   )

2. 我国对不正当竞争行为的监督检查由工商行政管理部门专门负责,其他部门不得插手。(   )

3. 凡是不为公众所知悉的技术信息和经营信息都属于商业秘密。(   )

4. 乙从甲处窃取了一份新产品设计图纸。丙知道后,花钱从乙处买了一份复印件,但丙并未使用这份图纸,则丙的行为没有侵犯甲的商业秘密。(   )

5. 佣金是给付中间人的,但是有时合同当事人的经办人也可以收取佣金。(   )

二、项目实训与能力提升

(一) 以法析案

1. A单位经过介绍人B向C服装厂订购工作服500套,双方在合同中表明:C服装厂给A单位10%的折扣优惠。A单位依照合同通过银行转账支付了450套的货款,C服装厂提款后一个月交货给A单位。同时C服装厂为了酬谢介绍人B,支付介绍费1000元。试分析:

(1) C服装厂与A单位的交易行为中有无不合法的?为什么?

(2) 介绍人B收取C服装厂的1000元是否合法?

2. 甲公司开发出一种新型的金色热水瓶胆。为了打开销路,该公司召开了一个新闻发布会。会上,该公司宣称传统的银色热水瓶胆含有对人体有害的物质,而其金色热水瓶胆则是符合人体健康要求的安全产品。事实上,并没有任何证据证明银色热水瓶胆有毒。但不明真相的消费者纷纷拒买银色热水瓶胆,给银色瓶胆的生产经营者造成很大损失。

请问:甲厂的行为是什么性质?应如何处理?

(二) 能力提升训练

组织学生对网络刷单问题展开课堂讨论,引导学生认清刷单行为对竞争秩序的危害。

第二节 反垄断法律制度

任务一 课前思考

一、问题提出

(1) 什么是横向垄断协议?什么是纵向垄断协议?

(2) 什么是滥用市场支配地位?

(3) 什么是经营者集中?

(4) 有哪些垄断行为?

(5) 反垄断法与反不正当竞争法的关系如何?

二、案例导入

原告北京京东世纪贸易有限公司和北京京东叁佰陆拾度电子商务有限公司起诉被告浙江天猫网络有限公司、浙江天猫技术有限公司、阿里巴巴集团控股有限公司,状告三被告通过签订"独家合作"等方式,要求在天猫开设店铺的众多品牌只能在天猫开店,而不得在京东参加促销活动和开店,这种"二选一"行为,侵犯了原告的合法权益,请求法院判令三被告停止滥用市场支配地位的行为,赔偿原告经济损失人民币10亿元。

请思考:

(1) 什么是市场支配地位?被告是否具有市场支配地位?

(2) "二选一"是否构成对市场支配地位的滥用?

任务二 理论知识学习

一、反垄断法概述

（一）反垄断法的概念

反垄断法有广义和狭义之分。广义的反垄断法是指国家为保护和促进竞争，调整在规范垄断和限制竞争行为的过程中产生的企业和企业联合组织相互间竞争关系的法律规范的总和。狭义的反垄断法是指《反垄断法》。该法于2007年8月30日由中华人民共和国第十届全国人民代表大会常务委员会第二十九次会议通过，自2008年8月1日起施行。

反垄断法因其经济政策性强，同时又因其规制垄断和限制竞争的基本内容，而具有竞争法的一般特征，因此，在许多国家，反垄断法又被称为竞争政策法。

反垄断法在预防和制止垄断行为、保护市场公平竞争、提高经济运行效率、维护消费者利益和社会公共利益、促进市场经济健康发展等方面具有极其重要的作用。在西方国家，反垄断法又有"市场经济的基石""经济宪法"之称。

据最高人民法院数据，截至2017年底，新收反垄断民事诉讼一审案件700件，审结630件，案件涉及交通、保险、医药、食品等多个行业领域。

（二）反垄断法的适用范围

1. 适用范围

反垄断法的适用范围包括两个方面：

（1）我国境内经济活动中的垄断行为；

（2）我国境外的对境内市场竞争产生排除、限制影响的垄断行为。

2. 反垄断法的适用除外

（1）知识产权的依法正当行使。经营者依照有关知识产权的法律、行政法规规定行使知识产权的行为，不适用反垄断法。但是，经营者滥用知识产权，排除、限制竞争的行为，适用反垄断法。

（2）农业生产领域的联合或协同行为。农业生产者及农村经济组织在农产品生产、加工、销售、运输、储存等经营活动中实施的联合或者协同行为不适用反垄断法。

对于特定行业，《反垄断法》第七条作出特别规定："国有经济占控制地位的关系国民经济命脉和国家安全的行业以及依法实行专营专卖的行业，国家对其经营者的合法经营活动予以保护，并对经营者的经营行为及其商品和服务的价格依法实施监管和调控，维护消费者利益，促进技术进步。"这些行业的经营者应当依法经营、诚实守信、严格自律，接受社会公众的监督，不得利用其控制地位或者专营专卖地位损害消费者利益。

反垄断法与反不正当竞争法的关系

反垄断法与反不正当竞争法既存在密切联系，又相互区别。

（一）联系

（1）两者均以市场竞争关系为调整对象，旨在规范经营者的竞争行为，维护和营造公平的竞争秩序，确保竞争机制正常发挥其作用。

（2）两者都属于竞争法的范畴。

（3）两者互为补充，互相配合，共同构成市场监管法的核心。一方面，打破垄断和引入竞争是国家颁布和实施反不正当竞争法的前提，反垄断法为反不正当竞争法的执行提供了保障。另一方面，反垄断法的实施也需要反不正当竞争法的配合和补充。反垄断法保护的竞争自由，必须在反不正当竞争法所允许的范围内进行。只有在经营者不违反反不正当竞争法的条件下，其竞争自由才受到反垄断法的保护。

（二）主要区别

反不正当竞争法主要禁止不正当竞争行为，而反垄断法主要禁止垄断行为，两者之间存在明显的区别。

（1）立法目的不同。反垄断法的立法目的是解决市场中没有竞争的问题，维护市场竞争机制；而反不正当竞争法的立法目的是解决市场中不正当竞争的问题。

（2）规制的主体条件不同。一般而言，反垄断法所规制的主体具有经济上的某种优势地位，而反不正当竞争法所规制的主体则不一定具有经济优势。

（3）规制的行为不同。反垄断法规制的是排除、限制竞争的垄断行为，而反不正当竞争法规制的则是通过不正当手段获取竞争利益的不正当竞争行为。

二、垄断行为

（一）垄断协议

【以案学法之案例 4-7】

我国某原料药 BCS 市场需求量 1500 吨/年～1600 吨/年。2017 年以来，该产品实际只有 A、B、C 三家企业生产。2017 年年底，三家企业通过电话沟通、当面交流、召开会议等方式，最终达成协议，共同约定：自 2018 年 3 月 1 日起统一提高 BCS 原料药销售价格，对制药企业执行 33 元/公斤的价格。上述涨价协议后，当事人在实际销售过程中严格按照上述协议内容予以执行。垄断协议达成前，当事人销售平均价格为 9.3 元/公斤。另查明，当事人 2017 年度销售额近 7000 万元。最终市场监管部门依据《反垄断法》的规定，处没收违法所得 136.09 万元，处以 2017 年度销售额 6908.41 万元 4% 的罚款，计 276.34 万元的处罚。

请问：三家企业的行为属于什么行为？其作为是否违反了《反垄断法》？为什么？

垄断协议，是两个以上的经营者为取得市场支配地位，排除、限制竞争而达成协议，作出决定或者其他协同的行为，是市场经济条件下最常见的限制与排除竞争的方式。

1. 垄断协议的表现形式

（1）协议。协议是指两个以上的经营者达成的排除、限制竞争的合意。协议可以是书面的，也可以是口头的。

（2）决定。决定是指企业集团、其他企业联合体、行业协会等作出的要求成员企业共同实施排除、限制竞争的决议，包括章程、规章、决定、决议、标准合同、参考价格表等。

（3）协同行为。协同行为是指经营者虽然没有达成协议，也没有可供遵循的决定，但彼此间共同实施的排除、限制竞争的协调、合作行为。

2. 垄断协议的分类

垄断协议，按照其形态的不同，可以分为横向垄断协议和纵向垄断协议。

1）横向垄断协议

横向垄断协议，即水平协议，是指具有竞争关系的经营者之间达成的限制竞争的垄断协议。参与横向垄断协议的经营者之间存在竞争关系。

反垄断法禁止的横向垄断协议，主要有：固定或者变更商品价格的协议；限制商品的生产数量或者销售数量的协议；分割销售市场或者原材料采购市场的协议；限制购买新技术、新设备或者限制开发新技术、新产品的协议；联合抵制交易的协议，即经营者达成联合拒绝向特定经营者供货或者销售商品以及联合拒绝采购或者销售特定经营者的商品的协议；国务院反垄断执法机构认定的其他垄断协议。

2）纵向垄断协议

纵向垄断协议，即垂直协议，是指经营者与交易相对人之间达成的限制竞争垄断协议。参与纵向垄断协议的主体之间存在买卖关系，不存在竞争关系，具有互补性。

反垄断法禁止的纵向垄断协议，主要有：固定向第三人转售商品的价格；限定向第三人转售商品的最低价格；国务院反垄断执法机构认定的其他垄断协议。

3. 垄断协议的豁免

经营者能够证明所达成的协议属于下列情形之一的，实行垄断协议豁免：

（1）为改进技术、研究开发新产品的；

（2）为提高产品质量、降低成本、增进效率，统一产品规格、标准或者实行专业化分工的；

（3）为提高中小经营者经营效率，增强中小经营者竞争力的；

（4）为实现节约能源、保护环境、救灾救助等社会公共利益的；

（5）因经济不景气，为缓解销售量严重下降或者生产明显过剩的；

（6）为保障对外贸易和对外经济合作中的正当利益的；

（7）法律和国务院规定的其他情形。

其中，经营者还应当证明上述（1）～（5）项所达成的协议不会严重限制相关市场的竞争，并且能够使消费者分享由此产生的利益。

4. 垄断协议的法律责任

（1）行政责任。根据《反垄断法》第四十六条的规定，经营者达成并实施垄断协议的，由反垄断执法机构责令停止违法行为，没收违法所得，并处上一年度销售额1%以上10%以下的罚款；尚未实施所达成的垄断协议的，可以处50万元以下的罚款。

行业协会组织本行业的经营者达成垄断协议的，反垄断执法机构可以处五十万元以下的罚款；情节严重的，社会团体登记管理机关可以依法撤销登记。

经营者主动向反垄断执法机构报告达成垄断协议的有关情况并提供重要证据的，反垄断执法机构可以酌情减轻或者免除对该经营者的处罚。

（2）民事责任。根据《反垄断法》第五十条的规定，经营者实施垄断行为，给他人造成损失的，依法承担民事责任。

（二）滥用市场支配地位

【以案学法之案例 4-8】

若上述 4-7 案例中 A、B、C 三家企业签署协议，统一将产品交给药品经销商 D 销售，即由 D 包销，并约定价格以及事后的利润分配等事项。D 向所有的原料药下游企业宣布抬高价格，提出要求或者条件，并按协议，将利润和三家生产企业进行分配。

请问：A、B、C 三家企业的行为属于反垄断法规制的哪种行为？经销商 D 的行为又属于哪种行为？为什么？

【以案学法之案例 4-9】

腾讯"QQ"和"360"是互联网业的两大客户端软件。两者之间的纠纷始于 2010 年春节期间腾讯公司推出的一款软件："QQ 医生"（后升级为"QQ 电脑管家"）。该软件几乎涵盖了"360 安全卫士"所有的主流功能，用户体验也与 360 极其类似。作为回应，奇虎公司推出一款"360 隐私保护器"，并声称 QQ 客户端软件通过扫描用户硬盘来窥探用户隐私，而后又推出一款"扣扣保镖"，该软件的核心功能是过滤各种自动弹出的小广告，拦截了给腾讯公司带来大部分营业收入的广告以及相关增值业务。11 月 3 日晚，腾讯 QQ 通过弹窗发表了《致广大 QQ 用户的一封信》，声称 QQ 客户端将不能与 360 兼容，QQ 将在装有 360 软件的电脑上停止工作，要求用户"二选一"。2012 年 4 月，奇虎公司以腾讯垄断为由把腾讯告上法庭，诉讼理由主要有两个：一是腾讯在"3Q 大战"中擅自中止用户服务，利用其市场垄断地位要求用户在两家产品间"二选一"；二是腾讯公司将其安全产品"QQ 电脑管家"与其即时通信软件 QQ 捆绑。

请问：腾讯 QQ 在即时通信软件领域是否存在滥用市场支配地位的行为？是否构成垄断行为？

1. 市场支配地位的概念

市场支配地位，在不同国家有不同说法。在美国的反托拉斯法中，被称为"垄断力""市场势力"；在德国的《反限制竞争法》中称为"控制市场的企业"；在我国《反垄断法》中，市场支配地位是指经营者在相关市场内具有能够控制商品价格、数量或者其他交易条件，或者能够阻碍、影响其他经营者进入相关市场能力的市场地位。

课堂讨论 4-1

某企业的市场份额达到了 60% 以上，那它属于垄断吗？行业前两名的市场份额加起来超过了 60%，这也算垄断吗？

2. 滥用市场支配地位的条件

经营者滥用市场支配地位，需要具备两个条件：

1）具有市场支配地位

认定经营者是否具有市场支配地位，应考虑的因素有：

(1) 该经营者在相关市场的市场份额，以及相关市场的竞争状况；

(2) 该经营者控制销售市场或者原材料采购市场的能力；

(3) 该经营者的财力和技术条件；

(4) 其他经营者对该经营者在交易上的依赖程度；

（5）其他经营者进入相关市场的难易程度；

（6）与认定该经营者市场支配地位有关的其他因素。

经营者具有市场支配地位的推定标准。经营者有下列情形之一的，可以推定具有市场支配地位：一个经营者在相关市场的市场份额达到二分之一的；两个经营者在相关市场的市场份额合计达到三分之二的；三个经营者在相关市场的市场份额合计达到四分之三的。

在上述情形中，有的经营者市场份额不足十分之一的，不应当推定该经营者具有市场支配地位。被推定具有市场支配地位的经营者，有证据证明不具有市场支配地位的，不应当认定其具有市场支配地位。

2）滥用市场支配地位

经营者从事下列行为，可认定为滥用市场支配地位：

（1）垄断价格，即以不公平的高价销售商品或者以不公平的低价购买商品；

（2）掠夺性定价，即没有正当理由，以低于成本的价格销售商品，目的是排挤竞争对手，进而更有效地控制市场；

（3）拒绝交易，即没有正当理由，拒绝与交易相对人进行交易；

（4）限定交易，即没有正当理由，限定交易相对人只能与其进行交易或者只能与其指定的经营者进行交易；

（5）捆绑销售，即没有正当理由搭售商品，或者在交易时附加其他不合理的交易条件；

（6）差别对待，即没有正当理由，对条件相同的交易相对人在交易价格等交易条件上实行差别待遇，价格歧视是其典型表现；

（7）国务院反垄断执法机构认定的其他滥用市场支配地位的行为。

3. 滥用市场支配地位的法律责任

（1）行政责任。根据《反垄断法》第四十七条的规定，经营者滥用市场支配地位，由反垄断执法机构责令停止违法行为，没收违法所得，并处上一年度销售额1%以上10%以下的罚款。

（2）民事责任。根据《反垄断法》第五十条的规定，经营者实施垄断行为，给他人造成损失的，依法承担民事责任。

（三）经营者集中

经营者集中是一把双刃剑，它能带来积极的影响，同时也可能产生负面的影响。为有效防止经营者集中带来的负面影响，各国都对一定的经营者集中行为进行反垄断调查。

1. 经营者集中的概念

经营者集中是指经营者通过合并、收购、委托经营、合同约定、人事安排等方式控制其他经营者或对其他经营者施加决定性影响，提高市场地位的行为，它属于市场行为中的组织调整行为。

2. 经营者集中的方式

（1）经营者合并，即两个或两个以上经营者合为一个经营者，从而导致经营者集中的行为。

（2）经营者通过取得股权或者资产的方式取得对其他经营者的控制权。经营者通过购买、置换等方式直接或间接控制一个或多个经营者的部分或整体的行为，属于经营者集中的行为；经营者取得其他经营者的股权、资产是为了作为股东分享其他经营者的利润，则不属于反垄断法所指的经营者集中行为。

(3) 经营者通过合同等方式取得对其他经营者的控制权或者能够对其他经营者施加决定性影响。

3. 经营者集中的申报与豁免

1) 申报

反垄断法规定的经营者集中的事先申报制度,是反垄断执法机构对经营者集中行为进行控制的主要手段。经营者集中达到国务院规定的申报标准的,经营者应当事先向国务院反垄断执法机构申报,未申报的不得实施集中。反垄断执法机构通过审查,决定是否允许经营者实施集中。

2) 豁免

对于不会对竞争产生负面影响的经营者集中,可以不用申报。根据《反垄断法》的规定,经营者集中有下列情形之一的,可以不向国务院反垄断执法机构申报:参与集中的一个经营者拥有其他每个经营者50%以上有表决权的股份或者资产的;参与集中的每个经营者50%以上有表决权的股份或者资产被同一个未参与集中的经营者拥有的。

4. 经营者集中的审查

1) 审查程序

经营者集中的审查包括初步审查和进一步审查两个阶段。

(1) 初步审查阶段。国务院反垄断执法机构应当自收到文件、资料之日起三十天内,对申报的经营者集中进行初步审查,作出是否实施进一步审查的决定,并书面通知经营者。国务院反垄断执法机构作出决定前,经营者不得实施集中。国务院反垄断执法机构作出不实施进一步审查的决定或者逾期未作出决定的,经营者可以实施集中。

(2) 进一步审查阶段。国务院反垄断执法机构决定实施进一步审查的,应当自决定之日起九十日内审查完毕,作出是否禁止经营者集中的决定,并书面通知经营者。作出禁止经营者集中的决定,应当说明理由。审查期间,经营者不得实施集中。

审查期限的延长。有下列情形之一的,国务院反垄断执法机构经书面通知经营者,可以延长审查期限,但最长不得超过六十日:经营者同意延长审查期限的;经营者提交的文件、资料不准确,需要进一步核实的;经营者申报后有关情况发生重大变化的。

2) 审查标准

审查经营者集中,应当考虑以下因素:

(1) 参与集中的经营者在相关市场的市场份额及其对市场的控制力;

(2) 相关市场的市场集中度;

(3) 经营者集中对市场进入、技术进步的影响;

(4) 经营者集中对消费者和其他有关经营者的影响;

(5) 经营者集中对国民经济发展的影响;

(6) 国务院反垄断执法机构认为应当考虑的影响市场竞争的其他因素。

3) 审查决定

经营者集中具有或者可能具有排除、限制竞争效果的,国务院反垄断执法机构应当作出禁止经营者集中的决定。但是,经营者能够证明该集中对竞争产生的有利影响明显大于不利影响,或者符合社会公共利益的,国务院反垄断执法机构可以作出对经营者集中不予禁止的决定。

4) 对外资参与经营者集中的审查

对外资并购境内企业或者以其他方式参与经营者集中,涉及国家安全的,除依法进行经营者集中审查外,还应当按照国家有关规定进行国家安全审查。

5. 经营者集中的法律责任

(1) 行政责任。根据《反垄断法》第四十八条的规定,经营者违法实施集中的,由国务院反垄断执法机构责令停止实施集中、限期处分股份或者资产、限期转让营业以及采取其他必要措施恢复到集中前的状态,可以处50万元以下的罚款。

(2) 民事责任。根据《反垄断法》第五十条的规定,经营者实施垄断行为,给他人造成损失的,依法承担民事责任。

(四) 滥用行政权力排除、限制竞争

【以案学法之案例 4-10】

在 G 省教育行政部门主办的"工程造价基本技能赛项"省级比赛中,该教育行政部门指定甲股份软件有限公司提供的软件为独家参赛软件。原告 S 市乙公司认为主办者滥用行政权力排除竞争,向被告所在地的中级人民法院提起行政诉讼,请求确认该行为违法。

请问:该教育行政部门的做法是否违反了《反垄断法》的规定?为什么?

【以案学法之案例 4-11】

2017年,葫芦岛市建昌县城乡规划建设局下发的《关于在县城新增自来水用户统一启用智能水表的通知》中要求"用户必须使用经政府采购确定品牌的水表。如开发建设单位不能遵守该规定,供水单位将不予供水管网接入,城建局不进行工程竣工验收"。葫芦岛市工商局对建昌县城乡规划建设局的行为进行了调查。目前,建昌县城乡规划建设局已经废止了上述文件。

请问:建昌县城乡规划建设局的行为属于滥用行政权力排除、限制竞争中的哪种表现形式?

1. 概念

滥用行政权力排除、限制竞争,即行政性垄断,是指行政机关和法律、法规授权的具有管理公共事务职能的组织滥用行政权力,排除或者限制市场竞争形成垄断的行为。

2. 滥用行政权力排除、限制竞争的表现形式

(1) 强制交易。行政机关和法律、法规授权的具有管理公共事务职能的组织滥用行政权力,限定或者变相限定单位或者个人经营、购买、使用其指定的经营者提供的商品的行为。

(2) 地区封锁,又称地区垄断。行政机关和法律、法规授权的具有管理公共事务职能的组织滥用行政权力,实施妨碍商品在地区之间的自由流通的行为。具体表现为:对外地商品设定歧视性收费项目、实行歧视性收费标准,或者规定歧视性价格;对外地商品规定与本地同类商品不同的技术要求、检验标准,或者对外地商品采取重复检验、重复认证等歧视性技术措施,限制外地商品进入本地市场;采取专门针对外地商品的行政许可,限制外地商品进入本地市场;设置关卡或者采取其他手段,阻碍外地商品进入或者本地商品运出;妨碍商品在地区之间自由流通的其他行为。

(3) 行政限制跨地区招投标。行政机关和法律、法规授权的具有管理公共事务职能的组织滥用行政权力,以设定歧视性资质要求、评审标准或者不依法发布信息等方式,排斥或者限制外地经营者参加本地的招标投标活动的行为。

(4) 行政限制跨地区投资。行政机关和法律、法规授权的具有管理公共事务职能的组织滥用行政权力,采取与本地经营者不平等待遇等方式,排斥或者限制外地经营者在本地投资或者设立分支机构的行为。

(5) 强制经营者从事垄断行为。行政机关和法律、法规授权的具有管理公共事务职能的组织滥用行政权力,强制经营者从事反垄断法规定的垄断行为的行为。

(6) 抽象行政垄断行为。行政机关滥用行政权力,制定含有排除、限制竞争内容的规定的抽象行政行为。

3. 滥用行政权力排除、限制竞争的法律责任

行政机关和法律、法规授权的具有管理公共事务职能的组织滥用行政权力,实施排除、限制竞争行为的,由上级机关责令改正;对直接负责的主管人员和其他直接责任人员依法给予处分。反垄断执法机构可以向有关上级机关提出依法处理的建议。

三、对涉嫌垄断行为的调查

(一) 反垄断调查机构及其职权

1. 反垄断委员会

国务院设立反垄断委员会,负责组织、协调、指导反垄断工作,履行下列职责:

(1) 研究拟订有关竞争政策;
(2) 组织调查、评估市场总体竞争状况,发布评估报告;
(3) 制定、发布反垄断指南;
(4) 协调反垄断行政执法工作;
(5) 国务院规定的其他职责。

2. 反垄断执法机构

国家市场监督管理局为国务院反垄断执法机构,依法负责反垄断执法工作。国务院反垄断执法机构根据工作需要,可以授权省、自治区、直辖市人民政府相应的机构,依法负责有关反垄断执法工作。

(二) 反垄断调查措施

反垄断执法机构依法对涉嫌垄断行为进行调查。调查可以采取的措施有以下几种:

(1) 进入被调查的经营者的营业场所或者其他有关场所进行检查;
(2) 询问被调查的经营者、利害关系人或者其他有关单位或者个人,要求其说明有关情况;
(3) 查阅、复制被调查的经营者、利害关系人或者其他有关单位或者个人的有关单证、协议、会计账簿、业务函电、电子数据等文件和资料;
(4) 查封、扣押相关证据;
(5) 查询经营者的银行账户。

(三) 反垄断调查的中止、恢复和终止

(1) 调查的中止。对反垄断执法机构调查的涉嫌垄断行为,被调查的经营者承诺在反垄断执法机构认可的期限内采取具体措施消除该行为后果的,反垄断执法机构可以决定中止调查。中止调查的决定应当载明被调查的经营者承诺的具体内容。

(2)恢复调查。有下列情形之一的,反垄断执法机构应当恢复调查:经营者未履行承诺的;作出中止调查决定所依据的事实发生重大变化的;中止调查的决定是基于经营者提供的不完整或者不真实的信息作出的。

(3)调查的终止。反垄断执法机构决定中止调查的,应当对经营者履行承诺的情况进行监督。经营者履行承诺的,反垄断执法机构可以决定终止调查。

本节理论知识学习小结

本节主要对反垄断法概述、垄断行为和对涉嫌垄断行为的调查等理论知识进行了系统性介绍。反垄断法律制度理论知识整理如图4-2所示。

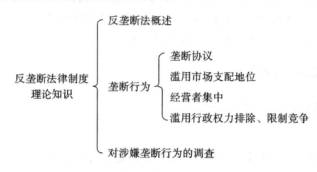

图4-2 反垄断法律制度理论知识整理

任务三 知识巩固与能力提升

一、知识巩固

(一)单项选择题

1. 关于我国反垄断法的效力,以下说法中正确的是( )。
A. 反垄断法适用于我国境内,无域外效力
B. 对于农业生产者在农产品的生产、加工、销售等领域实施的联合或者协同行为,不适用反垄断法
C. 对于知识产权领域,即使经营者滥用知识产权实施排除、限制竞争的行为,也不适用反垄断法,而适用知识产权方面的法律、法规
D. 反垄断法只调整境内的经济垄断行为,不针对滥用权力排除、限制竞争的行为

2. 根据反垄断法律制度的规定,下列各项中,属于滥用市场支配地位行为的是( )。
A. 划分市场　　B. 联合抵制　　C. 固定价格　　D. 掠夺性定价

3. 某饮料生产企业与其各地的销售商协议约定该饮料的销售价格,不允许任何销售商降低或提升价格。该行为属于( )。
A. 横向垄断协议　　B. 纵向垄断协议　　C. 限定交易　　D. 限制市场准入

4. 某行业协会的全体会员企业在相关市场的市场份额合计达到85%。由于近期原材料涨价影响了行业利润,该协会遂组织召开了由会员企业领导人参加的"行业峰会",与会代表达成了提高产品价格的共识。会议结束后,该协会向全体会员企业印发了关于提高本行业产品价格

的通知,明确要求会员企业统一将产品价格提高15%。接到通知后,会员企业按要求实施了涨价。根据反垄断法律制度的规定,下列说法中,正确的是( )。

A. 行业协会实施了滥用市场支配地位行为
B. 行业协会实施了经营者集中行为
C. 行业协会实施了行政性限制竞争行为
D. 行业协会实施了组织本行业经营者达成垄断协议的行为

5. 某市旅游协会为防止零团费等恶性竞争,召集当地旅行社商定对游客统一报价。此计划实施前,甲旅行社主动向反垄断执法机构报告了这一情况并提供了重要证据。根据反垄断法律制度的规定,下列说法正确的是( )。

A. 该旅游协会的行为属于正当的行业自律行为
B. 由于尚未实施,该旅游协会的行为不构成垄断行为
C. 如该旅游协会的行为构成垄断行为,某市旅游局可对其处以一定数额的罚款
D. 如构成垄断行为,对甲旅行社可酌情减轻或免除处罚

6. 根据《反垄断法》的规定,对于特定种类的可豁免垄断协议,经营者应当证明所达成协议不会严重限制相关市场的竞争,并且能够使消费者分享由此产生的利益,下列各项中,不属于上述特定种类的可豁免垄断协议的是( )。

A. 为改进技术、研究开发新产品的协议
B. 为提高产品质量、降低成本、增进效率,统一产品规格、标准或者实行专业化分工的协议
C. 为提高中小经营者经营效率,增强中小经营者竞争力的协议
D. 为保障对外贸易和对外经济合作中的正当利益的协议

7. 下列不是垄断协议的是( )。

A. A商场和B商场约定:前者占据北京市场,后者占据天津市场
B. 因为价格问题,甲乙两家汽车厂口头约定都不购买丙钢铁公司的钢材
C. 甲药厂和乙医药连锁超市约定:后者出售前者的某种专利药品只能按某价格出售
D. 甲药厂和乙医药连锁超市约定:后者出售前者的某种专利药品最高按某价格出售

8. 依《反垄断法》规定,依据其在相关市场的市场份额,可以推定( )具有市场支配地位。

A. 合计份额达到四分之三的三个经营者
B. 合计份额达到三分之二的两个经营者
C. 合计份额达到三分之二的两个经营者,其中份额不足十分之一的经营者
D. 份额达到二分之一的一个经营者

(二)多项选择题

1. 根据《反垄断法》的规定,负责承担反垄断职责的主体有( )。

A. 国务院反垄断委员会 B. 商务部
C. 国有资产监督管理机构 D. 国家市场监督管理局

2. 我国《反垄断法》规定的垄断行为包括( )。

A. 政府利用行政权力宏观调控 B. 经营者达成垄断协议
C. 经营者滥用市场支配地位 D. 具有排除、限制竞争效果的经营者集中
E. 滥用行政权力排除、限制竞争

3. 下列属于联合抵制交易协议的有（   ）。
A. 联合拒绝向特定经营者供货或者销售商品
B. 联合拒绝采购或者销售特定经营者的商品
C. 联合限定特定经营者不得与其具有竞争关系的经营者进行交易
D. 以拒绝供货、限制商品投放量等方式限制商品的销售数量或者限制商品特定品种、型号的销售数量

4. 根据反垄断法律制度的规定，下列各项中属于横向垄断协议的有（   ）。
A. 固定或者变更商品价格
B. 限制商品的生产数量或者销售数量
C. 固定向第三人转售商品的价格
D. 为改进技术而达成的垄断协议

5. 根据《反垄断法》的规定，下列各项中，属于经营者集中的有（   ）。
A. 经营者合并
B. 经营者通过取得股权或资产的方式取得对其他经营者的控制权
C. 经营者通过合同取得对其他经营者的控制权
D. 经营者通过合同外的方式取得能够对其他经营者施加决定性影响的地位

6. 滥用行政权力排除、限制竞争的行为是我国《反垄断法》规制的垄断行为之一。关于这种行为，下列选项中正确的有（   ）。
A. 实施这种行为的主体，不限于行政机关
B. 实施这种行为的主体，不包括中央政府部门
C.《反垄断法》对这种行为的规制，限定在商品流通和招投标领域
D.《反垄断法》对这种行为的规制，主要采用行政责任的方式

7. 在对经营者集中进行反垄断审查时，反垄断执法机构应主要考虑的因素有（   ）。
A. 参与集中的经营者在相关市场的市场份额及市场的控制力
B. 相关市场的集中度
C. 经营者集中对市场进入、技术进步的影响
D. 经营者集中对消费者的影响

8. 在某市场中，甲乙丙分别占据着40%、30%、9%的份额，其他经营者的份额都不足1%，其中关于甲乙丙市场支配地位的表述正确的是（   ）。
A. 认定甲有　　　　B. 推定甲有　　　　C. 推定乙有　　　　D. 推定丙有

（三）判断题

1.《反垄断法》仅适用于中华人民共和国境内经济活动中的垄断行为。（   ）
2. 根据《反垄断法》规定，实施垄断行为的主体只能是企业。（   ）
3. 事先申报制度规定经营者要得到反垄断执法机构的许可才能实施集中。（   ）
4. 某大型公司的产品在市场上拥有55%的市场份额，该公司一定具有市场支配地位。
（   ）
5.《反垄断法》的立法宗旨是预防和制止垄断行为，反对垄断企业和大型公司。（   ）
6.《反垄断法》所称市场支配地位，是指经营者在相关市场内具有能够控制商品价格、数量或者其他交易条件，或者能够阻碍、影响其他经营者进入相关市场能力的市场地位。（   ）

二、项目实训与能力提升

（一）以法析案

2016年8月1日下午，滴滴出行宣布与Uber全球达成战略协议，滴滴出行将收购Uber中国的品牌、业务、数据等全部资产在中国大陆运营。滴滴出行的前身是小桔科技，于2012年夏在北京成立并推出滴滴打车App，2016年1月，滴滴宣布2015年完成14.3亿订单，成为仅次于淘宝的全球第二大在线交易平台。Uber是一家在2009年成立于美国硅谷的科技公司。2014年3月12日，Uber宣布正式进入中国大陆市场，Uber一直将滴滴出行作为主要的竞争对手，希望在中国市场超过滴滴出行，但没有达到理想的目标，直至被滴滴出行收购。双方达成战略协议后，滴滴出行和Uber全球将相互持股，Uber全球将持有滴滴5.89%的股权，相当于17.7%的经济权益。Uber将其在中国大陆的业务委托滴滴管理。

本次滴滴出行收购Uber中国并没有提出经营者集中的申报，其理由为目前滴滴出行和Uber中国均未实现盈利，且Uber中国上一个会计年度营业额没有达到申报标准，因而不用申报。

据有关资料统计，2016年一季度滴滴专车以85.3%的订单市场份额居行业之首，Uber、易到用车及神州专车则分别以7.8%、3.3%和2.9%位列第二、三、四位。在网络拼车出行服务市场内，滴滴出行、Uber中国在乘客端和司机端也均存在竞争关系，其中Uber中国在拼车出行服务市场的市场份额约接近三分之一，滴滴出行则占到69%。

请根据《反垄断法》的有关知识，对滴滴出行与Uber中国并购活动进行分析。

（二）能力提升训练

观察、收集近两年出现的典型垄断行为和案例，以及国家对垄断行为和案例的调查处理，结合所学知识进行分析判断。

附：《国务院关于经营者集中申报标准的规定》

国务院关于经营者集中申报标准的规定

（2008年8月3日中华人民共和国国务院令第529号公布，根据2018年9月18日
中华人民共和国国务院令第703号《国务院关于修改部分行政法规的决定》修正）

第一条 为了明确经营者集中的申报标准，根据《中华人民共和国反垄断法》，制定本规定。

第二条 经营者集中是指下列情形：

（一）经营者合并；

（二）经营者通过取得股权或者资产的方式取得对其他经营者的控制权；

（三）经营者通过合同等方式取得对其他经营者的控制权或者能够对其他经营者施加决定性影响。

第三条 经营者集中达到下列标准之一的，经营者应当事先向国务院反垄断执法机构申报，未申报的不得实施集中：

（一）参与集中的所有经营者上一会计年度在全球范围内的营业额合计超过100亿元人民币，并且其中至少两个经营者上一会计年度在中国境内的营业额均超过4亿元人民币；

（二）参与集中的所有经营者上一会计年度在中国境内的营业额合计超过20亿元人民币，

并且其中至少两个经营者上一会计年度在中国境内的营业额均超过4亿元人民币。

营业额的计算,应当考虑银行、保险、证券、期货等特殊行业、领域的实际情况,具体办法由国务院反垄断执法机构会同国务院有关部门制定。

第四条 经营者集中未达到本规定第三条规定的申报标准,但按照规定程序收集的事实和证据表明该经营者集中具有或者可能具有排除、限制竞争效果的,国务院反垄断执法机构应当依法进行调查。

第五条 本规定自公布之日起施行。

第三节 消费者权益保护法

任务一 课前思考

一、问题提出

（1）什么消费者？
（2）什么是消费者权益保护法？其调整对象是什么？适用范围是什么？
（3）消费者权益保护法的立法宗旨是什么？应遵循哪些基本原则？
（4）消费者有哪些权利？经营者有哪些义务？
（5）侵害消费者权益需要承担什么样的法律责任？

二、案例导入

张女士在某大型网购平台上的一家手表网店中购买了一款知名进口品牌手表。收到货后,张女士发现自己购买的手表并非正品。于是便联系卖家退货,但通过网店中所留的电话、邮件等均无法联系卖家。张女士向网购平台工作人员反映,他们在核实后表示,对方当时提供验证的身份证件系假冒,目前他们能做的只有将这家网店关闭,张女士所遭受的损失只能自己承担。

请思考:张女士该如何维权？

任务二 理论知识学习

一、消费者权益保护法概述

（一）消费者的概念及特征

【以案学法之案例4-12】

某年春夏,湖南省某县19户村民在县农技站买了"威优46杂交稻种"。由于种子内掺有劣质的"威优64"种子,性能不同,成熟时间、分蘖多少、栽培技术不同,到8月上旬第一次中耕时,就出现禾苗分蘖多少相差悬殊,株茎高矮参差不齐,致使每亩减产150公斤,71.4亩大田共减产10 710公斤。受害的19户村民要求赔偿经济损失,并联名到县消费者协会进行投诉。

试分析：

(1) 种子质量问题是否适用《消费者权益保护法》？

(2) 县消费者协会能否处理此案？

1. 消费者的概念

消费者是指为满足生活需要而购买、使用商品或接受服务的，由国家专门法律确认其主体地位和保护其消费权益的个人。

我国《消费者权益保护法》并未直接明确消费者的定义，但第二条将"为生活消费需要购买、使用商品或者接受服务"的行为界定为消费者的消费行为，由此我们得出这样的定义。这一定义也与国际上普遍看法一致。例如，国际标准化组织（ISO）就认为，消费者是以个人消费为目的而购买使用商品和服务的个体社会成员。虽然我国情况有些特殊，单位消费也称集团消费，并非都是生产消费，生活消费也普遍存在，如单位购买商品分给职工消费，但最终是要通过社会个体成员消费使用的，因此只需要将个人纳入消费者的范畴，受《消费者权益保护法》的保护。

2. 消费者的特征

(1) 消费的性质专指生活消费，不包括生产消费。

(2) 消费的客体是商品和服务。商品是指经营者合法有偿提供的与生活消费有关的合法商品，包括经过加工、制作的商品和未经过加工、制作的商品。服务是指经营者有偿提供的各种合法服务，包括金融、保险、交通运输、加工、食、宿、娱乐等。

(3) 消费的方式包括购买、使用商品和接受服务。

(4) 消费者的主体包括公民个人。

（二）消费者权益保护法的概念、适用范围、立法原因和宗旨、基本原则

1. 消费者权益保护法的概念

广义的消费者权益保护法是指在保护消费者权益过程中发生的经济关系的法律规范的总称。狭义的消费者权益保护法是仅指消费者保护法基本法，即1993年10月31日第八届全国人民代表大会常务委员会通过第四次会议通过，并于1994年1月1日施行的《中华人民共和国消费者权益保护法》。该法2013年10月25日第十二届全国人民代表大会常务委员会第五次会议《关于修改＜中华人民共和国消费者权益保护法＞的决定》第二次修正，并于2014年3月15日正式实施。

2. 消费者权益保护法的适用范围

消费者权益保护法的适用范围是指该法效力所及的时间、空间和主体的范围。其效力所及的范围是：

(1) 消费者为生活消费需要购买、使用商品或者接受服务，其权益受该法保护；

(2) 经营者为消费者提供其生产、销售的商品或者提供服务，应当遵守该法；对于上述具体情况该法未作规定的，应当适用其他有关法律、法规的规定。

(3) 另外，农民购买、使用直接用于农业生产的生产资料，亦应参照该法执行。

3. 消费者权益保护法的立法原因和宗旨

对消费者权益进行立法保护法的原因，从哲学的角度说，消费者权利作为一项基本人权，是生存权的重要组成部分，法律必须给予严格保障；从经济学上看，交易者以利润最大化为基本目标和消费者以效用的最大化为目标是存在冲突的。经营者为最大程度的营利而不顾诚实信用

等商业道德、垄断、不正当竞争等问题突出,需要国家立法保护处于相对弱势的消费者群体。由于消费者的权益容易受到损害,消费者的权益受到损害后不容易得到救济。生产经营的社会化专业化程度越来越高,使消费者难以靠自己的力量去维权,而且若依一般民事诉讼程序进行诉讼,费时耗力、费用高昂;从法学上看,侵害消费者权益的问题单靠传统的民商法是无法解决的,必须通过在经济法中专门立法以弥补民商法保护的不足。

消费者权益保护法的立法宗旨:保护消费者的合法权益,维护社会经济秩序,促进社会主义市场经济健康发展。消费者权益保护法旨在协调个人营利性和社会公益性的矛盾,兼顾效率与公平,保障社会公共利益和基本人权,从而推动经济与社会的良性运行和协调发展。

4. 消费者权益保护法的基本原则

消费者权益保护法的原则是有关消费者权益保护法的立法、执法的指导思想须遵循的基本准则。它是正确理解具体条文的关键,对立法机关制定各项规定和审判机关适用该法起指导作用,同时起补充作用,在法律缺乏某个问题的具体规定时,可以根据基本原则来裁决。根据《消费者权益保护法》第四条到第六条的规定,我国消费者权益保护法的基本原则有以下几方面:

1)自愿、平等、公平、诚实信用原则

经营者与消费者进行交易,应在自愿的基础上进行,平等协商、公平合理、讲诚实、守信用,遵公序、重良俗。

2)国家对消费者给予特别保护原则

虽然在消费关系中消费者和经营者的法律地位平等,但由于消费者客观上处于相对弱势的地位,国家对消费者给予特别的保护。在《消费者权益保护法》中,专章规定了消费者的权利,同时,站在消费者权益的立场上,对经营者设定了明确的义务,也规定了国家机关在保护消费者权益方面的职责,同时,在消费争议的解决、消费者权益受到损害的救济问题上,规定了一系列有利于消费者的程序和措施,特别是把补偿性与惩罚性结合起来,对消费者给予了特别保护。

3)国家保护与社会监督相结合的原则

强有力的行政监督是保护消费者利益的重要环节,但仅凭有关国家机关的工作是难以胜任的,必须依靠全社会的力量,才能建立起消费者权益的保护机制,保护消费者合法权益是全社会的共同责任,国家鼓励、支持一切组织和个人对损害消费者合法权益的行为进行社会监督。

消费者权益保护法的历史沿革

消费者权益保护法律制度的发展过程与法律保护人权的历史进程同步。13世纪至19世纪,消费者权益保护方面的法律规范主要体现在饮食和服装方面,消费者权益保护法律制度的发展极为缓慢。在13世纪,法国巴黎的面包师在出售面包时,有专人检查其所售面包的重量是否足额,这被认为是现代消费者权益保护法的先驱。19世纪至20世纪五六十年代,由于生产、技术及销售方面发生了重大变化,导致商品损坏机会和维修费用增多同有限的产品担保之间的矛盾,并且生产的社会化、专业化以及消费者的广泛存在,使得消费者很难有效地向生产者主张自己的权利,导致消费者权利受到侵害的情况日益严重,迫使消费者寻求立法上的支持。在此期间,西方工业发达国家制定了大量有关消费者权益保护的法律,但没有制定一部专门保护消费者权益的法律。20世纪五六十年代,西方国家爆发了"消费者权利运动",对消费者权益保护法律制度的发展起了巨大的推动作用,从而使各国在消费者权益保护方面的专门立法应运而生。1968年,日本率先颁布了《保护消费者基本法》,开辟了制定消费者权益保护基本法的先河,之后各国纷纷效仿。

二、消费者的权利

消费者的权利,是指法律所规定的、消费者在消费领域中所享有的权利。我国《消费者权益保护法》规定了消费者应当享有的九项权利。

一般认为,在世界上最早明确提出消费者权利的是美国总统约翰·肯尼迪。他针对美国消费者问题日益严重的情况,于1962年3月15日向国会提出了关于保护消费者利益的特别国情咨文,即《总统关于消费者利益的白皮书》,指出消费者应享有的四项权利:一是获得商品的安全保障的权利;二是获得正确的商品信息资料的权利;三是对商品有自由选择的权利;四是有提出消费者意见的权利。肯尼迪的理论提出以后,逐渐为各国所广泛认同并在实践中加以发展,相继增加了获得合理赔偿的权利,获得有益于健康的环境和享受教育的权利。

(一)安全保障权

【以案学法之案例4-13】

小陈带着五岁的儿子到某快餐店内的儿童游乐场,让儿子自己玩,自己在门外与人谈话,其子在玩耍中被撞跌伤。快餐店认为已告知游乐场为快餐店的消费者开设,且家长不得离开。现小陈不是消费者,也未守护其子,且其子是其他孩子撞伤的,与快餐店无关。

请问:快餐店该承担责任吗?

安全保障权是指消费者在购买、使用商品和接受服务时,依法享有人身、财产安全不受损害的权利,是消费者最重要、最基本的权利,也是宪法赋予公民的人身权、财产权在消费领域的体现。

1. 安全保障权的内容

安全保障权包括人身安全权和财产安全权两项内容。

(1)人身安全权,主要指生命权和健康权,是消费者在购买、使用商品和接受服务时,享有保持身体各器官及其机能的完整以及生命不受危害的权利。要求消费者在购买或使用商品时,产品质量安全,或有安全性保障措施,符合国家规定的安全、卫生标准;消费者在接受服务时,服务设施、服务用具用品、服务环境、服务活动以及服务中所提供商品符合安全、卫生的要求。

(2)财产安全权,是指消费者购买、使用的商品或接受的服务本身的安全,以及除购买、使用的商品或接受的服务之外的其他财产的安全。

2. 侵害消费者安全保障权的表现

(1)在食品中添加有毒有害物质;

(2)制造销售假药、劣药;

(3)出售过期变质的食品、药品;

(4)日常用品及机电产品缺乏安全保障,如电热水器漏电、手机充电时爆炸等;

(5) 化妆品有毒有害；

(6) 营业场所不安全，如有些旅馆房屋年久失修、楼梯老化腐朽；有些商品、饭店、旅馆电源外露极易触电，有些旅馆管理不善，旅客财物经常失窃等。

典型案例4-3

周女士和朋友一起到某饭店聚餐，在饭后去厕所时，摔倒在厕所门口，被诊断为大腿粉碎性骨折。意外发生后，周女士向饭店追究责任，但饭店对此拒不负责，以该厕所不属于饭店经营范围，是其租赁大楼管理方的管辖范围为由推诿责任。周女士最终将饭店告上法庭。法院审理后决定追加大楼管理方为第二被告，法院认为，虽然饭店与大楼管理方的租赁合同范围并未包括该厕所，但根据厕所的位置及使用常理等依据，认定饭店就是厕所的实际管理使用人，最终判决饭店承担赔偿责任。

【法条链接 4-2】

《消费者权益保护法》第十八条第三款规定："宾馆、商场、餐馆、银行、机场、车站、港口、影剧院等经营场所的经营者，应当对消费者尽到安全保障义务。"

（二）知悉真情权

【以案学法之案例 4-14】

刘先生委托某快递公司运送一瓶高级香水至朋友家，快递员在路上将香水打碎，刘先生要求对方赔偿该香水，价值人民币 600 元，快递公司却坚持推卸责任，称公司运输条款上有规定，"运送物品遗失或损毁，快递公司最高赔偿金额为人民币 200 元……"但刘先生以快递员事先并未告知该运输条款规定为由，要求得到赔偿。

请问：这一赔偿要求合理吗？

知悉真情权是指消费者享有知悉其购买、使用商品或接受服务的真实情况的权利。它是消费者正确选择商品或服务以及正确加以使用的前提。《消费者权益保护法》规定，消费者有权根据商品或者服务的不同情况，要求经营者提供商品的价格、产地、生产者、用途、性能、规格、等级、主要成分、生产日期、有效期限、检验合格证明、使用方法说明书、售后服务，或者服务的内容、规格、费用等有关情况。上述案例中，快递公司侵害消费者知情权，没有明示该快递公司的条例在前，即消费者事先并不知情，可认为双方事前并没有就货物遗失作出约定，则应该根据消费者出具的合法购物凭证补足货款，给予充分的赔偿。

妨碍消费者知悉真情的表现有以下几种：

(1) 经营者对消费者的询问置之不理或不明确答复；

(2) 经营者对商品和服务的有关内容不做表示和说明，或作引人误解的虚假、夸大的表示和说明；

(3) 故意隐瞒商品或服务的副作用和危险性；

(4) 应当披露的信息不披露；

(5) 不提供相关单据。

（三）自主选择权

【以案学法之案例 4-15】

广州市民黄小姐一家来到江南大道某火锅店,黄小姐和家人只是在大厅里吃饭,但服务员却告知:"元旦期间每桌起码要消费 128 元,因此得再多点些菜!"对酒楼这种强迫消费的做法,黄小姐表示难以接受。对此你有何看法?

【以案学法之案例 4-16】

2014 年 2 月 19 日,消费者张某与同事打电话向通途航空运输服务公司预订了 2014 年 3 月 20 日 10 张同一航班往返美国的机票,后来,他们又把所需往返机票的日期、路线、航班等给这家公司发了传真,该公司没有提出任何异议。当他们于 3 月 19 日取票时,发现其中 8 张机票的乘机日期、航班、转机地址及返程日期、转机地址、航班均已更改,与他们的要求不相符,但此时更改已经不可能,造成 8 人耽误了出席会议的时间,而且增加了经费。

请问:航运公司侵犯了消费者的什么权利?

自主选择权是指消费者享有的自主选择商品或者服务的权利。这是消费者自主权的直接和具体的体现,是消费者的核心权利。该权力包括:自主选择商品或服务的经营者;自主选择商品品种或者服务方式;自主决定购买或者不购买任何一种商品,接受或者不接受任何一项服务;自主选择商品或者服务时有权对商品或者服务进行比较、鉴别和挑选。

自主选择权具有以下几个特征:

(1) 消费者选择商品和服务的自愿性。由于消费者缺乏对具体商品和服务的了解,在选择时经常表现出试探和犹豫,经营者在主动并如实地向消费者介绍和推荐时,对消费者的意愿不能代替甚至违背,要充分尊重。

(2) 消费者自主选择商品和服务的合法性。自主选择权是相对的,是受法律约束的。如在批发商店,消费者就不能任意主张自主选择权,硬性要求经营者零售其商品。

(3) 自主选择权只能限定在购买商品或者接受服务的范围内,不能扩大到使用商品上。

(四) 公平交易权

【以案学法之案例 4-17】

某市供销贸易公司开设了一家门市,并向工商局办理了营业执照。该公司将此门市交予个人刘某经营,但未向工商局办理变更登记。刘某在经营门市期间,出售的商品经常缺斤少两。居民王某找刘某要求赔偿时,刘某已不在门市了。王某要求贸易公司赔偿,贸易公司却称缺斤少两系刘某的行为,贸易公司不负责任。

请问:刘某的行为侵犯了消费者何种权利?贸易公司是否应该赔偿?

公平交易权是指消费者在购买商品或者接受服务时,享有获得质量保障、价格合理、计量正确等公平交易条件,拒绝经营者强制交易行为的权利。公平交易的核心,是消费者以一定数量的货币换得同等价值的商品或服务。

公平交易权的内容是很广泛的,其具体表现又与消费者的其他权利有交叉,因此在国外的立法中,明确赋予消费者以公平交易权的并不多。我国《消费者权益保护法》考虑到现实生活中消费者这方面权利经常受侵害的实际情况,突出强调了消费者的这项权利。

公平交易权的内容包括以下两个方面:

1. 获得公平的交易条件

(1) 质量有保障。消费者花钱购买商品或接受服务,当然期望获得与价格相符的使用价值,否则就是不公平的交易。一旦商品或服务的质量出问题,轻则使消费者财产受损失,重则危及健康和生命。

(2) 价格合理。它要求商品或者服务的价格与其价值相符,以体现等价交换的原则。

(3) 计量正确。这包括两层含义,一是计量器具的使用要符合法律、法规的规定;二是计量准确、数量充足。

(4) 其他公平交易条件。

2. 有权拒绝经营者的强制交易

确保交易行为自愿,并获得合理的赔偿。强制交易行为的特征是违背消费者的意愿。其表现是多种多样的,企业或者其他依法具有独立地位的经营者,利用自身的经济优势限定消费者购买其指定的商品,如煤气公司要求安装热水器的消费者必须购买其提供的热水器,否则不予安装;电信局要求装电话的消费者必须购买其提供的电话机,否则不予装机等,就是典型的强制交易。以消费者自身的力量,有时无法抗拒这些强制交易的行为,因此也需要法律赋予一定权利并提供保护。

侵犯消费者公平交易权的具体表现:标价不实,有的甚至是暴利;虚假降价,虚假打折;计量不准,缺斤短两;计量单位不合理,如停车费以"分钟"为计费单位;交易条件不合理,如格式合同中的霸王条款。

上述案例中,刘某的行为明显违反了法律,侵害了消费者的公平交易权,应承担赔偿损失和退还货款的责任。依据《消费者权益保护法》第四十二条规定:"使用他人营业执照的违法经营者提供商品或者服务,损害消费者合法权益的,消费者可以向其要求赔偿,也可以向营业执照的持有人要求赔偿。"当刘某不经营门市,也无法找到的情况下,市供销贸易公司应承担赔偿和退还贷款的责任,刘某同时负有连带责任。

(五) 依法求偿权

【以案学法之案例 4-18】

2019 年 4 月 10 日上午,李小姐在一大型商场购买钻石耳环,回家后发现耳坠上有一条细裂纹。李小姐立即赶回商场要求换货。但商场却表示,钻石耳环属贵重商品,按行业惯例不予退换(另外,店堂规定:特殊商品一经售出概不退换,金银饰品、玉器商品不退换不维修)。消费者多次要求商场到消费者协会调解,都被其拒绝。

请问:商场的规定是否合理?违反了什么法律原则?

依法求偿权是指消费者因购买使用商品或者接受服务受到人身、财产损害的,享有依法获得赔偿的权利,它是弥补消费者所受损害的必不可少的经济性权利。

消费者依法求偿权的特征包括以下几个方面:

(1) 消费者的依法求偿权中有惩罚性赔偿的规定。这是因消费者的相对弱势地位导致求偿艰难而采取的特殊保护,旨在加强对消费者的保护力度,同时加重不法侵害者的法律责任。

(2) 依法求偿权的主体为商品的购买者或使用者、服务的接受者,或者除此之外的因为偶然原因而在事故现场受到损害的第三人。

依法求偿权的内容:人身权损害赔偿和财产权损失赔偿。人身权损害包括消费者的生命健康权、姓名权、名誉权、荣誉权等的损害;财产权损失包括直接的财产损失和间接的财产损失。赔偿损失的方式有三:一是恢复原状(包括修理、更换和退货),二是金钱赔偿(恢复原状在实践中多有困难,而金钱赔偿简便易行,是赔偿损失的主要方式),三是代物赔偿(即以其他财产替代赔偿)。

一般来说应赔偿受害人的全部损失。按照法律规定,消费者除因人身、财产的损害而要求获得金钱赔偿这一最基本、最常见的方式之外,还可以要求其他多种民事责任承担方式,如修理、重作、更换、恢复原状、消除影响、恢复名誉、赔礼道歉等。

上述案例中,该商场侵害了李小姐的依法求偿权。免责必须具有法定的理由,特殊商品也是商品,不能因为具有特殊性就不论何种情况一概免责。如果商家售出商品发生质量问题,那么商家就应该按《产品质量法》和《消费者权益保护法》的规定承担维修、更换或者退货义务,消费者有权要求经营者对有质量问题的商品给予维修、更换或者退货。诚实信用原则是民法的基本准则,商家打着"特殊"商品的旗号,做出在任何情况下都离柜不认的声明,规避了其商品质量担保责任,显然与诚实信用原则相违背。

(六)依法结社权

依法结社权是指消费者享有的依法成立或参加维护自身合法权益的社会组织的权利。由于消费者相对弱势,行使依法结社权可壮大消费者的力量与经营者相抗衡。我国的消费者社会组织主要是中国消费者协会和地方各级消费者协会。

知识链接 4-6

消费者组织的成立

1983年5月,河北省新乐县成立了第一个消费者组织。1984年12月26日,作为全国性消费者组织的中国消费者协会成立了。

消费者保护运动自20世纪初最早在美国兴起,到50年代末期,许多国家都成立了国家一级的消费者组织。1960年,国际消费者组织联盟在美国、英国、荷兰、澳大利亚和比利时5个国家的消费者组织发起下宣告成立,到1994年已有60多个国家和地区的181个消费者组织成为其会员,1987年9月,中国消费者协会被接纳为该联盟的正式会员。

(七)知识获取权

【以案学法之案例 4-19】

消费者周先生购买了一款某品牌电暖气,在使用时把未干的衣服放在电暖气上烘烤,导致失火,烧毁了电视、冰箱等物品。周先生以电暖气未达到安全标准为由,向法院提起诉讼,要求赔偿经济损失。法院审理认为,周先生作为完全民事行为能力人,应当知道用电暖气烘烤衣物有一定的危险性,况且产品使用说明书也有相关说明,故不支持周先生的诉讼请求。

请问:你认为周先生应该获得赔偿吗?

知识获取权是指消费者享有的获得有关消费和消费者权益保护方面的知识的权利。

(1)获取的知识内容:消费知识,主要是指商品、服务知识和市场知识等,包括如何正确选购商品、合理使用商品、如何辨别商品真伪、使用商品发生突发事故如何处置等;消费者权益保护方面的知识,主要是指消费者保护法律、政策和维权方法程序知识等,包括消费者的权利,经营者的义务,消费者在其权益受侵害时应如何维权和采取救济措施,消费者在行使权利过程中应该注意哪些问题等。

(2) 知识获取权的意义：消费者如果缺乏消费和消费者权益保护方面的知识，其他诸如知悉真情权、自主选择权、公平交易权就无从谈起。知识获取权对消费者自我保护能力的提高至关重要。

(3) 知识获取权的性质：既是一项权利，同时也是一项义务。

【法条链接 4-3】

《消费者权益保护法》第十三条规定："消费者享有获得有关消费和消费者权益保护方面的知识的权利。消费者应当努力掌握所需商品或者服务的知识和使用技能，正确使用商品，提高自我保护意识。"

(八) 维护尊严权

【以案学法之案例 4-20】

某年4月22日、4月28日及5月1日，在北京工作的高彬3次欲进入敦煌公司开办的"The Den"酒吧消费，均被酒吧工作人员以其"面容不太好，怕影响店中生意"为由挡在门外。7月，高彬向北京市朝阳区人民法院提起诉讼，认为酒吧工作人员的行为侵害了其人格尊严，要求被告赔偿精神损失费5万元及经济损失2847元，并公开赔礼道歉。

请问：高彬能否胜诉？

维护尊严权是指消费者在购买、使用商品和接受服务时，享有其人格尊严、民族风俗习惯得到尊重的权利，享有个人信息依法得到保护的权利。

人格尊严是消费者人身权的重要组成部分，包括姓名权、名誉权、荣誉权、肖像权等。尊严权是消费者的权利底线。而民族风俗习惯大量表现在饮食、服饰、禁忌等各个方面，与消费密切相关，是相当敏感的领域，维护尊严权就是维护最基本的人权。

侵犯尊严权主要表现为：贬低消费者人格，轻视消费者消费能力；无端猜疑，强行检查或者搜身；侵犯消费者隐私；不尊重少数民族风俗习惯。

(九) 监督批评权

【以案学法之案例 4-21】

韩成刚于某年10月至第二年9月间，先后在一些报刊上发表了一系列矿泉壶有害健康的文章，提醒消费者"慎用"和"当心"，并对相关公司的广告点名进行了批评。后生产矿泉壶的百龙公司、天津市天磁公司等以侵害其名誉权为由，向太原市中级人民法院提起诉讼。

请问：韩成刚有没有侵害天磁公司等商家的名誉权？

监督批评权是指消费者享有的对商品和服务的价格、质量、品种、供应量、供应方式、服务态度、侵权行为等问题以及保护消费者权益工作进行监督、提出意见、建议或进行控告的权利。

当发生了侵害消费者权益的行为时，消费者有权向有关部门检举和控告，这是法律赋予消费者的重要防范措施，以便使侵害消费者权益的行为得到制止，达到维护消费者自身合法权益的目的。

监督批评权的主要内容包括：消费者有权检举、控告侵害消费者权益的行为和国家机关及其工作人员在保护消费者权益工作中的违法失职行为，有权对保护消费者权益工作提出批评、建议。

三、经营者的义务

消费者的权利是通过经营者履行义务来实现的。《消费者权益保护法》对经营者的义务规定如下：

（一）履行法定的或约定的义务

经营者向消费者提供商品或者服务，应当依照《消费者权益保护法》和其他有关法律、法规的规定履行义务。经营者和消费者有约定的，应当按照约定履行义务，但双方的约定不得违背法律、法规的规定。

（二）听取意见和接受监督的义务

经营者应当听取消费者对其提供的商品或者服务的意见，接受消费者的监督。经营者听取意见和接受监督的义务与消费者享有的监督权是一个问题的两个方面，法律赋予消费者监督权，只是为消费者检举、控告经营者的不法经营提供了法律依据，消费者监督权的真正实现，有赖于经营者主动听取消费者的意见，并主动接受监督。从这个意义上说，经营者听取意见和接受监督的义务，实质上是实现消费者监督权的保障。

（三）保障人身和财产安全的义务

经营者应当保证其提供的商品或者服务符合保障人身、财产安全的要求。对可能危及人身、财产安全的商品和服务，应当向消费者作出真实的说明和明确的警示，并说明和标明正确使用商品或者接受服务的方法以及防止危害发生的方法。

经营者发现其提供的商品或者服务存在严重缺陷，即使正确使用商品或者接受服务仍然可能对人身、财产安全造成危害的，应当立即向有关行政部门报告和告知消费者，并采取防止危害发生的措施。

（四）提供真实信息的义务

经营者向消费者提供有关商品或者服务的质量、性能、用途、有效期限等信息，应当真实、全面，不得作虚假或者引人误解的宣传。商店提供商品或者服务应当明码标价，经营者应当标明其真实名称和标记。经营者对消费者就其提供的商品或者服务的质量和使用方法等问题提出的询问，应当作出真实、明确的答复。经营者此项义务与消费者的知悉真情权、自主选择权相对应，其能否履行是消费者权利实现的前提。

（五）标明真实名称和标记的义务

租赁他人柜台或者场地的经营者，应当标明真实名称和标记。这一方面有利于消费者了解经营的真实情况，作出合于真实意愿的消费决定；另一方面有利于国家对经营者的监督管理，便于消费者在其权益受到侵害时，实现求偿权。

（六）出具购货凭证或服务单据的义务

经营者提供商品或者服务，应当按照国家有关规定或者商业惯例向消费者出具发票等购货凭证或者服务单据。消费者索要发票等购货凭证或服务单据的，经营者必须出具。设定此项义务的目的，除了防止经营者偷税、逃税外，更是为解决消费纠纷提供证据。

（七）质量担保义务

【以案学法之案例 4-22】

张先生在某商场促销活动中购买了一台迷你小冰箱,可使用两个月后,小冰箱内壁便出现了裂痕。张先生拿着发票找到商场,但商场认为小冰箱系张先生人为损坏,不同意帮张先生免费修理,除非张先生能拿出证据证明所购小冰箱存在质量问题的证据。

请问:你认为张先生应该如何维权?

经营者应当保证在正常使用商品或者接受服务的情况下其提供的商品或者服务应当具有的质量、性能、用途和有效期限;但消费者在购买该商品或者接受该服务前已经知道其存在瑕疵,且存在该瑕疵不违反法律强制性规定的除外。

经营者以广告、产品说明、实物样品或者其他方式表明商品或者服务的质量状况的,应当保证其提供的商品或者服务的实际质量与表明的质量状况相符。

针对消费者对某些耐用商品或装饰等服务出现质量问题举证困难的问题,法律规定采取举证责任倒置的做法。"谁主张,谁举证"是我国《民事诉讼法》规定的一般证据规则。但消费者因为不掌握相关技术等知识,要证明某个商品是否存在瑕疵往往很难。《消费者权益保护法》将消费者"拿证据维权"转换为经营者"自证清白",实行举证责任倒置,破解了消费者的举证难题。

【法条链接 4-4】

《消费者权益保护法》第二十三条第三款规定:"经营者提供的机动车、计算机、电视机、电冰箱、空调器、洗衣机等耐用商品或者装饰装修等服务,消费者自接受商品或者服务之日起六个月内发现瑕疵,发生争议的,由经营者承担有关瑕疵的举证责任。"

(八)提供售后服务的义务

【以案学法之案例 4-23】

"双十一"购物节时,王小姐在某大型购物网站上看到一双高跟鞋,款式新颖,价格也很便宜,王小姐毫不犹豫点击了购买,并支付了货款。收到货后,王小姐觉得这双高跟鞋虽然新颖,但颜色跟网页上的图片出入很大,于是便联系网店店主,要求退货,并愿意承担来往的运费,但遭到店主的拒绝。

请问:王小姐的退货要求是否合法?

经营者提供的商品或者服务不符合质量要求的,消费者可以依照国家规定、当事人约定退货,或者要求经营者履行更换、修理等义务。没有国家规定和当事人约定的,消费者可以自收到商品之日起七日内退货;七日后符合法定解除合同条件的,消费者可以及时退货,不符合法定解除合同条件的,可以要求经营者履行更换、修理等义务。

依照法律规定进行退货、更换、修理的,经营者应当承担运输等必要费用。经营者采用网络、电视、电话、邮购等方式销售商品,消费者有权自收到商品之日起七日内退货,且无须说明理由,但下列商品除外:消费者定做的;鲜活易腐的;在线下载或者消费者拆封的音像制品、计算机软件等数字化商品;交付的报纸、期刊。除上述所列商品外,其他根据商品性质并经消费者在购买时确认不宜退货的商品,不适用无理由退货。

(九)不得利用格式条款等方式损害消费者权益的义务

【以案学法之案例 4-24】

2019年5月1日晚A家庭入住某酒店,然后外出吃饭。回房间后发现放在房间的摄像枪、相机、笔记本电脑被盗,损失近20 000元。A家庭向住宿酒店索赔,却被告知,服务台有提醒贵重物品请随身携带或交服务台保管,否则丢失后果自负。

请问:酒店拒赔是否有法律依据?为什么?

经营者在经营活动中使用格式条款的,应当以显著方式提请消费者注意商品或者服务的数量和质量、价款或者费用、履行期限和方式、安全注意事项和风险警示、售后服务、民事责任等与消费者有重大利害关系的内容,并按照消费者的要求予以说明。

经营者不得以格式条款、通知、声明、店堂告示等方式,作出排除或者限制消费者权利、减轻或者免除经营者责任、加重消费者责任等对消费者不公平、不合理的规定,不得利用格式条款并借助技术手段强制交易。格式条款、通知、声明、店堂告示等含有上述所列内容的,其内容无效。

(十)不得侵犯消费者人身权的义务

消费者享有人格尊严、人身自由不受侵犯的权利,这是消费者最基本的人权。为了保障消费者人身权在消费关系中不受侵犯,经营者不得对消费者进行侮辱、诽谤,不得搜查消费者的身体及其携带的物品,不得侵犯消费者的人身自由。

(十一)远程购物和金融服务经营者提供信息的义务

采用网络、电视、电话、邮购等方式提供商品或者服务的经营者,以及提供证券、保险、银行等金融服务的经营者,应当向消费者提供经营地址、联系方式、商品或者服务的数量和质量、价款或者费用、履行期限和方式、安全注意事项和风险警示、售后服务、民事责任等信息。

(十二)对消费者个人信息保护的义务

经营者收集、使用消费者个人信息,应当遵循合法、正当、必要的原则,明示收集、使用信息的目的、方式和范围,并经消费者同意。经营者收集、使用消费者个人信息,应当公开其收集、使用规则,不得违反法律、法规的规定和双方的约定收集、使用信息。经营者及其工作人员对收集的消费者个人信息必须严格保密,不得泄露、出售或者非法向他人提供。经营者应当采取技术措施和其他必要措施,确保信息安全,防止消费者个人信息泄露、丢失。在发生或者可能发生信息泄露、丢失的情况时,应当立即采取补救措施。

典型案例4-4

吴先生在某大酒店预订了婚宴,并留了电话号码。可是不久,婚庆、旅游等公司的电话便接踵而至,吴先生不堪其扰。吴先生发觉,在婚礼操办过程中,唯一留电话号码的就是在订酒席环节。于是他找到酒店,但酒店告诉他,打电话的婚庆公司都是酒店的合作方,这是酒店为方便新人而免费提供的一项增值服务,新人在这些公司可以享受到相应的折扣优惠。吴先生听了非常气愤,但却"走投无门"。

当前,个人信息被随意泄露或买卖导致消费者的正常生活受到严重干扰的现象越来越严重。《消费者权益保护法》将个人信息保护作为消费者权益确认下来,是消费者权益保护领域的一项重大突破。

四、消费争议的解决

【以案学法之案例 4-25】

王先生请朋友到某餐馆吃饭,结账时,发现餐馆多收了 24 元钱。王先生询问得知,这 24 元系王先生和朋友就餐时使用的一次性餐具费用,所有顾客都收了。王先生认为餐馆这种强制性消费违法,向当地消费者协会投诉。但经调解后,消费者协会也表示爱莫能助,让王先生到法院起诉。为了 24 元钱到法院打官司太不划算,于是王先生只得作罢。

请问:王先生应该如何维权呢?

消费争议又称消费纠纷,是指在消费领域中,消费者与经营者之间因消费者权利义务而发生的争执。

(一)消费争议的解决途径

(1)消费者与经营者协商和解,即由消费争议的双方当事人在平等自愿基础上,协商解决争议。这是解决争议的最基本、最简便、最快捷的方式之一。但该方式因缺乏国家强制力、和解方案未必公平合理,经营方可能会利用协商故意推诿拖延,消费者在采取此种方式不能解决争议时,应当及时寻求其他解决途径。

(2)请求消费者协会或者依法成立的其他调解组织调解,即由消费者协会作为第三方,就有关争议进行协商达成协议,以解决争议的方式。

请求调解可以采取电话、信函、面谈、互联网形式进行投诉的方式。投诉内容包括:投诉人基本情况,即投诉人的姓名、性别、联系地址、联系电话、邮政编码等;被投诉方的基本情况,即被投诉方名称、地址、电话等;购买商品的时间、品牌、产地、规格、数量、价格等;受损害的具体情况,发现问题的时间及与经营者交涉的经过等;购物凭证、保修卡、约定书复印件等。

消费者协会是消费者在市场经济条件下维护自身利益而组织起来的群众性的社会组织,其基本任务是保护消费者的合法权益,对商品和服务进行社会监督。

消费者协会的公益性职责

消费者协会是指依法成立的对商品和服务进行社会监督的保护消费者合法权益的社会组织。其公益性职责有:

(一)向消费者提供消费信息和咨询服务,提高消费者维护自身合法权益的能力,引导文明、健康、节约资源和保护环境的消费方式;

(二)参与制定有关消费者权益的法律、法规、规章和强制性标准;

(三)参与有关行政部门对商品和服务的监督、检查;

(四)就有关消费者合法权益的问题,向有关部门反映、查询,提出建议;

(五)受理消费者的投诉,并对投诉事项进行调查、调解;

(六)投诉事项涉及商品和服务质量问题的,可以委托具备资格的鉴定人鉴定,鉴定人应当告知鉴定意见;

(七)就损害消费者合法权益的行为,支持受损害的消费者提起诉讼或者依照本法提起诉讼；

（八）对损害消费者合法权益的行为，通过大众传播媒介予以揭露、批评。

（3）向有关行政部门投诉。通过上述方式不能达成协议的，可向有关行政部门（工商行政管理机关和质量监督管理机关等）申诉，要求给予处理。这些机关可以依职权对不法行为作出处罚，以保护消费者的合法权益。

（4）提请仲裁机构仲裁。消费者可以依据与经营者达成的书面仲裁协议，将消费争议提请仲裁机构仲裁。

（5）向人民法院提起诉讼。消费者也可以通过民事诉讼程序解决。

对于单一消费事件，消费者只能自行提起民事诉讼；对于群体性消费事件，法律支持提起公益诉讼。《消费者权益保护法》明确了消费者协会的诉讼主体地位，对于群体性消费事件，消费者可以请求消费者协会提起公益诉讼。

对于消费纠纷数额较小的却是群体性的事件，分散的单个的消费者往往势单力薄，举证困难，诉讼成本太高，消费维权常常陷入尴尬境地，消费者不会有积极性，往往最终放弃维权。如果请求当地的消费者协会提起公益诉讼，可以破解这一难题，更好地维护消费者权益。如三聚氰胺毒奶粉事件就可以列入公益诉讼，消费者协会可以对造成死亡的、肾摘除的、造成一般伤害经过治疗会康复的消费者，根据不同的伤害情况提起诉讼，代表不特定的人群，最后根据法院判赔数额将消费者对号入座领取赔偿金。

【法条链接4-5】

《消费者权益保护法》第四十七条规定："对侵害众多消费者合法权益的行为，中国消费者协会以及在省、自治区、直辖市设立的消费者协会，可以向人民法院提起诉讼。"

（二）赔偿主体的确定

（1）消费者在购买、使用商品时，其合法权益受到损害的，可以向销售者要求赔偿。销售者赔偿后，属于生产者的责任或者属于向销售者提供商品的其他销售者责任的，销售者有权向生产者或者其他销售者追偿。

（2）消费者或者其他受害人因商品缺陷造成人身、财产损害的，可以向销售者要求赔偿，也可以向生产者要求赔偿。属于生产者责任的，销售者赔偿后，有权向生产者追偿；属于销售者责任的，生产者赔偿后，有权向销售者追偿。

（3）消费者在接受服务时，其合法权益受到损害的，可以向服务者要求赔偿。

（4）消费者在购买、使用商品或者接受服务时，其合法权益受到损害，因原企业分立、合并的，可以向变更后承受其权利义务的企业要求赔偿。

（5）使用他人营业执照的违法经营者提供商品或者服务，损害消费者合法权益的，消费者可以向其要求赔偿，也可以向营业执照的持有人要求赔偿。

（6）消费者在展销会、租赁柜台购买商品或者接受服务，其合法权益受到损害的，可以向销售者或者服务者要求赔偿。展销会结束或者租赁柜台租赁期满后，也可以向展销会的举办者、柜台的出租者要求赔偿。展销会的举办者、柜台的出租者赔偿后，有权向销售者或者服务者追偿。

（7）消费者通过网络交易平台购买商品或者接受服务，其合法权益受到损害的，可以向销售者或者服务者要求赔偿。网络交易平台提供者不能提供销售者或者服务者的真实名称、地址和有效联系方式的,消费者也可以向网络交易平台提供者要求赔偿;网络交易平台提供者作出更有利于消费者的承诺的,应当履行承诺。网络交易平台提供者赔偿后,有权向销售者或者服务者追偿。网络交易平台提供者明知或者应知销售者或者服务者利用其平台侵害消费者合法权益,未采取必要措施的,依法与该销售者或者服务者承担连带责任。

(8)消费者因经营者利用虚假广告或者其他虚假宣传方式提供商品或者服务,其合法权益受到损害的,可以向经营者要求赔偿。广告经营者、发布者发布虚假广告的,消费者可以请求行政主管部门予以惩处。广告经营者、发布者不能提供经营者的真实名称、地址和有效联系方式的,应当承担赔偿责任。

广告经营者、发布者设计、制作、发布关系消费者生命健康商品或者服务的虚假广告,造成消费者损害的,应当与提供该商品或者服务的经营者承担连带责任。

社会团体或者其他组织、个人在关系消费者生命健康商品或者服务的虚假广告或者其他虚假宣传中向消费者推荐商品或者服务,造成消费者损害的,应当与提供该商品或者服务的经营者承担连带责任。

五、违反消费者权益保护法的法律责任

(一)民事责任

1. 承担民事责任的概括性规定

经营者提供商品或者服务有下列情形之一的,除《消费者权益保护法》另有规定外,应当依照其他有关法律、法规的规定,承担民事责任:商品或者服务存在缺陷的;不具备商品应当具备的使用性能而出售时未作说明的;不符合在商品或者其包装上注明采用的商品标准的;不符合商品说明、实物样品等方式表明的质量状况的;生产国家明令淘汰的商品或者销售失效、变质的商品的;销售的商品数量不足的;服务的内容和费用违反约定的;对消费者提出的修理、重作、更换、退货、补足商品数量、退还货款和服务费用或者赔偿损失的要求,故意拖延或者无理拒绝的;法律、法规规定的其他损害消费者权益的情形。

经营者对消费者未尽到安全保障义务,造成消费者损害的,应当承担侵权责任。

2. 关于侵犯人身权的民事责任

(1)经营者提供商品或者服务,造成消费者或者其他受害人人身伤害的,应当赔偿医疗费、护理费、交通费等为治疗和康复支出的合理费用,以及因误工减少的收入。造成残疾的,还应当赔偿残疾生活辅助具费和残疾赔偿金。造成死亡的,应当赔偿丧葬费和死亡赔偿金。

(2)经营者侵害消费者的人格尊严、侵犯消费者人身自由或者侵害消费者个人信息依法得到保护的权利的,应当停止侵害、恢复名誉、消除影响、赔礼道歉,并赔偿损失。

(3)经营者有侮辱诽谤、搜查身体、侵犯人身自由等侵害消费者或者其他受害人人身权益的行为,造成严重精神损害的,受害人可以要求精神损害赔偿。

典型案例4-5

黑龙江省大庆市一家燃气公司因居民于女士欠费,把她的个人信息粘贴在前台的计算机上,提醒工作人员不卖给她燃气。于女士觉得燃气公司泄露了她的个人信息,给她的生活和声

誉带来了损害,于是向当地消费者协会投诉。经过调解,于女士拿到了3500元的精神损失费。

3. 关于侵犯财产权的民事责任

【以案学法之案例4-26】

张某去某电子器材厂下属的零售部购买录音机。在挑选的过程中,售货员向其推荐一种新产品,声称其功能是目前市场上同类产品中最全的,如定时、自动倒带等新功能。张某又详细看了产品的说明书,确与售货员所说的一样,于是便购买了一台。后发现收录机所谓的新功能均无法使用,于是找零售部要求退货,售货员以该产品无质量问题为由拒绝退货,张某遂起诉至人民法院。

请问:该零售部侵犯了张某的何种权利?具体应如何赔偿?

(1)经营者提供商品或者服务,造成消费者财产损害的,应当依照法律规定或者当事人约定承担修理、重作、更换、退货、补足商品数量、退还货款和服务费用或者赔偿损失等民事责任。消费者与经营者另有约定的,按照约定履行。

(2)经营者以预收款方式提供商品或者服务的,应当按照约定提供。未按照约定提供的,应当按照消费者的要求履行约定或者退回预付款;并应当承担预付款的利息和消费者必须支付的合理费用。

(3)依法经有关行政部门认定为不合格的商品,消费者要求退货的,经营者应当负责退货。

(4)经营者提供商品或者服务有欺诈行为的,应当按照消费者的要求增加赔偿其受到的损失,增加赔偿的金额为消费者购买商品的价款或者接受服务的费用的三倍;增加赔偿的金额不足500元的,按500元赔偿。法律另有规定的,依照其规定。

经营者明知商品或者服务存在缺陷,仍然向消费者提供,造成消费者或者其他受害人死亡或者健康严重损害的,受害人有权要求经营者依照法律规定赔偿损失,并有权要求所受损失两倍以下的惩罚性赔偿。

(二)行政责任

经营者有下列情形之一的,《中华人民共和国产品质量法》和其他有关法律、法规对处罚机关和处罚方式有规定的,依照法律、法规的规定执行;法律、法规未作规定的,由工商行政管理部门责令改正,可以根据情节单处或者并处警告、没收违法所得、处以违法所得1倍以上5倍以下的罚款,没有违法所得的,处以1万元以下的罚款;情节严重的,责令停业整顿、吊销营业执照:

(1)生产、销售的商品不符合保障人身、财产安全要求的;

(2)在商品中掺杂、掺假、以假充真、以次充好,或者以不合格的商品冒充合格商品的;

(3)生产国家明令淘汰的商品或者销售失效、变质的商品的;

(4)伪造商品的产地,伪造或者冒用他人的厂名、厂址,篡改生产日期,伪造或者冒用认证标志等质量标志的;

(5)销售的商品应当检验、检疫而未检验、检疫或者伪造检验、检疫结果的;

(6)对商品或者服务作虚假或者引人误解的宣传的;

(7)拒绝或者拖延有关行政部门责令对缺陷商品或者服务采取停止销售、警示、召回、无害化处理、销毁、停止生产或者服务等措施的;

(8)对消费者提出的修理、重作、更换、退货、补足商品数量、退还货款和服务费用或者赔偿

损失的要求,故意拖延或者无理拒绝的;

(9) 侵害消费者人格尊严或者侵犯消费者人身自由或者侵害消费者个人信息依法得到保护的权利的;

(10) 法律、法规规定的对损害消费者权益应当予以处罚的其他情形。

经营者有上述规定情形的,除依照法律、法规规定予以处罚外,处罚机关应当记入信用档案,向社会公布。

(三) 刑事责任

(1) 经营者违反法律规定提供商品或者服务,侵害消费者合法权益,构成犯罪的,依法追究刑事责任。

(2) 以暴力、威胁等方法阻碍有关行政部门工作人员依法执行职务的,依法追究刑事责任;拒绝、阻碍有关行政部门工作人员依法执行职务,未使用暴力、威胁方法的,由公安机关依照《中华人民共和国治安管理处罚条例》的规定处罚。

(3) 工作人员有玩忽职守或者包庇经营者侵害消费者合法权益的行为的,由其国家机关所在单位或者上级机关给予行政处分;情节严重,构成犯罪的,依法追究刑事责任。

经营者违反法律规定,应当承担民事赔偿责任和缴纳罚款、罚金,其财产不足以同时支付的,先承担民事赔偿责任。

本节理论知识学习小结

本节主要对消费者的概念及特征,消费者权益保护法的概念、适用范围、立法原因和宗旨、基本原则,消费者的权利、经营者的义务、消费争议的解决和违反消费者权益保护法的法律责任等消费者权益保护法的有关理论知识进行了系统性介绍。消费者权益保护法理论知识整理如图 4-3 所示。

消费者权益保护法理论知识
- 消费者权益保护法概述
- 消费者的权利
- 经营者的义务
- 消费争议的解决
- 违反消费者权益保护法的法律责任

图 4-3 消费者权益保护法理论知识整理

任务三 知识巩固与能力提升

一、知识巩固

(一) 单项选择题

1. 下列属于消费者权益保护法调整的是( )。

A. 某服装厂为生产加工服装需要向中国轻纺城市场经营户采购布匹而产生的纠纷

B. 某甲消费者为了经营需要向 A 批发市场经营户采购一批窗帘发生的纠纷

C. 某淘宝店主与快递公司产生的纠纷

D. 某农户从生产资料商店购得化肥两包产生的纠纷
2. 下列关于消费者协会的说法正确的是（　　）。
A. 消费者协会是各级人民政府的一个分支机构
B. 消费者协会是依法成立对商品和服务进行社会监督的保护消费者权益的社会组织
C. 消费者协会是国家依法设立的具有行政权力的国家机关
D. 消费者协会是对消费者合法权利进行保护的具有强制执行力的社会团体
3. 消费者享有的最重要的权利是（　　）。
A. 安全权　　　　B. 公平交易权　　　C. 自主选择权　　　D. 人格尊严权
4. 消费者对侵害消费者权益行为所进行的批评、检举和控告的行为，是其行使（　　）权利的表现。
A. 批评权　　　　B. 监督权　　　　C. 检举权　　　　D. 控告权
5. 如果你发现自己购买的奥运吉祥物是假冒的，可以依照《消费者权益保护法》向有关部门举报或向经营者提出退货、索赔等。这是因为假冒奥运吉祥物的行为侵犯了消费者的（　　）。
A. 自主选择权　　B. 财产安全权　　　C. 公平交易权　　　D. 处分权
6. 甲厂生产一种易拉罐装碳酸饮料。消费者丙从乙商场购买这种饮料后，在开启时被罐内强烈的气流炸伤眼部，下列正确的是（　　）。
A. 丙只能向乙索赔
B. 丙只能向甲索赔
C. 丙只能向消费者协会投诉，请其确定向谁索赔
D. 丙可向甲、乙中的一个索赔
7. 张某在电脑公司买了一台电脑，使用10个月后出现故障。在三包有效期内，经两次修理仍无法正常使用。此时市场上已无同型号的电脑，依照法律，下列说法正确的是（　　）。
A. 电脑公司应予退货，但消费者应交折旧费
B. 电脑公司应无条件退货
C. 张某只能要求再次修理
D. 张某只能要求调换其他型号的电脑
8. 根据《消费者权益保护法》的规定，对下列（　　）行为，消费者可以要求经营者增加赔偿的金额为其购买商品的价款或者服务费用的三倍。
A. 销售的商品上没有厂名、厂址　　　B. 销售的商品上没有生产日期和保质期
C. 向消费者出售国家明令淘汰的商品　　D. 谎称国产电器为进口电器的
9. 下列各项中不属于消费者权益争议解决方式的是（　　）。
A. 请求消费者协会调解　　　　　B. 与经营者协商和解
C. 向人民法院提起诉讼　　　　　D. 向有关行政部门申请仲裁

（二）多项选择题

1. 消费者知识获取权的内容主要包括（　　）。
A. 消费知识　　　　　　　　　　B. 结社知识
C. 监督知识　　　　　　　　　　D. 消费者保护方面的知识

2. 经营者侵害消费者的人格尊严或者侵犯消费者人身自由的,应当负下列(　　)责任。
   A. 停止侵害　　　　B. 恢复名誉　　　　C. 消除影响　　　　D. 赔礼道歉

3. 朱某到连发超市购物。在超市的入口处写有:"不得带包入内,本超市保留对顾客进行检查的权利。"当朱某走出超市时被保安拦住,说要对其进行检查。朱某无奈遂随保安到办公室打开手提包让保安检查,结果一无所有。朱某要求超市道歉并赔偿精神损失,但超市认为自己已经申明在先,且当时在办公室检查并无旁人,不构成对朱某的侮辱。请问:超市入口处所写的声明(　　)。
   A. 有效,是商家对顾客的要约　　　　B. 无效,是商家的单方意思表示
   C. 无效,因为内容违法　　　　　　　D. 无效,因为侵犯顾客的人格尊严

4. 2019年10月,甲在百货大楼购买一枚钻戒,标明产地为南非。后经检验,被告之是国产钻戒。甲欲索赔。下列说法正确的是(　　)。
   A. 百货大楼构成欺诈,甲可获增加价款三倍的赔偿
   B. 百货大楼的行为违反《消费者权益保护法》规定,侵犯了消费者的知情权
   C. 百货大楼有权以"从某工艺品公司进货,不知其为假冒"为由,得以免责
   D. 甲只能先找百货大楼索赔,索赔不成的,再到法院起诉

5. 某村十余户农民从甲供销公司购得乙农药厂生产的"立杀净"杀虫药,按说明喷洒于农作物上,但虫害有增无减,以致错过灭虫时机,当年农作物歉收,损失4万余元。经查,该杀虫药系乙农药厂未按标准生产的劣质农药。下列关说法正确的是(　　)
   A. 该十余户农民应以乙农药厂为被告要求赔偿损失
   B. 该十余户农民应以甲供销公司为被告要求赔偿损失
   C. 该十余户农民既可以甲供销公司为被告,也可以乙农药厂为被告要求赔偿损失
   D. 该十余户农民起诉既可以推举代表人参加诉讼,也可以单独另行起诉

6. 王某在个体户刘某处购买毛衣,刘某介绍其试穿一件毛衣,王某试后感觉不合适,便脱下要走,但刘某执意要王某买下这件毛衣,否则别想离开。王某无奈,只好买下毛衣。刘某的行为侵犯了王某的(　　)。
   A. 安全权　　　　B. 维护尊严权　　　　C. 自主选择权　　　　D. 公平交易权

7. 某商场在柜台上写明:"售出商品概不退换"。此举侵犯了消费者的(　　)。
   A. 自主选择权　　　B. 公平交易权　　　C. 维护尊严权　　　D. 依法求偿权

8. 某年8、9月间,安徽省太湖县邮政局在投送大中专学校录取通知书时,在招录学校邮寄的挂号信外面,加套特快专递邮寄信封,从而以特快专递形式发信。事后,邮政局冒用录取学校名称,向548名录取学生每人收取特快专递费20元。后被学生家长发现,向消费者协会投诉。邮政局侵犯了消费者的(　　)
   A. 安全权　　　　B. 知情权　　　　C. 公平交易权　　　　D. 属于正常经营行为

9. 消费者协会应受理消费者投诉,并对投诉事项进行(　　)。
   A. 分析　　　　　B. 调查　　　　　C. 调解　　　　　D. 行政处罚

10. 根据《消费者权益保护法》的规定,经营者采用网络、电视、电话、邮购等方式销售商品,消费者有权自收到商品之日起七日内退货,且无须说明理由,但下列(　　)商品除外。
    A. 小明定做的衬衫
    B. 李女士电话订购的鲜鱼

C. 王先生网购的电饭锅
D. 商家说好不能退货的物品且消费者同意不退货物

(三) 判断题

1. 使用他人营业执照的违法经营者提供商品或者服务,损害消费者合法权益的,消费者应向营业执照的原持有人要求赔偿。( )

2. 消费者在展销会上购买商品或接受服务,其合法权益受到损害的,只能向销售者要求赔偿。( )

3. 广告的经营者发布虚假广告的,消费者可以请求行政主管部门予以惩处。( )

4. 消费者通过电话等方式购买了经营者销售的衣服,有权自收到商品之日起七日内退货,且无须说明理由。( )

5. 经营者对消费者提出的修理、重作、更换、退货、补足商品数量,退还货款和服务费用或者赔偿损失的要求,故意拖延或者无理拒绝的,处以违法所得一倍以上三倍以下的罚款,没有违法所得的,处以一万以下的罚款。( )

二、项目实训与能力提升

(一) 以法析案

2008年7月29日,某中医院工会组织本院130余人参加中钢国际旅行社的"北京—兴城—桃花岛—笔架山—观音洞五日游"旅行团。7月30日下午,旅行团被旅行社安排到葫芦岛畔一家名为"逐浪高"的餐馆就餐。当日夜间,20余人呕吐、腹泻,被送至兴城人民医院,兴城人民医院诊断书确认为集体食物中毒。游客赵某返京后病情仍无好转,并感觉胸闷、心悸,常感疲劳,遂住院治疗。10月6日,赵某向北京市东城区人民法院起诉,要求旅行社赔偿8万余元。据了解,食物中毒、腹泻会导致钾离子丢失,从而诱发心肌缺血,引起心律失常。对案件的基本事实,当事人双方均无太大争议,但对赔偿责任应由谁承担各执己见。原告赵某认为,食物中毒,身体及精神受到了极大伤害,因此应获得相应的赔偿。中钢国际旅行社则认为,被告应该找"逐浪高"餐馆索赔。据了解,这家餐馆是中钢国际旅行社事先预订的,但没有审查过其经营证、卫生许可证及业务水平。

请问:

(1) 本案中赵某的权利是否受到侵害?如果是,被侵害的是什么权利?

(2) 中钢国际旅行社的"原告应当向'逐浪高'餐馆索赔"的主张是否有理由?本案应当由谁承担法律责任?为什么?

(3) 赵某可以依法获得哪些赔偿?

(二) 能力提升训练

有一消费者在一家商场买了一台热水器,因热水器本身的质量问题,发生了爆炸事故,该名消费者的身体和财产均受到了不同程度的伤害。他要通过法律手段获得赔偿,请你告知该消费者可以采取哪些法律手段获得赔偿?说明其各自的利弊,并且给该消费者一个建议,使其能够获得最大限度的赔偿。

第五章
金融法律制度

JINGJIFA JICHU

学习目标

(1) 掌握票据的概念、特征和功能,票据法律关系,票据行为、票据权利和票据责任以及汇票、本票和支票等票据法基本理论知识和基本法律制度。

(2) 掌握证券的概念和种类,证券发行和交易的条件、秩序和规则,上市公司收购、信息披露和投资者保护等证券法基本理论知识和基本法律制度。

(3) 掌握保险的分类和保险法的基本原则,保险公司经营规则、保险合同主体、内容、保险合同无效的特殊规定、保险合同的履行和变更。

(4) 熟悉保险的概念和构成要件,保险公司的设立、保险合同的特征、保险合同的成立与生效。

(5) 了解票据的产生、票据立法情况。

(6) 了解我国涉外票据的法律适用。

(7) 了解保险中介、保险业的监督管理、保险合同的中止和终止。

(8) 能运用所学的票据法基本规则,分析、判断和处理票据法的问题。

(9) 能正确辨别票据的有效性,掌握票据事项记载的基本法律规范。

(10) 能根据有关知识确定正确的投资方式。

(11) 能运用保险法基本原理分析和解决保险法律事件中的具体问题。

重点和难点

重点:

(1) 票据的特征、票据关系。

(2) 票据行为和票据权利。

(3) 汇票基本法律制度。

(4) 证券发行和证券交易。

(5) 掌握人身保险合同和财产保险合同的主要条款。

难点:

(1) 票据的无因性、票据关系。

(2) 票据行为的效力。

(3) 背书行为和追索权。

(4) 保险法的基本原则。

(5) 上市公司收购制度。

(6) 运用保险法基本原理分析和解决保险法律事务中的具体问题。

本章学习所涉及的规范性法律文件

(1)《中华人民共和国票据法》(以下简称《票据法》)。

(2)《票据管理实施办法》。

(3)《最高人民法院关于审理票据纠纷案件若干问题的规定》。

(4)《中华人民共和国证券法》(以下简称《证券法》)(2019年12月28日修订)。

(5)《上市公司证券发行管理办法》。

(6)《上海证券交易所股票上市规则》(2019年4月第13次修订)。
(7)《深圳证券交易所股票上市规则》(2018年11月第11次修订)。
(8)《中华人民共和国保险法》(以下简称《保险法》)。
(9)最高人民法院关于适用《中华人民共和国保险法》若干问题的解释(一)～(四)。

第一节 票据法律制度

任务一 课前思考

一、问题提出

(1)票据有哪些功能?
(2)什么是票据行为?票据行为有哪些种类?
(3)如何理解票据的无因性?
(4)三大票据有何不同?
(5)票据丧失后如何补救?

二、案例导入

甲公司与乙公司签订了一份购销合同,约定乙公司向甲公司出售价值50万元的商品,甲公司收货后,向乙公司开出一张期限为1个月、面额为50万元的商业汇票,以支付货款。

请思考:
(1)什么是商业汇票?
(2)票据有哪几种,各有什么作用?

任务二 理论知识学习

一、票据、票据法和票据关系

(一)票据

1. 票据的概念

票据的含义有广义和狭义之分。广义的票据是指商业活动中的各种权利凭证和有价证券,诸如发票、提单、保险单、股票、国库券、企业债券等。狭义的票据是指出票人依法签发的,约定由自己或委托他人在见票时或指定的日期向收款人或持票人无条件支付一定金额的有价证券,包括汇票、本票和支票三大票据。我国票据法规定的票据,就是从狭义上理解的票据。

2. 票据的产生

在西方国家,票据的起源可追溯到古罗马时代清偿债务的"自笔证书"。公元12世纪,意大利有兑换商发行了一种兑换证书,一般被看作是本票的起源。15世纪末16世纪初,伴随着资本主义国家海外移民,商人开始使用"字据"代替现金,即出现了最早的汇票。

在中国,票据最早起源于唐代。当时出现了诸如飞钱、贴等票券,这一般被视为汇票与支票的萌芽。公元 11 世纪北宋时期,在四川地区,商人发明了用以代替货币流通的交子,这便是本票的雏形。清代可以说是我国历史上票据的黄金时代。据记载,当时北京所发的钱票"宽二寸许,长约五寸,中记钱额,盖方印。"可见,当时的票据与现代票据具有极大的相似性。

3. 票据的特征

【以案学法之案例 5-1】

为向 A 公司支付购买一批服装的货款,B 公司向自己的开户行 C 银行申请开具银行承兑汇票。C 银行审核同意后,B 公司依约存入 C 银行 150 万元保证金,并签发了以自己为出票人、A 公司为收款人、C 银行为承兑人、金额为 500 万元的银行承兑汇票,C 银行在该汇票上签章。B 公司将上述汇票交付 A 公司以支付货款。

A 公司收到汇票后,在约定的期限向 B 公司交付货物。为向 D 公司支付采购原料价款,A 公司又将该汇票背书转让给 D 公司。

B 公司收到 A 公司交付的产品后,经过检验,发现存在重大质量问题,在与 A 公司多次交涉无果后,解除了合同,并将收到的服装全部退还给 A 公司。A 公司承诺向 B 公司返还货款,但未履行。B 公司在解除合同后,立即通知 C 银行,要求银行不得对其开出的汇票付款。

D 公司在该汇票到期后,持票请求 C 银行付款。C 银行以 B 公司已解除与 A 公司合同为由,拒绝了 D 公司的请求。

请问:C 银行拒绝付款的理由是否成立?为什么?

票据的特征是票据区别于其他有价证券的特性。票据主要有以下几个特征:

(1)票据是无因证券,即无因性。票据权利依据原因关系产生后,便与产生它的原因相分离。票据权利人行使票据权利,不受产生票据的原因关系之影响,权利人也不必证明取得票据的原因。票据债务人也不能以原因关系对抗善意的第三人。

(2)票据是文义证券,即文义性。票据的权利与义务完全取决于票据上所记载的文字、事项,不能依据票据记载以外的事实来确定。

(3)票据是要式证券,即要式性。票据在形式上有着严格的要求,票据的格式、各票据行为及事项的记载必须符合法律的规定,否则,可能导致票据无效。

(4)票据是设权证券,即设权性。票据所代表的财产权利为出票行为所创设。在出票行为完成之前,没有票据,也不存在任何票据权利,即无票据便无票据权利。票据的设权性使得票据有别于股票、债券等证权证券。

(5)票据是金钱证券,即金钱性。票据是以金钱为给付标的额的证券,票据债务人只能支付金钱,而不能以物品支付。

(6)票据是流通证券,即流通性。票据到期前,持票人可自由转让其票据权利,票据具有很强的流通性。

(7)票据是完全有价证券或绝对有价证券,即完全性。票据有关权利的存在、行使以及转移,都必须以票据的实际存在为前提,即权利的发生以作成票据为必要,权利的转移以交付票据为必要,权利的行使以持有票据为必要。

4. 票据的功能

(1)支付功能,即票据可以替代现金,起着支付手段和工具的作用。这是票据最基本的功能。

（2）信用功能，即票据是建立在信用基础上的一种可靠的信用工具。票据在预付货款、延期付款、贴现、担保债务等方面发挥着信用功能。信用功能是票据的核心功能。

（3）汇兑功能，即票据具有异地运送资金，便于异地支付的功能。这是票据的原始功能。

（4）结算功能。通过票据交换，使当事人收付抵销，债务相互抵销。结算功能其实是支付功能的延伸。

（5）融资功能。票据的融资功能是通过票据的贴现或再贴现实现的。持票人将未到期的远期票据向银行申请贴现或再贴现，从而获得所需资金。

（二）票据法

票据法的概念有广义和狭义之分。广义的票据法，是指规定票据制度、调整票据关系的法律规范的总和。一般意义的票据法，则是狭义的票据法，即是指《票据法》。该法是1995年5月10日第八届全国人民代表大会常务委员会第十三次会议通过，自1996年1月1日起施行。2004年8月28日第十届全国人民代表大会常务委员会第十一次会议修正。

（三）票据关系

1. 票据关系的概念

票据关系是指票据当事人之间因票据的签发转让等票据行为而产生的票据权利义务关系。

票据关系的主体，即票据当事人，是在票据关系中享有票据权利，承担票据义务的主体。票据当事人有基本当事人与非基本当事人之分。其中，票据基本当事人，是指在票据做成和交付时就已经存在的当事人，包括出票人、付款人和收款人。票据非基本当事人，是指在票据做成并交付后，通过一定的票据行为加入票据关系的当事人，包括背书人、保证人等。

2. 非票据关系

非票据关系是指法律规定的，非由票据行为产生的，但与票据有密切关联的法律关系。非票据关系与票据行为严格分离，非票据关系的内容，也不是票据权利和票据义务。根据产生的法律基础不同，非票据关系又分为票据法上的非票据关系与民法上的非票据关系。

1）票据法上的非票据关系

票据法上的非票据关系，是指票据法直接规定的与票据行为有关联但非票据行为本身产生的法律关系。在票据法上的非票据关系中，权利的行使不以持有票据为必要。它主要包括以下三种：

（1）票据返还关系，即票据上的正当权利人对于不享有票据权利却占有票据的人要求返还票据而形成的法律关系。票据返还关系主要表现为票据的正当权利人与因盗窃、拾得或者因恶意、重大过失而取得票据的实际占有人之间存在的票据返还关系；已获付款或者清偿的票据付款人或清偿人与票据持票人之间的票据返还关系等。

（2）利益返还关系，即由于某种原因未能实现票据权利时，对通过票据发行而取得的对价予以返还而形成的法律关系。如因时效届满或记载事项欠缺而丧失票据权利的持票人请求出票人或承兑人偿还利益所产生的关系等。

（3）损害赔偿关系，即未按照法律规定行使票据权利或实施票据行为给他人造成损害的当事人对其造成的损害进行赔偿而形成的法律关系。其主要有三种情形：追索权人没有在规定期间内及时将追索一事通知其前手而给前手造成损害的损害赔偿；承兑人或付款人拒绝承兑或拒绝付款时,未出具拒绝证明或退票理由书产生的损害赔偿;实施伪造、变造票据的人,因伪造、变造票据所承担的损害赔偿责任。

【法条链接 5-1】

《票据法》第十八条规定:"持票人因超过票据权利时效或者因票据记载事项欠缺而丧失票据权利的,仍享有民事权利,可以请求出票人或者承兑人返还其与未支付的票据金额相当的利益。"

《票据法》第六十六条规定:"因延期通知给其前手或者出票人造成损失的,由没有按照规定期限通知的汇票当事人,承担对该损失的赔偿责任,但是所赔偿的金额以汇票金额为限。"

2) 民法上的非票据关系

民法上的非票据关系是指由民法规定的,作为产生票据关系的事实和基础的民事法律关系,又称为票据基础关系或票据实质关系。一般来说,民法上的非票据关系包括票据原因关系、票据预约关系和票据资金关系三种。

票据原因关系,即指票据直接当事人之间基于授受票据的理由所形成的法律关系。票据原因关系只存在于授受票据的直接当事人之间。在现实经济生活中,常见的票据原因有买卖、借贷、赠与、支付价款等。

票据预约关系,即指票据当事人之间就票据的种类、金额、到期日等事项达成协议而产生的法律关系,它构成了民法上的合同关系。

票据资金关系,即指票据的出票人与付款人之间有关票据付款的资金基础关系,它不限于金钱。出票人与付款人的资金存付关系、资金信用合同关系、债务关系等均可构成票据资金关系。一般而言,票据资金关系仅出现在汇票、支票中,本票因为自付证券不存在资金关系。

3. 票据关系的种类

票据关系依据票据的名称来划分,可分为汇票关系、本票关系和支票关系。

(1) 汇票关系,即指因汇票的出票、背书转让、保证、承兑等票据行为发生的汇票权利义务关系。汇票关系最基本的当事人有三方:出票人、持票人和付款人。其中,付款人是第一顺位的债务人,出票人是第二顺位的债务人。付款人在承兑前,不承担付款义务,不是现实的债务人。

汇票关系示意图如图 5-1 所示。

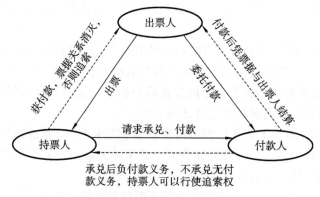

图 5-1 汇票关系示意图

(2) 本票关系,即指因本票的出票、背书、保证等票据行为发生的本票权利义务关系。它有两个基本当事人:出票人和持票人。

(3) 支票关系,即指因支票的出票、背书等票据行为发生的支票权利义务关系。它有三个基本当事人:出票人、持票人和付款银行。

二、票据行为、票据权利和票据责任

(一) 票据行为

1. 票据行为的概念

票据行为是指依票据法实施的发生票据权利义务关系的法律行为。票据行为分为基本票据行为和附属票据行为。基本票据行为是创设票据的行为,即出票行为。附属票据行为是在出票基础上产生的其他行为,包括背书、承兑和保证等行为。在我国《票据法》中,汇票存在的票据行为主要有出票、背书、承兑和保证四种;本票存在的票据行为主要有出票、背书和保证三种;支票存在的票据行为主要有出票、背书两种。

2. 主要票据行为

(1) 出票。出票是指出票人签发票据并将其交付给收款人的票据行为。

(2) 背书。背书是指持票人在票据的背面或粘单上记载有关事项并签章的票据行为。

(3) 承兑。承兑是指远期汇票的付款人承诺在汇票到期日支付汇票金额的票据行为。

(4) 保证。保证是指票据债务人以外的第三人为担保特定票据债务人履行票据债务在票据上记载担保文字并签章的票据行为。

3. 票据行为独立原则

票据行为独立原则,即票据行为独立性,是票据上有出票、背书、承兑、保证等多个票据行为时,各票据行为都独立发生效力,互不影响,其中一个票据行为无效,并不影响其他票据行为的效力。票据行为独立原则是由票据的无因性决定的。

票据行为独立原则主要表现在以下几个方面:

(1) 票据行为能力上的独立性。如果无民事行为能力人或者限制民事行为能力人在票据上签章的,其签章无效,但是不影响其他签章的效力。

(2) 票据行为瑕疵上的独立性。票据上有伪造签章的,票据上其他真实签章的效力并不因此受影响。

(3) 票据行为保证上的独立性。如果被保证人的债务无效,保证人仍然要承担担保责任。

4. 票据行为的有效条件

【以案学法之案例5-2】

完颜先生是某研究所的研究员,因专利发明获得了大量收入,银行为其开了支票账户。2017年完颜先生因家庭生活,受到严重刺激,精神失常。经鉴定,完颜先生属限制民事行为能力人。2018年4月1日,完颜先生签了一张150万元的转账支票给某房地产公司购买有关房屋,其朋友王女士进行了保证。请讨论如下问题:

(1) 限制民事行为能力人的票据行为是否有效?

(2) 完颜先生所签发的票据是否有效?

1) 票据行为的实质要件

票据行为的实质要件包括行为人的票据行为能力和票据意思表示两个方面:

(1) 票据行为能力。具有完全民事行为能力的人具有票据行为能力，无民事行为能力人或者限制民事行为能力人不具有票据行为能力。因此，票据行为人必须具有完全民事行为能力，无民事行为能力人或者限制民事行为能力人的票据行为无效。

(2) 票据意思表示。行为人的意思表示必须真实或无缺陷。签发、转让票据，应当遵循诚实信用的原则，具有真实的交易关系和债权债务关系。

2) 票据行为的形式要件

票据行为必须符合法定的形式，票据行为的形式要件主要有四个：

(1) 票据绝对必要事项的记载。票据绝对必要事项的记载，是在票据上应当记载且不可或缺的事项，是票据行为成立的形式要件之一。绝对必要记载事项未记载时，则票据行为当然无效。

(2) 票据签章必须符合法定的要求。出票人在票据上签章不符合规定的，造成票据本身无效，其他人在票据上签章不符合规定的，签章无效。无民事行为能力人或者限制民事行为能力人在票据上签章的，其签章也无效。

(3) 票据必须采用书面形式和法定格式。票据行为必须以书面形式和中国人民银行规定的格式作出，才为有效。

(4) 要交付票据。票据行为的成立，还要求行为人将票据交付给对方。

（二）票据权利

1. 票据权利的概念

票据权利是持票人向票据债务人请求支付票据金额的权利，包括付款请求权和追索权。付款请求权又称为第一请求权或主票据权利，是持票人请求票据主债务人按照票据记载的金额付款的权利。追索权又称为第二请求权或从票据权利，是指持票人在付款请求权无法实现时，向其前手请求支付票据金额和其他法定款项的权利。追索权只有在付款请求权得不到实现时，才可以行使。

2. 票据权利的取得

1) 取得方式

票据权利的取得方式主要有两种：一是原始取得，即持票人直接经出票人交付而取得票据，从而取得票据权利；二是继受取得，即从票据权利人手中通过背书转让、赠与、继承、企业合并、税收等方式取得票据，获得票据权利。

2) 取得原则

票据的取得必须给付对价，即应当给付票据双方当事人认可的相对应的代价。

无对价或以不相当对价取得票据的，如因税收、继承、赠与依法无偿取得票据的，不受给付对价的限制，持票人享有票据权利，但其票据权利不得优于其前手；如属于善意取得，持票人也享有不优于其前手的票据权利，即票据持有人必须承受其直接前手的权利瑕疵；如以欺诈、偷盗或者胁迫等手段取得票据的，或者明知有前列情形，出于恶意取得票据的，或因重大过失取得票据的，持票人不得享有票据权利。

3. 票据丧失与票据权利补救

【以案学法之案例 5-3】

某食品公司财务处被盗，丢失转账支票 1 张、未填明"现金"字样的银行本票 1 张。

请问：该食品公司可以采取什么方式补救票据权利？

票据丧失是指票据因灭失、遗失、被盗等原因而使票据权利人脱离其对票据的占有。

票据一旦丧失,就会影响到票据权利的实现。因此,票据债权人需要通过采取一定的补救措施来阻止债务人向拾获者履行票据债务。票据丧失后,可以采取的票据权利补救措施主要有三种:挂失止付、公示催告和普通诉讼。

1）挂失止付

挂失止付是指失票人将票据丧失情况通知付款人,请求付款人暂停支付票据金额的一种补救措施。挂失止付适用于记载了付款人名称的,以及付款人或代理付款人确定的票据丧失情形。如已承兑的商业汇票、填明"现金"字样的银行汇票、银行本票和支票丧失,可以挂失止付。未记载付款人或者无法确定付款人及其代理付款人的票据,不得采用挂失止付的方式。未填明"现金"字样的银行汇票、银行本票丧失,不得挂失止付。

挂失止付是一种暂时性的预防措施。收到挂失止付通知的付款人,应当暂停支付。

2）公示催告

公示催告是失票人在票据丧失后,或在通知挂失止付后三日内,请求法院以公告方法通知并催促不确定利害关系人限期申报权利,逾期未申报权利的,法院将通过除权判决宣告所丧失票据无效的一种措施。公示催告适用于可以背书转让的票据的丧失情形。

3）普通诉讼

普通诉讼,或称为民事诉讼,是失票人通过向法院提起诉讼的方式,请求法院判定付款人向其支付票据金额的一种票据权利补救措施。失票人既可直接在票据丧失后提起诉讼,也可在通知挂失止付后三日内提起诉讼。

4. 票据权利的瑕疵

(1) 票据的伪造,即指假冒他人名义或以虚构人的名义而进行的票据行为。一般包括票据的伪造和票据签章的伪造两种。

(2) 票据的变造,指无权更改票据内容的人,对票据上的到期日、付款日、付款地、金额等签章以外的记载事项加以变更的行为。

【法条链接 5-2】

《票据法》第十四条规定:"票据上的记载事项应当真实,不得伪造、变造。伪造、变造票据上的签章和其他记载事项的,应当承担法律责任。票据上有伪造、变造的签章的,不影响票据上其他真实签章的效力。票据上其他记载事项被变造的,在变造之前签章的人,对原记载事项负责;在变造之后签章的人,对变造之后的记载事项负责;不能辨别是在票据被变造之前或者之后签章的,视同在变造之前签章。"

张作霖妙用朱砂笔

"东北王"张作霖虽然没读过什么书,但办起事来却非常精明狡诈。他的一个副官曾经企图钻空子冒领钱财,结果把小命也搭了进去。

那时,张作霖大帅府的所有开销都是由账房先生将票据填好,交给那位副官,再由副官送呈张作霖审批。张作霖在批核的时候,既不签字,也不盖章,而是用一支朱砂笔往票据上一戳;拿着这张被他用朱砂笔戳过的票据到银号取钱,哪怕是几十万、几百万都能取出来。时间长了,副官以为有机可乘,就想借机会捞一把。一天,副官偷偷填好一张票据,学张作霖的样子,找了一支朱砂笔,也往票据上一戳,然后就拿着它到银号取钱去了。银号的掌柜接过票据看了看,说:"请等一下,我这就去取钱。"

掌柜走后,副官心想:"张作霖到底是大老粗一个,轻而易举就让我把钱骗到手了。"副官正在得意忘形之时,忽然从门外冲进来几名全副武装的军人,不由分说就将他五花大绑了起来。副官大声骂道:"你们瞎了眼,知道我是谁吗?我是张大帅的副官。"这几名军人听后,一面拳打脚踢,一面冷笑着说:"大帅吩咐我们,抓的就是你。你好大胆,竟敢伪造票据。"副官听了这话,知道东窗事发,不由得瘫软在地。

原来,从外表上看,张作霖的那支朱砂笔和别的朱砂笔一模一样,但那支朱砂笔的笔尖里却藏有一根针。他每次用笔往票据上一戳的时候,在朱砂墨迹中间就会留下一个小洞。银号掌柜见了有这种记号的票据,就会马上付钱。而那个副官所伪造的票据上没有针眼,掌柜据此判断,副官是想冒领钱财,便火速通知大帅府的人,将副官抓了起来。不久,张作霖就下令将这个副官枪毙了。

5. 票据的抗辩

票据的抗辩,是指票据债务人根据票据法的规定,对票据债权人拒绝履行义务的行为。票据的抗辩是法律为保护债务人的合理权益而赋予票据债务人的一项权利。

1) 票据抗辩的种类

票据的抗辩因抗辩的原因和效力不同,可分为两种:对物的抗辩和对人的抗辩。

对物的抗辩,又称绝对的抗辩,是基于票据本身的某些缺陷影响票据效力的事由而进行的抗辩。对物的抗辩是票据债务人对一切持票人的抗辩,不会因持票人的变更而受到影响。主要包括以下几种情形:票据无效的抗辩,如因欠缺票据上绝对必要记载事项、票据金额的中文与数码记载不一致等导致票据无效所主张的抗辩;依票据上的记载不能提出请求的抗辩,如票据未到期等;票据权利已消灭的抗辩,如票据权利因依法付款、提存、除权判决、时效届满而消灭等;票据伪造、变造的抗辩。

对人的抗辩,又称相对的抗辩,是基于持票人自身或者票据债务人对特定的持票人之间特定的法律关系而产生的抗辩。当票据的持票人发生变更后,票据债务人的这种抗辩将受到影响。可以分为两种情形:

(1) 一切票据债务人对特定的债权人的抗辩,如票据债务人对以欺诈、偷盗或者胁迫、恶意、重大过失等取得票据但不享有票据权利的持票人的抗辩等。

(2) 特定的票据债务人对特定的债权人的抗辩,如票据债务人可以对不履行约定义务的与自己有直接债权债务关系的持票人进行抗辩。如,甲因向乙购货而交付本票于乙,后来甲乙间的买卖合同解除,乙持票向甲请求付款时,甲可以主张原因关系不存在而拒绝付款。这种以原因关系对抗票据关系的情况只能发生在直接当事人之间,对第三人不生效力。

2) 票据抗辩的限制

为确保票据的流通和安全,我国票据法对票据抗辩进行了一定的限制,这种限制发生在票据流通中与人的抗辩有联系的情形,主要表现为:票据债务人与出票人或者持票人的前手之间存在的抗辩事由,不得用于对抗持票人,除非持票人明知存在抗辩事由而取得票据。如,甲因向乙购买货物而交付本票于乙,乙将本票背书于丙,后来甲乙之间的买卖合同解除,丙持票向甲请求付款时,甲不能以原因关系不存在而对抗丙的票据权利。

6. 票据权利的时效

票据权利的时效指票据权利消灭的时效,即票据权利因在法律规定的一定时间内不行使而归于消灭。根据我国《票据法》的规定,票据权利在下列期限内不行使而消灭:

(1) 两年。持票人对票据的出票人和承兑人的权利,自票据到期日起两年;见票即付的汇票、本票,自出票日起两年。

(2) 六个月。持票人对支票出票人的权利,自出票日起六个月;持票人对前手的追索权,自被拒绝承兑或者被拒绝付款之日起六个月。

(3) 三个月。持票人对前手的再追索权,自清偿日或者被提起诉讼之日起三个月。

持票人因超过票据权利时效而丧失票据权利的,仍可享有民事权利,可以请求出票人或者承兑人返还其与未支付的票据金额相当的利益。

(三) 票据责任

1. 票据责任的概念

票据责任,又称票据义务或票据债务,是指票据债务人向持票人支付票据金额的义务。

2. 票据责任的承担

(1) 汇票票据责任的承担:汇票承兑人因承兑而承担票据责任或付款责任。

(2) 本票票据责任的承担:本票出票人因出票而自己承担付款责任。

(3) 支票票据责任的承担:支票付款人在与出票人有资金关系时承担付款责任。

三、汇票、本票和支票

(一) 汇票

1. 汇票的概念

汇票是指出票人签发的,委托付款人在见票时或者在指定日期无条件支付确定的金额给收款人或者持票人的票据。汇票是一种委托证券。

2. 汇票的种类

汇票从不同的角度划分,可以分为不同的类型。

1) 银行汇票和商业汇票

按照汇票出票人的不同,汇票可以分为银行汇票和商业汇票。

银行汇票是出票银行签发的,由其在见票时按照实际结算金额无条件支付给收款人或者持票人的票据,出票银行为银行汇票的付款人。

商业汇票是出票人签发的,委托付款人在指定日期无条件支付确定的金额给收款人或者持票人的票据。根据承兑人不同,商业汇票又分为商业承兑汇票和银行承兑汇票。商业承兑汇票由银行以外的付款人承兑,其付款人为承兑人;银行承兑汇票由银行承兑。

2) 即期汇票和远期汇票

以付款日期的确定方式为标准,汇票可分为即期汇票和远期汇票。

即期汇票是指见票即付的汇票,包括票据上记载"见票即付"的汇票和未记载付款日期的汇票。

远期汇票是指必须到汇票上记载的到期日或一定期限届满才能请求付款的汇票,包括定日付款汇票(或称为定期汇票、定日汇票)、见票后定期付款汇票(或称为注期汇票)和出票后定期付款汇票(或称为约期汇票)三种。

3. 汇票的出票

出票是指出票人签发票据并将其交付给收款人的票据行为。出票行为包括两个不可或缺的环节:一是作成票据,即出票人依照《票据法》的规定,在票据上记载法定事项并签章;二是交付票据,即将作成的票据交付给收款人。即出票=作成票据+交付票据。

1) 汇票出票的要求

根据我国《票据法》的规定,汇票的出票有三个要求:一是汇票的出票人必须与付款人具有真实的委托付款关系;二是汇票的出票人必须具有支付汇票金额的可靠资金来源;三是出票人不得签发无对价的汇票,用以骗取银行或者其他票据当事人的资金。

2) 汇票的记载事项

票据是要式证券。汇票出票时,应在票据上依法记载各种事项。出票记载的事项主要有以下几种:

(1) 绝对必要记载事项,即票据法规定必须在汇票上记载的事项,否则,汇票无效。它主要包括七项内容:表明"汇票"的字样、无条件支付的委托、确定的金额、付款人名称、收款人名称、出票日期、出票人签章。这七项事项缺少任何一项,汇票无效。

需要特别指出的是,汇票必须记载确定的金额,金额不确定的,汇票无效。票据金额以中文大写和数码同时记载,两者必须一致,不一致的,票据无效。

(2) 相对必要记载事项,即出票时依法应当记载却未记载,但并不影响汇票本身效力,可通过法律的规定加以确定的事项。相对必要记载事项主要有三项:付款日期、付款地和出票地。

汇票上未记载付款日期的,为见票即付;汇票上未记载付款地的,付款人的营业场所、住所或者经常居住地为付款地;汇票上未记载出票地的,出票人的营业场所、住所或者经常居住地为出票地。

(3) 任意记载事项,即指法律非强制出票人必须记载而允许其自行选择是否记载的事项,该事项一经记载,则产生票据效力。典型的任意记载事项为"不得转让"事项,即出票人在汇票记载"不得转让"字样的,汇票不得转让。

(4) 不得记载事项,即在票据上不得记载的事项,该事项一旦在票据上记载,该票据即无效。不得记载的事项包括附条件的委托付款、不确定的金额等。

(5) 可记载但不具有汇票效力的事项,该事项即使在票据上记载,也不产生票据上的效力。如,签发票据的原因、开户行名称等。

3) 出票的效力

作为一种票据法律行为,出票一经完成就产生了票据债权债务关系。对出票人而言,出票行为一经完成,就产生了一定的票据债务,出票人须承担担保汇票承兑和付款的责任;出票对收款人的效力,表现为出票行为一经完成,收款人便可取得票据和票据权利。

汇票出票人依法完成出票行为后,付款人即成为汇票上的主债务人。这一说法正确吗?

4. 汇票的背书

背书是指在票据背面或粘单上记载有关事项并签章，将票据权利转让给他人的一种票据行为。

1) 背书的分类

回头背书，又称还原背书，是以票据债务人为被背书人的转让背书。在回头背书中，持票人为出票人的，对其前手无追索权；持票人为背书人的，对其后手无追索权。

期后背书，是指在票据被拒绝承兑、被拒绝付款或超过付款提示期限后的转让背书。期后背书转让的，背书人应承担汇票责任，即持票人对期后背书人有票据权利，对其他票据债务人无票据权利。

禁止背书，是指出票人或背书人在票据上记载"不得转让"字样，以禁止票据权利转让的背书。包括出票人的禁止背书和背书人的禁止背书。出票人在汇票上记载"不得转让"字样，其后手再背书转让的，背书行为无效，取得票据的人不能享有票据权利。背书人在汇票上记载"不得转让"字样，其后手再背书转让的，原背书人对后手的被背书人不承担保证责任。

转让背书，是指以转让票据权利为目的的背书。但现金票据不得背书转让。

委任背书，又称委托收款背书，是指以委托他人代替自己行使票据权利、收取票据金额为目的背书。委托背书不是票据权利的转让，而是代理权在票据上的体现，被背书人是背书人的代理人，背书人则是被代理人。被背书人有权代背书人行使被委托的汇票权利。但是，被背书人不得再以背书转让汇票权利设质背书，又称质权背书，是背书人以票据权利设定质权为目的所为的背书。背书人为质权出质人，被背书人为质权人。被背书人依法实现其质权时，可以行使汇票权利。

2) 背书记载的事项

背书记载的事项包括绝对必要记载事项和相对必要记载事项。其中，绝对必要记载事项有背书人签章和被背书人名称两项。背书日期则为相对必要记载事项，背书日期若没有记载的，则推定为票据到期日前的背书。

背书不得记载的事项为附条件背书和部分背书。背书不得附有条件，附有条件的，所附条件不具有汇票上的效力，但背书行为有效。部分背书是背书时背书人将汇票金额的一部分转让或者将汇票金额分别转让给二人以上的背书，这种背书行为无效。

3) 背书连续

背书连续是指在票据转让中，转让汇票的背书人与受让汇票的被背书人在汇票上的签章依次前后衔接。背书连续主要是背书在形式上的连续。以背书转让的汇票，背书在形式上应当连续，持票人以背书的连续，证明其汇票权利。如果持票人非经背书转让，而以税收、继承、赠与等其他合法方式取得汇票的，应当依法举证，证明其汇票权利。

5. 汇票的承兑

承兑是汇票的付款人承诺在汇票到期日支付汇票金额的票据行为。承兑是汇票特有的行为，本票和支票均无承兑行为。但并非所有汇票都需要承兑，见票即付的汇票无须提示承兑。

1) 承兑的程序

汇票承兑的程序如图 5-2 所示。

（1）提示承兑。提示承兑是指持票人向付款人出示汇票，并要求付款人承诺付款的行为。提示承兑期限因汇票种类不同而有所不同。定日付款或者出票后定期付款的汇票，持票人应当

图 5-2 汇票承兑的程序

在汇票到期日前向付款人提示承兑；见票后定期付款的汇票，持票人应当自出票日起一个月内向付款人提示承兑。持票人未按照规定期限提示承兑的，则丧失对其前手的追索权。

(2) 承兑或拒绝承兑。付款人对向其提示承兑的汇票，应当自收到提示承兑的汇票之日起三日内承兑或者拒绝承兑。付款人在三日内未作承兑与否表示的，视为拒绝承兑。

(3) 交还汇票。付款人在作出承兑或拒绝承兑后，要将汇票交还给持票人。

2）承兑的记载事项

课堂讨论 5-2

某医药公司在与乙医院的交易中获得一张面额为 50 万元的商业承兑汇票，付款人为甲公司。医药公司请求甲公司承兑时，甲公司在汇票上签注："承兑。乙公司款到后支付。"

请问：甲公司的行为是否属于承兑？为什么？

承兑也是一种要式行为。承兑记载的事项包括绝对必要记载事项和相对必要记载事项。汇票承兑时，绝对必要记载事项主要有：承兑文句和承兑人签章，相对必要记载事项为承兑日期。但见票后定期付款的汇票，应当在承兑时记载付款日期。

付款人承兑汇票，不得附有条件；承兑附有条件的，视为拒绝承兑。

3）承兑的效力

付款人作出承兑后，对付款人、持票人和出票人具有不同的效力，表现在以下几个方面：

(1) 对付款人的效力。应付款人当承担到期付款的责任，在汇票到期日无条件支付汇票金额给持票人。

(2) 对持票人的效力。持票人的票据权利得以确定。

(3) 对出票人、背书人的效力。免除其承兑担保责任，不受期前追索。

6. 汇票的保证

【以案学法之案例 5-4】

2019 年 1 月 8 日，A 养鸡场向 B 饲料厂购买价值 12 万元的鸡饲料。A 开出了以其开户银行为付款人、金额为 12 万元、见票即付的商业汇票，交付给 B。1 月 10 日，B 用该汇票向 C 机械厂购买了一台饲料粉碎机，C 要求对该汇票提供保证。于是，B 请求 A 提供保证，A 表示同意。D 棉纺厂也同意为该汇票担保。1 月 13 日，A 和 D 在汇票上写明了各自的名称、住所，并签章，被保证人是 B。B 将经过保证的汇票背书转让给 C。C 立即将该汇票向 A 的开户银行提示付款，开户银行以 A 经营状况不佳、即将解散为由拒绝付款。于是，C 要求 A 和 D 支付票面上的金额 12 万元。协商不成后，于 2 月 5 日向法院提起诉讼。

请分析：A 和 D 是否都具有保证人资格？法院应判决由谁承担票据责任？

汇票的保证是为担保特定汇票债务人履行票据债务，票据债务人以外的第三人在汇票上所为的一种附属票据行为。票据保证与民法上的保证相比较，两者有许多共性，如均为促进债务人履行债务和保障债权人债权的实现，保证人都是由债务人以外的第三人担任等，但作为一种票据行为,票据保证有着自己的个性特征,如票据保证是单方法律行为;具有独立性,即使被保证的债务无效(因欠缺形式要件而无效的除外),保证人仍要承担票据责任等。

1) 保证人资格

保证人是票据债务人以外的,为票据债务的履行提供担保参与票据关系的第三人。保证人应由具有代为清偿票据债务能力的、票据债务人以外的人担当。国家机关、以公益为目的的事业单位、社会团体、企业法人的分支机构和职能部门不能担任票据保证人。但经国务院批准为使用外国政府或者国际经济组织贷款进行转贷,国家机关提供票据保证的,以及企业法人的分支机构在法人书面授权范围内提供票据保证的除外。

2) 保证的记载事项

保证是一种要式行为。票据的保证人应当在汇票或者粘单上记载的事项包括:表明"保证"字样的保证文句;保证人名称和住所;被保证人的名称;保证日期;保证人签章。其中,保证文句和保证人签章属于绝对必要记载事项,而保证人名称和住所、被保证人的名称、保证日期属于相对必要记载事项。

保证人在汇票或者粘单上未记载被保证人名称的,已承兑的汇票,视为承兑人保证;未承兑的汇票,视为出票人保证。保证人在汇票或者粘单上未记载保证日期的,出票日期为保证日期。

保证不得附有条件。附条件的,不影响对汇票的保证责任。

3) 汇票保证的效力

保证人完成保证行为后,就会产生票据保证的法律效力,即保证人承担相应的保证责任,行使一定的权利。

保证人的责任:保证人应与被保证人对持票人承担连带责任。汇票到期后得不到付款的,持票人有权向保证人请求付款,保证人应当足额付款。在承担票据保证责任上,保证人与被保证人负同一责任。有两个以上的保证人的,保证人之间承担连带责任。

保证人的权利:保证人清偿汇票债务后,可以行使持票人对被保证人及其前手的追索权。

7. 汇票的付款

汇票的付款是汇票的承兑人或付款人依据票据文义向持票人支付汇票金额,以消灭汇票关系的行为。付款不属于票据行为。

1) 付款的程序

付款的程序大致如图5-3所示。

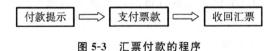

图 5-3 汇票付款的程序

(1) 付款提示。付款提示是持票人向付款人或承兑人出示票据,请求其付款的行为。持票人应当按照法定的期限提示付款:见票即付的汇票,自出票日起1个月内向付款人提示付款;定日付款、出票后定期付款或者见票后定期付款的汇票,自到期日起10日内向承兑人提示付款。

付款提示是付款的必经程序,持票人未在法定期限内提示付款的,则丧失对前手的追索权,但在作出说明后,承兑人或者付款人仍应对持票人承担付款责任。

(2) 支付票款。持票人依法提示付款后,付款人或代理付款人应尽审查义务。付款人或代理付款人的审查主要包括两个方面:对票据的形式审查和对提示付款人的身份审查。对票据的形式审查主要是审查汇票背书的连续、应记载的事项、票据是否到期等;对提示付款人的审查主要是审查其合法身份证明或者有效证件。

付款人在审查无误后,应当在当日无条件地足额付款。付款人如果没有尽审查义务,恶意或者有重大过失付款的,应当自行承担责任。

(3) 收回汇票。持票人获得付款的,应当在汇票上签收,并将汇票交给付款人。持票人委托银行收款的,受委托的银行将代收的汇票金额转账收入持票人账户,视同签收。

2) 付款的法律效力

付款人依法足额付款后,全体汇票债务人的责任解除。

8. 汇票的追索

【以案学法之案例 5-5】

甲公司在将一批价款为 100 万元的货物提供给乙公司后,收到乙公司签发的商业承兑汇票一张,期限为 3 个月。1 个月后,甲公司将该汇票转让给丙公司,后丙公司转让给了丁公司,丁公司又转让给了金某,金某于到期日向戊公司提示付款遭退票,金某向甲公司行使追索权,甲公司以金某应该先向丁公司追索为由拒绝。

请分析:

(1) 甲公司的主张是否合法?为什么?

(2) 若金某在取得拒绝证明书的 3 日内未发出追索通知,还能否追索?

(3) 若金某未在法定提示付款期内向戊公司提示付款,能否向前手行使追索权?

追索权作为票据权利,又称第二请求权或从票据权利,是持票人因票据在期前不获承兑或到期不获付款或其他法定事由,在具备相应的条件时,向其前手请求支付票据金额、利息以及法定的相关费用的权利。

1) 追索权的分类

追索权可以分为期前追索权和到期追索权。期前追索权是持票人在汇票到期日前因不获承兑而行使的追索权。到期追索权是持票人在汇票到期时因不获付款而行使的追索权,到期追索权的行使对象为背书人、出票人以及汇票的其他债务人。

2) 追索权行使的原因

出现下列情形之一的,持票人可以行使追索权:汇票被拒绝承兑的;汇票被拒绝付款的;承兑人或者付款人死亡、逃匿的;承兑人或者付款人被依法宣告破产的或者因违法被责令终止业务活动的。

3) 追索权行使前的保全手续

持票人要行使追索权,必须以追索权的存在、没有丧失为前提条件。持票人在行使追索权前必须履行相应的保全手续。一是在法定的期限内提示承兑或提示付款,如前所述,如果持票人未在法定期限内提示承兑或提示付款的,就会丧失对前手的追索权。二是取得拒绝证明,持票人行使追索权时,应当提供被拒绝承兑或者被拒绝付款的有关证明。持票人不能出示拒绝证明、退票理由书或者未按照规定期限提供其他合法证明的,丧失对其前手的追索权。

4) 追索权行使的程序

持票人应按照以下程序来行使追索权:

首先,发出追索通知。持票人应当自收到被拒绝承兑或者被拒绝付款的有关证明之日起三日内,将被拒绝事由书面通知其前手;其前手应当自收到通知之日起三日内书面通知其再前手。持票人也可以同时向各汇票债务人发出书面通知。

未按照上述规定期限通知的,持票人仍可以行使追索权。因延期通知给其前手或者出票人造成损失的,由没有按照规定期限通知的汇票当事人承担该损失的赔偿责任,但是所赔偿的金额以汇票金额为限。

其次,确定追索对象。持票人可以对汇票债务人中的任何一人、数人或者全体行使追索权,而不必按照汇票债务人的先后顺序。汇票债务人对持票人承担连带责任。被追索人清偿债务后,与持票人享有同一权利。

再次,请求支付和受领追索金额。持票人行使追索权时,应当出具被拒绝承兑或者被拒绝付款的有关证明,请求被追索人支付追索的金额和费用。这些金额和费用包括:被拒绝付款的汇票金额;汇票金额自到期日或者提示付款日起至清偿日止,按照中国人民银行规定的利率计算的利息;取得有关拒绝证明和发出通知书的费用。

最后,交还相关的票据和文件。被追索人清偿债务时,持票人应当交出汇票和有关拒绝证明,并出具所收到利息和费用的收据。

5) 追索权行使的限制

追索权的行使在一定情形下,会受到一定的限制。这些限制表现在:持票人为出票人的,对其前手无追索权;持票人为背书人的,对其后手无追索权。

9. 商业汇票的贴现

贴现是指票据持票人在票据到期之前为获得现金向银行贴付一定利息而发生的票据转让行为。贴现后,贴现银行获得商业汇票的所有权。

(二) 本票

1. 本票的概念

本票是出票人签发的,承诺自己在见票时无条件支付确定的金额给收款人或者持票人的票据。从本票的概念中,我们不难理解,本票是见票即付的票据,是一种自负证券。本票的基本当事人只有两个:出票人和收款人。

我国票据法只承认银行本票。银行本票是银行机构签发的,承诺自己在见票时无条件支付确定的金额给收款人或者持票人的票据。

2. 银行本票的种类和使用

银行本票分为定额本票和不定额本票两种。定额本票面额有四种,分别为1000元、5000元、10 000元和50 000元。

银行本票可以用于转账,注明"现金"字样的银行本票可以支取现金。银行本票适用于单位和个人在同一票据交换区域的各款项支付。

3. 本票的记载事项

与汇票一样,本票的记载事项包括绝对必要记载事项和相对必要记载事项。

(1) 绝对必要记载事项,主要包括:表明"本票"的字样;无条件支付的承诺(如"凭票即付"字样);确定的金额;收款人名称;出票日期;出票人签章等六项。欠缺上述记载事项之一的,本票无效。

(2) 相对必要记载事项,主要包括两项,即出票地和付款地。在本票中,出票地和付款地相同。如果本票上未记载的,则付款地和出票地均为出票人的营业场所。

4. 本票的付款

本票是见票即付的票据,收款人或持票人在法定的付款期限内可以随时向出票人提示付款。根据我国《票据法》的规定,法定的付款期限为:本票自出票日起,付款期限最长不得超过两个月。本票的持票人未按照规定期限提示见票的,丧失对出票人以外的前手的追索权。

5. 本票的其他规定

本票的出票、背书、保证、付款行为和追索权的行使,除特别规定外,适用有关汇票的规定。

(三) 支票

【以案学法之案例 5-6】

A 公司为支付货款,于 8 月 31 日签发一张现金支票给 B 公司,但 A 公司在支票上未记载收款人名称,约定由 B 公司自行填写,B 公司取得支票后,在支票收款人处填写上 B 公司名称,并于 9 月 6 日将该支票背书转让给 C 公司。C 公司于 9 月 10 日向付款银行提示付款,A 公司在银行的存款足以支付支票金额。

试分析:

(1) A 公司签发的未记载收款人名称的支票是否有效?

(2) A 公司签发的支票能否用于转账?

(3) 付款银行能否拒绝向 C 公司付款?为什么?

1. 支票的概念

支票是出票人签发的,委托办理支票存款业务的银行或者其他金融机构在见票时无条件支付确定的金额给收款人或者持票人的票据。支票是一种委付证券,委托银行或其他金融机构付款。与汇票一样,支票也有三个基本当事人,即出票人、收款人和付款人。支票的付款人限于银行或其他金融机构。支票与本票一样,也是见票即付的票据。

2. 支票的种类

以支票支付票款的方式为标准,支票可以分为普通支票、现金支票和转账支票。支票上印有"转账"字样的为转账支票,转账支票只能用于转账。印有"现金"字样的为现金支票,现金支票只能用于支取现金。支票上未印有"现金"或"转账"字样的为普通支票,普通支票即可以用于支取现金,也可以用于转账。在普通支票左上角划两条平行线的,为划线支票,划线支票只能用于转账,不得支取现金。

3. 支票的记载事项

(1) 绝对必要记载事项。支票必须记载事项有:表明"支票"的字样;无条件支付的委托(如支票上"上列款项请从我账户内支付"字样);确定的金额;付款人名称;出票日期;出票人签章等六项。未记载上述事项之一的,支票无效。

(2) 相对必要记载事项。付款地和出票地属于支票的相对必要记载事项。支票上未记载付款地的,付款人的营业场所为付款地;支票上未记载出票地的,出票人的营业场所、住所或者经常居住地为出票地。

(3) 授权补记事项。支票上有两项事项即收款人名称和支票金额可以通过出票人授权补记的方式加以记载。我国票据法允许发行空白票据,但仅限于支票,而且支票空白授权补记的事项只限于支票金额和收款人名称两项。未补记前,不得背书转让和提示付款。因此,可以说,我国票据法承认有限空白票据。

【法条链接 5-3】

我国《票据法》第八十五条规定:"支票上的金额可以由出票人授权补记,未补记前的支票,不得使用。"

我国《票据法》第八十六条规定:"支票上未记载收款人名称的,经出票人授权,可以补记。"

4. 支票的付款

支票也属于见票即付的票据。根据票据法的规定,持票人应自出票之日起十日内提示付款。在提示期内,付款人应立即付款;超过提示期限,付款人可拒绝付款,付款人不予付款的,出票人仍应对持票人承担票据责任。

5. 空头支票及其法律责任

(1) 空头支票,即出票人签发的支票金额超过其付款时在付款人处实有的存款金额的支票。

我国禁止签发空头支票。出票人应自出票日起至付款时止,保证其在付款人处的存款账户中有足以支付支票金额的资金。

(2) 法律责任:刑事责任,对签发空头支票骗取财物的,法律依法追究刑事责任;行政处罚,签发空头支票,不以骗取财物为目的的,由中国人民银行处以票面金额5%但不低于1000元的罚款;民事责任,不以骗取财物为目的的,签发空头支票或者签发与其预留的签章不符的支票,持票人有权要求出票人赔偿支票金额2%的赔偿金。

6. 支票的其他规定

支票的出票、背书、付款行为和追索权的行使,除有特别规定的外,适用有关汇票的规定。

三大票据有何区别和联系?

四、我国涉外票据的法律适用

(一) 涉外票据的含义

涉外票据,是指出票、背书、承兑、保证、付款等行为,既有发生在中华人民共和国境内又有发生在中华人民共和国境外的票据。

(二) 涉外票据的法律适用

根据我国《票据法》的规定,涉外票据在法律适用上,主要有以下有种情形:

1. 适用本国法律

票据债务人的民事行为能力,适用其本国法律。

2. 适用行为地法律

票据债务人的民事行为能力,依照其本国法律为无民事行为能力或者为限制民事行为能力的,而依照行为地法律为完全民事行为能力的,适用行为地法律。而票据的背书、承兑、付款和保证行为,也适用行为地法律。

3. 适用出票地法律

汇票、本票、支票出票时的记载事项,适用出票地法律。票据追索权的行使期限,也适用出票地法律。

4. 适用付款地法律

支票出票时的记载事项,经当事人协议,也可以适用付款地法律。票据的提示期限、有关拒绝证明的方式、出具拒绝证明的期限,以及票据丧失时,失票人请求保全票据权利的程序,均适用付款地法律。

本节理论知识学习小结

本节主要对票据、票据法和票据关系,票据行为、票据权利和票据责任,汇票、本票和支票以及我国涉外票据的法律适用等票据法律制度的有关理论知识进行了系统性介绍。票据法律制度理论知识整理如图 5-4 所示。

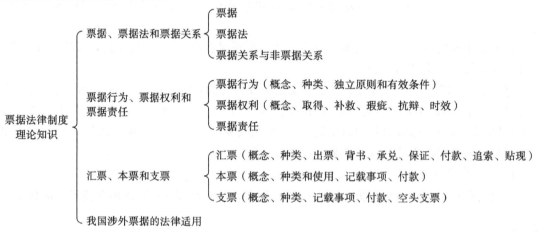

图 5-4　票据法律制度理论知识整理

任务三　知识巩固与能力提升

一、知识巩固

(一) 单项选择题

1. 甲、乙签订买卖合同后,甲向乙背书转让 3 万元的汇票作为价款。后乙又将该汇票背书转让给丙。如果在乙履行合同前,甲、乙协议解除合同。甲的下列行为中,符合票据法律制度规定的是(　　)。

　　A. 请求乙返还汇票　　　　　　　　B. 请求乙返还 3 万元价款
　　C. 请求丙返还汇票　　　　　　　　D. 请求付款人停止支付汇票上的款项

2. 根据《票据法》的规定,对背书人记载"不得转让"字样的汇票,其后手再背书转让的,将产生的法律后果是(　　)。

　　A. 该汇票无效
　　B. 该背书转让无效

C. 背书人对后手的被背书人不承担保证责任

D. 背书人对后手的被背书人承担保证责任

3. 乙公司在与甲公司交易中获得 300 万元的汇票一张,付款人为丙公司。乙公司请求承兑时,丙公司在汇票上签注:"承兑。甲公司款到后支付。"根据《票据法》的规定,下列关于丙公司付款责任的表述中,正确的是(　　)。

A. 丙公司已经承兑,应承担付款责任

B. 应视为丙公司拒绝承兑,丙公司不承担付款责任

C. 甲公司给丙公司付款后,丙公司才承担付款责任

D. 按甲公司给丙公司付款的多少确定丙公司应承担的付款责任

4. 根据《票据法》的规定,下列关于汇票的表述中,正确的是(　　)。

A. 汇票金额中文大写与数码记载不一致的,以中文大写金额为准

B. 汇票保证中,被保证人的名称属于绝对必要记载事项

C. 见票即付的汇票,无须提示承兑

D. 汇票承兑后,承兑人如果未受有出票人的资金,则可对抗持票人

5. 票据权利包括(　　)。

A. 背书权与抗辩权　　　　　　　B. 拒绝承兑权和拒绝付款权

C. 支付请求权和追索权　　　　　D. 背书权和支付请求权

6. 下列票据中没有保证关系的票据是(　　)。

A. 商业承兑汇票　　B. 银行本票　　C. 转账支票　　D. 银行承兑汇票

(二)多项选择题

1. 根据《票据法》的规定,下列有关票据背书的表述中,正确的有(　　)。

A. 背书人在背书时记载"不得转让"字样的,被背书人再行背书无效

B. 背书附条件的,背书无效

C. 部分转让票据权利的背书无效

D. 分别转让票据权利的背书无效

2. 票据的特征有(　　)。

A. 文义性　　B. 要式性　　C. 文字性　　D. 证权性　　E. 无因性

3. 根据票据法律制度的规定,下列涉外票据的票据行为中,可以适用行为地法律的有(　　)。

A. 票据追索权行使期限的确定　　B. 票据的背书

C. 票据的付款　　　　　　　　　D. 票据的承兑

4. 下列各项中,属于票据基本当事人的有(　　)。

A. 背书人　　B. 出票人　　C. 付款人　　D. 收款人

5. 下列各项中,为本票的行为的是(　　)。

A. 出票　　B. 背书　　C. 承兑　　D. 保证

(三)判断题

1. 汇票上未记载付款日期的,无须提示承兑。(　　)

2. 本票的持票人未按照规定期限提示本票的,丧失对出票人的追索权。(　　)

3. 持票人为出票人的,对其后手无追索权,持票人为背书人的,对其前手无追索权。（ ）
4. 无民事行为能力或者限制民事行为能力人在票据上的签章无效。（ ）
5. 如果付款人在三日内不作出承兑与否表示的,视为同意承兑。（ ）
6. 银行汇票被拒绝承兑后,持票人即使未按照规定期限通知其前手,该持票人仍可向其前手行使追索权。（ ）

二、项目实训与能力提升

（一）以法析案

2018年10月20日,A公司向B公司签发了一张金额为50万元的商业汇票,该汇票载明出票后1个月内付款。C公司为付款人,D公司在汇票上签章作了保证,但未记载被保证人名称。B公司取得汇票后背书转让给E公司,E公司又将该汇票背书转让给F公司,F公司于当年11月12日向C公司提示承兑,C公司以其所欠A公司债务只有30万元为由拒绝承兑。F公司拟行使追索权实现自己的票据权利。

请根据上述情况和票据法律制度的有关规定,分析下列问题：

(1) F公司可行使追索权的追索对象有哪些？这些被追索人之间承担何种责任？

(2) C公司是否有当然的付款义务？C公司如果承兑了该汇票,能否以其所欠A公司债务只有30万元为由拒绝付款？说明理由。

(3) 本案中,汇票的被保证人是谁？说明理由。如果D公司对F公司承担了保证责任,则D公司可以向谁行使追索权？说明理由。

（二）能力提升训练

1. 训练内容

根据所学票据法知识,完成一张汇票的出票、背书、保证、承兑、付款等行为。

2. 训练目的

通过训练,强化学生对所学知识的理解,提高学生对票据的辨识和应用能力。

3. 训练的形式和要求

以小组为单位完成。全班同学大约分为6个小组,每7~8人分为一组,每组推选一名小组长。其中5个小组分别充当出票人、背书人、持票人、保证人、付款人,完成各自的出票、背书、承兑、保证和付款等行为。完成后,由另一个小组对5个小组的情况进行讨论、评估,给出意见和成绩。最后由任课教师加以点评。

第二节　证券法律制度

任务一　课前思考

一、问题提出

(1) 证券有哪些特征？

(2) 首次公开发行新股需要具备什么条件？
(3) 公开发行债券的条件有哪些？
(4) 新《证券法》对证券上市交易的条件是如何规定的？
(5) 禁止交易的行为有哪些？
(6) 什么是要约收购？什么是协议收购？
(7) 如何保护投资者权益？

二、案例导入

瑞幸咖啡(LK.US)注册地在开曼群岛，经境外监管机构注册发行证券并在美国纳斯达克股票市场上市。2020年4月2日晚间，瑞幸咖啡自查后公告称，公司内部存在虚构成交数据等问题，虚构金额达22亿元。瑞幸咖啡事件对正在募资的基金、筹备赴美上市的创业公司以及已上市的中概股公司等，将造成负面信誉影响。

请思考：
(1) 什么是虚假陈述行为？
(2) 我国证券法对该案件是否有适用效力？为什么？

任务二　理论知识学习

一、证券与证券法

(一) 证券

1. 证券的概念

证券是一种记载一定金额的代表各类财产所有权或债权的书面凭证，其本质是一种交易契约或合同。证券有广义和狭义之分：广义的证券主要包括资本证券、货币证券和财物证券；狭义的证券，即我国证券法所规范的证券，亦即本节所指的证券，主要是资本证券。

2. 证券的种类

根据我国《证券法》第二条的规定，证券的种类主要包括我国证券市场发行和交易的股票、公司债券、政府债券、证券投资基金份额、存托凭证和国务院依法认定的其他证券。详见表5-1。

表5-1　证券的种类

证券种类	具体内容
股票	股份有限公司发行的，股东用以证明其持股、取得股息和红利的一种有价证券。股票按照发行范围，可分为A股、B股、H股和F股四种。A股是在我国国内发行，供国内居民和单位用人民币购买的普通股票。B股是专供境外投资者在境内以外币买卖的特种普通股票。H股是我国境内注册的公司在香港发行并在香港联合交易所上市的普通股票。F股是我国股份公司在海外发行上市流通的普通股票
公司债券	公司依照法定程序发行、约定在一定期限还本付息的有价证券。公司债券有记名公司债券和无记名公司债券、可转换公司债券和不可转换公司债券之分

续表

证券种类	具体内容
政府债券	政府为筹集资金而向投资者出具并承诺在一定时期支付利息和偿还本金的债务凭证。我国政府债券包括国债和地方政府债
证券投资基金份额	基金投资人持有基金单位的权利凭证
存托凭证	存券收据或存股证,是一种新型证券;是在一国证券市场流通的代表外国公司有价证券的可转让凭证,为公司融资业务范畴的金融衍生工具。一般代表公司股票,但有时也代表债券

3．证券的特征

证券法上的证券具有以下几个方面的特征：

(1) 投资性,即证券是具有投资属性的凭证,投资者因其投资行为获得相应的法律地位。

(2) 证权性,即证券是用来证明证券持有人享有某种财产权利的凭证。

(3) 要式性,即证券的形式、格式、记载的内容和事项必须符合法律法规的规定。

(4) 收益性,即持有证券本身可以获得一定数额的收益,这是投资者转让资本使用权的回报。

(5) 流通性,即证券是一种可以流通的权利凭证,是证券的生命力所在。

(二) 证券法

1．证券法的概念

证券法有广义和狭义之分。广义的证券法是指在调整证券的发行、交易、监管等活动的过程中所产生的经济关系的法律规范的总称。

狭义的证券法是指《中华人民共和国证券法》,该法于 1998 年 12 月 29 日第九届全国人民代表大会常务委员会第六次会议通过,并于 2004 年 8 月 28 日第十届全国人民代表大会常务委员会第十一次会议第一次修正,2005 年 10 月 27 日第十届全国人民代表大会常务委员会第十八次会议第一次修订,2013 年 6 月 29 日第十二届全国人民代表大会常务委员会第三次会议第二次修正,2014 年 8 月 31 日第十二届全国人民代表大会常务委员会第十次会议第三次修正和 2019 年 12 月 28 日第十三届全国人民代表大会常务委员会第十五次会议第二次修订,修订后的《证券法》自 2020 年 3 月 1 日起施行。

2．证券法的基本原则

(1) 公开、公平、公正的原则

(2) 平等、自愿、有偿、诚实信用的原则。

(3) 分业经营、分业管理原则。即证券业和银行业、信托业、保险业实行分业经营、分业管理,证券公司与银行、信托、保险业务机构分别设立。

(4) 集中统一监督管理与行业自律相结合原则。国务院证券监督管理机构依法对全国证券市场实行集中统一监督管理。国务院证券监督管理机构根据需要可以设立派出机构,按照授权履行监督管理职责。国家审计机关依法对证券交易场所、证券公司、证券登记结算机构、证券监督管理机构进行审计监督。证券行业依法设立证券业协会,实行自律性管理。

(5) 保护投资者合法权益原则。

二、证券市场与证券机构

（一）证券市场及分类

【以案学法之案例 5-7】

上能电气股份有限公司（简称"上能电气"）通过深圳证券交易所发行股票 1833.36 万股，发行价为每股 21.64 元，募集资金 3.97 亿元。2020 年 4 月 10 日在深交所上市，当日开盘价为每股 25.97 元，并以每股 31.16 元收盘。

请问：上能电气的股票发行和上市分别是在证券市场的哪个市场上进行的？

证券市场是指证券产品发行和交易的场所。按照证券进入市场的顺序而形成的结构关系，证券市场可分为证券发行市场和证券交易市场。证券发行市场又称为证券一级市场或初级市场，是发行人以筹集资金为目的，按照一定的法律规定和发行程序，向投资者发行证券的市场。证券交易市场又称为证券二级市场或次级市场，是对已发行的证券进行买卖、转让和流通的市场。

（二）证券市场主体与证券机构

1. 证券发行人

证券发行人是证券发行的主体，是指为筹措资金而发行债券、股票等证券的政府及其机构、公司和企业。没有证券发行人，就不可能存在证券市场。

2. 证券投资者

证券投资者是证券市场的资金供给者，是指以取得利息、股息或资本收益为目的而买入证券的机构和个人，主要包括个人投资者和机构投资者。个人投资者是证券市场最广泛的投资者。机构投资者主要是证券公司、共同基金等金融机构和企业、事业单位、社会团体等。

3. 证券公司

证券公司，即证券经营公司，是指依照《公司法》和《证券法》的规定设立并经国务院证券监督管理机构审查批准而成立的专门经营证券业务，具有独立法人地位的有限责任公司或者股份有限公司。

1）证券公司的设立条件

设立证券公司，应当具备下列条件：

（1）有符合法律、行政法规规定的公司章程。

（2）主要股东及公司的实际控制人具有良好的财务状况和诚信记录，最近三年无重大违法违规记录。

（3）有符合《证券法》规定的公司注册资本。

证券公司经营证券经纪、证券投资咨询以及与证券交易、证券投资活动有关的财务顾问等业务的，注册资本最低限额为人民币 5000 万元。

证券公司经营证券承销与保荐、证券融资融券、证券做市交易、证券自营和其他证券业务中之一的，注册资本最低限额为人民币 1 亿元；经营上述业务中两项以上的，注册资本最低限额为人民币 5 亿元。

（4）董事、监事、高级管理人员、从业人员必须符合法定的条件。

证券公司的董事、监事、高级管理人员,应当正直诚实、品行良好,熟悉证券法律、行政法规,具有履行职责所需的经营管理能力。有我国《公司法》第一百四十六条规定的情形或者下列情形之一的,不得担任证券公司的董事、监事、高级管理人员:一是因违法行为或者违纪行为被解除职务的证券交易场所、证券登记结算机构的负责人或者证券公司的董事、监事、高级管理人员,自被解除职务之日起未逾五年;二是因违法行为或者违纪行为被吊销执业证书或者被取消资格的律师、注册会计师或者其他证券服务机构的专业人员,自被吊销执业证书或者被取消资格之日起未逾五年。

证券公司从事证券业务的人员应当品行良好,具备从事证券业务所需的专业能力。因违法行为或者违纪行为被开除的证券交易场所、证券公司、证券登记结算机构、证券服务机构的从业人员和被开除的国家机关工作人员,不得招聘为证券公司的从业人员。

国家机关工作人员和法律、行政法规规定的禁止在公司中兼职的其他人员,不得在证券公司中兼任职务。

(5) 有完善的风险管理与内部控制制度。

(6) 有合格的经营场所、业务设施和信息技术系统。

(7) 法律、行政法规和经国务院批准的国务院证券监督管理机构规定的其他条件。

设立证券公司,还必须经国务院证券监督管理机构批准。未经国务院证券监督管理机构批准,任何单位和个人不得以证券公司名义开展证券业务活动。

证券公司设立申请获得批准的,申请人应当在规定的期限内向公司登记机关申请设立登记,领取营业执照。

证券公司应当自领取营业执照之日起十五日内,向国务院证券监督管理机构申请经营证券业务许可证。未取得经营证券业务许可证,证券公司不得经营证券业务。

2) 证券公司的业务范围

经国务院证券监督管理机构核准,取得经营证券业务许可证,证券公司可以经营下列部分或者全部证券业务:

(1) 证券经纪;

(2) 证券投资咨询;

(3) 与证券交易、证券投资活动有关的财务顾问;

(4) 证券承销与保荐;

(5) 证券融资融券;

(6) 证券做市交易;

(7) 证券自营;

(8) 其他证券业务。

4. 证券登记结算机构

证券登记结算机构是指经国务院证券监督管理机构批准设立的,为证券交易提供集中登记、存管与结算服务,不以营利为目的法人。

1) 证券登记结算机构设立的条件

设立证券登记结算机构,应当具备下列条件:

(1) 自有资金不少于人民币2亿元;

(2) 具有证券登记、存管和结算服务所必需的场所和设施;

(3) 证券登记结算机构的名称中应当标明证券登记结算字样；
(4) 国务院证券监督管理机构规定的其他条件。
2) 证券登记结算机构的职能
证券登记结算机构履行下列职能：
(1) 证券账户、结算账户的设立；
(2) 证券的存管和过户；
(3) 证券持有人名册登记；
(4) 证券交易的清算和交收；
(5) 受发行人的委托派发证券权益；
(6) 办理与上述业务有关的查询、信息服务；
(7) 国务院证券监督管理机构批准的其他业务。

5. 证券服务机构

证券服务机构是指依法设立的为证券的发行、交易和相关投资活动提供专业服务的法人机构，主要包括会计师事务所、律师事务所以及从事证券投资咨询、资产评估、资信评级、财务顾问、信息技术系统服务的机构。

证券投资咨询机构是指对证券投资者和客户的投融资、证券交易活动和资本运营提供咨询服务的专业机构。从事证券投资咨询服务业务，应当经国务院证券监督管理机构核准。证券投资咨询机构及其从业人员从事证券服务业务不得有下列行为：
(1) 代理委托人从事证券投资；
(2) 与委托人约定分享证券投资收益或者分担证券投资损失；
(3) 买卖本证券投资咨询机构提供服务的证券；
(4) 法律、行政法规禁止的其他行为。
有上述行为之一，给投资者造成损失的，应当依法承担赔偿责任。

6. 证券交易所

证券交易所是指依法登记设立的，为证券集中交易提供场所和设施，组织和监督证券交易，实行自律管理的法人。

1) 证券交易所的设立

证券交易所的设立、变更和解散由国务院决定。设立证券交易所必须制定章程。证券交易所章程的制定和修改，必须经国务院证券监督管理机构批准。

2) 会员制证券交易所及其从业人员任职资格

实行会员制的证券交易所的财产积累归会员所有，其权益由会员共同享有，在其存续期间，不得将其财产积累分配给会员。

实行会员制的证券交易所设理事会、监事会。证券交易所设总经理一人，由国务院证券监督管理机构任免。

有《公司法》第一百四十六条规定的情形或者下列情形之一的，不得担任证券交易所的负责人：
(1) 因违法行为或者违纪行为被解除职务的证券交易场所、证券登记结算机构的负责人或者证券公司的董事、监事、高级管理人员，自被解除职务之日起未逾五年；
(2) 因违法行为或者违纪行为被吊销执业证书或者被取消资格的律师、注册会计师或者其他证券服务机构的专业人员,自被吊销执业证书或者被取消资格之日起未逾五年。

因违法行为或者违纪行为被开除的证券交易场所、证券公司、证券登记结算机构、证券服务机构的从业人员和被开除的国家机关工作人员,不得招聘为证券交易所的从业人员。

3）证券交易所的职能

（1）为组织公平的集中交易提供保障,实时公布证券交易即时行情,并按交易日制作证券市场行情表,予以公布。

（2）按照业务规则的规定,决定上市交易股票的停牌或者复牌。因不可抗力、意外事件、重大技术故障、重大人为差错等突发性事件而影响证券交易正常进行时,可以采取技术性停牌、临时停市等处置措施,并应当及时向国务院证券监督管理机构报告。

（3）对证券交易实行实时监控,并按照国务院证券监督管理机构的要求,对异常的交易情况提出报告。

（4）依照法律、行政法规和国务院证券监督管理机构的规定,制定上市规则、交易规则、会员管理规则和其他有关业务规则,并报国务院证券监督管理机构批准。

（5）对违反业务规则的,给予纪律处分或者采取其他自律管理措施。

7．证券监督管理机构

国务院证券监督管理机构依法对证券市场实行监督管理,维护证券市场公开、公平、公正,防范系统性风险,维护投资者合法权益,促进证券市场健康发展。

国务院证券监督管理机构依法履行下列职责：

（1）依法制定有关证券市场监督管理的规章、规则,并依法进行审批、核准、注册,办理备案；

（2）依法对证券的发行、上市、交易、登记、存管、结算等行为,进行监督管理；

（3）依法对证券发行人、证券公司、证券服务机构、证券交易场所、证券登记结算机构的证券业务活动,进行监督管理；

（4）依法制定从事证券业务人员的行为准则,并监督实施；

（5）依法监督检查证券发行、上市、交易的信息披露；

（6）依法对证券业协会的自律管理活动进行指导和监督；

（7）依法监测并防范、处置证券市场风险；

（8）依法开展投资者教育；

（9）依法对证券违法行为进行查处；

（10）法律、行政法规规定的其他职责。

8．证券业协会

证券业协会是证券业的自律性组织,是社会团体法人。

1）证券业协会的组织机构

全体会员组成的会员大会是证券业协会的权力机构。证券业协会设理事会,为证券业协会的执行机构。理事会成员依章程的规定由选举产生。

2）证券业协会的职责

（1）教育和组织会员及其从业人员遵守证券法律、行政法规,组织开展证券行业诚信建设,督促证券行业履行社会责任；

（2）依法维护会员的合法权益,向证券监督管理机构反映会员的建议和要求；

(3) 督促会员开展投资者教育和保护活动,维护投资者合法权益;

(4) 制定和实施证券行业自律规则,监督、检查会员及其从业人员行为,对违反法律、行政法规、自律规则或者协会章程的,按照规定给予纪律处分或者实施其他自律管理措施;

(5) 制定证券行业业务规范,组织从业人员的业务培训;

(6) 组织会员就证券行业的发展、运作及有关内容进行研究,收集整理、发布证券相关信息,提供会员服务,组织行业交流,引导行业创新发展;

(7) 对会员之间、会员与客户之间发生的证券业务纠纷进行调解;

(8) 证券业协会章程规定的其他职责。

三、证券发行

【以案学法之案例 5-8】

某发起人决定以非公开发行股份的方式设立 A 公司。为筹集更多资金,发起人利用散发募集资金宣传单、召开投资推介会等方式,最终确定了 300 个出资人。

请问:

(1) A 公司股份发行方式按照法律规定是属于公开发行还是非公开发行?为什么?

(2) A 公司的发行方式是否合法?为什么?

(一) 证券发行的分类

1. 公开发行与非公开发行

按照证券发行的对象不同,证券发行可分为公开发行与非公开发行。

1) 公开发行

(1) 公开发行实行注册制。公开发行证券,必须符合法律、行政法规规定的条件,并依法报经国务院证券监督管理机构或者国务院授权的部门注册。未经依法注册,任何单位和个人不得公开发行证券。

(2) 公开发行的界定。有下列情形之一的,为公开发行:向不特定对象发行证券;向特定对象发行证券累计超过 200 人,但依法实施员工持股计划的员工人数不计算在内;法律、行政法规规定的其他发行行为。

课堂讨论 5-4

下列属于证券公开发行情形的有( )。

A. 向不特定对象发行证券的

B. 向累计不超过 200 人的不特定对象发行证券的

C. 向累计不超过 200 人的特定对象发行证券的

D. 采取电视广告方式发行证券的

2) 非公开发行

非公开发行是指向少数特定的投资者进行的证券发行。非公开发行证券,不得采用广告、公开劝诱和变相公开方式。

2. 设立发行和增资发行

根据证券发行的目的不同,证券发行可以分为设立发行和增资发行。

设立发行是为成立新的股份有限公司而发行股票。

增资发行是为增加已有公司的资本总额或改变其股本结构而发行新股。增发新股,既可以公开发行,也可以采取配股或赠股的形式。

(二)设立发行股票的条件

设立发行股票,亦即首次公开发行股票。设立股份有限公司公开发行股票,应当符合我国《公司法》规定的条件和经国务院批准的国务院证券监督管理机构规定的其他条件,向国务院证券监督管理机构报送募股申请和下列文件:

(1)公司章程;

(2)发起人协议;

(3)发起人姓名或者名称,发起人认购的股份数、出资种类及验资证明;

(4)招股说明书;

(5)代收股款银行的名称及地址;

(6)承销机构名称及有关的协议。

依照《证券法》规定聘请保荐人的,还应当报送保荐人出具的发行保荐书。法律、行政法规规定设立公司必须报经批准的,还应当提交相应的批准文件。

(三)首次公开发行新股的条件

公司首次公开发行新股,应当符合下列条件:

(1)具备健全且运行良好的组织机构;

(2)具有持续经营能力;

(3)最近三年财务会计报告被出具无保留意见审计报告;

(4)发行人及其控股股东、实际控制人最近三年不存在贪污、贿赂、侵占财产、挪用财产或者破坏社会主义市场经济秩序的刑事犯罪;

(5)经国务院批准的国务院证券监督管理机构规定的其他条件。

公司公开发行新股,应当报送募股申请和下列文件:公司营业执照;公司章程;股东大会决议;招股说明书或者其他公开发行募集文件;财务会计报告;代收股款银行的名称及地址。依照《证券法》规定聘请保荐人的,还应当报送保荐人出具的发行保荐书。依照《证券法》规定实行承销的,还应当报送承销机构名称及有关的协议。

(四)公开发行存托凭证的条件

公开发行存托凭证的,应当符合首次公开发行新股的条件以及国务院证券监督管理机构规定的其他条件。

(五)公开发行公司债券的条件

公开发行公司债券,应当符合下列条件:

(1)具备健全且运行良好的组织机构;

(2)最近三年平均可分配利润足以支付公司债券一年的利息;

(3)国务院规定的其他条件。

公开发行公司债券筹集的资金,必须按照公司债券募集办法所列资金用途使用;改变资金用途,必须经债券持有人会议作出决议。公开发行公司债券筹集的资金,不得用于弥补亏损和非生产性支出。

申请公开发行公司债券,应当向国务院授权的部门或者国务院证券监督管理机构报送下列文件:公司营业执照;公司章程;公司债券募集办法;国务院授权的部门或者国务院证券监督管理机构规定的其他文件。依照《证券法》规定聘请保荐人的,还应当报送保荐人出具的发行保荐书。

有下列情形之一的,不得再次公开发行公司债券:

(1) 对已公开发行的公司债券或者其他债务有违约或者延迟支付本息的事实,仍处于继续状态;

(2) 违反《证券法》规定,改变公开发行公司债券所募资金的用途。

(六) 证券承销

【以案学法之案例 5-9】

理想家居股份公司(简称"理想公司")向社会公开发行股票,与甲证券公司签订承销协议,规定甲公司代发向社会公开发行的全部股票。发行期结束后,如果股票未全部售出,剩余部分退还给理想公司。在股票发行结束前夕,理想公司得知股票发行状况不理想,于是与乙证券公司达成协议:未售出的股票由乙公司承销,承销期结束时,若乙公司未能售完股票,则由乙公司自行购入。甲公司知悉后,与理想公司产生纠纷。

请问:

(1) 理想公司与甲公司、乙公司签订的协议分别属于何种承销协议?

(2) 理想公司与甲公司的纠纷如何解决?

1. 承销的种类

(1) 证券代销。证券代销是指证券公司代发行人发售证券,在承销期结束时,将未售出的证券全部退还给发行人的承销方式。

(2) 证券包销。证券包销是指证券公司将发行人的证券按照协议全部购入或者在承销期结束时将售后剩余证券全部自行购入的承销方式。

2. 承销协议的内容

证券公司承销证券,应当同发行人签订代销或者包销协议,载明下列事项:

(1) 当事人的名称、住所及法定代表人姓名;

(2) 代销、包销证券的种类、数量、金额及发行价格;

(3) 代销、包销的期限及起止日期;

(4) 代销、包销的付款方式及日期;

(5) 代销、包销的费用和结算办法;

(6) 违约责任;

(7) 国务院证券监督管理机构规定的其他事项。

3. 证券公司承销行为的规制

证券公司承销证券,不得有下列行为:

(1) 进行虚假的或者误导投资者的广告宣传或者其他宣传推介活动;

(2) 以不正当竞争手段招揽承销业务;

(3) 其他违反证券承销业务规定的行为。

证券公司有上述所列行为,给其他证券承销机构或者投资者造成损失的,应当依法承担赔偿责任。

4. 承销团

承销团是指由两个以上的承销商组成的,为发行人发售证券的一种承销方式。

向不特定对象发行证券聘请承销团承销的,承销团应当由主承销和参与承销的证券公司组成。主承销的证券公司在承销团中起主要作用,代表承销团与发行者签订承销合同,负责与其他参与承销的证券公司签订分销协议。

5. 证券的销售期限

证券的代销、包销期限最长不得超过九十日。公开发行股票,代销、包销期限届满,发行人应当在规定的期限内将股票发行情况报国务院证券监督管理机构备案。

6. 代销发行的失败及其后果

股票发行采用代销方式,代销期限届满,向投资者出售的股票数量未达到拟公开发行股票数量70%的,为发行失败。发行人应当按照发行价并加算银行同期存款利息返还股票认购人。

上市公司的证券发行

一、上市公司公开发行证券的条件

《上市公司证券发行管理办法》(2020年2月14日修正)第6～10条规定了上市公司公开发行证券的条件:

1. 上市公司的组织机构健全、运行良好;
2. 上市公司的盈利能力具有可持续性;
3. 上市公司的财务状况良好;
4. 上市公司最近36个月内财务会计文件无虚假记载,且不存在重大违法行为;
5. 上市公司募集资金的数额和使用应当符合《上市公司证券发行管理办法》的规定;
6. 上市公司不存在下列不得公开发行证券的情形:

(1) 本次发行申请文件有虚假记载、误导性陈述或重大遗漏;

(2) 擅自改变前次公开发行证券募集资金的用途而未作纠正;

(3) 上市公司最近12个月内受到过证券交易所的公开谴责;

(4) 上市公司及其控股股东或实际控制人最近12个月内存在未履行向投资者作出的公开承诺的行为;

(5) 上市公司或其现任董事、高级管理人员因涉嫌犯罪被司法机关立案侦查或涉嫌违法违规被中国证监会立案调查;

(6) 严重损害投资者的合法权益和社会公共利益的其他情形。

二、上市公司配股条件

向原股东配售股份(简称"配股"),除符合上述上市公司公开发行证券的条件外,还应当符合下列条件:

1. 拟配售股份数量不超过本次配售股份前股本总额的30%;
2. 控股股东应当在股东大会召开前公开承诺认配股份的数量;

3. 采用证券法规定的代销方式发行。

三、上市公司增发的条件

向不特定对象公开募集股份(简称"增发"),除符合上述上市公司公开发行证券的条件外,还应当符合下列条件:

1. 最近3个会计年度加权平均净资产收益率平均不低于6%。扣除非经常性损益后的净利润与扣除前的净利润相比,以低者作为加权平均净资产收益率的计算依据;

2. 除金融类企业外,最近1期末不存在持有金额较大的交易性金融资产和可供出售的金融资产、借予他人款项、委托理财等财务性投资的情形;

3. 发行价格应不低于公告招股意向书前20个交易日公司股票均价或前1个交易日的均价。

四、上市公司非公开发行股票的条件

1. 特定对象条件。非公开发行股票的特定对象应当符合下列条件:

(1) 特定对象符合股东大会决议规定的条件;

(2) 发行对象不超过35名。

发行对象为境外战略投资者的,应当遵守国家的相关规定。

2. 上市公司条件。上市公司非公开发行股票,应当符合下列条件:

(1) 发行价格不低于定价基准日前20个交易日公司股票均价的80%;

(2) 本次发行的股份自发行结束之日起,6个月内不得转让;控股股东、实际控制人及其控制的企业认购的股份,18个月内不得转让;

(3) 募集资金使用符合《上市公司证券发行管理办法》的规定;

(4) 本次发行将导致上市公司控制权发生变化的,还应当符合中国证监会的其他规定。

五、上市公司不得非公开发行股票的情形

上市公司存在下列情形之一的,不得非公开发行股票:

1. 本次发行申请文件有虚假记载、误导性陈述或重大遗漏;

2. 上市公司的权益被控股股东或实际控制人严重损害且尚未消除;

3. 上市公司及其附属公司违规对外提供担保且尚未解除;

4. 现任董事、高级管理人员最近36个月内受到过中国证监会的行政处罚,或者最近12个月内受到过证券交易所公开谴责;

5. 上市公司或其现任董事、高级管理人员因涉嫌犯罪正被司法机关立案侦查或涉嫌违法违规正被中国证监会立案调查;

6. 最近1年及1期财务报表被注册会计师出具保留意见、否定意见或无法表示意见的审计报告。保留意见、否定意见或无法表示意见所涉及事项的重大影响已经消除或者本次发行涉及重大重组的除外;

7. 严重损害投资者合法权益和社会公共利益的其他情形。

四、证券交易

(一) 证券交易的一般条件、方式和场所

1. 证券交易的一般条件

证券交易当事人依法买卖的证券,必须是依法发行并交付的证券。非依法发行的证券,不

得买卖。

2. 证券交易的方式

证券在证券交易所上市交易，应当采用公开的集中交易方式或者国务院证券监督管理机构批准的其他方式。

证券交易当事人买卖的证券可以采用纸面形式或者国务院证券监督管理机构规定的其他形式。

3. 证券交易的场所

公开发行的证券，应当在依法设立的证券交易所上市交易或者在国务院批准的其他全国性证券交易场所交易。

非公开发行的证券，可以在证券交易所、国务院批准的其他全国性证券交易场所、按照国务院规定设立的区域性股权市场转让。

（二）证券转让的限制性规定

依法发行的证券，我国《公司法》和其他法律对其转让期限有限制性规定的，在限定的期限内不得转让。

上市公司持有5%以上股份的股东、实际控制人、董事、监事、高级管理人员，以及其他持有发行人首次公开发行前发行的股份或者上市公司向特定对象发行的股份的股东，转让其持有的本公司股份的，不得违反法律、行政法规和国务院证券监督管理机构关于持有期限、卖出时间、卖出数量、卖出方式、信息披露等规定，并应当遵守证券交易所的业务规则。

【法条链接5-4】

《证券法》第四十条规定："证券交易场所、证券公司和证券登记结算机构的从业人员，证券监督管理机构的工作人员以及法律、行政法规规定禁止参与股票交易的其他人员，在任期或者法定限期内，不得直接或者以化名、借他人名义持有、买卖股票或者其他具有股权性质的证券，也不得收受他人赠送的股票或者其他具有股权性质的证券。"

"任何人在成为前款所列人员时，其原已持有的股票或者其他具有股权性质的证券，必须依法转让。"

"实施股权激励计划或者员工持股计划的证券公司的从业人员，可以按照国务院证券监督管理机构的规定持有、卖出本公司股票或者其他具有股权性质的证券。"

（三）证券上市交易

1. 证券上市交易的程序

申请证券上市交易，应当向证券交易所提出申请，由证券交易所依法审核同意，并由双方签订上市协议。

2. 证券上市交易的条件

新《证券法》将证券上市交易的条件交由证券交易所决定。

申请证券上市交易，应当符合证券交易所上市规则规定的上市条件。证券交易所上市规则规定的上市条件，应当对发行人的经营年限、财务状况、最低公开发行比例和公司治理、诚信记录等提出要求。

3. 证券上市交易的终止

上市交易的证券,有证券交易所规定的终止上市情形的,由证券交易所按照业务规则终止其上市交易。证券交易所决定终止证券上市交易的,应当及时公告,并报国务院证券监督管理机构备案。

知识链接 5-2

一、《上海证券交易所股票上市规则》(2019 年 4 月第 13 次修订)、《深圳证券交易所股票上市规则》(2018 年 11 月第 11 次修订)关于首次公开发行股票并上市和可转换公司债券上市的条件规定

1. 发行人首次公开发行股票后申请其股票在本所上市,应当符合下列条件:
(1) 股票经中国证监会核准已公开发行;
(2) 公司股本总额不少于人民币 5000 万元;
(3) 公开发行的股份达到公司股份总数的 25% 以上;公司股本总额超过人民币 4 亿元的,公开发行股份的比例为 10% 以上;
(4) 公司最近 3 年无重大违法行为,财务会计报告无虚假记载;
(5) 上海(深圳)证券交易所要求的其他条件。

2. 上市公司申请可转换公司债券在本所上市,应当符合下列条件:
(1) 可转换公司债券的期限为 1 年以上;
(2) 可转换公司债券实际发行额不少于人民币 5000 万元;
(3) 申请上市时仍符合法定的可转换公司债券发行条件。

二、《上海证券交易所公司债券上市规则》(2018 年修订)关于公司债券上市的有关规定

1. 发行人申请债券上市,应当符合下列条件:
(1) 符合《证券法》规定的上市条件;
(2) 经有权部门核准并依法完成发行;
(3) 债券持有人符合本所投资者适当性管理规定;
(4) 本所规定的其他条件。

2. 公司债券上市交易方式:

面向公众投资者和合格投资者公开发行的公司债券在本所上市的,采取竞价、报价、询价和协议交易方式。

面向合格投资者公开发行的公司债券在本所上市,且债券上市时无法达到下列条件的,仅采取报价、询价和协议交易方式:
(1) 债券信用评级达到 AA 级或以上;
(2) 发行人最近一期末的净资产不低于 5 亿元人民币,或最近一期末的资产负债率不高于 75%;
(3) 发行人最近 3 个会计年度实现的年均可分配利润不少于债券一年利息的 1.5 倍;
(4) 本所规定的其他条件。

三、《深圳证券交易所公司债券上市规则》(2018 年修订)关于公司债券上市的有关规定

1. 债券上市条件:
(1) 发行人申请其已经有权部门核准且已公开发行的债券在本所上市,应当符合《证券法》

规定的上市条件。面向合格投资者公开发行的债券在上市时还应当符合本所投资者适当性管理相关规定。

（2）债券申请在本所上市的，发行人应当在发行前根据相关法律、行政法规、部门规章、规范性文件、本规则及本所其他相关规定，明确交易机制和投资者适当性安排。

2. 公司债券上市交易方式：

面向公众投资者和合格投资者公开发行的债券在本所上市时，可以采取集中竞价交易和大宗交易方式。

仅面向合格投资者公开发行的债券在本所申请上市时，如债券上市时不能同时符合下列条件的，只能采取协议大宗交易方式：

（1）债券信用评级达到AA级及以上；

（2）发行人最近一期末的资产负债率或者加权平均资产负债率（以集合形式发行债券的）不高于75%，或者发行人最近一期末的净资产不低于5亿元人民币；

（3）发行人最近3个会计年度经审计的年均可分配利润不少于债券一年利息的1.5倍，以集合形式发行的债券，所有发行人最近3个会计年度经审计的加总年均可分配利润不少于债券一年利息的1.5倍；

（4）本所规定的其他条件。

（四）禁止的交易行为

【以案学法之案例 5-10】

小河与某上市公司的总经理小江是恋人关系。小江所在的上市公司准备筹划重大资产重组项目，小江担任此次项目的主要负责人。在项目的筹备阶段，小河便从小江口中得知了这个消息。小江告诉小河可于停牌前低价位买入上市公司股票，并于股票复牌大涨后卖出。小河与小江一起先后找多人开设了数个股票账户，从朋友处以15%的年息借来2000万元用于股票投资。在信息公开之前，小河和小江利用多人账户合计买入上市公司股票100余万股，买入金额2500余万元。后来，上市公司股票因筹划重大资产重组停牌。1个多月后公司股票复牌，并连续涨停。小河窃喜，两人在连续几个涨停板后陆续卖出持有股票，实际获利1000余万元。几天后两人被立案调查。

请问：小江、小河的行为属于法律禁止的哪种行为？为什么？

【以案学法之案例 5-11】

阿牛的会计师同学小榴在聚会时告诉他，自己正在给上市公司重大资产重组项目提供财务顾问服务。阿牛眼前一亮，筹集了自己的全部资金押注上市公司，共买入公司股票50万股，买入金额500万元。不久后公司果然宣布停牌进行重组。股票复牌后，上市公司股价接连涨停。阿牛择时卖出股票，获利200多万元。阿牛还没来得及跟大家炫耀就被立案调查。

请问：阿牛和小榴的行为违反了《证券法》的什么规定？

1. 内幕交易行为

禁止证券交易内幕信息的知情人和非法获取内幕信息的人利用内幕信息从事证券交易活动。

1) 知情人的范围

证券交易内幕信息的知情人包括：

(1) 发行人及其董事、监事、高级管理人员；

(2) 持有公司 5％以上股份的股东及其董事、监事、高级管理人员，公司的实际控制人及其董事、监事、高级管理人员；

(3) 发行人控股或者实际控制的公司及其董事、监事、高级管理人员；

(4) 由于所任公司职务或者因与公司业务往来可以获取公司有关内幕信息的人员；

(5) 上市公司收购人或者重大资产交易方及其控股股东、实际控制人、董事、监事和高级管理人员；

(6) 因职务、工作可以获取内幕信息的证券交易场所、证券公司、证券登记结算机构、证券服务机构的有关人员；

(7) 因职责、工作可以获取内幕信息的证券监督管理机构工作人员；

(8) 因法定职责对证券的发行、交易或者对上市公司及其收购、重大资产交易进行管理可以获取内幕信息的有关主管部门、监管机构的工作人员；

(9) 国务院证券监督管理机构规定的可以获取内幕信息的其他人员。

2) 内幕信息

内幕信息证券交易活动中，涉及发行人的经营、财务或者对该发行人证券的市场价格有重大影响的尚未公开的信息。《证券法》第八十条第二款和第八十一条第二款所列的下列重大事件为内幕信息：

(1) 公司的经营方针和经营范围的重大变化；

(2) 公司的重大投资行为，公司在一年内购买、出售重大资产超过公司资产总额30％，或者公司营业用主要资产的抵押、质押、出售或者报废一次超过该资产的30％；

(3) 公司订立重要合同、提供重大担保或者从事关联交易，可能对公司的资产、负债、权益和经营成果产生重要影响；

(4) 公司发生重大债务和未能清偿到期重大债务的违约情况；

(5) 公司发生重大亏损或者重大损失；

(6) 公司生产经营的外部条件发生的重大变化；

(7) 公司的董事、三分之一以上监事或者经理发生变动，董事长或者经理无法履行职责；

(8) 持有公司 5％以上股份的股东或者实际控制人持有股份或者控制公司的情况发生较大变化，公司的实际控制人及其控制的其他企业从事与公司相同或者相似业务的情况发生较大变化；

(9) 公司分配股利、增资的计划，公司股权结构的重要变化，公司减资、合并、分立、解散及申请破产的决定，或者依法进入破产程序、被责令关闭；

(10) 涉及公司的重大诉讼、仲裁，股东大会、董事会决议被依法撤销或者宣告无效；

(11) 公司涉嫌犯罪被依法立案调查，公司的控股股东、实际控制人、董事、监事、高级管理人员涉嫌犯罪被依法采取强制措施；

(12) 国务院证券监督管理机构规定的其他事项；

(13) 公司股权结构或者生产经营状况发生重大变化；

(14) 公司债券信用评级发生变化；

(15) 公司重大资产抵押、质押、出售、转让、报废；

(16) 公司发生未能清偿到期债务的情况；

(17) 公司新增借款或者对外提供担保超过上年末净资产的20%；

(18) 公司放弃债权或者财产超过上年末净资产的10%；

(19) 公司发生超过上年末净资产10%的重大损失；

(20) 公司分配股利，作出减资、合并、分立、解散及申请破产的决定，或者依法进入破产程序、被责令关闭；

(21) 涉及公司的重大诉讼、仲裁；

(22) 公司涉嫌犯罪被依法立案调查，公司的控股股东、实际控制人、董事、监事、高级管理人员涉嫌犯罪被依法采取强制措施；

(23) 国务院证券监督管理机构规定的其他事项。

3) 内幕交易行为的法律后果

证券交易内幕信息的知情人和非法获取内幕信息的人从事内幕交易行为给投资者造成损失的，应当依法承担赔偿责任。

证券交易场所、证券公司、证券登记结算机构、证券服务机构和其他金融机构的从业人员、有关监管部门或者行业协会的工作人员，利用未公开信息进行交易给投资者造成损失的，应当依法承担赔偿责任。

【法条链接 5-5】

《证券法》第五十三条第一款规定："证券交易内幕信息的知情人和非法获取内幕信息的人，在内幕信息公开前，不得买卖该公司的证券，或者泄露该信息，或者建议他人买卖该证券。"

【以案学法之案例 5-12】

2020年3月，证监会监测发现迪贝电气等多只小市值概念股价量连续多日异常。经查，湖南东能集团实际控制人罗山东与场外配资中介人员龚世威等人合谋，罗山东负责股票账户操作，龚世威主要负责提供配资，贺志华担当股市"黑嘴"角色，负责推荐股票，吸引散户买入。他们集中资金、持股优势，通过连续交易、对倒等方式操纵证券市场，利用400多个账户进行8只股票的交易，获利达4亿余元。

请问：该案中当事人的行为构成了法律禁止的什么行为？为什么？

2. 操纵证券市场行为

1) 操纵证券市场的手段

操纵证券市场，影响或者意图影响证券交易价格或者证券交易量的手段有：

(1) 单独或者通过合谋，集中资金优势、持股优势或者利用信息优势联合或者连续买卖；

(2) 与他人串通，以事先约定的时间、价格和方式相互进行证券交易；

(3) 在自己实际控制的账户之间进行证券交易；

(4) 不以成交为目的，频繁或者大量申报并撤销申报；

(5) 利用虚假或者不确定的重大信息，诱导投资者进行证券交易；

(6) 对证券、发行人公开作出评价、预测或者投资建议，并进行反向证券交易；

(7) 利用在其他相关市场的活动操纵证券市场；

(8) 操纵证券市场的其他手段。

2) 操纵证券市场行为的法律后果

操纵证券市场行为给投资者造成损失的,应当依法承担赔偿责任。

3. **虚假表述和信息误导行为**

禁止任何单位和个人编造、传播虚假信息或者误导性信息,扰乱证券市场。禁止证券交易场所、证券公司、证券登记结算机构、证券服务机构及其从业人员,证券业协会、证券监督管理机构及其工作人员,在证券交易活动中作出虚假陈述或者信息误导。各种传播媒介传播证券市场信息必须真实、客观,禁止误导。传播媒介及其从事证券市场信息报道的工作人员不得从事与其工作职责发生利益冲突的证券买卖。

编造、传播虚假信息或者误导性信息,扰乱证券市场,给投资者造成损失的,应当依法承担赔偿责任。

【以案学法之案例 5-13】

被告人李某是某证券公司经理,2019年7月,其通过某途径获悉甲投资公司欲投入巨额资金购买乙上市公司股票的信息,尽管其知道该信息具有不确定性,但为了扩大交易量,完成全年利润指标而要求大厅交易员将此信息透露给一些在本营业部开户的投资者。投资者受到信息的诱惑,大量购进乙上市公司的股票,以期待股价上涨时抛出获利。后来由于甲投资公司发现乙上市公司的新产品项目存在无法克服的技术障碍,决定放弃该投资计划。在乙上市公司公布了不符合预期的半年报表、市盈率、每股收益率等业绩后,股票连续几天跳水,持有乙上市公司股票的投资者遭受惨重损失。

请问:证券公司经理李某的行为属于什么性质的行为?为什么?

4. **损害客户利益的行为**

禁止证券公司及其从业人员从事下列损害客户利益的行为:

(1) 违背客户的委托为其买卖证券;

(2) 不在规定时间内向客户提供交易的确认文件;

(3) 未经客户的委托,擅自为客户买卖证券,或者假借客户的名义买卖证券;

(4) 为牟取佣金收入,诱使客户进行不必要的证券买卖;

(5) 其他违背客户真实意思表示,损害客户利益的行为。

违反上述规定给客户造成损失的,应当依法承担赔偿责任。

5. **其他禁止的交易行为**

(1) 任何单位和个人不得违反规定,出借自己的证券账户或者借用他人的证券账户从事证券交易。

(2) 依法拓宽资金入市渠道,禁止资金违规流入股市。禁止投资者违规利用财政资金、银行信贷资金买卖证券。

五、上市公司收购制度

(一) 上市公司收购的概念及收购人

1. **上市公司收购的概念**

上市公司收购是指收购人通过证券交易所的股份转让活动,取得上市公司一定比例的发行上市的股份,以达到对该上市公司控股或者兼并的行为。

2. 上市公司收购人

上市公司收购人包括投资人及与其一致行动的他人。

一、一致行动人

中国证监会《上市公司收购管理办法》(2020年3月20日修正)第八十三条对一致行动人作出界定:一致行动,是指投资者通过协议、其他安排,与其他投资者共同扩大其所能够支配的一个上市公司股份表决权数量的行为或者事实。在上市公司的收购及相关股份权益变动活动中有一致行动情形的投资者,互为一致行动人。如无相反证据,投资者有下列情形之一的,为一致行动人:

(1) 投资者之间有股权控制关系;

(2) 投资者受同一主体控制;

(3) 投资者的董事、监事或者高级管理人员中的主要成员,同时在另一个投资者担任董事、监事或者高级管理人员;

(4) 投资者参股另一投资者,可以对参股公司的重大决策产生重大影响;

(5) 银行以外的其他法人、其他组织和自然人为投资者取得相关股份提供融资安排;

(6) 投资者之间存在合伙、合作、联营等其他经济利益关系;

(7) 持有投资者30%以上股份的自然人,与投资者持有同一上市公司股份;

(8) 在投资者任职的董事、监事及高级管理人员,与投资者持有同一上市公司股份;

(9) 持有投资者30%以上股份的自然人和在投资者任职的董事、监事及高级管理人员,其父母、配偶、子女及其配偶、配偶的父母、兄弟姐妹及其配偶、配偶的兄弟姐妹及其配偶等亲属,与投资者持有同一上市公司股份;

(10) 在上市公司任职的董事、监事、高级管理人员及其前项所述亲属同时持有本公司股份的,或者与其自己或者其前项所述亲属直接或者间接控制的企业同时持有本公司股份;

(11) 上市公司董事、监事、高级管理人员和员工与其所控制或者委托的法人或者其他组织持有本公司股份;

(12) 投资者之间具有其他关联关系。

二、拥有上市公司控制权

中国证监会《上市公司收购管理办法》第八十四条对拥有上市公司控制权的情形作出规定。有下列情形之一的,为拥有上市公司控制权:

(1) 投资者为上市公司持股50%以上的控股股东;

(2) 投资者可以实际支配上市公司股份表决权超过30%;

(3) 投资者通过实际支配上市公司股份表决权能够决定公司董事会半数以上成员选任;

(4) 投资者依其可实际支配的上市公司股份表决权足以对公司股东大会的决议产生重大影响;

(5) 中国证监会认定的其他情形。

（二）上市公司收购的权益披露与权益变动披露

1. 上市公司收购的权益披露的情形

通过证券交易所的证券交易，投资者持有或者通过协议、其他安排与他人共同持有一个上市公司已发行的有表决权股份达到5%时，应当在该事实发生之日起三日内，向国务院证券监督管理机构、证券交易所作出书面报告，通知该上市公司，并予公告，在上述期限内不得再行买卖该上市公司的股票，但国务院证券监督管理机构规定的情形除外。

2. 权益变动披露

（1）投资者持有或者通过协议、其他安排与他人共同持有一个上市公司已发行的有表决权股份达到5%后，其所持该上市公司已发行的有表决权股份比例每增加或者减少5%，应向国务院证券监督管理机构、证券交易所作出书面报告，通知该上市公司，并予公告，在该事实发生之日起至公告后三日内，不得再行买卖该上市公司的股票，但国务院证券监督管理机构规定的情形除外。

（2）投资者持有或者通过协议、其他安排与他人共同持有一个上市公司已发行的有表决权股份达到5%后，其所持该上市公司已发行的有表决权股份比例每增加或者减少1%，应当在该事实发生的次日通知该上市公司，并予公告。

（三）上市公司收购的方式

【以案学法之案例5-14】

2018年10月14日，上市公司顾家家居与上市公司喜临门控股股东绍兴华易投资签署《股权转让意向书》。顾家家居拟通过支付现金方式以单价不低于每股15.20元，总价不低于13.80亿元的价格（最终交易价格由双方协商确定，并符合证券监管机构的相关规定）收购华易投资持有的喜临门合计不低于23%的股权。若股权转让顺利履行，喜临门将成为顾家家居的控股子公司，预计未来可以为顾家家居带来相应的产业整合资源协同机会和经营与投资收益。

请问：顾家家居是通过哪种方式收购喜临门公司的？为什么？

上市公司收购的方式包括要约收购、协议收购及其他合法方式收购。

1. 要约收购

1）要约收购的概念

要约收购是一种特殊的证券交易行为，是指收购人通过向目标公司所有股东发出收购其所持有股份的要约，并按照公告的要约中所规定的收购条件、价格、期限以及其他规定事项，收购目标公司股份的收购方式。

2）要约收购的条件

通过证券交易所的证券交易，投资者持有或者通过协议、其他安排与他人共同持有一个上市公司已发行的有表决权股份达到30%时，继续进行收购的，应当依法向该上市公司所有股东发出收购上市公司全部或者部分股份的要约。

收购上市公司部分股份的要约应当约定，被收购公司股东承诺出售的股份数额超过预定收购的股份数额的，收购人按比例进行收购。

3）要约收购的规则

（1）收购要约约定的收购期限不得少于三十日，并不得超过六十日。

(2) 在收购要约确定的承诺期限内,收购人不得撤销其收购要约。收购人需要变更收购要约的,应当及时公告,载明具体变更事项,但降低收购价格、减少预定收购股份数额、缩短收购期限和国务院证券监督管理机构规定的其他情形等情形除外。

(3) 收购要约提出的各项收购条件,对被收购公司的所有股东均适用。

(4) 收购人在收购期限内,不得卖出被收购公司的股票,也不得采取要约规定以外的形式和超出要约的条件买入被收购公司的股票。

2. 协议收购

协议收购是指投资者与目标公司的股东就股票价格、数量等方面进行协商,达成收购协议后进行股份转让的一种收购方式。协议收购的规则为:

(1) 双方达成协议后,收购人必须在三日内将该收购协议向国务院证券监督管理机构及证券交易所作出书面报告,并予公告。在公告前不得履行收购协议。

(2) 协议双方可以临时委托证券登记结算机构保管协议转让的股票,并将资金存放于指定的银行。

(3) 收购人收购或者通过协议、其他安排与他人共同收购一个上市公司已发行的有表决权股份达到30%时,继续进行收购的,应当依法向该上市公司所有股东发出收购上市公司全部或者部分股份的要约。但是,按照国务院证券监督管理机构的规定免除发出要约的除外。

要约收购与协议收购有何区别?

(四) 上市公司收购的法律后果

上市公司收购的法律后果包括以下几个方面:

(1) 收购期限届满,被收购公司股权分布不符合证券交易所规定的上市交易要求的,该上市公司的股票应当由证券交易所依法终止上市交易;其余仍持有被收购公司股票的股东,有权向收购人以收购要约的同等条件出售其股票,收购人应当收购。

(2) 收购行为完成后,被收购公司不再具备股份有限公司条件的,应当依法变更企业形式。

(3) 在上市公司收购中,收购人持有的被收购的上市公司的股票,在收购行为完成后的十八个月内不得转让。

(4) 收购行为完成后,收购人与被收购公司合并,并将该公司解散的,被解散公司的原有股票由收购人依法更换。

六、信息披露制度

发行人及其他信息披露义务人,应当及时依法披露真实、准确、完整,简明清晰,通俗易懂的信息,不得有虚假记载、误导性陈述或者重大遗漏。信息披露的文件主要包括定期报告和临时报告。

(一) 定期报告

上市公司、公司债券上市交易的公司、股票在国务院批准的其他全国性证券交易场所交易的公司,应当按照国务院证券监督管理机构和证券交易场所规定的内容和格式编制定期报告。

(1) 年度报告。在每一会计年度结束之日起四个月内,报送并公告年度报告。

(2) 中期报告。在每一会计年度的上半年结束之日起两个月内,报送并公告中期报告。

(二) 临时报告

发生投资者未得知的可能对股票交易价格或债券交易价格产生较大影响的重大事件,应当进行重大事件的信息披露。重大事件的认定详见前述内幕信息的有关规定。

《证券法》第八十条第一款规定:"发生可能对上市公司、股票在国务院批准的其他全国性证券交易场所交易的公司的股票交易价格产生较大影响的重大事件,投资者尚未得知时,公司应当立即将有关该重大事件的情况向国务院证券监督管理机构和证券交易场所报送临时报告,并予公告,说明事件的起因、目前的状态和可能产生的法律后果。"

《证券法》第八十一条第一款规定:"发生可能对上市交易公司债券的交易价格产生较大影响的重大事件,投资者尚未得知时,公司应当立即将有关该重大事件的情况向国务院证券监督管理机构和证券交易场所报送临时报告,并予公告,说明事件的起因、目前的状态和可能产生的法律后果。"

七、投资者保护制度

(一) 针对性的投资者权益保护安排

根据财产状况、金融资产状况、投资知识和经验、专业能力等因素,将投资者区分为普通投资者和专业投资者。专业投资者的标准由国务院证券监督管理机构规定。

(二) 上市公司股东权利代为行使征集制度

上市公司董事会、独立董事、持有1%以上有表决权股份的股东或者投资者保护机构,可以作为征集人,自行或者委托证券公司、证券服务机构,公开请求上市公司股东委托其代为出席股东大会,并代为行使提案权、表决权等股东权利。公开征集股东权利不得以有偿或者变相有偿的方式。公开征集股东权利违反法律、行政法规或者国务院证券监督管理机构有关规定,导致上市公司或者其股东遭受损失的,应当依法承担赔偿责任。

(三) 债券持有人会议和债券受托管理人制度

公开发行公司债券的,应当设立债券持有人会议,发行人应当为债券持有人聘请债券受托管理人,并订立债券受托管理协议。受托管理人应当由本次发行的承销机构或者其他经国务院证券监督管理机构认可的机构担任,债券持有人会议可以决议变更债券受托管理人。债券受托管理人应当勤勉尽责,公正履行受托管理职责,不得损害债券持有人利益。债券发行人未能按期兑付债券本息的,债券受托管理人可以接受全部或者部分债券持有人的委托,以自己名义代表债券持有人提起、参加民事诉讼或者清算程序。

(四) 普通投资者与证券公司纠纷的处理

(1) 证券公司负举证责任。普通投资者与证券公司发生纠纷的,证券公司应当证明其行为符合法律、行政法规以及国务院证券监督管理机构的规定,不存在误导、欺诈等情形。证券公司不能证明的,应当承担相应的赔偿责任。

(2) 调解。投资者与发行人、证券公司等发生纠纷的,双方可以向投资者保护机构申请调解。普通投资者与证券公司发生证券业务纠纷,普通投资者提出调解请求的,证券公司不得拒绝。

(五) 证券民事诉讼制度

(1) 投资者保护机构对损害投资者利益的行为,可以依法支持投资者向人民法院提起诉讼。

（2）发行人的董事、监事、高级管理人员执行公司职务时违反法律、行政法规或者公司章程的规定给公司造成损失，发行人的控股股东、实际控制人等侵犯公司合法权益给公司造成损失，投资者保护机构持有该公司股份的，可以为公司的利益以自己的名义向人民法院提起诉讼，持股比例和持股期限不受《公司法》规定的限制。

（3）投资者提起虚假陈述等证券民事赔偿诉讼时，诉讼标的是同一种类，且当事人一方人数众多的，可以依法推选代表人进行诉讼。

（4）投资者保护机构受50名以上投资者委托，可以作为代表人参加诉讼，并为经证券登记结算机构确认的权利人向人民法院登记，但投资者明确表示不愿意参加该诉讼的除外。体现了"明示退出""默示加入"的诉讼原则。

本节理论知识学习小结

本节主要对证券与证券法、证券市场与证券机构、证券发行、证券交易、上市公司收购制度、信息披露制度和投资者保护制度等证券法律制度的有关理论知识进行了系统性介绍。证券法律制度知识整理如图5-5所示。

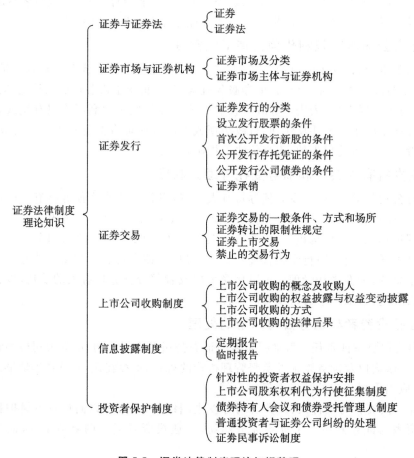

图 5-5　证券法律制度理论知识整理

任务三　知识巩固与能力提升

一、知识巩固

（一）单项选择题

1. 我国股票中的 B 股股票,是指(　　)。
   A. 人民币普通股股票,以人民币标明面额,由境内投资者以人民币买卖并在境内证券交易所上市交易
   B. 境外上市外资股股票,以外币形式记载股票面值,由境内股份有限公司在境外发行并上市交易
   C. 人民币特别股股票,以人民币标明面额,由境外投资者以外币买卖并在境内证券交易所挂牌交易
   D. 人民币特别股股票,以人民币标明面额,由境内投资者以外币买卖并在境内证券交易所挂牌交易

2. 股票公开发行与公司债券公开发行最大的区别在于(　　)。
   A. 是否需要保荐制度　　　　　　　B. 是否需要承销制度
   C. 发行人不同　　　　　　　　　　D. 所发行证券的种类不同

3. 证券的承销期限最长不得超过(　　)日。
   A. 30　　　　　B. 60　　　　　C. 90　　　　　D. 180

4. 某上市公司已发行股份 1000 万元,通过证券交易所的证券交易,投资者持有或通过协议、其他安排与他人共同持有该上市公司已发行的股份达(　　),继续进行收购的,应当依法向该上市公司的所有股东发出收购其所持有的全部或部分股份的要约。
   A. 300 万元　　　B. 500 万元　　　C. 100 万元　　　D. 400 万元

5. 根据《证券法》规定,证券公司为客户保存资料的期限不得少于(　　)。
   A. 10 年　　　　B. 15 年　　　　C. 20 年　　　　D. 25 年

6. 上市公司非公开发行股票的条件和方式的表述中,合法的是(　　)。
   A. 发行对象不超过 10 名
   B. 发行价格不低于定价基准日前 20 个交易日公司股票均价的 80%
   C. 自本次发行的股份自发行结束之日起,控股股东认购的股份 36 个月内不得转让
   D. 可采用广告方式发行

（二）多项选择题

1. 下列关于证券业协会的表述中,正确的有(　　)。
   A. 证券业协会是证券业的自律性组织,是社会团体法人
   B. 证券公司应当加入证券业协会
   C. 证券业协会的权力机构为会员大会
   D. 证券业协会的章程由会员大会制定,报国务院证券监督管理机构批准

2.《证券法》规定,禁止任何人操纵证券市场,影响或者意图影响证券交易价格或者证券交易量的手段有(　　)。

A. 单独或者通过合谋,集中资金优势、持股优势或者利用信息优势联合或者连续买卖

B. 与他人串通,以事先约定的时间、价格和方式相互进行证券交易

C. 在自己实际控制的账户之间进行证券交易

D. 以其他手段操纵证券市场

3. 某证券公司从事的下列行为中,为证券法所禁止的是(   )。

A. 王某委托该证券公司买进某上市公司股票 1000 股,该证券公司看到该股票涨情较好,为了让王某赚更多的钱,为王某买进 2000 股

B. 向某客户推荐上市公司的股票,使客户下定决心买进该股票

C. 市场行情好,在客户不知情的情况下,为客户买进大量股票,结果使客户赚取了巨额利润

D. 在证券交易活动中编造并传播虚假信息,严重影响证券交易

4. 下列人员中,属于证券交易内幕信息的知情人员的是(   )。

A. 上市公司的总会计师　　　　　B. 持有上市公司 3% 股份的股东

C. 上市公司控股的公司的董事　　D. 上市公司的监事

5. 发生可能对上市公司、股票在国务院批准的其他全国性证券交易场所交易的公司的股票交易价格产生较大影响的重大事件,投资者尚未得知时,公司应当立即报送临时报告,并予公告。下列情形中,属于重大事件的有(   )。

A. 公司注册资本减少的决定　　　B. 公司分配股利的决定

C. 公司涉嫌违法犯罪被调查　　　D. 公司变更经营范围

6. 下列关于上市公司收购的表述中,合法的有(   )。

A. 收购人在收购要约确定的承诺期限内,可在满足一定条件下撤销其收购要约

B. 收购人持有的被收购的上市公司的股票,在收购行为完成后的 18 个月内不得转让

C. 收购人应当在 15 日内将收购情况报告国务院证券监督管理机构和证券交易所,并予公告

D. 收购人在收购要约确定的承诺期限内,不得变更收购要约

(三)判断题

1. 甲、乙、丙、丁合谋,集中资金优势、持股优势或者利用信息优势联合买卖或者连续买卖证券,影响证券交易价格,从中牟取利益的行为是欺诈客户行为。(   )

2. 证券公司经批准可以为客户买卖证券提供融资融券服务。(   )

3. 采取要约收购方式的,收购人在收购期限内,可以卖出被收购公司的股票。(   )

4. 内幕交易行为给投资者造成损失的,行为人应当依法承担赔偿责任。(   )

5. 证券交易所是为证券集中交易提供场所和设施,组织和监督证券交易,实行自律管理的法人。(   )

6. 投资者持有或者通过协议、其他安排与他人共同持有一个上市公司已发行的股份达到 5% 时,应当在该事实发生之日起 10 日内作出书面报告。(   )

7. 某证券公司欲开展证券承销与保荐以及证券自营业务,其注册资本的最低限额为一亿元。(   )

8. 国务院证券监督管理机构应当自受理证券发行申请文件之日起 3 个月内,依照法定条

件和法定程序作出予以注册或者不予注册的决定。（　　）

9. 发行人向不特定对象公开发行的证券，法律、行政法规规定应当由证券公司承销的，发行人应当同证券公司签订合作协议。（　　）

二、项目实训与能力提升

（一）以法析案

上市公司江南科技股份公司（简称"江南公司"）和江北造船股份公司（简称"江北公司"）均为大江装备制造股份公司的子公司。江南公司和江北公司通过证券交易所的交易，分别持有 A 上市公司的股份 5％和 10％，没有停止对 A 公司股票的买入。当江南公司和江北公司分别持有 A 上市公司的股份的 15％和 30％时，江南公司、江北公司决定继续对 A 公司进行收购。收购要约期满，两公司持有 A 公司的股份达到 80％。持有其余 20％股份的股东要求江北公司继续以要约同等条件收购其股票，遭到拒绝。

请问：

（1）江南公司和江北公司是否为一致行动人？为什么？

（2）江南公司和江北公司分别持有 A 上市公司的股份 5％和 10％，没有停止对 A 公司股票的买入，这种行为是否合法？为什么？

（3）当江南公司和江北公司持有 A 公司股份超过 30％时，继续进行收购的，两公司应采取什么措施？

（4）收购要约期满，上市公司 A 公司的股票是否还具备上市条件？为什么？

（5）江南公司和江北公司拒绝收购其余 20％股份是否合法？为什么？

（二）能力提升训练

1. 训练内容

组织学生到证券公司了解、咨询有关业务，实地学习《证券法》相关知识。

2. 训练目的

通过训练，强化学生对所学知识的理解，提高学生对证券发行和交易的认知能力。

3. 训练的形式和要求

以小组为单位完成。全班同学大约分为 8 个小组，每 5～6 人分为一组，每组推选一名小组长。每个小组事先收集整理好需要咨询、了解的问题，到所联系的证券公司实地考察，考察完后每个学生撰写一份心得并上交给老师，老师作出评价。

第三节　保险法律制度

任务一　课前思考

一、问题提出

（1）商业保险和社会保险是一回事吗？

(2) 保险法的基本原则有哪些？
(3) 保险人解除权可以任意行使吗？

二、案例导入

德国 A 有限责任公司承租中国 B 销售有限责任公司一座楼房经营,为预防经营风险,德国 A 有限责任公司将此楼房在中国 C 保险公司投保 500 万元,中国 C 保险公司同意承保。于是,德国 A 有限责任公司交付了一年的保险金。9 个月后德国 A 有限责任公司结束租赁,将楼房退还给中国 B 销售有限责任公司。在保险期的第 10 个月该楼房发生了火灾,损失 300 万元。德国 A 有限责任公司根据保险合同的约定向中国 C 保险公司主张赔偿,并提出保险合同、该楼房受损失的证明等资料。中国 C 保险公司经过调查后拒绝承担赔偿责任。

结合以上案例,讨论两个问题：
(1) 该楼房可否投保？
(2) 德国 A 有限责任公司提出赔偿的请求有没有法律依据？

任务二　理论知识学习

一、保险的概述

保险是指投保人根据合同约定,向保险人支付保险费,保险人对于合同约定的可能发生的事故因其发生所造成的财产损失承担赔偿保险金责任,或者当被保险人死亡、伤残、疾病或者达到合同约定的年龄、期限等条件时承担给付保险金责任的商业保险行为。

保险的构成应具有以下构成要件：

(1) 可保风险的存在。可保风险指符合保险人承保条件的特定风险。一般来讲,可保风险应具备的条件包括：风险是纯粹风险；风险使大量标的均有遭受损失的可能性；风险有导致重大损失的可能；风险不能使大多数的保险标的同时遭受损失,要求损失的发生具有分散性；风险必须具有现实的可测性。

(2) 有大量同质风险的集合与分散。保险为了弥补单个人抵御风险能力的不足,集合众人的力量,以共同对付风险,当发生保险责任范围内损失时,通过保险的补偿或给付行为分摊损失,将集合的风险予以分散。

(3) 以对危险事故所致损失进行补偿为目的。

现代保险起源于海上保险

现代保险起源于古希腊的船舶和货物抵押贷款的商业习惯,即"海上借贷"制度。船东或货主在航行中遇到经济困难,可以以船舶或货物作抵押,向金融业者融通资金,代价是支付高于普通借贷的利息,利息额高达本金的三分之一或四分之一,由贷款人承担风险。如果船舶或货物在航程中遭遇海难,依据其受损害程度可免去借贷人部分甚至全部债务；如果航运平安归来,则应将本利一并归还。后来,冒险借贷发展为一种空头买卖契约。按此契约,如果船货安全抵达目的地,则契约无效；如果中途发生危险,买卖契约成立,由"资本主"支付给船货主人一定金额。危险负担费由船货所有人于契约订立时以定金的形式支付给"资本主"。这与现代保险相当。

二、保险的分类

(一)财产保险与人身保险

按照保险标的将保险分为财产保险与人身保险。保险标的是指保险的对象。财产保险是以财产及其有关利益为保险标的的保险,包括财产损失非故意的、非预期的、非计划的经济价值的灭失和人身的伤害,通常分为直接损失和间接损失。人身保险是以人的寿命和身体为保险标的的保险,包括人寿保险、健康保险、意外伤害保险等保险业务。

(二)原保险与再保险

按照承保方式将保险分为原保险与再保险。原保险是保险人与投保人之间直接签订保险合同而建立保险关系的一种保险。再保险(也称"分保")是保险人将其所承保的风险和责任的一部分或全部转移给其他保险人的一种保险;分出业务的是再保险分出人,接受分保业务的是再保险接受人;这种风险转嫁方式是保险人对原始风险的纵向转嫁,即第二次风险转嫁。

三、保险法的基本原则

(一)最大诚信原则

保险是特殊的民事活动,在保险的法律关系中,要求当事人具有一般民事活动更为严格的诚信程度,所以需要当事人如实告知,即要求当事人的最大诚信。

对投保人而言,诚信原则主要表现为应当承担的两项义务:一是在订立保险合同时的如实告知义务;二是履行保险合同时的信守保险义务。对保险人而言,诚信原则也表现为其应当承担的两项义务:一是在订立保险合同时将保险条款告知投保人的义务,特别是保险人的免责条款;二是及时并全面支付保险金的义务。

(二)保险利益原则

保险利益原则的根本目的在于防止道德风险的发生。保险利益是指投保人或者被保险人对保险标的具有的法律上承认的利益。保险利益的成立需具备三个要件:

(1)必须是法律上承认的利益,即合法的利益;
(2)必须是经济上的利益,即可以用金钱估计的利益;
(3)必须是可以确定的利益。

在人身保险中,要求投保人对被保险人具有保险利益。要求保险合同订立时具有保险利益,否则保险合同无效。投保人对下列人员具有保险利益:本人、配偶、子女、父母、前项以外与投保人有抚养、赡养或者扶养关系的家庭其他成员、近亲属,与投保人有劳动关系的劳动者。被保险人同意投保人为其订立合同的,视为投保人对被保险人具有保险利益。

在财产保险中,要求被保险人对保险标的具有保险利益;要求保险事故发生时具有保险利益,否则不得向保险人请求赔偿保险金。

(三)近因原则

【以案学法之案例 5-15】

2018年12月,红星甘鲜果品有限责任公司与齐齐哈尔隆兴有限责任公司签订了一份购销合同。齐齐哈尔隆兴有限责任公司购买红星甘鲜果品有限责任公司一批柑橘,共计5000篓,价值90 000元;铁路运输,共2车皮。红星甘鲜果品有限责任公司通过铁路承运部门投保了货物运输综合险,保费3500元。2018年12月25日,保险公司出具了保险单。2019年1月,到达目的地以后,收货人发现:一节车厢门被撬开,保温棉被掀开2米,货物丢失120篓,冻坏变质240篓;直接损失6480元。当时气温为零下20摄氏度。红星甘鲜果品有限责任公司向保险公司索赔。保险公司同意赔偿丢失的货物120篓,拒绝赔偿被冻坏的240篓。认为造成该240篓损失的原因是天气寒冷,不在货物运输综合险的保险责任范围内。于是该案件被起诉至法院。

请思考:
(1) 本案造成货物损害的原因有几种?
(2) 如何处理多种原因?
(3) 法院应该如何判决?

造成保险标的损害的主要的决定性原因是近因,即保险事故的发生与损失事实的形成有直接因果关系。按照这一原则,当被保险人的损失是直接由于保险责任范围内的事故造成的,保险人才给予赔偿。这是因为现实中保险标的的损失是由多种风险事故同时或者连续发生造成的,而这些风险事故往往同时有被保风险、非保风险或除外风险。近因原则是判断保险人是否需要赔偿的标准。

(四) 补偿原则

【以案学法之案例5-16】

某油漆厂将其财产向某市保险公司投了火灾保险。同年9月5日,油漆厂的熬油漆锅,由于仪表失灵,炉温快速上升,将有爆炸起火危险。在此危急情况下,油漆厂为防止油漆爆炸,立即向锅内投入冷却剂降温,避免了事故的发生,但锅内半成品却报废了,为此油漆厂损失了5000元,遂向保险公司索赔。保险公司认为该损失并非火灾所致,故不愿赔偿。油漆厂便起诉至法院。

请问:保险公司应该负责赔偿吗?为什么?

保险标的发生保险事故时,保险人无论以何种方式赔偿被保险人的损失,也只能使被保险人在经济上恢复到受损前的同等状态,被保险人不能获得额外收益。

保险中介

保险中介是介于保险经营机构之间或保险经营机构与投保人之间,专门从事保险业务咨询与销售、风险管理与安排、价值衡量与评估、损失鉴定与理算等中介服务活动,并从中依法获取佣金或手续费的单位或个人。保险中介人的主体形式多样,主要包括保险代理人、保险经纪人和保险公估人等。

保险中介是保险市场精细分工的结果。保险中介的出现推动了保险业的发展,使保险供需双方更加合理、迅速地结合,减少了供需双方的辗转劳动,既满足了被保险人的需求,方便了投保人投保,又降低了保险企业的经营成本。保险中介的出现,解决了投保人或被保险人保险专业知识缺乏的问题,最大限度地帮助客户获得最适合自身需要的保险商品。此外,保险中介的出现和发展也使保险经营者从繁重的展业、检验等工作中解脱出来,集中精力致力于市场调研、险种开发、偿付能力管理、保险资金运用以及建设传递迅速、系统运转高效的管理制度等方面。

四、保险合同的订立与效力

(一)订立保险合同的说明和告知义务

(1)保险人的说明义务。提供格式条款、说明合同内容;对于免责条款作出提示并作出明确说明,否则免责条款不生效。

(2)投保人的告知义务。实行询问回答主义,违反告知义务的后果:第一,保险人的合同解除权,投保人故意或者因重大过失未履行如实告知义务,足以影响保险人决定是否同意承保或者提高保险费率的,保险人有权解除合同;第二,故意违反的,不赔,不退保费;第三,重大过失违反并对保险事故的发生有严重影响的,不赔,应退保费。

(3)保险人解除权的限制:第一,自合同成立之日起超过两年的不得解除;第二,保险人在合同订立时已经知道投保人未如实告知的情况的不得解除;第三,解除权自保险人知道有解除事由之日起,超过三十日不行使而消灭。

(二)保险合同当事人和关系人

保险合同的当事人为保险人和投保人,保险合同的关系人包括被保险人和受益人。关于受益人有以下几项特点:

(1)受益人是指人身保险合同中享有保险金请求权的人;

(2)投保人、被保险人可以为受益人,但是单位为劳动者投保的,不得指定被保险人及其近亲属以外的人为受益人;

(3)受益人不限于自然人,不受行为能力限制;

(4)受益人由被保险人指定,或者投保人经被保险人同意指定,可以在合同订立时指定,也可以在合同成立后指定或者追加;

(5)被保险人或者投保人经被保险人同意,可以变更受益人,但应书面通知保险人;

(6)受益权丧失:受益人故意造成被保险人死亡、伤残、疾病的,或者故意杀害被保险人未遂的,丧失受益权。

(三)保险合同的成立、生效与无效

对保险合同而言,合同的订立要经过投保和承保两个阶段。订立保险合同,由投保人提出保险要求,经保险人同意承保,并就保险合同的条款达成协议,保险合同成立。依法成立的保险合同自成立时生效。投保人和保险人可以对合同的效力约定附条件或者附期限。

保险合同的无效主要是基于保险法中的几个原因:超额保险;人身保险投保人对被保险人无保险利益;未经被保险人同意的以死亡为给付保险金条件的保险。

知识链接 5-6

中国银行保险监督管理委员会

中国银行保险监督管理委员会成立于 2018 年,是国务院直属事业单位,其主要职责是依照法律法规统一监督管理银行业和保险业,维护银行业和保险业合法、稳健运行,防范和化解金融

风险,保护金融消费者合法权益,维护金融稳定。

五、保险合同的履行

1. 投保人的义务

投保人的义务包括缴纳保险费的义务(例外:保险人对人寿保险的保险费,不得用诉讼方式要求投保人支付);保险事故的通知义务;维护保险标的的安全的义务;危险程度增加的通知义务;采取必要措施防止或者减少损失的义务。

2. 保险人给付保险金的义务

人寿保险以外的其他保险的被保险人或者受益人,向保险人请求赔偿或者给付保险金的诉讼时效期间为两年,自其知道或者应当知道保险事故发生之日起计算。

人寿保险的被保险人或者受益人向保险人请求给付保险金的诉讼时效期间为五年,自其知道或者应当知道保险事故发生之日起计算。

六、保险合同的解除

【以案学法之案例 5-17】

A 公司有一座仓库,董事会责成经理对仓库投保火灾险。A 公司经理在保险公司陈述时称仓库堆放金属零件和少量的汽车轮胎,没有什么易燃易爆物品。保险公司以该仓库处在居民区,周围的火源比较多,为安全起见,反复申明易燃易爆物品与仓库安全的意义,但 A 公司经理称没有问题。保险公司遂与 A 公司订立了仓库火灾保险合同。在合同生效的第三个月,保险公司发现该仓库里还堆放了 20 桶汽油,汽油属于高度危险物品,保险公司当即要求 A 公司将汽油立即转移出去,但 A 公司表示没有其他仓库存放,拒绝转移汽油。于是,保险公司决定解除与 A 公司的仓库火灾保险合同。在合同解除的第三天,该仓库发生火灾,损失 100 万元。A 公司以保险合同是双方签订的,保险公司无权单方解除,所以合同继续有效,保险公司应当赔偿损失为由起诉。

请回答:

(1) A 公司投保时的陈述是否符合保险法的规定?

(2) 保险公司在订立保险合同时的申明有何意义?

(3) A 公司在仓库里堆放汽油属于保险法规定的何种行为?

(4) 保险公司能否单方面解除保险合同?

(5) A 公司能否要求保险公司赔偿损失?

除保险法另有规定或者保险合同另有约定外,保险合同成立后,投保人可以解除合同,保险人不得解除合同。货物运输保险合同和运输工具航程保险合同,保险责任开始后,合同当事人不得解除合同。

保险法规定保险人依法可以解除的情形有以下几种:

(1) 投保人违反告知义务;

(2) 被保险人或者受益人谎称发生事故索赔;

(3) 投保人、被保险人故意造成保险事故;

(4) 投保人、被保险人未按约定履行对保险标的的安全保护义务;

(5) 保险标的的危险程度显著增加;

(6) 投保人申报的年龄不真实;

(7) 人身保险合同效力中止满两年未复效的。

七、人身保险合同

1. 人身保险合同的特点

人身保险合同的特点:保险标的人格化;保险金定额支付;人身保险的保险事故涉及人的生死、健康;保险费不得强制请求;人身保险不适用代位求偿权。

2. 人身保险合同的若干特殊规则

1) 死亡保险的投保限制

投保人不得为无民事行为能力人投保死亡保险,但父母为其未成年子女投保的除外。死亡保险合同未经被保险人同意并认可保险金额的无效,但父母为其未成年子女投保的除外。

2) 年龄误告

人身保险合同中,投保人必须如实申报被保险人的年龄,投保人申报的被保险人的年龄如果不真实,将会导致相应的法律后果,表现在两个方面:第一,解除合同,投保人申报的被保险人年龄不真实,并且其真实年龄不符合合同约定的年龄限制的,保险人可以解除合同,并按照合同约定退还保险单的现金价值;第二,保险费多退少补。

3) 保险合同的中止与复效

中止:合同约定分期支付保险费,投保人支付首期保险费后,除合同另有约定外,投保人自保险人催告之日起超过三十日未支付当期保险费,或者超过约定的期限六十日未支付当期保险费的,合同效力中止,或者由保险人按照合同约定的条件减少保险金额。(注意:中止后发生事故不赔,但在宽限期内发生事故要赔。)

复效:合同效力中止的,经保险人与投保人协商并达成协议,在投保人补交保险费后,合同效力恢复。但是,自合同效力中止之日起满两年双方未达成协议的,保险人有权解除合同,但应退还保险单的现金价值。

4) 人身保险合同中的除外责任

投保人故意造成被保险人死、残、病的;被保险人两年内自杀的(无行为能力的除外);被保险人故意犯罪或抗拒刑事强制措施致死、残的。

5) 保险金的继承

被保险人死亡后,有下列情形之一的,保险金作为被保险人的遗产,由保险人依照继承法的规定履行给付保险金的义务:没有指定受益人,或者受益人指定不明无法确定的;受益人先于被保险人死亡,没有其他受益人的;受益人依法丧失受益权或者放弃受益权,没有其他受益人的。(注意:受益人与被保险人在同一事件中死亡,且不能确定死亡先后顺序的,推定受益人死亡在先。)

现代保险扩展于人寿保险

16世纪末,欧洲已有短期人寿保险。1693年,英国著名天文学家爱德华·哈雷以德国布勒斯市居民的死亡统计资料为依据,编制了世界上第一张死亡表,该表以科学的方法,精确地计算出各年龄段人口的死亡率,从而为现代人寿保险制度的形成奠定了科学基础。此后,研究死亡率的学者日益增多,尤其应当提及的是英国的辛普森和多德森,辛普森根据哈雷的死亡表制作了依据死亡率变化而变化的保险费率表,多德森又根据年龄的差异制定了更为精确的保险费率表;此二人于1762年创建了世界上第一家人寿保险公司——伦敦公平保险公司。

八、财产保险合同

【以案学法之案例 5-18】

李某以 40 万元购得沃尔沃轿车一辆,连续三年在同一保险公司投保车辆损失险,保险金额均为 40 万元。

保险条款规定:保险车辆发生保险责任范围内的损失应当由第三方负责赔偿的,被保险人应当向第三方索赔;如果第三方不予支付,被保险人应提起诉讼;被保险人提起诉讼后,保险人根据被保险人提出的书面赔偿请求,应按照保险合同予以赔偿,但被保险人必须将向第三人追偿的权利转让给保险人,并协助保险人向第三方追偿。

在某一次的保险期间内,保险车辆与一辆卡车碰撞,公安交通部门认定,卡车驾驶员王某负全部责任。经价格事务所评估,保险车辆实际价值为 30 万元,实际损失 27 万元,价值评估费用 5000 元。公安交通部门裁定王某给李某支付赔偿金 27 万元。由于王某无力偿付,李某要求保险公司按保险金额 40 万元先行赔偿。保险公司以交通部门已作出裁定为由拒绝赔偿,李某遂向法院起诉。

请问:该案应如何处理?

1. 财产保险合同的特征

财产保险合同的特征:财产保险合同中的标的表现为特定的财产以及与财产有关的利益;财产保险合同是一种填补损失的合同;财产保险合同实行保险责任限定制度;财产保险实行保险代位的原则。

2. 保险标的转让

保险标的转让的,保险标的的受让人承继被保险人的权利和义务;保险标的转让的,被保险人或者受让人应当及时通知保险人,但货物运输保险合同和另有约定的合同除外。

因保险标的的转让导致危险程度显著增加的,保险人自收到前款规定的通知之日起三十日内,可以按照合同约定增加保险费或者解除合同。保险人解除合同的,应当将已收取的保险费,按照合同约定扣除自保险责任开始之日起至合同解除之日止应收的部分后,退还投保人。

被保险人、受让人未履行通知义务的,因转让导致保险标的危险程度显著增加而发生的保险事故,保险人不承担赔偿保险金的责任。

3. 代位求偿权

财产保险中保险人赔偿被保险人的损失后,可以取得在其赔付保险金的限度内,要求被保险人转让其对造成损失的第三人享有追偿的权利。

(1)保险事故是由第三人的行为所致,被保险人既可以要求该第三人即责任人赔偿,也可以要求保险人赔偿,但是所得赔偿不能超过所受损失。

（2）保险人只有在向被保险人支付了保险金后才能行使对第三人的代位求偿权。

（3）保险人行使代位求偿权向第三人追偿的金额不得超过其向被保险人支付的保险金。

（4）代位求偿权仅适用于财产保险，不适用于人身保险。

（5）保险事故发生后，在保险人未赔偿保险金之前，被保险人放弃对第三人赔偿请求权的，保险人不承担赔偿保险金的责任；保险人向被保险人赔偿保险金后，若被保险人未经保险人同意放弃对第三人的赔偿请求权的，该放弃行为无效。

（6）除被保险人的家庭成员或者其组成人员故意造成保险事故以外，保险人不得对被保险人的家庭成员或者其组成人员行使代位请求赔偿的权利。

本节理论知识学习小结

本节主要对保险的概述和分类，保险法的基本原则，保险合同的订立与效力、履行、解除，人身保险合同、财产保险合同等保险法律制度有关理论知识进行了系统性介绍。保险法律制度理论知识整理如图 5-6 所示。

保险法律制度理论知识
- 保险的概述
- 保险的分类
- 保险法的基本原则
- 保险合同的订立与效力
- 保险合同的履行
- 保险合同的解除
- 人身保险合同
- 财产保险合同

图 5-6　保险法律制度理论知识整理

任务三　知识巩固与能力提升

一、知识巩固

（一）单项选择题

1. 下列关于保险的判断正确的是（　　）。

A. 保险就是要消灭危险　　　　B. 保险就是保证不发生危险

C. 保险就是保证发生危险　　　　D. 保险就是要分散危险带来的损失

2. “保险是一种损失补偿合同，是当事人的一方收受商定的金额，对于对方所遭受的损失或发生的危险予以补偿的合同。”这种说法属（　　）。

A. 损失说　　B. 非损失说　　C. 财产共同准备说　D. 二元说

3. 关于保险与保证的关系，下列说法正确的是（　　）。

A. 保证关系中，债务人不履行义务时，保证人才负有代替债务人履行债务的义务；保险关系中，有过错的第三者不履行赔偿义务时，保险人才负有履行义务

B. 保险与保证一样，都是从属于主契约的从契约

C. 保险与保证一样,保险人或保证人代偿债务后,在所有情况下都享有求偿权

D. 保证关系中,保证人代偿债务是为他人履行义务;而保险人依约赔偿损失或给付保险金,是履行自己应尽的义务

4. 在保险合同中,投保人交付保险费,买到的只是一个将来可能获得补偿的机会,这说明保险合同具有(   )。

  A. 附合性   B. 议商性   C. 要式性   D. 射幸性

5. 给付性保险合同和补偿性保险合同的区别在于(   )。

A. 给付性保险合同都是有偿的,补偿性保险合同有一些是无偿的

B. 给付性保险合同都是强制的,补偿性保险合同都是自愿的

C. 给付性保险合同只存在于人身保险中,补偿性保险合同只存在于财产保险中

D. 给付性保险合同不以补偿为目的,而补偿性保险合同则以补偿被保险人的实际损失为目的

6. 关于保险的损失补偿原则,下列说法正确的是(   )。

A. 保险人在其责任范围内,只对被保险人所遭受的实际损失进行赔偿

B. 只要发生约定的危险,保险人就应对被保险人予以赔偿

C. 只要保险标的发生损失,保险人就应给予赔偿

D. 保险人向被保险人补偿的保险金,不能少于其所受损失

7. 近现代保险制度的发祥地为(   )。

  A. 英国   B. 意大利北部地中海沿岸

  C. 西班牙的巴塞罗那   D. 法国

8. 关于保险合同是否成立,下列说法正确的是(   )。

A. 保险人签发了保险单,保险合同方可视为成立

B. 只要投保人按规定填写了投保单,保险合同即可视为成立

C. 只有投保人交付了保险费,保险合同方可视为成立

D. 投保人提出保险要求,经保险人同意承保,并就合同的条款达成一致,保险合同即可视为成立

9. 根据保险价值在保险合同中是否先予确定进行分类,将保险合同分为(   )。

A. 足额保险合同、不足额保险合同和超额保险合同

B. 定值保险合同和不定值保险合同

C. 补偿性保险合同和给付性保险合同

D. 特定危险保险合同和一切危险保险合同

10. 关于暂保单的法律性质,下列说法正确的是(   )。

A. 暂保单必须由保险人签发,方可有效

B. 暂保单一经签发,即与保险单具有同等的法律效力

C. 在保险期限内,被保险人可凭暂保单要求保险人承担保险责任

D. 暂保单只能在规定的时间内有效,过期则不具有法律效力

11. 保险合同中规定有关于保险人责任免除条款的,保险人在订立保险合同时应当向投保人明确说明,未明确说明的(   )。

  A. 该合同无效   B. 该免责条款无效

C. 投保人可免交保险费　　　　　　D. 保险人在任何情况下无权解除合同

12. 下列选项中属于保险合同的特约条款的是( )。
   A. 保险标的坐落地点及状况　　　　B. 保险责任开始时间的计算方法
   C. 违约责任和争议的处理　　　　　D. 约束投保人或被保险人行为的条款

13. 王某为自己投保人寿保险,约定长子甲与次子乙为受益人,一次甲因家务与王某打斗并致其死亡。下列关于本案处理办法中正确的是( )。
   A. 因王某死亡系由受益人所致,所以保险人不承担给付保险金责任
   B. 因保险事故为受益人故意行为所致,所以受益人丧失受益权
   C. 保险事故虽系受益人甲所致,但受益人乙亦因此丧失受益权
   D. 因保险事故为受益人甲故意行为所受,受益人乙并不丧失受益权,所以保险人应向乙给付保险金

14. 下列关于权利代位与物上代位的区别中表述正确的是( )。
   A. 权利代位是一种物权的代位权;物上代位是一种债权的代位权
   B. 权利代位以推定保险标的物全损为前提;而物上代位则不是
   C. 权利代位中保险人只享有被保险人应享有的权利而不承担义务;物上代位中保险人在获得保险标的残余物所有权的同时,必须承担因此产生的义务
   D. 在权利代位中,保险人追偿金额可以超过保险金;在物上代位中,保险人处理标的物所得利益超过保险金的,应返还给被保险人

15. 下列关于保险合同解除的判断,不正确的是( )。
   A. 除保险法另有规定或保险合同另有约定外,保险合同成立后,投保人可以解除合同
   B. 除保险法另有规定或保险合同另有约定外,保险合同成立后,保险人不得解除合同
   C. 货物运输保险合同和运输工具航程保险合同,保险责任开始后,合同当事人不得解除合同
   D. 人身保险的投保人申报的被保险人年龄不真实的,致使投保人支付的保险费少于应付保险费的,保险人可以解除合同

16. 某核电厂为防止核爆炸造成巨额经济损失,向甲保险公司投保了为期1年的足额财产保险,保险金额为10亿元。核电厂担心一旦发生核爆炸,甲公司无力理赔,又于1个月后向乙保险公司投保了为期2年的足额财产保险,并通知甲公司。之后不久,核电厂因职工操作不慎发生核爆炸。本案的处理结果应为( )。
   A. 核电厂与乙公司签订的保险合同无效,由甲公司赔偿10亿元
   B. 两个保险合同均为有效合同,甲乙两公司各赔偿10亿元
   C. 两个保险合同均为有效合同,甲乙两公司各赔偿5亿元
   D. 核电厂与甲公司签订的保险合同无效,由乙公司赔偿10亿元

17. 下列选项中,属于危险增加情形的是( )。
   A. 投保用来销售水产品的房屋改变为经营歌舞厅
   B. 地震征兆的出现
   C. 连日暴雨可能发生洪水
   D. 被保险人患病且病情日益加重

18. 投保人一方因过失未履行如实告知义务的,将产生的法律后果是( )。
   A. 保险人有权解除合同,并不退还保险费
   B. 保险人有权解除合同,但对合同解除前发生的保险事故要承担赔偿或者给付保险金的责任
   C. 保险人有权解除合同,对于合同解除前发生的保险事故不承担赔偿或者给付保险金的责任,并且不退还保险费
   D. 保险人有权解除合同,对于合同解除前发生的保险事故不承担赔偿或者给付保险金的责任,但可以退还保险费

19. 受益人与被保险人同时死亡,不能确定先后的( )。
   A. 推定被保险人先死亡,由受益人的继承人继承保险金
   B. 推定受益人先死亡,由被保险人的继承人继承保险金
   C. 推定两人同时死亡,保险金由双方继承人共同继承
   D. 保险公司可不给付保险金

20. 1996年,张某为自己的儿子韩某投保10万元寿险,在保单的"受益人"一栏中填写了"法定"的字样。1997年韩某与冷某结婚,不久生育一子。1999年,韩某在出差途中遇车祸身亡。关于本案下列说法正确的是( )。
   A. "法定"受益人不明确,保险公司可不承担给付保险金的责任
   B. "法定"受益人应为继承人,因签订合同时,只有韩某的父母为其继承人,故应由韩某父母领取保险金
   C. "法定"受益人应为继承人,应由韩某父母、妻子和儿子共同继承这笔保险金
   D. "法定"受益人亦为受益人,韩某的父母、妻子、儿子可领取保险金并免交个人所得税和遗产税

21. 投保人在投保时,声明其投保的财产旁边放有特别危险品,但保险人或其代理人未拒保的,以后保险财产因其旁边的特别危险品而造成损失的,保险人( )。
   A. 可以要求解除合同,或要求提高保险费
   B. 不能解除合同,但可以要求提高保险费
   C. 不能解除合同,但可以拒绝赔偿
   D. 既不能要求解除合同,也不能拒绝赔偿

22. 王某为其家庭财产投保了火灾险,但未投保盗窃险。某日王某家失火,部分财产被抢救出来,堆放于露天。因忙于救火无人看管,部分财产被盗。王某向保险公司索赔。本案中( )。
   A. 火灾是近因,保险公司应赔偿因火灾和被盗引起的全部保险财产的损失
   B. 盗窃是近因,保险公司不应赔偿王某的损失
   C. 因火灾引起的损失,保险公司应予赔偿;因盗窃引起的损失保险公司不应赔偿
   D. 近因无法确定,无法估算赔偿额

23. A公司将新购买的一台二手奔驰汽车向保险公司投保,保险金额为26万元。保险期限内出现保险事故,A公司花费修理费总计23万元,经估价该车重置价值为39万元。保险公司应赔偿A公司( )。
   A. 26万元   B. 23万元   C. 39万元   D. 15.4万元

24. 某公司为全体职员投保了团体人身保险,每人保额 5000 元,公司在提交被保险人名单时,在健康状况一栏中说明了职员刘某因肝癌病休的情况。保险代办员接到名单后未严格审查,即办理了承保手续。刘某在保险期间内因肝癌死亡。关于本案下列说法正确的是( )。

A. 刘某不符合团体人身保险的投保条件,该合同为无效合同

B. 本案是由于保险代办员的疏忽造成的,应由保险代办员赔偿刘某的保险金

C. 本案由于保险人一方有过错,因此保险人应按过错责任的大小,部分给付保险金

D. 保险人应全额给付保险金

(二) 多项选择题

1. 人身保险合同中,保险人不承担保险金给付责任情形的有( )。

A. 被保险人故意犯罪导致的自身残废

B. 第三人的行为导致被保险人死亡,受益人放弃追偿权的

C. 被保险人因车祸受伤

D. 受益人为获得保险金而杀害被保险人

2. 保险合同变更后,保险人在原保险单或者其他保险凭证上进行批注,几种不同的批注方式并存的时候( )。

A. 签发时间在后的批注的效力优于签发时间在前的批注的效力

B. 打印批注的效力优于附贴批注的效力

C. 手写批注的效力优于附贴批注的效力

D. 手写批注的效力优于打印批注的效力

3. 根据我国保险法的规定,应当由保险人承担的费用有( )。

A. 保险事故发生后,被保险人为防止或者减少保险标的损失所支付的施救费用

B. 保险事故发生后,被保险人为确定事故性质进行勘查、鉴定所支出的费用

C. 被保险人为避免保险事故的发生,而采取的管理、维修等措施所支出的费用

D. 责任保险的被保险人因给第三者造成损害的保险事故而被提起诉讼或仲裁所支出的诉讼费或仲裁费用

4. 下列哪些情形下,保险合同部分无效( )。

A. 保险人未向投保人说明免责条款的   B. 保险人未向投保人说明全部条款的

C. 保险金额超过保险价值的   D. 保险金额低于保险价值的

5. 下列哪些情形,除合同另有约定外,保险人应当降低保险费,并按日计算退还相应的保险费( )。

A. 据以确定保险费率的有关情况发生变化,保险标的危险程度明显减少

B. 投保人为保险标的重复投保

C. 保险标的的保险价值明显减少

D. 订立合同时保险事故已发生,但保险人不知道

二、项目实训与能力提升

(一) 以法析案

1. 2007 年 8 月,王某为丈夫投保了 5 万元人寿保险,受益人是王某的儿子。2009 年 3 月,

王某与丈夫因感情破裂离婚,经法院判决,儿子由王某抚养。离婚后,王某与前夫各自都建立了新的家庭。2010年12月,王某的前夫因意外事故去世,王某得知后向保险公司提出了给付保险金的申请。保险公司认为王某离婚后对前夫已不再具有保险利益,保险合同失效,因此拒赔。

请问:

(1) 保险公司拒赔的理由是否成立?为什么?

(2) 本案应如何处理?为什么?

2. 甲有两子,长子乙,次子丙,丙有残疾,无生活自理能力。2018年,乙为甲投保了人寿保险,期限十年,受益人为丙。后甲因病住院,在甲住院时,乙未经甲同意,将保险单交给邻居丁作质押,借款1万元。甲因病医治无效,四个月后去世。丁催乙还款,乙不还。保险公司通知丙领取保险金。丙找丁要保险单,丁以保险单已作质押为由,拒绝交出。同时,乙也以自己为继承人为理由,要求领取保险金。丙无奈,向人民法院提起诉讼。

请问:

(1) 本案中保险单质押行为是否有效?为什么?

(2) 本案中乙的理由是否成立?为什么?

(3) 法院应如何处理本案?

(二) 能力提升训练

训练一:组织学生在中国庭审公开网上观看机动车交通事故责任纠纷案件视频。

训练二:对机动车交通事故责任强制保险责任限额的简单计算。

1. 训练内容

在观看庭审视频的基础上,选取视频中合适内容,对机动车交通事故责任强制保险责任限额进行简单计算。

2. 训练目的

通过训练,强化学生对保险意识的培育,强化对保险法基本原则、机动车交通事故责任强制保险的理解,提高学生运用所学知识解决具体纠纷的能力。

3. 训练的形式和要求

(1) 个人发表观后感,重塑保险意识。

(2) 以小组为单位完成对机动车交通事故责任强制保险责任限额的简单计算。

(3) 老师根据学生个人及小组表现进行考核,作出评定。

附:保险法常用法条

中华人民共和国保险法(节选)

第二十三条第三款:任何单位和个人不得非法干预保险人履行赔偿或者给付保险金的义务,也不得限制被保险人或者受益人取得保险金的权利。

第三十九条:人身保险的受益人由被保险人或者投保人指定。

投保人指定受益人时须经被保险人同意。投保人为与其有劳动关系的劳动者投保人身保险,不得指定被保险人及其近亲属以外的人为受益人。

被保险人为无民事行为能力人或者限制民事行为能力人的,可以由其监护人指定受益人。

第四十二条:被保险人死亡后,有下列情形之一的,保险金作为被保险人的遗产,由保险依照《中华人民共和国继承法》的规定履行给付保险金的义务：（一）没有指定受益人，或者受益人指定不明无法确定的；（二）受益人先于被保险人死亡，没有其他受益人的；（三）受益人依法丧失受益权或者放弃受益权，没有其他受益人的。受益人与被保险人在同一事件中死亡，且不能确定死亡先后顺序的，推定受益人死亡在先。

最高人民法院关于适用《中华人民共和国保险法》若干问题的解释（三）（节选）

第九条　投保人指定受益人未经被保险人同意的，人民法院应认定指定行为无效。

当事人对保险合同约定的受益人存在争议，除投保人、被保险人在保险合同之外另有约定外，按照以下情形分别处理：

（一）受益人约定为"法定"或者"法定继承人"的，以继承法规定的法定继承人为受益人；

（二）受益人仅约定为身份关系，投保人与被保险人为同一主体的，根据保险事故发生时与被保险人的身份关系确定受益人；投保人与被保险人为不同主体的，根据保险合同成立时与被保险人的身份关系确定受益人；

（三）受益人的约定包括姓名和身份关系，保险事故发生时身份关系发生变化的，认定为未指定受益人。

第十五条　受益人与被保险人存在继承关系，在同一事件中死亡且不能确定死亡先后顺序的，人民法院应根据保险法第四十二条第二款的规定推定受益人死亡在先，并按照保险法及本解释的相关规定确定保险金归属。

第六章
劳动与就业法律制度

JINGJIFA JICHU

学习目标

(1) 掌握我国劳动法的适用范围、调整对象、劳动法律关系等劳动法基本原理和基本知识。
(2) 熟悉劳动者、用人单位的权利与义务。
(3) 掌握和理解劳动合同的基本内容、解除的相关规定以及劳动争议的处理。
(4) 掌握违反劳动合同法的法律责任。
(5) 熟悉我国工资、工时、休息休假等制度。
(6) 了解劳动就业制度的相关内容。
(7) 了解劳动保护制度和社会保险制度等内容。
(8) 能合法地订立一份劳动合同。
(9) 能运用劳动法律制度解决生活中遇到的实际问题。
(10) 能正确判断劳动关系,合法有效地进行维权。

重点和难点

重点:
(1) 劳动法律关系。
(2) 劳动合同的相关内容。
(3) 劳动争议的处理。
(4) 我国工资、工时、休息休假等制度。

难点:
(1) 劳动合同的解除。
(2) 劳动争议的处理。

本章学习所涉及的规范性法律文件
(1)《中华人民共和国劳动法》(以下简称《劳动法》)。
(2)《中华人民共和国劳动合同法》(以下简称《劳动合同法》)。
(3)《中华人民共和国就业促进法》(以下简称《就业促进法》)。
(4)《中华人民共和国社会保险法》(以下简称《社会保险法》)。
(5)《中华人民共和国劳动合同法实施条件》(以下简称《劳动合同法实施条例》)。
(6) 国务院办公厅《关于全面实施城乡居民大病保险的意见》等。

任务一 课 前 思 考

一、问题提出

(1) 我国《劳动法》的适用范围有哪些?
(2) 劳动者有哪些劳动权利?

(3) 如何解除劳动合同？
(4) 社会保险包括哪些内容？
(5) 发生劳动争议应该如何解决？
(6) 什么是经济补偿金？如何计算经济补偿金？

二、案例导入

李林为某高校大二学生，在校读书期间，一直在一家教育培训机构任兼职教师。后双方发生纠纷，李林以教育培训机构未与其签订书面劳动合同为由提起劳动仲裁、诉讼，要求教育培训机构支付未签订劳动合同的2倍工资赔偿。但李林所主张的"劳动关系"并未被仲裁机构及法院采信，索要2倍工资也未获得支持。

请思考：
(1) 在校生兼职是否受劳动法保护？劳动法的调整对象是什么？
(2) 李林与教育培训机构之间是否形成劳动关系？为什么？

任务二　理论知识学习

一、劳动法的概述

(一) 劳动法的概念和调整对象

1. 劳动法的概念

在我国，劳动法有广义与狭义之分。狭义的劳动法是指由最高国家权力机关制定并颁布的全国性的、综合性的法律，即1994年7月5日第八届全国人民代表大会常务委员会第八次会议通过，1995年1月1日起施行的，2009年8月27日和2018年12月29日两次修改的《劳动法》。广义的劳动法是指调整劳动关系以及与劳动关系有密切联系的其他社会关系的法律规范总称，包括劳动合同法、社会保险法、劳动基准法、促进就业法、职业培训制度等。

2. 劳动法的调整对象

劳动法的调整对象是劳动关系，以及与劳动关系有密切关联的其他社会关系。在劳动法所调整的两部分社会关系中，劳动关系是主要的调整对象。

1) 劳动关系

劳动关系是指在实现社会劳动过程中，劳动者与所在单位（用人单位）之间发生的社会劳动关系。劳动关系是一种兼具平等性和从属性，统一于人身关系和财产关系的社会关系。

2) 与劳动关系有密切关联的其他社会关系

作为劳动法的调整对象，与劳动关系有密切关联的其他社会关系虽然不是劳动关系，但与劳动关系具有密切的联系。这些关系主要有：管理劳动力方面的关系，如，国家劳动行政部门与单位或职工之间因就业、培训等问题而发生的关系；社会保险关系；处理劳动争议所发生的某些关系，如劳动争议调解关系、劳动争议仲裁关系等；工会组织和单位行政之间的关系；有关国家机关对执行劳动法进行监督检查而发生的关系等。

劳动关系与劳务关系

劳动关系与劳务关系既有相同点,又存在本质区别。

1. 相同点

两者都是当事人一方提供劳动力给另一方使用,并获得另一方给付的劳动报酬。

2. 不同点

(1) 适用法律不同。劳动关系主要由劳动法和劳动合同法调整。而劳务关系主要由民法、合同法、经济法调整。

(2) 主体资格不同。劳动关系主体的一方是法人或组织,即用人单位,另一方则必须是劳动者个人即自然人。劳务关系的主体双方当事人可以同时为法人、组织、公民。

(3) 主体性质及其关系不同。劳动关系的双方主体间不仅存在着财产关系,还存在着人身关系;劳动者除提供劳动之外,还要接受用人单位的管理,服从其安排,遵守其规章制度等,成为用人单位的内部职工。但劳务关系的双方主体之间只存在财产关系,彼此之间不存在行政隶属关系,劳动者提供劳务服务,用人单位支付劳务报酬,各自独立。这是劳动关系与劳务关系最本质的区别。

(4) 责任承担的不同。劳动关系是劳动者以用人单位的名义工作,劳动者提供劳动的行为属于职务行为,构成用人单位整体行为的一部分,由用人单位承担法律责任。而劳务关系是提供劳务的一方以本人的名义从事劳务活动,独立承担法律责任。

(5) 合同内容受国家干预程度不同。劳动关系所赖以存在的劳动合同的内容,国家常以强制性法律规范来规定。但劳务关系所依据的劳务合同受国家干预程度低,合同内容一般取决于双方当事人的意思表示一致,由双方当事人协商确定。

(6) 主体的待遇不同。劳动关系中的劳动者除获得工资报酬外,还有保险、福利待遇等。而劳务关系中的自然人,一般只获得劳动报酬。

(7) 报酬的性质和支付方式不同。因劳动关系产生的劳动报酬,具有分配性质,不完全和不直接随市场供求情况的变动,其支付形式往往是一种持续、定期的工资支付。因劳务关系而取得的劳动报酬,与市场的变化直接联系的,按市场原则支付,而且多为一次性支付。

(二) 劳动法的适用范围

1. 适用范围

根据我国劳动法的规定,劳动法主要适用于建立了劳动关系的用人单位和劳动者。具体的适用范围:在我国境内的企业、个体经济组织和与之形成劳动关系的劳动者;国家机关、事业组织、社会团体和与之建立劳动合同关系的劳动者。

2. 适用范围的排除

我国劳动法不适用于下列五类人员:公务员和比照实行公务员制度的事业组织和社会团体的工作人员;农村劳动者(乡镇企业职工和进城务工、经商的农民除外);现役军人;具有家庭雇用劳动关系的家庭保姆;在我国境内享有外交特权和外交豁免权的外国人等。

（三）劳动法律关系

1. 劳动法律关系的概念

劳动法律关系是指劳动法律规范调整劳动者和用人单位在实现社会劳动过程中形成的劳动权利和劳动义务关系。

2. 劳动法律关系的构成要素

任何法律关系都具有三个要素，即主体、客体和内容，三者缺一不可。劳动法律关系也不例外，也是由主体、客体、内容三大要素构成。

1）主体

劳动法律关系的主体，是指参加劳动法律关系，依劳动法享有劳动权利和承担劳动义务的当事人。劳动法律关系的主体为劳动法律关系的双方当事人：一方为劳动者，泛指年满十六周岁，具有劳动能力的所有公民、我国境内的外国人和无国籍人；另一方则为用人单位，包括企业、个体经济组织、国家机关、事业组织、社会团体等。

2）客体

劳动法律关系的客体是劳动法律关系主体权利义务所共同指向的对象，是劳动权利和劳动义务的载体。在劳动法律关系中，其客体为劳动者的劳动行为。

3）内容

劳动法律关系的内容是指劳动法律关系主体所享有的权利和承担的义务，是连接主客体的桥梁，也是劳动法律关系的核心和实质。劳动者与用人单位之间的劳动关系，只有通过权利义务形式表现出来才能成为劳动法律关系。

（1）劳动者的权利与义务。

【以案学法之案例 6-1】

应届女大学生郭某在应聘某公司文案职位时，多次因公司"限招男性"的招聘条件被拒。后郭某向法院提起诉讼。法院公开审理了此案，并作出判决，认为招聘单位的文案职位不属于法定女性禁忌劳动范围，招聘单位未对郭某是否符合招聘条件进行审查，而仅以岗位限招男性为由拒绝录用郭某的事实成立。根据劳动法、就业促进法等法律的规定，认定招聘单位的行为属于就业性别歧视，侵犯了郭某的劳动权，给郭某造成了一定的精神损害，应向郭某赔偿精神损害抚慰金 2000 元。

请问：招聘单位某公司侵犯了应届女大学生郭某哪方面的劳动权？

【以案学法之案例 6-2】

南方某厂部分工人查询社保缴费记录时发现，厂方为其缴纳社保费的比例明显低于当地规定的标准，导致社保待遇大幅缩水。于是，数千名工人聚集抗议。后来，厂方回应提出提高社保缴费率，但未提及补缴和提高缴费基数，引发万人停工。一周后，厂方提出新方案，承诺补缴社保费，并每人每月发放补贴 230 元。同时，省市镇三级工会组成联合组进驻厂内为工人提供法律咨询。

请问：该厂侵犯了工人哪方面的劳动权？

劳动者的劳动权利。根据劳动法的规定，劳动者的劳动权利主要有：平等就业和选择职业的权利；取得劳动报酬的权利；休息休假的权利；获得劳动安全卫生保护的权利；接受职业技能培训的权利;享受社会保险和福利的权利;提请劳动争议处理的权利以及法律规定的其他劳动权利(如参加工会的权利、依法解除劳动合同的权利等)。

劳动者的劳动义务。权利与义务是密切联系的。我国劳动法在赋予劳动者劳动权利的同时,也规定了劳动者的劳动义务。劳动者的劳动义务主要有:按时完成劳动任务;提高职业技能;执行劳动安全卫生规程;遵守劳动纪律和职业道德等。

(2)用人单位的权利与义务。

用人单位是指依法使用和管理劳动者并付给其劳动报酬的单位。

用人单位的权利。根据劳动法的规定,用人单位的权利主要有:自主用工权,即用人单位根据本单位需要自主招用职工的权利;奖惩权,即用人单位依照法律和本单位的劳动纪律,决定对职工奖惩的权利;劳动报酬分配权,即依照法律的规定和合同的约定,用人单位决定劳动报酬分配方面的权利;要求劳动者按时完成劳动任务,提高职业技能,遵守劳动纪律和职业道德的权利等。

用人单位的义务。一方当事人权利的行使,需要另一方当事人履行义务。用人单位的主要义务有:依法建立和完善规章制度,保障劳动者享有劳动权利。

二、劳动就业法律制度

(一)劳动就业法律制度概述

1. 劳动就业的概念

劳动就业是指具有劳动能力的公民在法定劳动年龄内,依法自愿从事一定的社会劳动,获取劳动报酬或经营收入的活动。

2. 劳动就业的特征

劳动就业具有以下几个方面的特征:

(1)主体上的适龄性,劳动就业主体处于法定的就业年龄,且具有劳动权利能力和劳动行为能力;

(2)主观上的自愿性,劳动就业主体具有就业愿望和参加社会劳动的自愿;

(3)内容上的合法性,即主体所从事的是合法的社会劳动;

(4)结果上的回报性,劳动就业能让劳动者取得劳动报酬或者经营收入;

(5)社会的需求性,社会上有劳动需求,能够提供劳动岗位。

(二)劳动就业的基本原则

1. 国家促进就业的原则

为促进就业,国家专门制定了《就业促进法》(2007年8月30日第十届全国人民代表大会常务委员会第二十九次会议通过,2015年4月24日修改),同时在《劳动法》第二章中也专章作出了规定。人力资源和社会保障部、原国家工商总局、教育部、地方政府都制定了相关促进就业的优惠政策和措施。

2. 劳动就业的市场原则

国家在劳动就业上,实行劳动者通过劳动力市场,与用人单位双向选择就业的原则。

3. 平等就业原则

劳动者就业,不因民族、种族、性别、宗教信仰不同而受歧视。国家创造公平就业的环境,消除就业歧视。用人单位招用人员、职业中介机构从事职业中介活动,应当向劳动者提供平等的就业机会和公平的就业条件,不得实施就业歧视。

4．照顾特殊群体就业的原则

国家对妇女、残疾人、退役军人、少数民族人员等特殊群体的就业给予保障和照顾。国家保障妇女享有与男子平等的就业权利。在录用职工时,除国家规定的不适合妇女的工种或者岗位外,不得以性别为由拒绝录用妇女或者提高对妇女的录用标准,也不得在劳动合同中规定限制女职工结婚、生育的内容。国家保障各民族劳动者享有平等的就业权利。在招用人员时,依法对少数民族劳动者给予适当照顾。国家保障残疾人的就业权利,对残疾人就业统筹规划,为残疾人创造就业条件,不得歧视残疾人。

5．禁止未成年人就业的原则

这里需要特别说明的,禁止未成年人就业是禁止未满十六周岁的未成年人就业。禁止用人单位招用未满十六周岁的未成年人。特殊行业的,如文艺、体育和特种工艺等,单位招用未满十六周岁的未成年人,必须遵守国家有关规定,保障其接受义务教育的权利。

（三）劳动就业的形式

（1）劳动者与用人单位直接洽谈就业。劳动者通过用人单位的考核、考试,取得就业岗位,实现就业。其中,人才交流会和人才招聘会是最主要的形式。

（2）职业介绍机构介绍就业,即由职业介绍机构为劳动力供求双方沟通联系和进行职业指导,由双方签订劳动合同,实现劳动者就业。

（3）劳动者自己组织起来就业。劳动者在国家的扶持下,自愿组织起来通过各种集体经济组织实现就业,国家在资金、税收、场地等方面给予政策照顾。主要适用于失业、下岗人员再就业。

（4）自主创业,自谋职业。劳动者通过从事个体工商经营,开办私营企业、合伙经营和公司等实现就业。

（5）国家安置就业。即基于国家利益,国家对特定范围内的少数劳动者保障、安排其就业。

（四）职业介绍制度

1．职业介绍的概念

职业介绍是指经国家许可的相关机构依法为劳动者和用人单位提供交流,促成劳动者就业和用人单位用工的一种就业中介服务。

2．职业中介机构的设立条件和程序

职业中介机构指依法设立的从事职业介绍工作的专门机构。设立职业中介机构应具备下列条件：

（1）有明确的章程和管理制度；

（2）有开展业务必备的固定场所、办公设施和一定数额的开办资金；

（3）有一定数量具备相应职业资格的专职工作人员；

（4）法律、法规规定的其他条件。

设立职业中介机构应当在登记机关办理登记后,向劳动行政部门申请行政许可。未经依法许可和登记的机构,不得从事职业中介活动。

3. 职业中介机构禁止从事的行为

职业中介机构不得从事下列行为,具体有:

(1) 提供虚假就业信息;

(2) 为无合法证照的用人单位提供职业中介服务;

(3) 伪造、涂改、转让职业中介许可证;

(4) 扣押劳动者的居民身份证和其他证件,或者向劳动者收取押金;

(5) 其他违反法律、法规规定的行为。

(五)职业培训制度

职业培训制度是指为培养和提高从事各种职业的人们所需要的技术业务知识和实际操作技能而制定的培训方面的制度。

用人单位应当建立职业培训制度,按照国家规定提取和使用职业培训经费,根据本单位实际,有计划地对劳动者进行职业培训。从事技术工种的劳动者,上岗前必须经过培训。

职业培训的主要形式有:学徒培训、就业培训中心的就业训练、学校正规培训、职工培训(或称职工教育、在职培训)。

三、劳动合同法律制度

(一)劳动合同概述

1. 劳动合同的概念

劳动合同,又称劳动契约、劳动协议,是劳动者与用人单位确立劳动关系,明确双方权利和义务的书面协议。劳动合同是产生劳动法律关系的基础和依据,是劳动者实现和维护劳动权利的重要保障,是用人单位进行劳动管理的有效手段。

劳动合同具有以下几方面的法律特征:

(1) 劳动合同的主体具有特定性。劳动合同主体的一方是劳动者,另一方是用人单位。

(2) 劳动合同是双务、有偿、要式合同。劳动合同是双务合同,其双方当事人互负义务;劳动合同是有偿合同,劳动者通过向用人单位提供劳动力获取劳动报酬,用人单位通过劳动合同获得劳动者的劳动力;劳动合同是要式合同,其在形式上必须采取法定的书面形式。

(3) 劳动合同的当事人在合同订立和履行中地位不同。在劳动合同订立时,劳动合同的双方当事人的法律地位是平等的,而在合同履行过程中,用人单位和劳动者之间是管理与被管理的关系,分别处于支配地位和从属地位。

知识链接6-2

劳动合同与劳务合同的区别

劳动合同是劳动者与用人单位确立劳动关系,明确双方权利和义务的协议。而劳务合同是平等主体的公民之间、法人之间以及公民与法人之间,以提供劳务为内容而签订的协议。两者的区别主要表现为:

(1) 法律性质不同。劳动合同是确立劳动法律关系的依据,属于劳动法的范畴,而劳务合同是建立民事、经济法律关系的依据,属于民法、经济法的范畴。

(2) 主体的地位不同。劳动合同签订后,劳动者成为用人单位的一员,与用人单位之间具有隶属关系;而劳务合同的主体之间不存在隶属关系。

(3) 合同主体不同。劳动合同的主体一方是劳动者,另一方是用人单位;劳务合同的主体既可以都是公民,也可以都是法人,或者是公民与法人。

(4) 确定报酬的原则不同。在劳动合同中,用人单位按照劳动的数量和质量及国家的有关规定支付劳动报酬;而劳务合同中的劳务价格是按等价有偿的市场原则支付。

【以案学法之案例 6-3】

2016 年 7 月,某贸易公司招用了杨洋,双方签订了劳动合同,合同期限从 2016 年 7 月至 2017 年 6 月。2017 年 7 月,劳动合同期满,双方续订了劳动合同,期限从 2017 年 7 月至 2019 年 6 月。2019 年 7 月,双方第三次签订劳动合同,期限从 2019 年 7 月至 2021 年 6 月。2019 年 8 月,杨洋提出:双方签订劳动合同的次数已经超过 2 次,要求贸易公司按照《劳动合同法》的规定,与自己签订无固定期限的劳动合同。

请问:该贸易公司应该与杨洋签订无固定期限的劳动合同吗?

2. 劳动合同的分类

劳动合同按照不同的标准,可以进行不同的分类。

1) 固定期限劳动合同、无固定期限劳动合同和以完成一定的工作任务为期限的劳动合同

劳动合同分为固定期限劳动合同、无固定期限劳动合同和以完成一定的工作任务为期限的劳动合同,这是以合同期限的长短为标准进行的分类。其中,固定期限劳动合同,是指用人单位与劳动者约定合同终止时间的劳动合同。无固定期限劳动合同,是指用人单位与劳动者约定无确定终止时间的劳动合同。以完成一定的工作任务为期限的劳动合同,是指用人单位与劳动者约定以某项工作的完成为合同期限的劳动合同。

【法条链接 6-1】

《劳动合同法》第十四条规定:"无固定期限劳动合同,是指用人单位与劳动者约定无确定终止时间的劳动合同。用人单位与劳动者协商一致,可以订立无固定期限劳动合同。有下列情形之一,劳动者提出或者同意续订、订立劳动合同的,除劳动者提出订立固定期限劳动合同外,应当订立无固定期限劳动合同:(一)劳动者在该用人单位连续工作满十年的;(二)用人单位初次实行劳动合同制度或者国有企业改制重新订立劳动合同时,劳动者在该用人单位连续工作满十年且距法定退休年龄不足十年的;(三)连续订立二次固定期限劳动合同,且劳动者没有本法第三十九条和第四十条第一项、第二项规定的情形,续订劳动合同的。用人单位自用工之日起满一年不与劳动者订立书面劳动合同的,视为用人单位与劳动者已订立无固定期限劳动合同。"

《劳动合同法实施条例》第九条规定:"劳动合同法第十四条第二款规定的连续工作满 10 年的起始时间,应当自用人单位用工之日起计算,包括劳动合同法施行前的工作年限。"

《劳动合同法》第九十七条第一款规定:"本法施行前已依法订立且在本法施行之日存续的劳动合同,继续履行;本法第十四条第二款第三项规定连续订立固定期限劳动合同的次数,自本法施行后续订固定期限劳动合同时开始计算。"

2) 个人劳动合同和集体劳动合同

以劳动者一方人数为标准,劳动合同可以分为个人劳动合同和集体劳动合同。集体劳动合同,也称为劳动协约、团体协约、集体协约,是指企业职工一方与用人单位就劳动报酬、工作时

间、休息休假、劳动安全卫生、保险福利等事项,通过集体协商达成的书面协议。

3.《劳动合同法》的适用范围

《劳动合同法》适用的范围主要有:

(1) 我国境内的企业、个体经济组织、民办非企业单位等组织与劳动者建立劳动关系,订立、履行、变更、解除或者终止劳动合同;

(2) 国家机关、事业单位、社会团体和与其建立劳动关系的劳动者,订立、履行、变更、解除或者终止劳动合同;

(3) 事业单位与实行聘用制的工作人员订立、履行、变更、解除或者终止劳动合同,但法律、行政法规或者国务院另有规定的除外。

(二) 劳动合同的订立

劳动合同的订立,是劳动者与用人单位,为确立劳动关系,依法就双方权利义务协商一致,签订劳动合同的法律行为。

(1) 订立劳动合同应遵循的原则主要有:合法原则;公平原则;平等自愿、协商一致原则和诚实信用的原则。

(2) 订立劳动合同,一般要经过要约和承诺两个程序和环节。要约人可以是用人单位,也可以是劳动者。作为法律行为,承诺一经作出,用人单位与劳动者在劳动合同文本上签字盖章,劳动合同即告成立。

(3) 订立劳动合同,在形式上应当采用书面形式。用人单位招用劳动者未订立书面合同,但双方实际履行了劳动的权利和义务,便形成了事实劳动关系。用人单位造成劳动者损害的,应承担赔偿的法律责任。

【法条链接 6-2】

《劳动合同法》第十条规定:"建立劳动关系,应当订立书面劳动合同。已建立劳动关系,未同时订立书面劳动合同的,应当自用工之日起一个月内订立书面劳动合同。用人单位与劳动者在用工前订立劳动合同的,劳动关系自用工之日起建立。"

《劳动合同法》第十一条规定:"用人单位未在用工的同时订立书面劳动合同,与劳动者约定的劳动报酬不明确的,新招用的劳动者的劳动报酬按照集体合同规定的标准执行;没有集体合同或者集体合同未规定的,实行同工同酬。"

《劳动合同法实施条例》第五条规定:"自用工之日起一个月内,经用人单位书面通知后,劳动者不与用人单位订立书面劳动合同的,用人单位应当书面通知劳动者终止劳动关系,无需向劳动者支付经济补偿,但是应当依法向劳动者支付其实际工作时间的劳动报酬。"

《劳动合同法实施条例》第六条规定:"用人单位自用工之日起超过一个月不满一年未与劳动者订立书面劳动合同的,应当依照劳动合同法第八十二条的规定向劳动者每月支付两倍的工资,并与劳动者补订书面劳动合同;劳动者不与用人单位订立书面劳动合同的,用人单位应当书面通知劳动者终止劳动关系,并依照劳动合同法第四十七条的规定支付经济补偿。"

(4) 劳动合同的内容,即劳动合同的条款,包括法定条款和约定条款两个部分。

劳动合同应当具备的法定条款为:用人单位的名称、住所和法定代表人或者主要负责人;劳动者的姓名、住址和居民身份证或者其他有效身份证件号码;劳动合同期限;工作内容和工作地点;工作时间和休息休假;劳动报酬;社会保险;劳动保护、劳动条件和职业危害防护;法律、法规规定应当纳入劳动合同的其他事项等九个条款。法定条款是劳动合同的必备条款,是劳动合同生效的法定要件。

劳动合同除必备条款外,当事人还可以约定其他事项,即约定条款。用人单位与劳动者可以约定试用期、培训、保守秘密、补充保险和福利待遇等其他事项。其中,保密条款和竞业限制条款是用人单位用来保护商业秘密的重要手段。

【法条链接 6-3】

《劳动合同法》第十九条规定:"劳动合同期限三个月以上不满一年的,试用期不得超过一个月;劳动合同期限一年以上不满三年的,试用期不得超过二个月;三年以上固定期限和无固定期限的劳动合同,试用期不得超过六个月。同一用人单位与同一劳动者只能约定一次试用期。以完成一定工作任务为期限的劳动合同或者劳动合同期限不满三个月的,不得约定试用期。试用期包含在劳动合同期限内。劳动合同仅约定试用期的,试用期不成立,该期限为劳动合同期限。"

《劳动合同法》第二十三条规定:"用人单位与劳动者可以在劳动合同中约定保守用人单位的商业秘密和与知识产权相关的保密事项。对负有保密义务的劳动者,用人单位可以在劳动合同或者保密协议中与劳动者约定竞业限制条款,并约定在解除或者终止劳动合同后,在竞业限制期限内按月给予劳动者经济补偿。劳动者违反竞业限制约定的,应当按照约定向用人单位支付违约金。"

(三)劳动合同的效力

依法成立的劳动合同,具有法律效力,在双方当事人之间形成劳动法律关系,对双方当事人具有法律约束力。

1. 劳动合同生效的条件

劳动合同要生效,应当具备法定的条件。这些条件主要有:主体合格;意思表示真实;内容、形式和程序合法。

2. 劳动合同的无效

【以案学法之案例 6-4】

2017年年底,刘某伪造了某知名高校的本科、硕士、博士学历,应聘A高校教师职位,A高校信以为真,即与刘某商谈招聘事宜。为了能让刘某毕业后到本校工作,A高校决定让其毕业前即可上班。2018年12月份,刘某到A高校上班,与A高校签订劳动合同。A高校按博士生待遇支付给刘某4万元安家费,三个月工资6000元,并分配120平方米住房一套。刘某上班后,多次以自己是博士为由,要求提高待遇,不断向A高校提出配置电脑、打印机和科研启动资金等要求。A高校经查询,发现刘某的博士是假的。

请问:双方签订的劳动合同是否有效?

劳动合同因缺少有效要件而全部或部分不具有法律效力。劳动合同无效分为全部无效和部分无效。

1) 劳动合同无效的情形

劳动合同有下列情形之一的,无效或部分无效:以欺诈、胁迫的手段或者乘人之危,使对方在违背真实意思的情况下订立或者变更劳动合同的;用人单位免除自己的法定责任、排除劳动者权利的,如"生死合同"等;违反法律、行政法规强制性规定的。

2) 劳动合同无效的认定

劳动合同是否无效以及劳动合同是否部分无效,由劳动争议仲裁机构或者人民法院加以确认。

3) 劳动合同无效的处理

劳动合同被确认无效的,从订立的时候起,就没有法律约束力。劳动者已付出劳动的,用人单位应当向劳动者支付劳动报酬;给对方造成损害的,有过错的一方应当承担赔偿责任。

劳动合同被确认部分无效的,劳动合同部分条款无效,不影响其他部分效力的,其他部分仍然有效。

(四) 劳动合同的履行和变更

1. 劳动合同的履行

依法订立的劳动合同对双方当事人都具有法律约束力,当事人应当按照劳动合同的约定履行各自的义务。如用人单位应当按照劳动合同约定和国家规定,向劳动者及时足额支付劳动报酬;应当严格执行劳动定额标准,不得强迫或者变相强迫劳动者加班等。

劳动合同的当事人在履行合同的过程中,应当遵循实际履行、亲自履行、全面履行和协作履行的原则。

(1) 实际履行原则,即除了法律和劳动合同另有规定或者客观上已不能履行的以外,当事人应按照劳动合同的约定完成义务,不能用完成别的义务来代替。

(2) 亲自履行原则。劳动合同是用人单位与劳动者之间签订的劳动合同,必须由劳动合同明确规定的当事人来履行,不允许当事人以外的其他人代替履行。劳动本身的特点决定了劳动合同必须由当事人亲自履行。

(3) 全面履行原则,即劳动合同的当事人要按照劳动合同的规定履行全部义务。全面履行原则是实际履行原则的补充和发展。

(4) 协作履行原则,即在履行劳动合同的过程中,劳动合同的当事人应当互相协作、共同完成劳动合同约定的义务。一方当事人在履行劳动合同时遇到困难,另一方当事人应在法律允许的范围,尽力给予帮助,以便双方尽可能地全面履行劳动合同。

2. 劳动合同的变更

在履行劳动合同的过程中,当订立劳动合同所依据的主客观情况发生变化,使得合同中某些条款的履行成为不可能或不必要,或者对当事人权益的实现带来影响,用人单位和劳动者双方协商一致,对劳动合同的原有条款进行修改或增减。变更劳动合同,应当采用书面形式。

(五) 劳动合同的解除

劳动合同的解除是指在劳动合同有效成立后,履行期限届满之前因一定的事由终止劳动合同的行为。它分为双方协议解除和一方单方面解除两种形式。

1. 双方协议解除

双方协议解除是劳动合同双方当事人通过协商达成协议解除劳动合同的行为。我国《劳动合同法》第三十六条规定:"用人单位与劳动者协商一致,可以解除劳动合同。"如果劳动合同的解除是由用人单位向劳动者提出,并与劳动者协商达成一致的,用人单位应当向劳动者支付经济补偿。

2. 一方单方面解除

一方单方面解除是指劳动合同当事人任何一方在具备法定情形时,可以不与对方协商,而是通过行使解除权解除劳动合同。它包括劳动者单方面解除和用人单位单方面解除。

1) 劳动者单方面解除

用人单位出现下列情形之一时,劳动者可以解除劳动合同:

(1) 未按照劳动合同约定提供劳动保护或者劳动条件的;
(2) 未及时足额支付劳动报酬的;
(3) 未依法为劳动者缴纳社会保险费的;
(4) 用人单位的规章制度违反法律、法规的规定,损害劳动者权益的;
(5) 因以欺诈、胁迫的手段或者乘人之危,使劳动者在违背真实意思的情况下订立或者变更劳动合同的,致使劳动合同无效的;
(6) 法律、行政法规规定劳动者可以解除劳动合同的其他情形。

在一般情况下,劳动者解除劳动合同,应提前三十日以书面形式通知用人单位,在试用期内解除劳动合同的,需提前三日通知用人单位。但如果用人单位以暴力、威胁或者非法限制人身自由的手段强迫劳动者劳动的,或者用人单位违章指挥、强令冒险作业危及劳动者人身安全的,劳动者可以立即解除劳动合同,不需事先告知用人单位。

2) 用人单位单方面解除

【以案学法之案例 6-5】

周某是 M 公司的员工,因严重违反 M 公司的规章制度,为此,M 公司通知周某立即解除劳动合同。

请问:M 公司的做法是否合法?

【以案学法之案例 6-6】

谭某系一国有企业职工,与企业签订了有三年期限的劳动合同。在劳动合同期限内,谭某听说在外资企业工作年薪高、待遇好,遂向原企业口头提出解除劳动合同。原企业并未立即作出答复。15 日后,谭某离开原企业,到外资企业上班。谭某的离开,给原企业的生产造成了影响,原企业要求谭某回企业上班,但谭某以已向企业提出了解除劳动合同为由而拒回。

请问:谭某单方面解除劳动合同的做法是否合法?为什么?

【以案学法之案例 6-7】

2013 年 10 月,詹某进入西门子(中国)公司工作。2015 年,詹某与西门子公司签订了无固定期限劳动合同。2017 年 7 月 1 日,詹某被派到上海分公司,担任世博会项目业务拓展总监。2018 年 4 月 18 日,公司单方无理由解除了与詹某的劳动合同。

詹某不服公司解除劳动合同的决定,于 2018 年 6 月 12 日向上海市浦东新区劳动争议仲裁院申请仲裁,要求公司恢复劳动关系,并支付非法解雇期间的工资及赔偿金。但公司方坚持不肯恢复劳动关系,詹某遂提出 300 万元的补偿要求。

请问:西门子公司解除与詹某的劳动合同合法吗?

(1) 用人单位即时解除。

用人单位在劳动者出现下列情形之一时,可以随时解除劳动合同:在试用期间被证明不符合录用条件的;严重违反用人单位的规章制度的;严重失职,营私舞弊,给用人单位造成重大损害的;劳动者同时与其他用人单位建立劳动关系,对完成本单位的工作任务造成严重影响,或者经用人单位提出,拒不改正的;因以欺诈、胁迫的手段或者乘人之危,使用人单位在违背真实意思的情况下订立或者变更劳动合同的,致使劳动合同无效的;被依法追究刑事责任的。

(2) 用人单位预告解除。

用人单位在出现下列情形之一的,提前三十日以书面形式通知劳动者本人或者额外支付劳动者一个月工资后,可以解除劳动合同:劳动者患病或者非因工负伤,在规定的医疗期满后不能从事原工作,也不能从事由用人单位另行安排的工作的;劳动者不能胜任工作,经过培训或者调整工作岗位,仍不能胜任工作的;劳动合同订立时所依据的客观情况发生重大变化,致使劳动合同无法履行,经与劳动者协商,未能就变更劳动合同内容达成协议的。

(3) 经济性裁员。

用人单位有下列情形之一,需要裁减人员二十人以上或者裁减不足二十人但占企业职工总数10%以上的,提前三十日向工会或者全体职工说明情况,听取工会或者职工的意见后,裁减人员方案经向劳动行政部门报告,可以裁减人员:依照企业破产法规定进行重整的;生产经营发生严重困难的;企业转产、重大技术革新或者经营方式调整,经变更劳动合同后,仍需裁减人员的;其他因劳动合同订立时所依据的客观经济情况发生重大变化,致使劳动合同无法履行的。

裁减人员时,应当优先留用下列人员:与本单位订立较长期限的固定期限劳动合同的;与本单位订立无固定期限劳动合同的;家庭无其他就业人员,有需要抚养的老人或者未成年人的。

用人单位在裁减人员后六个月内重新招用人员的,应当通知被裁减的人员,并在同等条件下优先招用被裁减的人员。

(4) 用人单位单方面解除劳动合同的例外。

用人单位在劳动者出现下列情形之一时,不得解除劳动合同:从事接触职业病危害作业的劳动者未进行离岗前职业健康检查,或者疑似职业病病人在诊断或者医学观察期间的;在本单位患职业病或者因工负伤并被确认丧失或者部分丧失劳动能力的;患病或者非因工负伤,在规定的医疗期内的;女职工在孕期、产期、哺乳期的;在本单位连续工作满十五年,且距法定退休年龄不足五年的;法律、行政法规规定的其他情形。

(5) 用人单位违法解除劳动合同的法律后果。

用人单位违反《劳动合同法》的规定解除劳动合同,劳动者要求继续履行劳动合同的,用人单位应当继续履行。劳动者不要求继续履行劳动合同或者劳动合同已经不能继续履行的,用人单位应当依照《劳动合同法》规定的经济补偿标准的两倍向劳动者支付赔偿金。

(六) 劳动合同的终止

劳动合同终止是指劳动合同在法律规定或当事人约定的事由出现时,终止法律效力,消灭当事人之间权利义务关系的行为。

有下列情形之一的,劳动合同终止:

(1) 劳动合同期满的。

劳动合同期满,出现上述用人单位单方面解除劳动合同的例外情形之一的,劳动合同应当续延至相应的情形消失时终止。但是,在本单位患职业病或者因工负伤并被确认丧失或者部分丧失劳动能力劳动者的劳动合同的终止,按照国家有关工伤保险的规定执行。

(2) 劳动者开始依法享受基本养老保险待遇的。
(3) 劳动者死亡,或者被人民法院宣告死亡或者宣告失踪的。
(4) 用人单位被依法宣告破产的。
(5) 用人单位被吊销营业执照、责令关闭、撤销或者用人单位决定提前解散的。
(6) 法律、行政法规规定的其他情形。

(七)经济补偿

【以案学法之案例 6-8】

2015年1月1日,孙小姐到乙公司工作,2018年12月31日因劳动合同到期而终止劳动关系,孙小姐每月工资为3000元。

请问:乙公司应支付经济补偿金多少元?

1. 获得经济补偿的情形

有下列情形之一的,用人单位应当向劳动者支付经济补偿:

(1) 劳动者依照《劳动合同法》第三十八条规定解除劳动合同的;
(2) 用人单位向劳动者提出解除劳动合同并与劳动者协商一致解除劳动合同的;
(3) 用人单位依照《劳动合同法》第四十条规定解除劳动合同的;
(4) 用人单位依照《劳动合同法》第四十一条第一款规定解除劳动合同的;
(5) 除用人单位维持或者提高劳动合同约定条件续订劳动合同,劳动者不同意续订的情形外,依照《劳动合同法》第四十四条第一项规定终止固定期限劳动合同的;
(6) 依《劳动合同法》第四十四条第四项、第五项规定终止劳动合同的;
(7) 法律、行政法规规定的其他情形。

【法条链接 6-4】

《劳动合同法》第三十八条规定:"用人单位有下列情形之一的,劳动者可以解除劳动合同:(一)未按照劳动合同约定提供劳动保护或者劳动条件的;(二)未及时足额支付劳动报酬的;(三)未依法为劳动者缴纳社会保险费的;(四)用人单位的规章制度违反法律、法规的规定,损害劳动者权益的;(五)因本法第二十六条第一款规定的情形致使劳动合同无效的;(六)法律、行政法规规定劳动者可以解除劳动合同的其他情形。用人单位以暴力、威胁或者非法限制人身自由的手段强迫劳动者劳动的,或者用人单位违章指挥、强令冒险作业危及劳动者人身安全的,劳动者可以立即解除劳动合同,不需事先告知用人单位。"

《劳动合同法》第四十条规定:"有下列情形之一的,用人单位提前三十日以书面形式通知劳动者本人或者额外支付劳动者一个月工资后,可以解除劳动合同:(一)劳动者患病或者非因工负伤,在规定的医疗期满后不能从事原工作,也不能从事由用人单位另行安排的工作的;(二)劳动者不能胜任工作,经过培训或者调整工作岗位,仍不能胜任工作的;(三)劳动合同订立时所依据的客观情况发生重大变化,致使劳动合同无法履行,经用人单位与劳动者协商,未能就变更劳动合同内容达成协议的。"

《劳动合同法》第四十一条规定:"有下列情形之一,需要裁减人员二十人以上或者裁减不足二十人但占企业职工总数百分之十以上的,用人单位提前三十日向工会或者全体职工说明情况,听取工会或者职工的意见后,裁减人员方案经向劳动行政部门报告,可以裁减人员:(一)依照企业破产法规定进行重整的;(二)生产经营发生严重困难的;(三)企业转产、重大技术革新或者经营方式调整,经变更劳动合同后,仍需裁减人员的;(四)其他因劳动合同订立时所依据的客观经济情况发生重大变化,致使劳动合同无法履行的。裁减人员时,应当优先留用下列人员:(一)与本单位订立较长期限的固定期限劳动合同的;(二)与本单位订立无固定期限劳动合同的;(三)家庭无其他就业人员,有需要扶养的老人或者未成年人的。用人单位依照本条第一款规定裁减人员,在六个月内重新招用人员的,应当通知被裁减的人员,并在同等条件下优先招用被裁减的人员。"

《劳动合同法》第四十四条规定:"有下列情形之一的,劳动合同终止:(一)劳动合同期满的;(二)劳动者开始依法享受基本养老保险待遇的;(三)劳动者死亡,或者被人民法院宣告死亡或者宣告失踪的;(四)用人单位被依法宣告破产的;(五)用人单位被吊销营业执照、责令关闭、撤销或者用人单位决定提前解散的;(六)法律、行政法规规定的其他情形。"

2. 经济补偿支付的标准

经济补偿按劳动者在本单位工作的年限,每满一年支付一个月工资的标准向劳动者支付。六个月以上不满一年的,按一年计算;不满六个月的,向劳动者支付半个月工资的经济补偿。

劳动者月工资高于用人单位所在直辖市、设区的市级人民政府公布的本地区上年度职工月平均工资三倍的,向其支付经济补偿的标准按职工月平均工资三倍的数额支付,向其支付经济补偿的年限最高不超过十二年。

月工资是指劳动者在劳动合同解除或者终止前十二个月的平均工资。包括计时工资或者计件工资以及奖金、津贴和补贴等货币性收入。劳动者在劳动合同解除或者终止前十二个月的平均工资低于当地最低工资标准的,按照当地最低工资标准计算。劳动者工作不满十二个月的,按照实际工作的月数计算平均工资。

(八)违反劳动合同法的法律责任

1. 用人单位违反劳动合同法的法律责任

1)劳动规章制度违法的法律责任

(1)行政责任。用人单位直接涉及劳动者切身利益的规章制度违反法律、法规规定的,由劳动行政部门责令改正,给予警告。

(2)民事赔偿责任。用人单位直接涉及劳动者切身利益的规章制度违反法律、法规规定,给劳动者造成损害的,应当承担赔偿责任。

2)订立劳动合同违法的法律责任

用人单位提供的劳动合同文本未载明劳动合同法规定的劳动合同必备条款或者用人单位未将劳动合同文本交付劳动者的,由劳动行政部门责令改正;给劳动者造成损害的,应当承担赔偿责任。

用人单位自用工之日起超过一个月不满一年未与劳动者订立书面劳动合同的,应当向劳动者每月支付两倍的工资。

用人单位违反劳动合同法的规定,不与劳动者订立无固定期限劳动合同的,自应当订立无固定期限劳动合同之日起向劳动者每月支付两倍的工资。

3)违法约定试用期的法律责任

用人单位违反劳动合同法的规定与劳动者约定试用期的,由劳动行政部门责令改正;违法约定的试用期已经履行的,由用人单位以劳动者试用期满月工资为标准,按已经履行的超过法定试用期的期间向劳动者支付赔偿金。

4) 非法扣押或收取财物的法律责任

用人单位违反劳动合同法的规定,扣押劳动者居民身份证等证件的,由劳动行政部门责令限期退还劳动者本人,并依照有关法律规定给予处罚。

用人单位违反劳动合同法的规定,以担保或者其他名义向劳动者收取财物的,或者劳动者依法解除或者终止劳动合同,用人单位扣押劳动者档案或者其他物品的,由劳动行政部门责令限期退还劳动者本人,并以每人 500 元以上 2000 元以下的标准处以罚款;给劳动者造成损害的,应当承担赔偿责任。

5) 侵害劳动者劳动报酬的法律责任

用人单位未按照劳动合同的约定或者国家规定及时足额支付劳动者劳动报酬的,或低于当地最低工资标准支付劳动者工资的,或安排加班不支付加班费的,或解除或者终止劳动合同,未依照劳动合同法的规定向劳动者支付经济补偿的,由劳动行政部门责令限期支付劳动报酬、加班费或者经济补偿;劳动报酬低于当地最低工资标准的,应当支付其差额部分;逾期不支付的,责令用人单位按应付金额 50% 以上 100% 以下的标准向劳动者加付赔偿金。

6) 对劳动合同无效存有过错的法律责任

劳动合同依法被确认无效,给劳动者造成损害,用人单位在主观上有过错的,应当承担赔偿责任。

7) 违法解除或者终止劳动合同的法律责任

用人单位违反劳动合同法的规定解除或者终止劳动合同的,应当依照劳动合同法规定的经济补偿标准的两倍向劳动者支付赔偿金。

8) 侵害劳动者人身权的法律责任

用人单位以暴力、威胁或者非法限制人身自由的手段强迫劳动的,或违章指挥或者强令冒险作业危及劳动者人身安全的,或侮辱、体罚、殴打、非法搜查或者拘禁劳动者的,或劳动条件恶劣、环境污染严重,给劳动者身心健康造成严重损害的,依法给予行政处罚;构成犯罪的,依法追究刑事责任;给劳动者造成损害的,应当承担赔偿责任。

9) 违法未向劳动者出具解除或者终止劳动合同的书面证明的法律责任

用人单位违反劳动合同法的规定未向劳动者出具解除或者终止劳动合同的书面证明,由劳动行政部门责令改正;给劳动者造成损害的,应当承担赔偿责任。

10) 招工不当承担的法律责任

用人单位招用与其他用人单位尚未解除或者终止劳动合同的劳动者,给其他用人单位造成损失的,应当承担连带赔偿责任。

11) 违反劳务派遣规定的法律责任

用工单位违反劳动合同法有关劳务派遣规定的,由劳动行政部门责令限期改正;逾期不改正的,以每人 5000 元以上 1 万元以下的标准处以罚款。用工单位给被派遣劳动者造成损害的,劳务派遣单位与用工单位承担连带赔偿责任。

12) 不具有合法经营资格的非法经营行为的法律责任

对不具备合法经营资格的用人单位的违法犯罪行为,依法追究法律责任;劳动者已经付出劳动的,该单位或者其出资人应当依照劳动合同法的有关规定向劳动者支付劳动报酬、经济补偿、赔偿金；给劳动者造成损害的,应当承担赔偿责任。

13) 个人承包经营违法招用劳动者的法律责任

个人承包经营违反劳动合同法的规定招用劳动者,给劳动者造成损害的,发包的组织与个人承包经营者承担连带赔偿责任。

2. 劳动者违反劳动合同法的法律责任

劳动者违反劳动合同法的规定,也要承担相应的法律责任,其责任形式主要为民事赔偿责任。具体表现为以下两个方面：

1) 对劳动合同无效存有过错的赔偿责任

劳动合同依法被确认无效,给用人单位造成损害,劳动者在主观上有过错的,应当承担赔偿责任。

2) 违法解除劳动合同或违反特定的约定条款的赔偿责任

劳动者违反劳动合同法的规定解除劳动合同,或者违反劳动合同中约定的保密义务或者竞业限制,给用人单位造成损失的,应当承担赔偿责任。

四、工资、工作时间、休息休假和劳动保护制度

(一) 工资

1. 工资的概念及其形式

工资是指用人单位依据法律的规定和劳动合同的约定,以货币形式直接支付给劳动者的劳动报酬。

工资的形式分为基本工资形式和辅助工资形式两大类。基本工资形式主要有计时工资和计件工资；辅助工资形式主要有奖金、津贴、补贴、加班工资、特殊情况下支付的工资等。

2. 工资分配的原则

《劳动法》明确规定了我国工资分配的五个基本原则,即：按劳分配原则、同工同酬原则、工资水平适应经济发展原则、工资总量宏观调控原则和用人单位自主分配原则。

1) 按劳分配原则

按劳分配原则是指按照劳动者提供的劳动数量和劳动质量支付相应的工资。等量劳动取得等量报酬,多劳多得,少劳少得。

2) 同工同酬原则

同工同酬原则是指劳动者之间提供相同的劳动数量和劳动质量,就应领取相等的报酬。实行同工同酬,要求对付出同等劳动的劳动者,不分性别、年龄、种族、民族,付给同等的劳动报酬。

3) 工资水平适应经济发展原则

工资水平是指一定区域和一定时间内劳动者平均收入的高低程度。工资水平必须与经济发展水平相适应,工资增长与经济增长应保持同步。

4) 工资总量宏观调控原则

实行工资总量宏观调控,建立正常的工资增长机制,使工资增长水平不超过经济效益和劳动生产率增长水平；使消费基金的增长与生产基金的增长相协调,消费与生产比例关系趋于合理。

5) 用人单位自主分配原则

用人单位自主分配原则,即用人单位根据本单位的生产经营特点和经济效益,依法自主确

定本单位的工资分配方式和工资水平。

3. 最低工资保障制度

最低工资是劳动者在法定工作时间内按劳动合同约定的工作时间提供了正常劳动的前提下,用人单位依法应支付的最低劳动报酬。

国家实行最低工资保障制度。最低工资的具体标准由省、自治区、直辖市人民政府规定。最低工资标准的确定和调整应当综合参考的因素主要有:劳动者本人及平均赡养人口的最低生活费用;社会平均工资水平;劳动生产率;就业状况;地区之间经济发展水平的差异。

最低工资标准不包括下列工资:

(1) 加班加点的工资;

(2) 中班、夜班、高温、低温、井下、有毒有害等特殊工作环境条件下的津贴;

(3) 法律、法规和国家规定的劳动者福利待遇等。

在剔除上述不包括内容和个人按下限缴存住房公积金后,用人单位支付劳动者的月工资不得低于最低工资标准。

4. 工资支付保障规则

用人单位支付劳动者工资时,应当遵循货币支付规则、定期支付规则、全额支付规则和依法停工支付规则。

(1) 货币支付规则,即劳动者工资应以货币支付,不得以实物或者有价证券替代工资。

(2) 定期支付规则,即工资应当按月准时支付给劳动者本人,不得无故拖欠工资。

(3) 全额支付规则,不得无故克扣工资。

(4) 依法停工支付规则。劳动者在法定休假日和婚丧假期间以及依法参加社会活动期间,用人单位应当依法支付工资。

知识链接 6-3

2019 年各省最低工资标准

根据相关规定,最低工资标准一般采取月最低工资标准和小时最低工资标准的形式。月最低工资标准适用于全日制就业劳动者,小时最低工资标准适用于非全日制就业劳动者。各地区的最低工资标准每两年至少要调整一次。

2019 年 7 月 24 日,人社部网站公布了截至 2019 年 6 月的全国各地区月工资、小时最低工资标准情况,2019 年 7 月 1 日北京最低工资已经调整为 2200 元。2019 年全国各地区月最低工资标准见表 6-1,2019 年全国各地区小时最低工资标准见表 6-2。

表 6-1 2019 年全国各地区月最低工资标准一览表(截至 2019 年 7 月)

单位/元

地 区	标准实行日期	月最低工资标准				
		第 一 档	第 二 档	第 三 档	第 四 档	第 五 档
北京	2019.07.01	2200	—	—	—	—
天津	2017.07.01	2050	—	—	—	—
河北	2016.07.01	1650	1590	1480	1380	—

续表

地区	标准实行日期	月最低工资标准				
		第一档	第二档	第三档	第四档	第五档
山西	2017.10.01	1700	1600	1500	1400	—
内蒙古	2017.08.01	1760	1660	1560	1460	—
辽宁	2018.01.01	1620	1420	1300	1120	—
吉林	2017.10.01	1780	1680	1580	1480	—
黑龙江	2017.10.01	1680	1450	1270	—	—
上海	2019.04.01	2480	—	—	—	—
江苏	2018.08.01	2020	1830	1620	—	—
浙江	2017.12.01	2010	1800	1660	1500	—
安徽	2018.11.01	1550	1380	1280	1180	—
福建	2017.07.01	1700	1650	1500	1380	1280
江西	2018.01.01	1680	1580	1470	—	—
山东	2018.06.01	1910	1730	1550	—	—
河南	2018.10.01	1900	1700	1500	—	—
湖北	2017.11.01	1750	1500	1380	1250	—
湖南	2017.07.01	1580	1430	1280	1130	—
广东	2018.07.01	2100	1720	1550	1410	—
其中:深圳	2018.07.01	2200	—	—	—	—
广西	2018.02.01	1680	1450	1300	—	—
海南	2018.12.01	1670	1570	1520	—	—
重庆	2019.01.01	1800	1700	—	—	—
四川	2018.07.01	1780	1650	1550	—	—
贵州	2017.07.01	1680	1570	1470	—	—
云南	2018.05.01	1670	1500	1350	—	—
西藏	2018.01.01	1650	—	—	—	—
陕西	2019.05.01	1800	1700	1600	—	—
甘肃	2017.06.01	1620	1570	1520	1470	—
青海	2017.05.01	1500	—	—	—	—
宁夏	2017.10.01	1660	1560	1480	—	—
新疆	2018.01.01	1820	1620	1540	1460	—

表 6-2　2019 年全国各地区小时最低工资标准一览表（截至 2019 年 7 月）

单位/元

地　区	标准实行日期	月最低工资标准				
		第 一 档	第 二 档	第 三 档	第 四 档	第 五 档
北京	2019.07.01	24	—			
天津	2017.07.01	20.8	—			
河北	2016.07.01	17	16	15	14	—
山西	2017.10.01	18.5	17.4	16.3	15.2	
内蒙古	2017.08.01	18.6	17.6	16.5	15.5	
辽宁	2018.01.01	16	14	11.8	10.6	
吉林	2017.10.01	17	16	15	14	
黑龙江	2017.10.01	16	13	12	—	—
上海	2019.04.01	22	—			
江苏	2018.08.01	18.5	16.5	14.5	—	
浙江	2017.12.01	18.4	16.5	15	13.6	
安徽	2018.11.01	18	16	15	14	
福建	2017.07.01	18	17.5	16	14.6	13.6
江西	2018.01.01	16.8	15.8	14.7		
山东	2018.06.01	19.1	17.3	15.5	—	
河南	2018.10.01	19	17	15		
湖北	2017.11.01	18	16	14.5	13	
湖南	2017.07.01	15	13.4	12.4	11.6	
广东	2018.07.01	20.3	16.4	15.3	14	—
其中:深圳	2018.07.01	20.3	—	—	—	—
广西	2018.02.01	16	14	12.5		
海南	2018.12.01	15.3	14.4	14	—	
重庆	2019.01.01	18	17			
四川	2018.07.01	18.7	17.4	16.3	—	
贵州	2017.07.01	18	17	16		
云南	2018.05.01	15	14	13		
西藏	2018.01.01	16				
陕西	2019.05.01	18	17	16		
甘肃	2017.06.01	17	16.5	15.9	15.4	—
青海	2017.05.01	15.2				
宁夏	2017.10.01	15.5	14.5	13.5	—	—
新疆	2018.01.01	18.2	16.2	15.4	14.6	—

（二）工作时间

1. 工作时间的概念

工作时间是指劳动者根据法律规定和劳动合同的约定，为从事本职工作，履行劳动义务，在一昼夜或一周内所消耗的时间。我国《劳动法》规定了工作日和工作周的工时制度。

2. 工作日

工作日是劳动者一昼夜内从事本职工作的时间。工作日有标准工作日、缩短工作日、延长工作日和综合计算工作日之分。

（1）标准工作日，即在一般情况下法定的标准长度工作时间。我国法律规定，劳动者每日工作8小时，就是我国的标准工作日。

（2）缩短工作日，即少于8小时的工作日。缩短工作日主要适用于在特殊条件下从事劳动和有特殊情况，需要适当缩短工作时间的劳动者。一般而言，这些劳动者包括从事有毒有害、矿山井下、工作特别繁重、高度危险等特殊工作条件的劳动者以及未成年工、哺乳期内的女职工等特殊情况的劳动者等。

（3）延长工作日，即超过8小时的工作日。用人单位不得擅自延长职工工作时间，因特殊情况和紧急任务确需延长工作时间的，按照国家有关规定执行。

（4）综合计算工作日，即以一定的工作时间为周期，集中安排工作和休息，但其平均工作时间与法定标准工作日时间基本相同的工作日。综合计算工作日主要适用于交通、铁路、邮电、水运、航空、渔业等行业中因工作性质特殊，需连续作业的职工；地质及资源勘探、建筑、制盐、制糖、旅游等受季节和自然条件限制的行业的部分职工和其他适合实行综合计算工作日的职工。

3. 工作周

工作周是指劳动者一周内从事本职工作的时间。我国法定的工作周为：劳动者每周工作40小时。

（三）休息休假

休息休假又称休息时间，是指劳动者在国家规定的法定工作时间外自行支配的时间，包括劳动者每天休息的时数、每周休息的天数、节假日、年休假、探亲假等。

1. 休息休假的种类

（1）工作日内的间歇休息。

（2）工作日间的休息时间。

（3）周休日，即公休假日，一般每周两天。

（4）法定节假日。我国法定的节假日有元旦（1天假）、春节（3天假）、清明节（1天假）、劳动节（1天假）、端午节（1天假）、中秋节（1天假）、国庆节（3天假）及其他法定的休假日等。

（5）探亲假，是指职工享有保留工作岗位和工资而分居两地，有不能在公休日团聚的配偶或父母团聚的假期。主要适用于国家机关、人民团体和全民所有制企业、事业单位的固定职工。

（6）年休假，我国实行带薪年休假制度。劳动者连续工作1年以上的，享受带薪年休假。我国规定了年休假的长短。职工累计工作已满1年不满10年的，年休假5天；已满10年不满20年的，年休假10天；已满20年的，年休假15天。国家法定休假日、休息日不计入年休假的假期。职工在年休假期间享受与正常工作期间相同的工资收入。

单位确因工作需要不能安排职工休年休假的，经职工本人同意，可以不安排职工休年休假。

对职工应休未休的年休假天数，单位应当按照该职工日工资收入的300%支付年休假工资报酬。

2. 加班加点制度

加班是指劳动者在法定节日或双休日从事工作的行为。加点是指劳动者在标准工作时间以外从事工作的行为。

我国《劳动法》规定，加班加点一般每日不得超过1小时。因特殊原因需要延长工作时间的，在保障劳动者身体健康的条件下延长工作时间每日不得超过3小时，但是每月不得超过36小时。

1）加班加点的工资报酬

用人单位应当按照下列标准支付高于劳动者正常工作时间工资的工资报酬：安排劳动者延长工作时间的，支付不低于工资的150%的工资报酬；休息日安排劳动者工作又不能安排补休的，支付不低于工资的200%的工资报酬；法定休假日安排劳动者工作的，支付不低于工资的300%的工资报酬。

2）加班加点法律限制的例外

用人单位在正常情况下不得安排职工加班加点。但下列情况除外：发生自然灾害、事故或者因其他原因，威胁劳动者生命健康和财产安全，需要紧急处理的；生产设备、交通运输线路、公共设施发生故障，影响生产和公众利益，必须及时抢修的；在法定节日和公休假日内工作不能间断，必须连续生产、运输或营业的；必须利用法定节日或公休假日的停产期间进行设备检修、保养的；法律、行政法规规定的其他情形。

（四）劳动保护制度

劳动保护制度是指为保护劳动者在劳动过程中的安全和健康而建立的保障制度和采取的保护措施，包括劳动安全卫生制度和特殊劳动保护制度两个方面。

1. 劳动安全卫生制度

我国《劳动法》规定，用人单位必须建立、健全劳动安全卫生制度，严格执行国家劳动安全卫生规程和标准，对劳动者进行劳动安全卫生教育，防止劳动过程中的事故，减少职业危害。

劳动安全卫生制度是由安全生产责任制、安全技术措施计划管理制度、劳动安全卫生教育制度、劳动安全卫生监察检查制度、伤亡事故和职业病统计报告和处理制度等构成。

2. 特殊劳动保护制度

我国对女职工和未成年工（年满16周岁未满18周岁）实行特殊劳动保护。

1）对女职工的特殊保护

我国《劳动法》对女职工的特殊保护主要体现在工种和劳动强度的安排以及"四期"保护上。

在工种和劳动强度的安排上，禁止安排女职工从事矿山井下、国家规定的第四级体力劳动强度的劳动和其他禁忌从事的劳动。具体为：矿山井下作业；体力劳动强度分级标准中规定的第四级体力劳动强度的作业；每小时负重6次以上、每次负重超过20公斤的作业，或者间断负重、每次负重超过25公斤的作业。

在"四期"即经期、孕期、产期和哺乳期方面，法律对女职工实行特殊的保护。

经期保护：用人单位不得安排女职工在经期从事高处、低温、冷水作业和国家规定的第三级体力劳动强度的劳动。

孕期保护：用人单位不得安排女职工在怀孕期间从事国家规定的第三级体力劳动强度的劳动和孕期禁忌从事的劳动。对怀孕7个月以上的女职工，不得延长劳动时间或者安排夜班劳动，并应当在劳动时间内安排一定的休息时间。怀孕女职工在劳动时间内进行产前检查，所需时间计入劳动时间。

产期保护：女职工生育享受98天产假，其中产前可以休假15天；难产的，增加产假15天；生育多胞胎的，每多生育1个婴儿，增加产假15天。女职工怀孕未满4个月流产的，享受15天产假；怀孕满4个月流产的，享受42天产假。

女职工产假期间的生育津贴，对已经参加生育保险的，按照用人单位上年度职工月平均工资的标准由生育保险基金支付；对未参加生育保险的，按照女职工产假前工资的标准由用人单位支付。女职工生育或者流产的医疗费用，按照生育保险规定的项目和标准，对已经参加生育保险的，由生育保险基金支付；对未参加生育保险的，由用人单位支付。

哺乳期保护：用人单位不得安排女职工在哺乳未满1周岁的婴儿期间从事国家规定的第三级体力劳动强度的劳动和哺乳期禁忌从事的其他劳动，对哺乳未满1周岁婴儿的女职工，不得延长劳动时间或者安排夜班劳动。用人单位应当在每天的劳动时间内为哺乳期女职工安排1小时哺乳时间；女职工生育多胞胎的，每多哺乳1个婴儿每天增加1小时哺乳时间。女职工比较多的用人单位应当根据女职工的需要，建立女职工卫生室、孕妇休息室、哺乳室等设施。

2）对未成年工的特殊保护

用人单位不得安排未成年工从事矿山井下、有毒有害、国家规定的第四级体力劳动强度的劳动和其他禁忌从事的劳动。同时，用人单位应当对未成年工定期进行健康检查。

五、社会保险法律制度

（一）社会保险制度与社会保险法

1. 社会保险制度的概念

社会保险制度是指通过国家立法的形式，以劳动者为保障对象，以劳动者的年老、疾病、伤残、失业、死亡等特殊事件为保障内容，以政府强制实施为特点的一种保障制度。

我国《劳动法》规定，我国发展社会保险事业，建立社会保险制度，设立社会保险基金，使劳动者在年老、患病、工伤、失业、生育等情况下获得帮助和补偿。

我国《社会保险法》规定，国家建立基本养老保险、基本医疗保险、工伤保险、失业保险、生育保险等社会保险制度，保障公民在年老、疾病、工伤、失业、生育等情况下依法从国家和社会获得物质帮助的权利。

2. 社会保险制度的特点

社会保险制度具有福利性、强制性和普遍保障性等特点。福利性是指社会保险是非盈利性保险，它不以营利为目的，而是以最少的花费解决社会保障问题。强制性是指社会保险属于强制性保险，是国家通过立法强制实施，劳动者个人和所在单位都必须依照法律的规定参加，缴纳社会保险费。普遍保障性是指社会保险对社会所属成员均具有普遍的保障责任，所有的职工和其供养直系亲属都能够享受社会保险待遇。

3. 享受社会保险待遇的情形

劳动者在下列情形下，依法享受社会保险待遇：退休；患病、负伤；因工伤残或者患职业病；

失业;生育。

4. 社会保险法

狭义的社会保险法是指《社会保险法》。该法于2010年10月28日第十一届全国人民代表大会常务委员会第十七次会议通过,2011年7月1日实施。根据2018年12月29日第十三届全国人民代表大会常务委员会第七次会议《关于修改〈中华人民共和国社会保险法〉的决定》予以修正。社会保险法是我国一部重要的社会保障法律性文件,它的出台、修正和实施具有重要的社会意义。

(二) 社会保险的内容

社会保险在内容上主要包括基本养老保险、基本医疗保险、失业保险、生育保险和工伤保险等五种保险。

1. 基本养老保险

养老保险,即社会基本养老保险的简称,是国家和社会根据一定的法律法规,为解决劳动者在达到国家规定的解除劳动义务的劳动年龄界限,或因年老丧失劳动能力退出劳动岗位后的基本生活而规定的一种社会保险,是五大社会保险险种中最重要的险种之一,是社会保障制度的重要内容。其目的是保障老年人的基本生活需求,为其提供稳定可靠的生活来源。

1) 基本养老保险费的缴纳

职工应参加基本养老保险,由用人单位和职工共同缴纳基本养老保险费。无雇工的个体工商户、未在用人单位参加基本养老保险的非全日制从业人员以及其他灵活就业人员可以参加基本养老保险,由个人缴纳基本养老保险费。公务员和参照公务员法管理的工作人员养老保险的办法由国务院规定。

2) 基本养老保险基金

基本养老保险实行社会统筹与个人账户相结合。基本养老保险基金由用人单位和个人缴费以及政府补贴等组成。

用人单位按照国家规定的本单位职工工资总额的比例缴纳基本养老保险费,记入基本养老保险统筹基金。职工按照国家规定的本人工资的比例缴纳基本养老保险费,记入个人账户。无雇工的个体工商户、未在用人单位参加基本养老保险的非全日制从业人员以及其他灵活就业人员参加基本养老保险的,按照国家规定缴纳基本养老保险费,分别记入基本养老保险统筹基金和个人账户。

国有企业、事业单位职工参加基本养老保险前,视同缴费年限期间应当缴纳的基本养老保险费由政府承担。

3) 基本养老金及其领取

基本养老金由统筹养老金和个人账户养老金组成。

参加基本养老保险的个人,达到法定退休年龄时累计缴费满15年的,按月领取基本养老金。达到法定退休年龄时累计缴费不足15年的,可以缴费至满15年,按月领取基本养老金,也可以转入新型农村社会养老保险或者城镇居民社会养老保险,按照国务院规定享受相应的养老保险待遇。

4) 跨统筹地区基本养老保险

个人跨统筹地区就业的,其基本养老保险关系随本人转移,缴费年限累计计算。个人达到法定退休年龄时,基本养老金分段计算、统一支付。具体办法由国务院规定。

5)新型农村社会养老保险

新型农村社会养老保险实行个人缴费、集体补助和政府补贴相结合。新型农村社会养老保险待遇由基础养老金和个人账户养老金组成。参加新型农村社会养老保险的农村居民,符合国家规定条件的,按月领取新型农村社会养老保险金。

2. 基本医疗保险

基本医疗保险是国家通过立法,强制性地由国家、单位和个人缴纳医疗保险费,建立医疗保险基金,由社会医疗保险机构按规定提供医疗费用补偿给因疾病需要医疗服务的个人的一种社会保险。

基本医疗保险分为职工基本医疗保险、新型农村合作医疗和城镇居民基本医疗保险。

其中,城镇居民基本医疗保险实行个人缴费和政府补贴相结合。享受最低生活保障的人、丧失劳动能力的残疾人、低收入家庭六十周岁以上的老年人和未成年人等所需个人缴费部分,由政府给予补贴。

失业人员在领取失业保险金期间,参加职工基本医疗保险,享受基本医疗保险待遇。

1)基本医疗保险费的缴纳

参加职工基本医疗保险的个人,达到法定退休年龄时累计缴费达到国家规定年限的,退休后不再缴纳基本医疗保险费,按照国家规定享受基本医疗保险待遇;未达到国家规定年限的,可以缴费至国家规定年限。

失业人员应当缴纳的基本医疗保险费从失业保险基金中支付,个人不缴纳基本医疗保险费。

2)基本医疗保险基金的支付

符合基本医疗保险药品目录、诊疗项目、医疗服务设施标准以及急诊、抢救的医疗费用,按照国家规定从基本医疗保险基金中支付。

参保人员医疗费用中应当由基本医疗保险基金支付的部分,由社会保险经办机构与医疗机构、药品经营单位直接结算。

不纳入基本医疗保险基金支付范围的医疗费用:应当从工伤保险基金中支付的;应当由第三人负担的;应当由公共卫生负担的;在境外就医的。

医疗费用依法应当由第三人负担,第三人不支付或者无法确定第三人的,由基本医疗保险基金先行支付。基本医疗保险基金先行支付后,有权向第三人追偿。

3)跨统筹地区基本医疗保险

个人跨统筹地区就业的,其基本医疗保险关系随本人转移,缴费年限累计计算。

资料卡片

我国新型农村合作医疗从2003年开始试点,到2008年实现了全面覆盖,参合人口数从试点初期的0.8亿,逐年稳步增长。自2014年10月1日起,国家决定实施机关事业单位养老保险制度改革。机关事业单位也将实行社会统筹与个人账户相结合的基本养老保险制度。

3. 失业保险

失业保险是国家通过立法强制实施,由社会集中建立失业保险基金,对非因本人意愿中断就业失去工资收入的劳动者提供一定时期的物质帮助及再就业服务的一项社会保险。它是社会保险的重要项目之一。

1) 失业保险费的缴纳

职工应参加失业保险,由用人单位和职工按照国家规定共同缴纳失业保险费。

2) 失业保险金领取的条件

失业人员符合下列条件的,从失业保险基金中领取失业保险金:失业前用人单位和本人已经缴纳失业保险费满1年的;非因本人意愿中断就业的;已经进行失业登记,并有求职要求的。

3) 失业保险金领取的年限

失业人员失业前用人单位和本人累计缴费满1年不足5年的,领取失业保险金的期限最长为12个月;累计缴费满5年不足10年的,领取失业保险金的期限最长为18个月;累计缴费10年以上的,领取失业保险金的期限最长为24个月。重新就业后,再次失业的,缴费时间重新计算,领取失业保险金的期限与前次失业应当领取而尚未领取的失业保险金的期限合并计算,最长不超过24个月。

4) 失业保险金领取的终止

失业人员在领取失业保险金期间有下列情形之一的,停止领取失业保险金,并同时停止享受其他失业保险待遇:重新就业的;应征服兵役的;移居境外的;被判刑收监执行或者被劳动教养的;享受基本养老保险待遇的;无正当理由,拒不接受当地人民政府指定部门或者机构介绍的适当工作或者提供的培训的。

4. 生育保险

生育保险是国家通过社会保险立法,对生育职工给予经济、物质等方面帮助的一项社会保险。其宗旨在于通过向职业妇女提供生育津贴、医疗服务和产假,帮助她们恢复劳动能力,重返工作岗位。

我国《社会保险法》规定,职工应当参加生育保险,由用人单位按照国家规定缴纳生育保险费,职工不缴纳生育保险费。

用人单位已经缴纳生育保险费的,其职工享受生育保险待遇,职工未就业配偶按照国家规定享受生育医疗费用待遇。所需资金从生育保险基金中支付。

生育保险待遇包括生育医疗费用和生育津贴。生育医疗费用包括:生育的检查费、接生费、手术费、住院费、治疗费和医疗费等生育医疗费用;计划生育的医疗费用;法律、法规规定的其他项目费用。

职工可以按照国家规定享受生育津贴的情形有:女职工生育享受产假;享受计划生育手术休假;法律、法规规定的其他情形。生育津贴按照职工所在用人单位上年度职工月平均工资计发。

5. 工伤保险

工伤保险,即职业伤害保险,是指劳动者在工作中或在规定的特殊情况下,遭受意外伤害或患职业病导致暂时或永久丧失劳动能力甚至死亡时,劳动者或其遗属从国家和社会获得物质帮助的一种社会保险。

工伤保险费由用人单位按照本单位职工工资总额和社会保险经办机构确定的费率缴纳,职工个人不缴纳。

职工因工作原因受到事故伤害或者患职业病,且经工伤认定的,享受工伤保险待遇。

1) 工伤的认定

职工有下列情形之一的,应当认定为工伤:在工作时间和工作场所内,因工作原因受到事故伤害的;工作时间前后在工作场所内,从事与工作有关的预备性或者收尾性工作受到事故伤害的;在工作时间和工作场所内,因履行工作职责受到暴力等意外伤害的;患职业病的;因工外出期间,由于工作原因受到伤害或者发生事故下落不明的;在上下班途中,受到机动车事故伤害的;法律、行政法规规定应当认定为工伤的其他情形。

职工有下列情形之一的,视同工伤:在工作时间和工作岗位,突发疾病死亡或者在48小时之内经抢救无效死亡的;在抢险救灾等维护国家利益、公共利益活动中受到伤害的;职工原在军队服役,因战、因公负伤致残,已取得革命伤残军人证,到用人单位后旧伤复发的。

职工有下列情形之一的,不得认定为工伤或者视同工伤:因故意犯罪伤亡的;醉酒或吸毒导致伤亡的;自残或者自杀的;法律、行政法规规定的其他情形。

2) 工伤费用的支付

从工伤保险基金中支付的工伤费用:治疗工伤的医疗费用和康复费用;住院伙食补助费;到统筹地区以外就医的交通食宿费;安装配置伤残辅助器具所需费用;生活不能自理的,经劳动能力鉴定委员会确认的生活护理费;一次性伤残补助金和一至四级伤残职工按月领取的伤残津贴;终止或者解除劳动合同时,应当享受的一次性医疗补助金;因工死亡的,其遗属领取的丧葬补助金、供养亲属抚恤金和因工死亡补助金;劳动能力鉴定费。

由用人单位支付的工伤费用:治疗工伤期间的工资福利;五级、六级伤残职工按月领取的伤残津贴;终止或者解除劳动合同时,应当享受的一次性伤残就业补助金。

职工所在用人单位未依法缴纳工伤保险费,发生工伤事故的,由用人单位支付工伤保险待遇。用人单位不支付的,从工伤保险基金中先行支付。从工伤保险基金中先行支付的工伤保险待遇应当由用人单位偿还。

由于第三人的原因造成工伤,第三人不支付工伤医疗费用或者无法确定第三人的,由工伤保险基金先行支付。工伤保险基金先行支付后,有权向第三人追偿。

3) 工伤保险待遇终止的情形

工伤职工有下列情形之一的,停止享受工伤保险待遇:丧失享受待遇条件的;拒不接受劳动能力鉴定的;拒绝治疗的。

职工早退回家出意外能否被认定为工伤?

六、劳动争议的处理

(一)劳动争议的概念

劳动争议,又称劳动纠纷或劳资纠纷,是指劳动关系双方当事人之间因劳动权利和义务发生的争议。

劳动争议发生在用人单位和劳动者之间。常见的劳动争议有以下几种:

(1)因企业开除、除名、辞退职工和职工辞职、自动离职发生的争议;

(2)因执行国家有关工资、保险、福利、培训、劳动保护的规定发生的争议;

(3) 因履行劳动合同发生的争议;
(4) 法律、法规规定的其他劳动争议。

(二) 劳动争议处理的机构

1. 劳动争议调解委员会

劳动争议调解委员会在用人单位内设立,由职工代表、用人单位代表和工会代表组成。职工代表由职工代表大会(或者职工大会)推举产生;用人单位代表由厂长(经理)指定,人数不得超过调解委员会成员总数的三分之一;工会代表由用人单位工会委员会指定。劳动争议调解委员会主任由工会代表担任。

2. 劳动争议仲裁委员会

劳动争议仲裁委员会,简称仲裁委员会,在各县、市、市辖区设立。仲裁委员会由劳动行政部门代表、同级工会代表、政府指定的经济综合管理部门的代表组成。仲裁委员会组成人员必须是单数,主任由劳动行政主管部门的负责人担任。劳动行政主管部门的劳动争议处理机构为仲裁委员会的办事机构,负责办理仲裁委员会的日常事务。仲裁委员会实行少数服从多数的原则。

3. 人民法院

人民法院的民事审判庭负责审理劳动争议案件。

(三) 劳动争议处理的途径和方式

处理劳动争议主要有协商、调解、仲裁和诉讼等四种途径和方式。

1. 协商

劳动争议发生后,用人单位和劳动者可以通过协商的方式,达成和解协议,解决劳动争议。协商并非处理劳动争议的必经程序。当事人不愿协商或者协商不成的,可以向本企业劳动争议调解委员会申请调解,或向劳动争议仲裁委员会申请仲裁。

2. 调解

劳动争议发生后,当事人可以向本单位劳动争议调解委员会申请调解。调解委员会调解劳动争议应当遵循当事人双方自愿原则,自当事人申请调解之日起 30 日内结束;到期未结束的,视为调解不成。经调解达成协议的,制作调解协议书,双方当事人应当自觉履行。

3. 仲裁

劳动争议调解委员会调解劳动争议不成的,当事人一方要求仲裁的,可以向劳动争议仲裁委员会申请仲裁,当事人一方也可以直接向劳动争议仲裁委员会申请仲裁。提出仲裁要求的一方应当自劳动争议发生之日起 60 日内向劳动争议仲裁委员会提出书面申请。仲裁委员会处理劳动争议,应当组成仲裁庭,仲裁庭由三名仲裁员组成。简单劳动争议案件,仲裁委员会可以指定一名仲裁员处理。仲裁庭处理劳动争议应当先行调解,调解达成协议的,仲裁庭应当根据协议内容制作调解书,调解书自送达之日起具有法律效力。调解未达成协议或者调解书送达前当事人反悔的,仲裁庭应当及时裁决。仲裁裁决一般应在收到仲裁申请的 60 日内作出。对仲裁裁决无异议的,当事人必须履行。

4. 诉讼

诉讼是处理劳动争议劳动的最终程序。但当事人提起劳动争议诉讼,必须先申请仲裁,未经仲裁的,人民法院不予受理。当事人对仲裁裁决不服的,可以自收到仲裁裁决书之日起15日内向人民法院提起诉讼。一方当事人在法定期限内不起诉又不履行仲裁裁决的,另一方当事人可以申请人民法院强制执行。人民法院对劳动争议案件的审理依照民事诉讼程序进行。

本章理论知识学习小结

本章主要对劳动法的概述、劳动就业法律制度,劳动合同法律制度,工资、工作时间、休息休假和劳动保护制度,社会保险法律制度以及劳动争议的处理等劳动与就业法律制度进行了介绍。劳动与就业法律制度理论知识整理如图6-1所示。

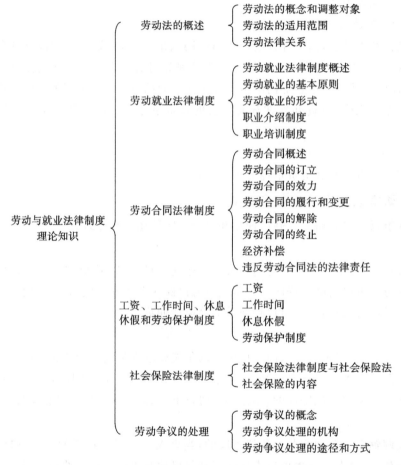

图6-1 劳动与就业法律制度理论知识整理

任务三 知识巩固与能力提升

一、知识巩固

（一）单项选择题

1. 李某与甲公司签订了一份期限为2年的劳动合同,则双方可以约定的试用期为（　　）。
   A. 1个月　　　　B. 3个月　　　　C. 5个月　　　　D. 6个月

2. 经职工本人同意,对职工应休未休的年假天数,企业应按职工日工资收入的(　　)支付年休假工资报酬。
   A. 100%　　　B. 150%　　　C. 200%　　　D. 300%

3. 试用期工资不得低于本单位相同岗位最低档工资的(　　)。
   A. 90%　　　B. 80%　　　C. 70%　　　D. 60%

4. 王某2004年开始在丙公司上班,一直工作到2017年。2018年,丙公司准备继续与王某签订劳动合同,则下列表述中正确的是(　　)。
   A. 王某必须签订无固定期限劳动合同
   B. 丙公司可以选择签订合同的类型
   C. 若王某要求,丙公司必须签订无固定期限劳动合同
   D. 王某可以选择签订合同的类型

5. 老李与单位签订的劳动合同中约定了竞业限制的期限,该期限不能超过(　　)年。
   A. 1　　　B. 2　　　C. 3　　　D. 4

6. 小刘2016年1月1日到A公司上班,但一直未签劳动合同,2017年2月1日,A公司以双方未签订劳动合同为由终止与小刘的劳动关系,则下列表述中正确的是(　　)。
   A. A公司终止与小刘的劳动关系合法
   B. A公司与小刘的关系应按无固定期限劳动合同处理
   C. A公司和小刘可以随时解除劳动关系,但应提前一个月通知对方
   D. A公司不可以自行终止与小刘的劳动关系

7. 用人单位自(　　)起即与劳动者建立劳动关系。
   A. 用工之日　　　B. 签订合同之日　　　C. 劳动者领取工资之日

8. 劳动者提前(　　)日以书面形式通知用人单位,可以解除劳动合同。
   A. 3　　　B. 10　　　C. 15　　　D. 30

9. 职工患病,在规定的医疗期内劳动合同期满时,劳动合同(　　)。
   A. 即时终止
   B. 续延半年后终止
   C. 续延一年后终止
   D. 续延到医疗期满时终止

10. 劳动者(　　),用人单位不可以解除劳动合同。
    A. 在试用期间被证明不符合录用条件的
    B. 患病或非因工负伤,在规定的医疗期内的
    C. 严重违反用人单位规章制度的
    D. 被依法追究刑事责任

11. 《劳动法》规定,"在录用职工时,除国家规定的不适合妇女的工种或者岗位外,不得以性别为由拒绝录用或者提高对妇女的录用标准",这一规定体现了劳动者享有(　　)。
    A. 自主择业权
    B. 平等就业权
    C. 获得劳动报酬的权利
    D. 获得劳动安全卫生保护的权利

12. 根据我国法律规定,劳动者的劳动权利能力和劳动行为能力一般开始的时间是在劳动者年满(　　)周岁。
    A. 14　　　B. 16　　　C. 18　　　D. 20

13. 用人单位违法解除或者终止劳动合同的,应当依照法定经济补偿标准的(　　)向劳动者支付赔偿金。
    A. 2倍　　　　　　　　　　　　B. 2倍以下
    C. 1倍以上2倍以下　　　　　　D. 150%

14. 用人单位(　　),劳动者可以立即解除劳动合同,不需事先告知用人单位。
    A. 未按照劳动合同约定提供劳动保护或者劳动条件的
    B. 未及时足额支付劳动报酬的
    C. 以暴力、威胁或者非法限制人身自由的手段强迫劳动者劳动的
    D. 公司的规章制度违反法律、法规的规定,损害劳动者权益的

15. 劳动者月工资高于用人单位所在直辖市、设区的市级人民政府公布的本地区上年度职工月平均工资三倍的,向其支付经济补偿的标准按职工月平均工资三倍的数额支付,向其支付经济补偿的年限最高不超过(　　)年。
    A. 2　　　　　B. 5　　　　　C. 10　　　　　D. 12

16. 经济补偿按劳动者在本单位工作的年限,每满一年支付(　　)工资的标准向劳动者支付。
    A. 半个月　　　B. 1个月　　　C. 一个半月　　　D. 2个月

17. 法定休假日安排劳动者工作的,支付不低于工资的(　　)比例的报酬。
    A. 100%　　　B. 200%　　　C. 300%　　　D. 400%

18. 张三已经工作5年,根据《职工带薪年休假条例》,张三可以享受年休假(　　)。
    A. 2天　　　　B. 5天　　　　C. 10天　　　　D. 15天

19. 调解委员会主任由(　　)担任。
    A. 职工代表　　B. 企业工会代表　　C. 企业代表　　D. 企业法定代表人

20. 《劳动法》规定,劳动者享受带薪年休假应连续工作的年限为(　　)。
    A. 1年以上　　B. 2年以上　　C. 3年以上　　D. 10年以上

(二)多项选择题

1. 致使劳动合同终止的情形包括(　　)。
   A. 劳动合同期满
   B. 用人单位法定代表人死亡
   C. 劳动者被人民法院宣告失踪
   D. 劳动者死亡或者被人民法院宣告死亡
   E. 用人单位被依法宣告破产
   F. 劳动者开始依法享受基本养老保险待遇

2. 劳动法的调整对象是(　　)。
   A. 所有与劳动有关系的社会关系
   B. 劳动关系
   C. 与劳动关系有密切联系的其他社会关系
   D. 由各种劳动关系而发生的关系

3. 根据劳动法规定,以下可以招用不满16周岁未成年人的用人单位有(　　)。
   A. 新星歌舞团　　　　　　　　B. 河南某杂技团
   C. 西部边远地区某企业　　　　D. 国家体操队

4. 根据《劳动法》的规定,我国劳动就业原则有(　　)。

A. 国家促进就业原则　　　　　　　B. 平等就业原则
C. 劳动者与用人单位双向选择原则　　D. 照顾特殊群体就业原则

5. 在用人单位（　　）情形下，劳动者依法可以单方解除合同。
A. 未按照劳动合同约定提供劳动保护或者劳动条件的
B. 未及时足额支付劳动报酬的
C. 未依法为劳动者缴纳社会保险费的
D. 用人单位的规章制度违反法律、法规的规定，损害劳动者权益的

6. 下列劳动合同无效或者部分无效的是（　　）。
A. 以欺诈、胁迫的手段或者乘人之危，使对方在违背真实意思的情况下订立劳动合同的
B. 用人单位免除自己的法定责任、排除劳动者权利的
C. 违反法律、行政法规强制性规定的
D. 法律法规规定的其他情形

7. 缩短工作时间适用于（　　）。
A. 从事夜班工作的劳动者　　　　　B. 未成年工
C. 哺乳期内的女职工　　　　　　　D. 企业中高级管理人员

8. 下列社会保险中，劳动者不需承担社会保险费的是（　　）。
A. 生育保险　　　B. 医疗保险　　　C. 失业保险　　　D. 工伤保险

9. 下列情形下视同工伤的是（　　）。
A. 黄某因在单位工作不得志而自杀的
B. 职工乔某在抗洪抢险中死亡
C. 职工林某上班时在办公室心脏病突发死亡
D. 退役军人孙某（取得革命伤残军人证），到某公司后旧伤复发的

10. 我国劳动争议处理机构包括（　　）。
A. 企业劳动争议调解委员会　　　　B. 劳动争议仲裁委员会
C. 人民法院　　　　　　　　　　　D. 人民检察院

（三）判断题

1. 劳动法律关系的主体双方具有绝对的平等性。　　　　　　　　　　　　（　　）
2. 劳动合同就是劳务合同。　　　　　　　　　　　　　　　　　　　　　（　　）
3. 试用期、培训、保守秘密、补充保险和福利待遇等是劳动合同的法定条款。（　　）
4. 竞业限制的期限不得超过1年。　　　　　　　　　　　　　　　　　　（　　）
5. 工资一般包括计时工资、计件工资、奖金、津贴和补贴、延长工作时间的工资报酬以及特殊情况下支付的工资等。　　　　　　　　　　　　　　　　　　　　　　　　　（　　）
6. 劳动仲裁是劳动诉讼的必经程序。　　　　　　　　　　　　　　　　　（　　）

二、项目实训与能力提升

（一）以法析案

杨云大学毕业后应聘到一家出版公司工作，与公司订立一份为期1年的劳动合同，其中约定试用期为3个月（2019年1月1日—2019年3月31日）。签合同后，杨云按要求向公司交了

500 元的押金。2019 年 3 月 15 日,公司突然向杨云发出了辞退通知,告知杨云工作表现不理想,不符合录用条件,发给她半个月工资,要求其立刻办理交接手续。

请根据《劳动合同法》有关规定,分析并指出案例中存在哪些违反法律的事实。

(二)能力提升训练

1. 训练形式和内容

全班同学大约每 7~8 人分为一组,每组推选一名小组长。请各小组为一些新入职的劳动者设计一本劳动法知识小手册。

2. 训练目的

通过训练,强化学生对所学的劳动与就业法律制度有关知识的理解,提高学生的归纳、理解等综合能力。

3. 训练要求

以小组为单位完成。完成后,各小组将本组的小册子进行课堂展示,任课教师和学生代表作出评价。

附:劳动合同示例

劳 动 合 同

甲方(用人单位):　　　　　　　　　乙方(职工):
名称:　　　　　　　　　　　　　　　姓名:
法定代表人:　　　　　　　　　　　　身份证号码:
地址:　　　　　　　　　　　　　　　现住址:
经济类型:　　　　　　　　　　　　　联系电话:
联系电话:

根据《中华人民共和国劳动法》《中华人民共和国劳动合同法》和国家及省的有关规定,甲乙双方按照合法、公平、平等自愿、协商一致、诚实信用的原则订立本合同。

一、期限约定

(一)合同期限

双方同意按以下第_____种方式确定本合同期限:

1. 有固定期限:从_____年_____月_____日起至_____年_____月_____日止。

2. 无固定期限:从_____年_____月_____日起至本合同约定的终止条件出现时止(不得将法定解除条件约定为终止条件)。

3. 以完成一定的工作为期限:从_____年_____月_____日起至工作任务完成时止。

(二)试用期期限

双方同意按以下第_____种方式确定试用期期限(试用期包括在合同期内):

1. 无试用期。

2. 试用期从_____年_____月_____日起至_____年_____月_____日止。

(试用期最长不超过六个月。其中合同期限在六个月以下的,试用期不得超过十五日;合同期限在六个月以上一年以下的,试用期不得超过三十日;合同期限在一年以上两年以下的,试用期不得超过六十日。)

二、工作内容

1. 乙方的工作岗位(工作地点、部门、工种或职务)为＿＿＿＿＿＿＿＿＿＿。

2. 乙方的工作任务或职责是＿＿＿＿＿＿＿＿＿＿。

3. 甲方因生产经营需要调整乙方的工作岗位,按变更本合同办理,双方签章确认的协议或通知书作为本合同的附件。

4. 如甲方派乙方到外单位工作,应签订补充协议。

三、工作时间

甲乙双方同意按以下第＿＿＿＿种方式确定乙方的工作时间:

1. 标准工时制,即每日工作＿＿＿＿小时,每周工作＿＿＿＿天,每周至少休息一天。

2. 不定时工作制,即经劳动保障部门审批,乙方所在岗位实行不定时工作制。

3. 综合计算工时工作制,即经劳动保障部门审批,乙方所在岗位实行以＿＿＿＿为周期,总工时＿＿＿＿小时的综合计算工时工作制。

(甲方因生产/工作需要,经与工会和乙方协商后可以延长工作时间。除《劳动法》第四十二条规定的情形外,一般每日不得超过一小时,因特殊原因最长每日不得超过三小时,每月不得超过三十六小时。)

四、工资待遇

1. 乙方正常工作时间的工资按下列第＿＿＿＿种形式执行,不得低于当地最低工资标准。

(1) 乙方试用期工资＿＿＿＿元/月;试用期满工资＿＿＿＿元/月(＿＿＿＿元/日)。

(2) 其他形式:＿＿＿＿＿＿＿＿＿＿。

2. 工资必须以法定货币支付,不得以实物及有价证券替代货币支付。

3. 甲方根据企业的经营状况和依法制定的工资分配办法调整乙方工资,乙方在六十日内未提出异议的视为同意。

4. 甲方每月＿＿＿＿日发放工资。如遇节假日或休息日,则提前到最近的工作日支付。

5. 甲方依法安排乙方延长工作时间的,应按《劳动法》第四十四条的规定支付延长工作时间的工资报酬。

五、劳动保护和劳动条件

1. 甲方按国家和省有关劳动保护规定提供符合国家劳动卫生标准的劳动作业场所,切实保护乙方在生产工作中的安全和健康。如乙方工作过程中可能产生职业病危害,甲方应按《中华人民共和国职业病防治法》的规定保护乙方的健康及其相关权益。

2. 甲方根据乙方从事的工作岗位,按国家有关规定,发给乙方必要的劳动保护用品,并按劳动保护规定每(年/季/月)免费安排乙方进行体检。

3. 乙方有权拒绝甲方的违章指挥、强令冒险作业,对甲方及其管理人员漠视乙方安全和健康的行为,有权要求改正并向有关部门检举、控告。

六、社会保险和福利待遇

1. 合同期内,甲方应依法为乙方办理参加养老、医疗、失业、工伤、生育等社会保险的手续,社会保险费按规定的比例,由甲乙双方负责。

2. 乙方患病或非因工负伤,甲方应按国家和地方的规定给予医疗期和医疗待遇,按医疗保险及其他相关规定报销医疗费用,并在规定的医疗期内支付病假工资或疾病救济费。

3. 乙方患职业病、因工负伤或者因工死亡的,甲方应按《工伤保险条例》的规定办理。

4. 甲方按规定给予乙方享受节日假、年休假、婚假、丧假、探亲假、产假、看护假等带薪假期,并按本合同约定的工资标准支付工资。

七、劳动纪律

1. 甲方根据国家和省的有关法律、法规通过民主程序制定的各项规章制度,应向乙方公示;乙方应自觉遵守国家和省规定的有关劳动纪律、法规和企业依法制定的各项规章制度,严格遵守安全操作规程,服从管理,按时完成工作任务。

2. 甲方有权对乙方履行制度的情况进行检查、督促、考核和奖惩。

3. 如乙方掌握甲方的商业秘密,乙方有义务为甲方保守商业秘密,并作相关约定:

八、本合同的变更

1. 任何一方要求变更本合同的有关内容,都应以书面形式通知对方。

2. 甲乙双方经协商一致,可以变更本合同,并办理变更本合同的手续。

九、本合同的解除

1. 经甲乙双方协商一致,本合同可以解除。由甲方解除本合同的,应按规定支付经济补偿金。

2. 属下列情形之一的,甲方可以单方解除本合同:

(1)试用期内证明乙方不符合录用条件的。

(2)乙方严重违反劳动纪律或甲方规章制度的。

(3)严重失职、营私舞弊,对甲方利益造成重大损害的。

(4)乙方被依法追究刑事责任的。

(5)甲方歇业、停业、濒临破产处于法定整顿期间或者生产经营状况发生严重困难的。

(6)乙方患病或非因工负伤,医疗期满后不能从事本合同约定的工作,也不能从事由甲方另行安排的工作的。

(7)乙方不能胜任工作,经过培训或者调整工作岗位,仍不能胜任工作的。

(8)本合同订立时所依据的客观情况发生重大变化,致使本合同无法履行,经当事人协商不能就变更本合同达成协议的。

(9)本合同约定的解除条件出现的。

甲方按照第(5)、(6)、(7)、(8)、(9)项规定解除本合同的,需提前三十日书面通知乙方,并按规定向乙方支付经济补偿金,其中按第(6)项解除本合同并符合有关规定的还需支付乙方医疗补助费。

3. 乙方解除本合同,应当提前三十日以书面形式通知甲方。但属下列情形之一的,乙方可以随时解除本合同:

(1)在试用期内的。

(2)甲方以暴力、威胁或者非法限制人身自由的手段强迫劳动的。

(3)甲方不按本合同规定支付劳动报酬,克扣或无故拖欠工资的。

(4)经国家有关部门确认,甲方劳动安全卫生条件恶劣,严重危害乙方身体健康的。

4. 有下列情形之一的,甲方不得解除本合同:

(1)乙方患病或非因工负伤,在规定的医疗期内的。

(2) 乙方患有职业病或因工负伤,并经劳动能力鉴定委员会确认,丧失或部分丧失劳动能力的。
(3) 女职工在孕期、产期、哺乳期内的。
(4) 法律、法规规定的其他情形。
5. 解除本合同后,甲乙双方在七日内办理解除劳动合同的有关手续。

十、本合同的终止

本合同期满或甲乙双方约定的本合同终止条件出现,本合同即行终止。

本合同期满前一个月,甲方应向乙方提出终止或续订劳动合同的书面意向,并及时办理有关手续。

十一、违约情形及责任

1. 甲方的违约情形及违约责任:_____。
2. 乙方的违约情形及违约责任:_____。

十二、调解及仲裁

双方履行本合同如发生争议,可先协商解决;不愿协商或协商不成的,可以向本单位劳动争议调解委员会申请调解;调解无效的,可在争论发生之日起六十日内向当地劳动争议仲裁委员会申请仲裁;也可以直接向劳动争议仲裁委员会申请仲裁。对仲裁决议不服的,可在十一日内向人民法院提起诉讼。

十三、双方约定的其他事项

_____
_____
_____
_____

十四、其他注意事项

1. 本合同未尽事宜,按国家和地方有关政策规定办理。在合同期内,如本合同条款与国家、省有关劳动管理新规定相抵触的,按新规定执行。
2. 下列文件规定为本合同附件,与本合同具有同等效力:
   (1) _____。
   (2) _____。
   (3) _____。

甲方:(盖章)　　　　　　　　　　乙方:(签名或盖章)
法定代表人:　　　　　　　　　　委托代理人:
_____年_____月_____日　　　　　_____年_____月_____日

鉴证机构(盖章):_____
鉴证人:_____
鉴证日期:_____年_____月_____日

第七章
经济纠纷的解决

JINGJIFA JICHU

学习目标

（1）掌握民事诉讼的基本制度、第一审程序，商事仲裁的基本制度、仲裁程序。
（2）熟悉民事诉讼法律关系主体、诉讼管辖，商事仲裁的适用范围。
（3）了解民事审判的执行程序，了解仲裁机构。
（4）能正确运用民事诉讼法律制度分析具体经济纠纷案件的处理。
（5）能正确运用仲裁法律制度处理经济纠纷。

重点和难点

重点：
（1）民事诉讼的基本制度。
（2）商事仲裁的基本制度。

难点：
（1）民事诉讼第一审程序。
（2）商事仲裁程序。

本章学习所涉及的规范性法律文件
（1）《中华人民共和国民事诉讼法》（以下简称《民事诉讼法》）。
（2）《中华人民共和国仲裁法》（以下简称《仲裁法》）。

任务一 课前思考

一、问题提出

（1）协议管辖可以突破对级别管辖和专属管辖的规定吗？
（2）因为案件不公开审理，可以不公开宣告判决吗？
（3）劳动仲裁和商事仲裁有什么区别？

二、案例导入

中华环保联合会诉谭某、方某环境污染民事公益诉讼案

2011年8月，方某将其承包的两个鱼塘转租给谭某。谭某向其中一个鱼塘倾倒不明固体污泥110车。之后，方某收回鱼塘，撒上石灰后继续养鱼。2011年9月14日，广州市白云区环境保护局到上述鱼塘进行现场检查取样。经检测，确认该鱼塘铜和锌超标。中华环保联合会诉请法院判令谭某、方某共同修复鱼塘，或承担恢复原状所需的环境污染处理费4 092 432元，广州市白云区人民检察院作为支持起诉人支持中华环保联合会提起诉讼。

请思考：
（1）该诉讼属于什么诉讼？
（2）中华环保联合会能否作为适格的原告提起诉讼？

任务二 理论知识学习

一、经济诉讼

(一)经济诉讼的概念

经济诉讼是指当事人依法请求人民法院运用审判权处理经济纠纷,解决当事人双方权利义务争议的一种方式。一般而言,经济诉讼适用于民事诉讼法,所以经济诉讼是民事诉讼的组成部分。本章所指的经济诉讼主要针对平等主体的当事人之间发生的经济纠纷。审判程序主要适用《民事诉讼法》的规定。

(二)经济诉讼的审判制度

1. 公开审判制度

人民法院审理经济纠纷案件,除涉及国家秘密、个人隐私或者法律另有规定的以外,应当公开进行。不论案件是否公开审理,一律公开宣告判决。

2. 合议制度

(1)法院审理第一审民事案件,除适用简易程序审理的民事案件由审判员一人独任审理外,一律由审判员、陪审员共同组成合议庭或者由审判员组成合议庭。

(2)法院审理第二审民事案件,由审判员组成合议庭。合议庭的成员,应当是3人以上的单数。

3. 回避制度

参与诉讼活动的审判人员、书记员、翻译人员、鉴定人、勘验人是案件的当事人或者当事人、诉讼代理人的近亲属,或者与案件有利害关系,或者与案件当事人有其他关系、可能影响对案件公正审理的,当事人有权用口头或者书面方式申请他们回避。

4. 两审终审制度

两审终审制度是指一个案件经过两级人民法院审理即告终结的法律制度。我国法院分为四级:最高人民法院、高级人民法院、中级人民法院、基层人民法院。除最高法院外,其他各级法院都有自己的上一级法院。

如果当事人对地方各级人民法院审理的第一审案件所作出的判决和裁定不服,可以依法向上一级人民法院提起上诉,要求上一级人民法院对案件进行第二次审判;经第二审人民法院对案件进行审理,所作出的判决和裁定是终审判决和裁定,当事人不服不得再提起上诉,人民法院也不得按照上诉审理程序审理。

适用特别程序、督促程序、公示催告程序和企业法人破产还债程序审理的案件,实行一审终审。对终审判决、裁定,当事人不得上诉。如果发现终审裁判确有错误,可以通过审判监督程序予以纠正。

(三)经济诉讼的管辖

经济纠纷案件的管辖指上下级人民法院之间以及同级人民法院之间,在受理第一审经济纠纷案件上的分工和权限。经济纠纷的管辖可分为级别管辖和地域管辖。

1. 级别管辖

各级审判机构对第一审案件管辖范围的划分，主要根据案件性质、情节轻重和影响范围大小来确定。一般民事案件都由基层人民法院（指县级、不设区的市级、市辖区的法院）管辖。中级人民法院管辖下列第一审民事案件：

（1）重大涉外案件（包括涉港、澳、台地区的案件）。

（2）在本辖区有重大影响的案件。所谓在本辖区有重大影响的案件一般是指在政治上或经济上有重大影响的案件。

（3）最高人民法院确定由中级人民法院管辖的案件。

高级人民法院管辖的案件是在本辖区内有重大影响的第一审民事案件。最高人民法院管辖在全国范围内有重大影响的案件以及最高人民法院认为应当由自己审理的案件。

2. 地域管辖

【以案学法之案例7-1】

甲县与乙、丙、戊三县相邻。甲县某家工厂和丁县某食品厂于2019年9月10日在乙县签订了一份真空食品袋加工承揽合同。其中约定："运输方式：加工代办托运。履行地点：加工厂在丙县的仓库。发生纠纷的解决方式：在丙县仲裁委员会仲裁，也可以向戊县人民法院起诉。"合同签订后，加工厂按照合同约定发货，丁县食品厂收货后即投入使用。因真空食品袋质量不合格，致使食品厂已封装入库和销售出去的袋装食品大量腐败变质，损失5万多元。

两厂几经协商无果，食品厂的法定代表人找到律师丁某咨询，最后提出一个要求："怎么起诉都可以，但必须在我们丁县人民法院打官司，你能办到就委托给你，否则我们另请律师。"

请问：

（1）按我国现行法律规定，此纠纷应通过仲裁还是诉讼解决？为什么？

（2）甲、乙、丙、戊县法院是否有管辖权？为什么？

（3）如果你是丁律师，能否满足食品厂的要求？

地域管辖从横向划分同级人民法院之间受理第一审民事案件的权限和分工，解决某一民事案件应由哪一个人民法院管辖的问题。

（1）一般地域管辖，是指以当事人的所在地与法院辖区的关系来确定管辖法院。经济诉讼案件地域管辖的一般原则是"原告就被告"，即由被告住所地人民法院管辖。被告为公民的，其住所地为户籍所在地；住所地与经常居住地不一致的，由经常居住地人民法院管辖。被告为法人或其他组织的，其住所地一般为主要办事机构所在地。

（2）特殊地域管辖，以诉讼标的或标的物为标准来确定案件管辖法院。一般适用于种类复杂的民事诉讼案件。大致可分为以下九种：

①因合同纠纷提起的诉讼，由被告住所地或者合同履行地人民法院管辖。

②因保险合同纠纷提起的诉讼，由被告住所地或保险标的物所在地人民法院管辖。实践中，如果保险标的物是运输工具或运输中的货物，则可由运输工具登记注册地、运输目的地、保险事故发生地的人民法院管辖。

③因票据纠纷提起的诉讼，由票据支付地或者被告所在地人民法院管辖。

④因铁路、公路、水上、航空运输和联合运输合同纠纷提起的诉讼，由运输始发地、目的地或者被告住所地人民法院管辖。

⑤因侵权行为提起的诉讼,由侵权行为地或者被告住所地人民法院管辖。

⑥因铁路、公路、水上和航空事故请求损害赔偿提起的诉讼,由事故发生地或者车辆、船舶最先到达地、航空器最先降落地或者被告住所地人民法院管辖。

⑦因船舶碰撞或者其他海事损害事故索赔提起的诉讼,由碰撞发生地、碰撞船舶最先到达地、加害船舶被扣留地或者被告住所地人民法院管辖。

⑧因海难救助费用提起的诉讼,由救助地或者被救助船舶最先到达地人民法院管辖。

⑨因共同海损提起的诉讼,由船舶最先到达地、共同海损理算地或者航程终止地人民法院管辖。

(3) 专属管辖。法律规定某些案件必须由特定的法院管理,当事人不能以协议的方式加以变更,具有强制性和排他性。大致可分为三种:因不动产纠纷提起的诉讼,由不动产所在地法院管辖;因港口作业发生纠纷提起诉讼,由港口作业地法院管辖;因继承遗产提起的诉讼,由被继承人死亡时住所地或主要遗产所在地(由价值大小来认定)管辖。

(4) 协议管辖。协议管辖又称合意管辖或者约定管辖,是指双方当事人在合同纠纷或者财产权益纠纷发生之前或发生之后,以协议的方式选择解决他们之间纠纷的管辖法院。需注意的是,协议管辖不得违反《民事诉讼法》对级别管辖和专属管辖的规定。

(四)经济诉讼时效

1. 诉讼时效的概念

(1) 诉讼时效,是指权利人在法定期间内不行使权利而失去诉讼保护的制度。其作用是:督促权利人及时行使权利;维护既定的法律秩序的稳定;有利于证据的收集和判断。

(2) 诉讼时效期间届满,权利人丧失的是胜诉权,即丧失依诉讼程序强制义务人履行义务的权利;权利人的实体权利并不消灭,债务人自愿履行的,不受诉讼时效限制。

2. 诉讼时效的种类

【以案学法之案例 7-2】

张某与房东薛某商定租其一套二居室住房一年,租期为 2013 年 9 月 1 日至 2014 年 8 月 31 日。先预付半年租金,第六个月期满时(2014 年 2 月 28 日)再支付其余租金。经履行法定程序后,张某按期搬入住房。但 2014 年 2 月 28 日,张某并未支付其余租金。2014 年 8 月,张某在仍未支付其余租金的情况下突然搬出了薛某的房屋,不知去向。已知薛某从未向张某追要过剩余租金。

请问:薛某为有效保护自己的权益,应在什么时间内主张自己的权利?

1) 普通诉讼时效

普通诉讼时效指在一般情况下普遍适用的时效,这类时效不是针对某一特殊情况规定的,而是普遍适用的。向人民法院请求保护民事权利的诉讼时效期间为三年。

2) 特别诉讼时效

特殊诉讼时效优于普通诉讼时效,也就是说,凡有特殊时效规定的,适用特殊诉讼时效。

(1) 短期诉讼时效。诉讼时效期限为一年的诉讼:身体受到伤害要求赔偿的;出售质量不合格的商品未声明的;延付或拒付租金的;寄存财物被丢失或被损坏的。

(2) 长期诉讼时效。长期诉讼时效是指诉讼时效在三年以上二十年以下的诉讼时效,如国际货物买卖合同和技术进出口合同争议提起诉讼期限为四年,自当事人知道或者应当知道其权利受到侵害之日起计算。

（3）最长诉讼时效。最长诉讼时效为二十年。诉讼时效期间自权利人知道或者应当知道权利受到损害之日起计算。法律另有规定的，依照其规定。但是自权利受到损害之日起超过二十年的，人民法院不予保护。

2015年4月1日晚，张某被人打成重伤。经长时间的访查，于2016年6月30日张某掌握确凿的证据证明将其打伤的是李某。经交涉无结果后，向法院提起诉讼，对此法院应如何处理？

（五）经济诉讼程序

经济诉讼程序是指法律规定司法机关、当事人和其他诉讼参与人在诉讼活动中所必须遵守的原则、步骤、方式和方法。

1. 起诉

启动诉讼程序，必须由当事人向人民法院提起诉讼（即不告不理原则）。起诉必须具备下列条件：原告是与本案有直接利害关系的公民、法人和其他组织；有明确的被告；有具体的诉讼请求和事实、理由；属于法院受理民事诉讼的范围和受诉法院管辖。

原告应当提交起诉状，并按被告人数提出副本。书写起诉状确有困难或简单案件，原告可以口头起诉。

2. 受理

人民法院实行当场登记立案。对符合法律规定的民事起诉、行政起诉、刑事自诉、强制执行和国家赔偿申请，一律接受诉状，当场登记立案。对当场不能判定是否符合法律规定的，应当在法律规定的期限内决定是否立案。

实行一次性全面告知和补正。起诉材料不符合形式要件的，应当及时释明，以书面形式一次性告知应当补正的材料和期限。在指定期限内经补正符合法律规定条件的，法院应当登记立案。

对不符合法律规定的起诉，应当依法裁决不予受理或者不予立案，并载明理由。当事人不服的，可以提出上诉。

3. 审理

人民法院审理民事案件，应当在开庭三日前通知当事人和其他诉讼参与人。公开审理的，应当公告当事人姓名、案由和开庭的时间、地点。开庭审理前，书记员应当查明当事人和其他诉讼参与人是否到庭，宣布法庭纪律。经过法庭辩论等环节后，人民法院应当依法作出判决。判决前能够调解的，还可以进行调解；调解不成的，应当及时判决。

4. 判决和执行

人民法院对公开审理或者不公开审理的案件，一律公开宣告判决。宣告判决时，必须告知当事人上诉权利、上诉期间和上诉的法院。当事人不服地方人民法院第一审判决的，有权在判决书送达之日起十五日内向上一级人民法院提起上诉。如果当事人未在法定期限内上诉，第一审判决即发生法律效力。

对于发生法律效力的判决、裁定，由第一审法院执行；对于调解书、仲裁机构的生效裁决、公证机关依法赋予强制执行效力的债权文书等，则由被执行人住所地或者被执行的财产所在地法院执行。

强制执行措施为：查询、冻结、划拨被执行人的存款；扣留、提取被执行人的收入；查封、扣押、冻结、拍卖、变卖被执行人的财产；搜查被执行人的财产；强制被执行人交付法律文书指定的财物或票证；强制被执行人迁出房屋或强制退出土地；强制被执行人履行法律文书指定的行为；要求有关单位办理财产权证照转移手续；强制被执行人支付迟延履行期间的债务利息及迟延履行金。

二、经济仲裁

（一）经济仲裁的概念

经济仲裁是指发生争议的双方当事人，根据其在争议发生前或争议发生后所达成的协议，自愿将该争议提交中立的第三者进行裁判的争议解决制度和方式。

仲裁既具有协商和调解的灵活性和自愿性，其裁决又同诉讼裁判一样具有强制执行力，因此是广泛使用的经济纠纷解决方式。

（二）经济仲裁的基本原则

1. 自愿原则

自愿原则是仲裁制度的根本原则，是仲裁制度存在和发展的基础。仲裁的自愿原则主要体现在：

（1）当事人是否将他们之间所发生的纠纷提交仲裁，由双方当事人自愿协商决定；

（2）当事人将哪些争议事项提交仲裁，由双方当事人在法律规定的范围内自行约定；

（3）当事人将他们之间的纠纷提交哪个仲裁委员会仲裁，由双方当事人自愿协商决定；

（4）仲裁庭如何组成、由谁组成，由当事人自主选定；

（5）双方当事人还可以自主约定仲裁的审理方式、开庭方式等有关的程序事项。

2. 以事实为依据，依法公平合理仲裁原则

仲裁委员会和仲裁员在调解、仲裁纠纷的过程中，必须根据事实情况，以符合法律规定，公平合理地解决当事人之间的纠纷。

3. 仲裁组织依法独立行使仲裁权原则

独立仲裁原则体现在仲裁与行政脱钩，仲裁委员会独立于行政机关，与行政机关没有隶属关系，仲裁委员会之间也没有隶属关系。同时，仲裁庭独立裁决案件，仲裁委员会以及其他行政机关、社会团体和个人不得干预。

4. 一裁终局原则

一裁终局是指仲裁机构对申请仲裁的纠纷进行仲裁后，裁决立即发生法律效力，当事人不得就同一纠纷再申请仲裁或向人民法院起诉的制度。

一裁终局原则充分体现尊重当事人的意愿，最终以仲裁途径解决争议。一裁终局原则也有利于快捷、简便解决经济纠纷充分显示仲裁的优点，也使仲裁更具有法律权威性。

（三）《仲裁法》的适用范围

平等主体的公民、法人和其他组织之间发生的合同纠纷和其他财产纠纷，可以仲裁。下列纠纷不能适用《仲裁法》：

(1) 与人身有关的婚姻、收养、监护、扶养、继承纠纷是不能进行仲裁的。仲裁事项必须是平等主体之间发生的且当事人有权处分的财产权益纠纷。

(2) 由强制性法律规范调整的法律关系的争议不能进行仲裁。因此,行政争议不能仲裁。

(3) 劳动争议和农业集体经济组织内部的农业承包合同纠纷,应适用专门的规定,因此《仲裁法》不适用于解决这两类纠纷。

(四) 仲裁协议

1. 仲裁协议的概念和内容

仲裁协议是当事人双方自愿将他们之间可能发生的或已经发生的纠纷提请仲裁机构予以裁决的意思表示,包括合同中订立的仲裁条款和以其他书面方式在纠纷发生前或纠纷发生后达成的请求仲裁的协议。

2. 仲裁协议的效力

仲裁协议具有以下效力:

(1) 仲裁协议中为当事人设定的义务,不能任意更改、终止或撤销。

(2) 合法有效的仲裁协议对双方当事人诉权的行使产生一定的限制,在当事人双方发生协议约定的争议时,任何一方只能将争议提交仲裁,而不能向人民法院起诉。

(3) 对于仲裁组织来说,仲裁协议具有排除诉讼管辖权的作用。

(4) 仲裁协议具有独立性,合同的变更、解除、终止或无效,不影响仲裁协议的效力。

3. 仲裁协议无效的法定情形

有下列情形之一的,仲裁协议无效:

(1) 约定的仲裁事项超过法律规定的仲裁范围的。

(2) 无民事行为能力人或限制民事行为能力人订立的仲裁协议。

(3) 一方采取胁迫手段,迫使对方订立仲裁协议的。

4. 仲裁协议与诉讼

当事人达成仲裁协议,一方向人民法院起诉未声明有仲裁协议,人民法院受理后,另一方在首次开庭前提交仲裁协议的,人民法院应当驳回起诉,但仲裁协议无效的除外;另一方在首次开庭前未对人民法院受理该起诉提出异议的,视为放弃仲裁协议,人民法院应当继续审理。

仲裁委员会

仲裁委员会是常设性仲裁机构,是独立、公正、高效地解决平等主体的公民、法人和其他组织之间发生的合同纠纷和其他财产权益纠纷的常设仲裁机构。一般在直辖市,省、自治区人民政府所在地的市设立,也可以根据需要在其他设区的市设立,不按行政区划层层设立。

仲裁委员会由主任1人,副主任2至4人和委员7至11人组成。仲裁委员会的主任、副主任和委员由法律、经济贸易专家和有实际工作经验的人员担任。仲裁委员会的组成人员中法律、经济贸易专家不得少于三分之二。仲裁委员会每届任期三年。任期届满,更换三分之一的组成人员。

仲裁员应当符合下列条件:

①从事仲裁工作满八年的;②从事律师工作满八年的;③曾任审判员满八年的;④从事法律

研究、教学工作并具有高级职称的;⑤具有法律知识,从事经济贸易等专业工作并具有高级职称或具有同等专业水平的。

仲裁委员会根据不同专业设置仲裁员名册,便于当事人挑选仲裁员。

(五)仲裁程序

【以案学法之案例7-3】

甲公司与乙公司签订了一份买卖服务器的合同。双方在合同中约定:如果发生纠纷,应提交仲裁委员会仲裁。乙公司作为买方提货时发现甲公司提供的货有严重的质量问题,于是向甲公司提出赔偿损失的要求,甲公司不答应,双方协商未果。乙公司遂向仲裁委员会申请仲裁,提出申请的时间为9月19日,仲裁委员会于9月29日受理此案,并决定由三名仲裁员组成仲裁庭。甲、乙公司分别选定了一名仲裁员。乙公司作为申请方又委托仲裁委员会主任指定了首席仲裁员。乙公司所选的仲裁员恰好是乙公司上级单位的常年法律顾问。此三名仲裁员公开对此案进行了审理。当事人当庭达成了和解协议,仲裁庭依和解协议制作了仲裁调解书,此案圆满结束。

请问:仲裁委员会在程序上有无不当之处?请指出并说明理由。

1. 仲裁申请和受理

要想通过仲裁裁决必须由当事人向仲裁机构申请仲裁。当事人申请仲裁,应当向仲裁委员会递交仲裁协议、仲裁申请书及副本。同时应当符合下列条件:

(1) 有仲裁协议;

(2) 有具体的仲裁请求和事实、理由;

(3) 属于仲裁委员会的受理范围。

2. 仲裁庭的组成

仲裁庭可以由三名仲裁员或者一名仲裁员组成。由三名仲裁员组成的,设首席仲裁员。

当事人约定由三名仲裁员组成仲裁庭的,应当各自选定或者各自委托仲裁委员会主任指定一名仲裁员,第三名仲裁员由当事人共同选定或者共同委托仲裁委员会主任指定,第三名仲裁员是首席仲裁员。当事人约定由一名仲裁员成立仲裁庭的,应当由当事人共同选定或者共同委托仲裁委员会主任指定仲裁员。

当事人没有在仲裁规则规定的期限内约定仲裁庭的组成方式或者选定仲裁员的,由仲裁委员会主任指定。

3. 仲裁开庭

仲裁应当开庭进行。当事人协议不开庭的,仲裁庭可以根据仲裁申请书、答辩书以及其他材料作出裁决。仲裁不公开进行。当事人协议公开的,可以公开进行,但涉及国家秘密的除外。

仲裁委员会应当在仲裁规则规定的期限内将开庭日期通知双方当事人。当事人有正当理由的,可以在仲裁规则规定的期限内请求延期开庭。是否延期,由仲裁庭决定。

申请人经书面通知,无正当理由不到庭或者未经仲裁庭许可中途退庭的,可以视为撤回仲裁申请。被申请人经书面通知,无正当理由不到庭或者未经仲裁庭许可中途退庭的,可以缺席裁决。

4. 仲裁裁决

当事人申请仲裁后,可以自行和解。达成和解协议的,可以请求仲裁庭根据和解协议作出裁决书，也可以撤回仲裁申请。当事人达成和解协议，撤回仲裁申请后反悔的，可以根据仲裁协议申请仲裁。

仲裁庭在作出裁决前，可以先行调解。当事人自愿调解的，仲裁庭应当调解。调解不成的，应当及时作出裁决。调解达成协议的，仲裁庭应当制作调解书或者根据协议的结果制作裁决书。调解书与裁决书具有同等法律效力。

调解书应当写明仲裁请求和当事人协议的结果。调解书由仲裁员签名，加盖仲裁委员会印章，送达双方当事人。调解书经双方当事人签收后，即发生法律效力。在调解书签收前当事人反悔的，仲裁庭应当及时作出裁决。

裁决应当按照多数仲裁员的意见作出，少数仲裁员的不同意见可以记入笔录。仲裁庭不能形成多数意见时，裁决应当按照首席仲裁员的意见作出。裁决书自作出之日起发生法律效力。

5.仲裁效力

当事人应当履行裁决。一方当事人不履行的，另一方当事人可以依照民事诉讼法的有关规定向人民法院申请执行。受申请的人民法院应当执行。

本章理论知识学习小结

本章主要对经济诉讼的概念、审判制度、管辖、时效、程序，经济仲裁的概念、基本原则、适用范围、仲裁协议、仲裁程序等相关理论知识进行了系统性介绍。经济纠纷的解决理论知识整理如图 7-1 所示。

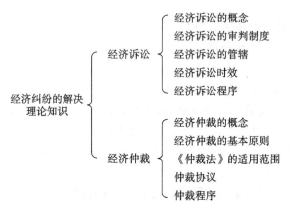

图 7-1　经济纠纷的解决理论知识整理

任务三　知识巩固与能力提升

一、知识巩固

（一）单项选择题

1.经济案件的当事人对一审人民法院作出的裁定不服的，在收到裁定书之日起（　　）日内向上一级人民法院提起上诉。

A.5　　　　　　B.10　　　　　　C.15　　　　　　D.20

2. 我国实行的是( )审判制度。
   A. 或裁或审　　　B. 一审终局　　　C. 两审终审　　　D. 一裁终局
3. 当事人不服地方人民法院第一审判决的,有权在判决书送达之日起( )内向上级法院提起上诉。
   A. 5 日　　　B. 10 日　　　C. 15 日　　　D. 20 日
4. 甲乙两公司因贸易合同纠纷申请仲裁,裁决后甲公司申请执行仲裁裁决,乙公司申请撤销仲裁裁决,此时受理申请的人民法院应如何处理?( )。
   A. 裁定撤销裁决　　　　　　B. 裁定终结执行
   C. 裁定中止执行　　　　　　D. 将案件移交上一级人民法院处理
5. 甲公司与乙公司之间的买卖合同纠纷,双方在仲裁过程中达成和解协议,此种情况下甲公司不具有( )权利。
   A. 请求仲裁庭根据和解协议作出裁决书
   B. 撤回仲裁申请
   C. 对和解协议进行反悔,请求仲裁庭依法作出裁决
   D. 请求法院执行仲裁过程中达成的和解协议
6. 合同的变更、解除、终止或者无效将( )。
   A. 导致仲裁协议无效　　　　B. 导致仲裁条款部分无效
   C. 不导致仲裁协议无效　　　D. 由双方当事人协商决定仲裁协议是否依然有效
7. 在我国,第一审程序包括( )和简易程序两种。
   A. 特殊程序　　　B. 一般程序　　　C. 主要程序　　　D. 普通程序
8. 人民法院审查当事人的诉讼申请后,认为符合起诉条件的,应当在( )内立案;认为不符合起诉条件的,应当在( )内裁定不予受理。
   A. 3 日;5 日　　　B. 5 日;7 日　　　C. 5 日;5 日　　　D. 7 日;7 日

(二)多项选择题
1. 经济纠纷是多种多样的,解决方式也不同,主要方式有( )。
   A. 协商　　　B. 调解　　　C. 经济仲裁　　　D. 民事诉讼
2. 仲裁委员会可以在( )设立。
   A. 省一级政府所在地的市　　　B. 任何市
   C. 任何设区的市　　　　　　　D. 任何根据需要而确定的市
   E. 根据需要而确定的设区的市
3. 中国仲裁协会是( )。
   A. 仲裁机构　　　　　　　　B. 仲裁委员会会员
   C. 社会团体法人　　　　　　D. 非法人经济组织
   E. 仲裁委员会的自律性组织
4. 仲裁协议的主要内容,一般包括( )。
   A. 提交仲裁的事项　　　　　B. 仲裁地点
   C. 仲裁机构　　　　　　　　D. 仲裁员
   E. 仲裁规则
5. 人民法院审理民事案件,依照法律规定实行合议、回避和( )制度。
   A. 缺席判决　　　B. 公开审判　　　C. 撤诉　　　D. 两审终审

6. 当事人对第一审人民法院的判决不服提出上诉,上诉状应当提交( )。
   A. 第一审法院　　　　　　　　　　B. 第一审法院的上级人民法院
   C. 第一审法院的上一级人民法院　　D. 中级人民法院

7. 人民法院的执行措施包括( )。
   A. 拍卖被申请执行人的财产　　　　B. 搜查被申请执行人隐匿的财产
   C. 划拨被申请执行人的存款　　　　D. 强制申请执行人从事劳务

8. 民事诉讼法规定,中级人民法院管辖的第一审民事案件有( )。
   A. 重大涉外案件
   B. 在本辖区有重大影响的案件
   C. 最高人民法院确定由中级人民法院管辖的案件
   D. 中级人民法院认为应当由本院审理的案件

9. 被执行人未按执行通知履行法律文书确定的义务,人民法院有权( )被执行人应当履行义务部分的财产。
   A. 查询　　　　B. 查封、扣押　　　　C. 拍卖　　　　D. 变卖

(三)判断题

1. 裁决作出后,当事人就同一纠纷不得再申请仲裁或向法院起诉,当事人一方不履行裁决的,另一方可向法院申请强制执行。( )

2. 只要有仲裁协议,就只能申请仲裁,但仲裁协议无效的除外;没有达成仲裁协议的可以仲裁,也可以诉讼,二者选择一种。( )

3. 如果当事人达成仲裁协议,一方向人民法院起诉未声明有仲裁协议,人民法院受理后,另一方在首次开庭前未对人民法院受理该案提出异议的,视为放弃仲裁协议,人民法院应当继续审理。( )

4. 仲裁庭开庭审理案件一般是不公开的,如果当事人双方或一方申请,仲裁庭也可以决定公开进行。( )

5. 仲裁裁决一经作出,当事人应当依照裁决规定的期限和内容自动履行。如果一方当事人逾期不履行,另一方当事人可以向仲裁委员会申请强制执行。( )

6. 当事人不服民事裁定的上诉期间为5天。( )

7. 依照法律规定,第一审涉外民事案件,由中级人民法院管辖。( )

8. 具有不同国籍、无国籍的当事人在我国进行民事诉讼时,其诉讼地位与我国民事诉讼的当事人是不同的。( )

9. 简易程序是对普通程序的简化,因此它是普通程序的附属程序。( )

10. 民事判决或裁定的执行工作由审判员执行。( )

二、项目实训与能力提升

(一)以法析案

1. 山东某三级医院A委托北京某医疗器械有限公司B在京代购某种进口医疗设备,并在委托合同中将所委托购买的医疗设备的规格、质量以及价格幅度等约定清楚。B公司遂安排业务员王某与国外几家客商进行接洽协商。在王某与其中一国外客商的代理人John的商谈中,王某提出其公司生产的医疗设备质量不符合要求,不准备购买该设备。John经与其公司商量,

对王某提出,如能成交可以按合同成交价格给 B 公司 3% 的回扣,王某于是汇报给主管领导,B 公司领导经商议,觉得对本公司有利,遂决定让王某签下该合同。于是双方签订了该设备的买卖合同。数月后,A 医院收到该医疗设备,经查发现设备不符合质量要求,遂发生纠纷。

请问:

(1) A 医院委托 B 公司在京代购进口医疗设备,属于什么法律行为?

(2) A 医院与该国外客商是否存在经济法律关系?如存在,分析该法律关系的构成要素;如不存在,分析其理由。

(3) 本案中 B 公司的行为属于什么性质?A 医院由此受到的经济损失,应由谁承担?

2. 某房地产开发公司(以下简称开发公司)将其位于黄河市黄河区"海市蜃楼"小区的两栋住宅楼承包给某建筑工程公司(以下简称工程公司)建造,双方签订了建设工程承包合同。工程完工后,开发公司因资金不足仅支付了 50% 的工程款,承诺余款三个月后支付。三个月过后,开发公司未付余款,一年后,开发公司仍未支付。2019 年 3 月,工程公司向法院提起诉讼,请求法院判令开发公司支付工程余款并承担违约责任。

一审法院经审理作出判决,判决开发公司向原告工程公司支付工程余款及违约金。开发公司不服一审判决,认为原审法院认定事实不清其不应当承担违约责任,因而提起上诉。工程公司也不服一审判决认为一审法院漏判了一个请求事项,后提起上诉,要求二审法院补判并维持原判。上诉过程中,该开发公司被宇宙房地产开发公司兼并。

请问:

(1) 应当如何确定本案的管辖法院?

(2) 本案的当事人应当如何列明?

(3) 对工程公司声称的漏判事项,法院应当如何处理?

(4) 原开发公司被宇宙房地产开发公司兼并后,诉讼应该如何进行?

(二) 能力提升训练

训练一:组织学生到法院旁听,了解相关案件的庭审活动。

训练二:组织模拟法庭活动。

1. 训练内容

在法院旁听基础上,组织一次模拟法庭活动。

2. 训练目的

通过训练,强化学生对经济纠纷诉讼过程、诉讼基本原则、程序以及法律相关文书内容的理解,提高学生运用所学知识解决具体纠纷的能力。

3. 训练的形式和要求

以小组为单位完成。全班同学可以分为收集资料组、文书材料撰写组、合议庭角色扮演组、原告及诉讼代理人扮演组、被告及诉讼代理人扮演组等小组,各个小组分别完成其任务,老师根据小组及学生个人表现进行考核,作出评定。

附:相关法律文书

1. 仲裁申诉书

仲裁申诉书

申诉人:××市钢窗厂

住所地:××市××区××大街××号

法定代表人:张××,厂长,电话:××

委托代理人:王××,××市××律师事务所律师

被申请人:××省××市××房地产开发公司

法定代表人:李××,经理

案由:合同纠纷

仲裁要求:

(一)立即支付货款××元。

(二)赔偿损失费××元。

事实与理由:

……由于上述情况,根据原合同中约定的仲裁条款,特申请××仲裁机构予以仲裁。

此致

××仲裁委员会

申诉人:××市钢窗厂
××年××月××日

附:

1. 本仲裁申诉书副本1份。
2. 证据目录和主要证据复印件2份。

2. 仲裁委员会裁决会

仲裁委员会裁决书

××裁字第××号

申请人:××

被申请人:××

委托代理人:××

案由:

……(双方争议的内容及各自陈述的意见)

查明:……(写明仲裁庭查明的事实和认定的证据)

本会认为:……(写明裁决的理由),依照……(写明裁决所依据的法律条款)之规定,裁决如下:

(一)……

(二)……(写明裁决结果)

(三)本案仲裁费××元,由××承担。

本裁决为终局裁决。

首席仲裁员:××
仲裁员:××
仲裁员:××
××年××月××日(印章)
书记员:××

3. 民事起诉状

民事起诉状

原告:李某,男,1980年11月1日生,汉族。住址:潍坊市青州市××路××号。联系方式:××。

被告:王某,男,1986年8月8日生,汉族。住址:潍坊市高新区××路××号。联系方式:××。

请求事项:

(一)判令被告支付原告欠款人民币50 000.00元整及利息。

(二)诉讼费用全部由被告承担。

事实与理由:

……据此,为维护原告的合法权益,依照《中华人民共和国合同法》与《中华人民共和国民事诉讼法》相关规定诉至贵院,请依法支持原告的诉请。

此致

××人民法院

起诉人:李某(签名)

2019年12月13日

附:

1. 本诉状副本×份(按被告人数确定份数)。
2. 证据一份(合同)。

4. 民事答辩状

民事答辩状

答辩人:××,男,汉族,××年3月6日出生,农民。

住址:××镇××村××号。

因对原告人××公司诉我××一案,提出答辩如下:

(一)……

(二)……

综上所述,……为此,我恳请法院查明事实,并在此基础上依法判决。

此致

××人民法院

答辩人:××

××年××月××日

参考文献

REFERENCES

[1] 黄河,张卫华.经济法概论[M].4版.北京:中国政法大学出版社,2018.
[2] 财政部会计资格评价中心.经济法基础[M].北京:经济科学出版社,2017.
[3] 刘文华.经济法[M].5版.北京:中国人民大学出版社,2017.
[4] 赵威.经济法[M].6版.北京:中国人民大学出版社,2017.
[5] 袁江.国家统一法律职业资格考试精编教材(卷二)[M].北京:北京大学出版社,2019.
[6] 东奥会计在线.2019年注册会计师考试综合阶段(下册)[M].北京:北京科学技术出版社,2019.
[7] 杨紫烜.经济法[M].5版.北京:北京大学出版社,2015.
[8] 刘心稳.票据法[M].北京:中国政法大学出版社,2015.
[9] 陈昌,孙学辉.经济法概论[M].2版.北京:清华大学出版社,2019.
[10] 万志前,廖震峡,胡承华等.新编经济法实用教程[M].3版.北京:清华大学出版社,2019..
[11] 吴薇.经济法实用教程[M].北京:中国人民大学出版社,2019.
[12] 刘天善,张力.经济法教程[M].3版.北京:北京交通大学出版社,2019.
[13] 孙华章,燕妮.经济法基础[M].2版.武汉:武汉大学出版社,2018.
[14] 侯松涛.中小企业法律管家[M].北京:法律出版社,2018.
[15] 孙长坪.经济法律基础与实务[M].北京:高等教育出版社,2017.
[16] 石守斌,张新根,陈志涛.经济法基础与实务[M].广州:中山大学出版社,2015.
[17] 赫荣平,肖彩娥.经济法理论与实务[M].北京:中国人民大学出版社,2017.
[18] 李志强.中国反垄断立法与执法评述[M].北京:社会科学文献出版社,2019.
[19] 汪敏.中华人民共和国劳动合同法配套解读与实例[M].北京:法律出版社,2019.
[20] 战晓玮.经济法基础与实务[M].北京:高等教育出版社,2018.
[21] 原秋华,赖文燕,兰月.经济法实务[M].2版.南京:南京大学出版社,2018.